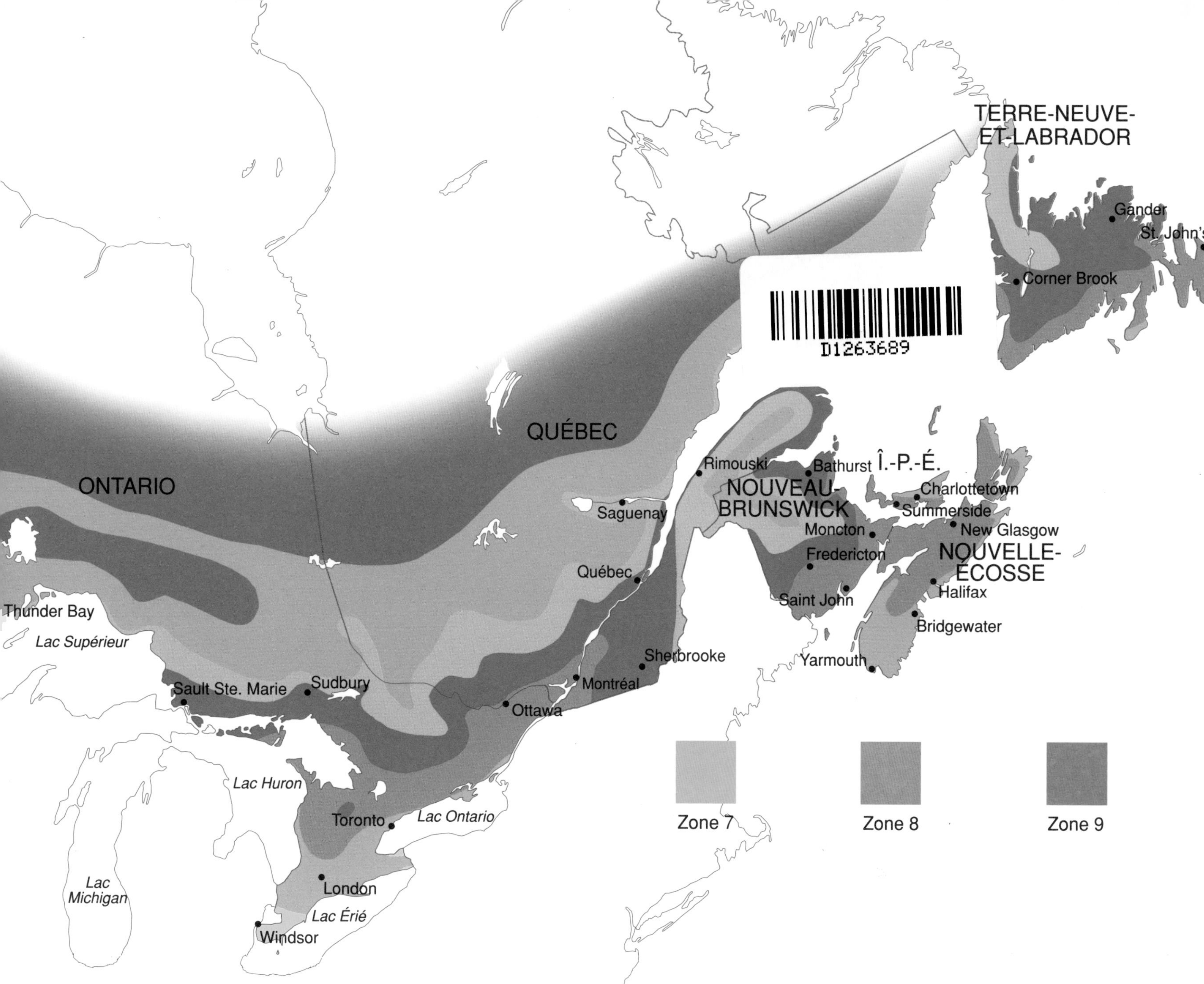

qu'une région est plus chaude ou plus froide que la zone dans laquelle elle se trouve. Il fait généralement plus froid en altitude que dans les vallées. Les zones peuvent aussi se recouper. Il est donc sage de respecter les limites indiquées mais de tenir compte de conditions locales particulières.

Les régions de froid extrême où la végétation est très limitée parce que les températures minimales y atteignent -40°C sont classées zone 1. Les régions les plus tempérées (côte de la Colombie-Britannique) sont classées zone 9 : les périodes de gel y sont courtes et la température y descend rarement au-dessous de 0°C. Ottawa et Montréal sont situés entre ces deux extrêmes. La plupart des plantes de zone 1 pousseront jusqu'en zone 9, mais l'inverse n'est pas vrai. Par exemple. une plante dont la rusticité est 5 peut être cultivée en zones 5, 6, 7, 8 et 9, mais pas en zones 4, 3, 2 et 1. Il ne faut pas oublier enfin que certaines plantes ont besoin d'hivers froids ou neigeux.

À partir de leurs observations et d'expériences empiriques, les jardiniers chevronnés savent qu'il est possible de créer des microclimats – oasis plus tempérées que la zone environnante – dans un jardin. Vous pouvez, par exemple, choisir un emplacement ombragé ou ensoleillé, installer des coupe-vent et protéger d'une certaine façon les plantes du gel. Il ne faut pas oublier non plus d'arroser en période de sécheresse. Vous parviendrez donc à cultiver des plantes qui ne devraient pas pousser dans votre zone, un défi que les jardiniers adorent.

JARDIN FACILE

JARDIN

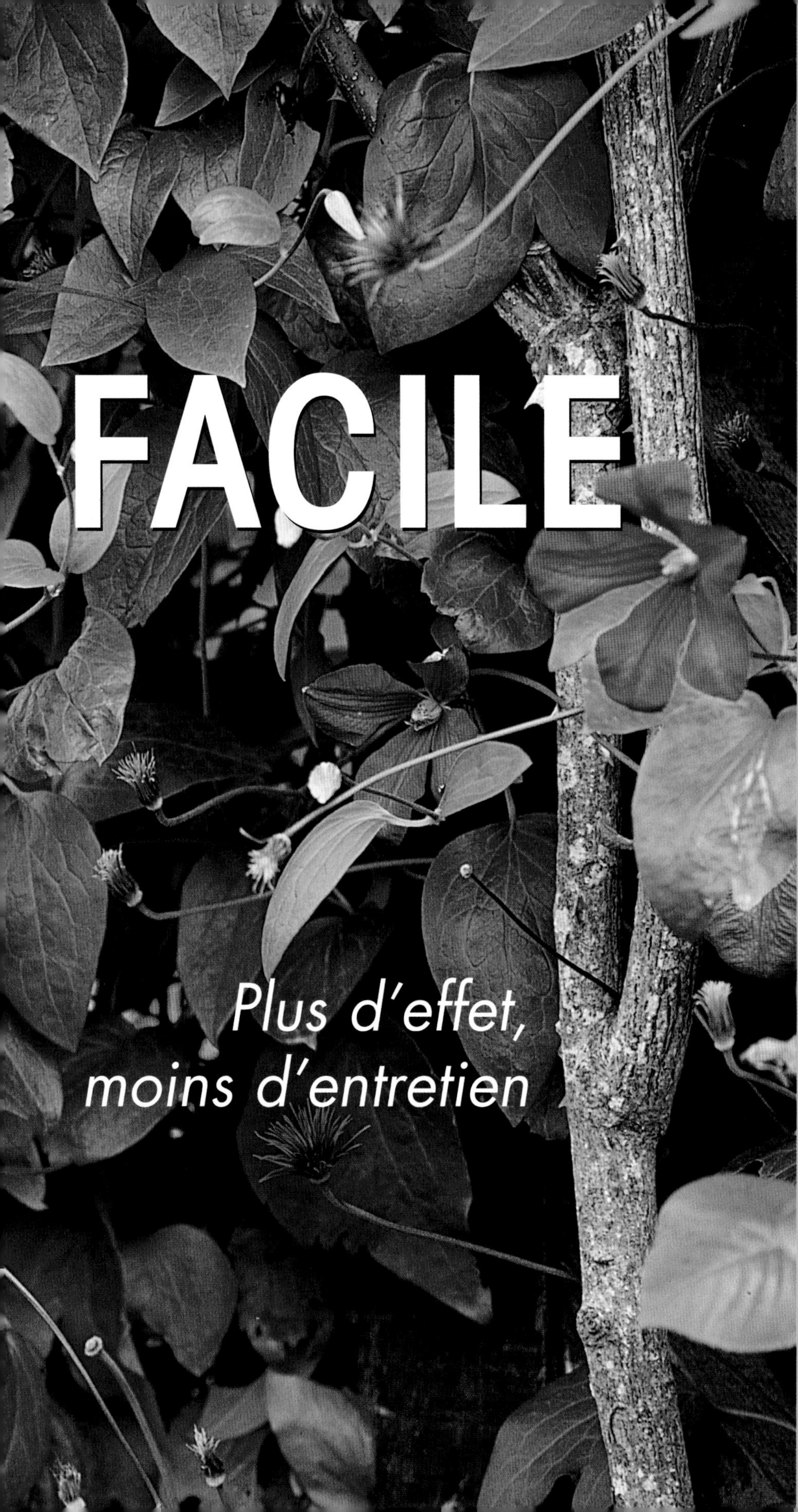

FACILE

Plus d'effet, moins d'entretien

Jardin facile
publié par Sélection du Reader's Digest (Canada) SRI est l'adaptation française de *Care-free Plants*

ÉQUIPE DE SÉLECTION DU READER'S DIGEST (CANADA)

Vice-présidence, Livres
Robert Goyette

Rédaction
Agnès Saint-Laurent

Direction artistique
Andrée Payette

Lecture-correction
Gilles Humbert

Fabrication
Gordon Howlett

COLLABORATEURS EXTERNES

Consultation en horticulture pour le Canada
Catherine Villemure

Graphisme
Solange Laberge

Correction d'épreuves
Madeleine Arsenault

Index
Catherine Villemure

ISBN 978-0-88850-869-0
Première édition

Pour obtenir notre catalogue ou des renseignements sur d'autres produits de Sélection du Reader's Digest (24 heures sur 24), composez le 1 800 465-0780.

Vous pouvez également nous rendre visite sur notre site Web **www.selection.ca**

Imprimé en Chine

08 09 10 11 / 5 4 3 2 1

Table des matières

Mode d'emploi

Plongez-vous dans ce livre et vous trouverez des centaines de solutions pratiques pour tous les jardins. La première partie vous aidera à connaître votre terrain et les types de plantes susceptibles de s'y plaire ; la deuxième répertorie les variétés les plus faciles à cultiver.

• En ce qui concerne l'usage des outils, le choix des plantes, la plantation et l'entretien, reportez-vous aux techniques de base exposées dans les pages 8 à 19.
• Le jardin ne se résume pas aux massifs. Vous trouverez dans les pages 294 à 307 des idées et des conseils pratiques pour les pelouses et plantes couvre-sol, les jardins d'eau et en pots.
• Pour vous aider dans vos choix, les pages 308 à 312 proposent une liste de plantes classées par saison et vous renvoient aux fiches descriptives.

SYMBOLES UTILISÉS DANS LE LIVRE
✿ Couleur des fleurs
∅ Couleur des feuilles
Couleur des fruits, baies ou fruits secs
♀ Award of Garden Merit de la Société royale d'horticulture britannique (voir page ci-contre)
H hauteur *E* étalement (ou *HE* si hauteur et étalement sont identiques)

2 ***H. kalmianum*** Arbuste buissonnant, indigène au Québec. Floraison abondante.
✿ **Jaune brillant • Début d'été**
∅ **Vert • *HE* 1 m**

LE NOM DES PLANTES La première partie du nom d'une plante est le genre (***Hypericum***) ; une fois mentionné sur une page, il est repris par sa première lettre. Un genre peut comprendre plusieurs espèces naturelles, comme ***H. kalmianum*** et ***H. frondosum.*** Lorsque les hybrideurs obtiennent de nouvelles variétés, ils leur donnent un nom de cultivar, toujours indiqué entre guillemets simples (***H. androsaemum* 'Albury Purple'**). La plante est souvent mieux connue sous son nom usuel (ou vernaculaire), comme **millepertuis**, qui apparaît sous le titre.

Quel type de situation ?

Déterminez la nature de votre sol (voir pages 8 et 9), faites un plan de votre jardin pour identifier les zones ensoleillées, ombragées ou très humides (voir page 22), puis consultez cette partie : les arbres, fleurs et arbustes conseillés s'adapteront sans problème à vos conditions.

• Une fois les différentes zones de votre terrain identifiées – de l'ombre légère en sol sableux jusqu'au massif exposé au vent en sol lourd –, consultez les pages correspondantes, qui vous donneront toutes les informations nécessaires pour créer un jardin sans souci.

• Les dessins et les photos permettent de visualiser des associations possibles entre les plantes proposées de manière à créer un massif vigoureux et attrayant pour chacune des situations envisagées.

38 TERRAINS EN PENTE
EXPOSÉS AU NORD OU À L'EST, AVEC ZONES FROIDES

Un jardin pentu exposé au nord est parmi les plus difficiles à aménager. Les faibles rayons du soleil peuvent ne jamais atteindre certains recoins sombres. Mais même dans ces conditions difficiles, il est possible de trouver des plantes qui offriront couleur et texture à votre jardin.

• Le **« choix du spécialiste »** propose une liste de plantes particulièrement adaptées à la situation donnée.

• Pour chaque plante présentée dans le « choix du spécialiste » sont indiquées la couleur des fleurs, des feuilles et/ou des fruits, la période où la plante est décorative et ses dimensions. Reportez-vous à la page indiquée pour de plus amples informations.

Fichier des plantes

Cette partie propose une liste exhaustive de plantes poussant facilement à l'emplacement approprié. Avec ses 255 entrées principales, ce fichier couvre l'ensemble des catégories de plantes ; il est la preuve qu'il existe toujours une solution.

• Cette partie est divisée en cinq chapitres : Vivaces herbacées ; Plantes grimpantes, arbustes, sous-arbrisseaux et conifères ; Arbres ; Annuelles, bisannuelles, plantes pour massifs et pots ; et Plantes à bulbes, cormus, tubercules et rhizomes.

• Pour plus de facilité, les plantes sont classées par ordre alphabétique à leur nom scientifique en latin.

• Chaque fiche propose une **plante vedette,** au succès assuré.

• Le **choix du spécialiste** classe les variétés en fonction de leur facilité de culture.

Le symbole de l'Award of Garden Merit de la RHS (♀) est un gage de robustesse et de résistance aux maladies.

• La **fiche technique** expose les conseils de culture pour chaque plante : emplacement, plantation, époque de floraison, taille (si nécessaire), principaux ravageurs et maladies, ainsi qu'une particularité.

• **Une touche d'originalité** met l'accent sur des variétés nouvelles ou inhabituelles qu'il peut être intéressant d'essayer pour créer un effet plus insolite.

Analyser et améliorer le sol

Pour créer un jardin facile sans souci, la première étape consiste à déterminer la nature du sol, de manière à choisir des végétaux adaptés. Il existe aussi des moyens simples pour améliorer un sol, ce qui permet d'élargir le choix des plantations et de gagner par la suite du temps et de l'énergie.

Sol léger et caillouteux

Sol lourd et humide

Déterminer la nature du sol

Posez-vous les questions suivantes et vous vous ferez rapidement une idée du type de sol que vous avez.

- La surface est couverte de cailloux et vous en faites remonter à chaque bêchage ? Un tel terrain caillouteux est probablement aussi léger et drainant.
- Le sol se fissure et devient dur comme du béton par temps sec ? La terre colle à vos chaussures à la moindre averse ? Votre sol est argileux.
- Vous enfoncez facilement la bêche ou la fourche dans la terre, ou vous buttez rapidement sur la roche ou le gravier ? Votre sol est sûrement pauvre et peu profond.
- Observez les plantes qui se plaisent dans votre jardin et les jardins environnants. La plupart des sols ont un pH proche de la neutralité, mais si vous voyez des rhododendrons, des magnolias et des bruyères particulièrement prospères, le sol est certainement acide. Si ce sont les œillets, les giroflées et les clématites qui abondent, alors votre sol est probablement alcalin.

Effectuez un test à l'eau (voir encadré) et une mesure du pH avec un kit d'analyse. Si vous remarquez beaucoup de plantes aux feuilles jaunissantes ou pointant vers le bas, avec des bords bruns et cassants, il peut être nécessaire d'acheter un kit d'analyse plus performant qui vous permettra de vérifier également les taux de nitrates, de phosphates et de potassium. Vous pouvez aussi vous adresser à un organisme qui effectue ce type d'analyse.

Kit d'analyse pour tester le pH du sol

Les rhododendrons ne se développent bien qu'en sol acide

Le test à l'eau

Le test du pot de confiture est un bon moyen pour évaluer la nature d'un sol. Il donne des indications sur sa texture et sa teneur en matière organique.

Utilisez un pot avec un couvercle à vis

- Remplissez de terre le quart d'un pot muni d'un couvercle à vis. Complétez avec de l'eau, refermez et secouez vigoureusement pendant 2 minutes. Laissez reposer quelques heures.
- Les particules grossières tombent dans le fond du pot, suivies par les plus fines. Avec un sol équilibré, vous devez apercevoir des couches distinctes constituées de particules de différentes tailles.
- Une répartition homogène des particules indique une terre franche équilibrée, convenant à une large gamme de végétaux.
- Une couche épaisse de particules grossières dénote un sol léger, sableux.
- Les particules très fines restent en suspension. Si le liquide reste trouble, le sol est lourd, argileux ou limoneux.
- L'humus flotte à la surface. S'il est en très petite quantité, votre sol aura besoin d'apports supplémentaires.

Sol lourd (à gauche) et sol léger (à droite)

Améliorer le sol

Bénéfique pour tous les types de sol, le bêchage permet d'extirper les mauvaises herbes et d'améliorer la texture. Il se pratique en toutes saisons mais, si votre terrain est lourd, un bêchage en automne permet aux gelées hivernales de briser les mottes compactes et de faciliter le travail le printemps suivant. Si possible, ne marchez pas sur un sol argileux lorsqu'il est humide : vous risquez de détruire l'effet bénéfique du bêchage.

Ajout de matière organique

L'incorporation de matière organique, comme du fumier de basse-cour ou d'étable, de compost de jardin, et des paillages réguliers améliorent la texture d'un sol et facilitent la rétention de l'eau et des éléments minéraux.

La plupart des déchets de jardin, hormis les racines des mauvaises herbes vivaces, peuvent être utilisés pour fabriquer du compost. Les restes crus de fruits et légumes employés en cuisine, comme les épluchures et le marc de café, peuvent aussi servir, de même que le foin, la paille et la sciure utilisés en litière pour les petits rongeurs. Évitez les os et les restes de viande, qui attirent la vermine.

Plus le tas est gros, plus il chauffe et plus rapide est la décomposition. Coupez en petits morceaux les éléments coriaces, tels les résidus de taille, afin d'accélérer le processus, et ajoutez-les par tas en couches, en les faisant alterner avec des matériaux plus fins, comme des déchets de tonte. Il faut compter environ trois mois par temps chaud pour que le compost soit prêt, plus longtemps pendant les périodes plus froides. Un compost prêt à l'emploi doit être grumeleux, sentir bon et ressembler à peu près à de la tourbe grossière.

Fertiliser avec des engrais

Les sols lourds sont généralement riches en nutriments, mais ceux-ci ont tendance à être lessivés dans les sols bien drainés. L'ajout de matière organique apporte certains éléments minéraux, mais pas en quantité suffisante pour assurer vigueur et santé aux plantes sur une longue période. Les engrais concentrés ont une action plus prolongée.

- Le sulfate d'ammonium et son équivalent organique, le sang séché, fournissent de l'azote, qui assure une croissance rapide et vigoureuse du feuillage.
- Le superphosphate, ou la poudre d'os, apporte du phosphore, nécessaire au bon développement des racines.
- Les mélanges, comme la poudre de poisson, de sang et d'os, assurent un bon équilibre. Le potassium qu'ils renferment favorise la floraison, la fructification et l'aoûtement du bois.

Il est toujours conseillé d'incorporer un engrais à la plantation. Au printemps et en été, un mélange de type poudre de poisson, de sang et d'os apporte tous les éléments nécessaires à la croissance et à la floraison. Si vous plantez en automne, utilisez un engrais à libération lente, comme la poudre d'os, pour assurer une bonne reprise.

Un bon compost est grumeleux et sent bon

La poudre de poisson, de sang et d'os enrichit le sol

Les bons outils

Mieux vaut acheter peu d'outils, mais de bonne qualité, plutôt qu'un grand nombre bas de gamme. Les outils de mauvaise facture se plient ou se brisent souvent ; mal conçus, ils peuvent transformer la plus simple des tâches en un travail harassant. Suivez ces conseils pour équiper votre cabane à outils.

Outillage de base

Bêche À moins que votre jardin se limite à une jardinière, la bêche est indispensable. Il existe des bêches idéales pour les petits jardins et les massifs denses ; elles sont légères et moins fatigantes lors d'un usage prolongé.

De nombreuses bêches possèdent un rebord pour poser le pied. Il facilite le travail et préserve le pied lors de l'enfoncement dans le sol.

Une bêche à rebord

Fourche à bêcher En sol très lourd ou caillouteux, la fourche à bêcher est conseillée. Avec quatre dents étroites et effilées, elle convient à presque tous les usages ; mais si votre terrain est très compact, vous préférerez peut-être la fourche à pommes de terre, à dents plates. Une petite fourche à massif est précieuse pour les petites surfaces.

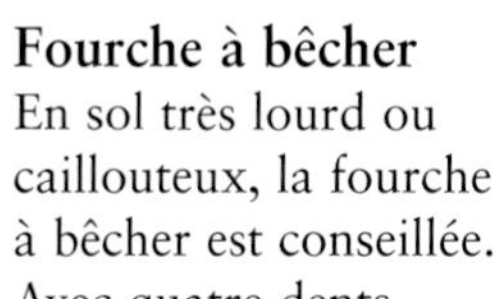

Choisissez une fourche à bêcher adaptée à votre sol

Râteau Le râteau sert à niveler le sol après le bêchage, mais aussi à enlever les débris végétaux sans avoir à trop se pencher. Choisissez un modèle équipé d'un manchon en caoutchouc ou en plastique pour une meilleure prise.

Transplantoir Le transplantoir, ou truelle de jardinage, permet de creuser des petits trous de plantation et de déloger les mauvaises herbes. Une fourche à fleurs est aussi pratique. Le point d'attache est souvent fragile, d'où l'intérêt d'acheter de la bonne qualité. Il existe des modèles plus ou moins larges.

Sécateur Il sert au nettoyage des plantes et aux petits travaux de taille. De nombreux modèles sont disponibles, mais le plus important reste le bon affûtage des lames.

Seau Le seau est pratique pour toutes sortes de travaux au jardin. Ceux en plastique ou en caoutchouc recyclé sont légers et solides.

Des petits outils précieux

Arrosoir Il permet un arrosage précis. Une pomme à larges trous et une plus fine sont utiles pour arroser des plantes de tailles différentes.

Cisailles Elles sont pratiques pour tailler les haies ou les coins difficiles d'accès. Certaines possèdent des poignées télescopiques.

Entretien des outils Nettoyez vos outils après usage, frottez les parties métalliques avec un tampon huilé et graissez les parties qui travaillent, traitez les poignées en bois régulièrement avec de l'huile de lin et maintenez-les au sec.

Les outils en acier trempé sont faciles à nettoyer, ne rouillent pas et n'ont pas besoin d'être traités avant rangement. Les lames en acier au carbone peuvent rester affûtées longtemps avec un bon entretien.

Prenez soin de vos outils

Outils plus spécifiques

Ébrancheur L'ébrancheur est l'outil idéal pour couper des branches épaisses. Il fonctionne comme un sécateur, mais il est plus robuste ; certains modèles sont équipés d'un démultiplicateur et exigent moins d'efforts. Tous possèdent des poignées de la longueur d'un bras environ ; quelques-uns ont des poignées télescopiques pour une portée encore plus longue.

Les élagueurs ont des poignées très longues ou télescopiques permettant d'intervenir à la cime des arbres depuis le sol.

Scie arboricole La suppression de branches indésirables sur un arbre ou un arbuste devient chose facile avec une scie arboricole. La lame étroite se positionne facilement entre les rameaux et la coupe s'effectue généralement en tirant. La scie repliable est une version plus petite très pratique à transporter quand vous jardinez.

Binette La binette à long manche, à trois ou quatre dents, permet de briser la croûte à la surface du sol et sert à désherber sans se pencher. La ratissoire, ou houe, possède une lame affûtée qui sectionne le collet des mauvaises herbes à mesure que vous la poussez sur le sol. Certaines ont une lame aux deux bords tranchants et s'utilisent dans des mouvements de va-et-vient, d'autres peuvent aussi servir à creuser des sillons.

Pulvérisateur Le pulvérisateur est utile pour traiter les plantes contre les maladies et les ravageurs ou pour appliquer des engrais foliaires. Si votre terrain est petit, vous pouvez employer un petit pulvérisateur actionné à la main, mais pour les grands jardins, il est préférable de choisir un modèle à pompe (pas trop gros, sinon il sera lourd à porter).

Engins motorisés

Tondeuse

• Sauf pour les très petites pelouses, une tondeuse doit être motorisée. Le moteur peut être électrique ou thermique.
• Les tondeuses électriques sont préférables dans les pentes, où les modèles thermiques peuvent être dangereux.
• Les tondeuses électriques sont idéales pour les petits jardins. Les versions à batterie rechargeable suppriment tout risque de coupure accidentelle du fil.
• La tondeuse à cylindre classique permet d'obtenir un gazon à l'anglaise, mais certaines tondeuses rotatives sont équipées d'un rouleau produisant un effet similaire.
• Si votre surface est inégale, une tondeuse rotative sur roues ou coussin d'air donnera de meilleurs résultats.

Taille-haie

• Le taille-haie réduit considérablement le temps passé à tailler les haies. Les engins à moteur thermique étant lourds, il est plus pratique d'utiliser un modèle électrique ou à batterie pour tailler les arbustes et petites haies.

Débroussailleuse

• Une débroussailleuse à fil de nylon ou à lame s'avère parfois utile pour nettoyer des sous-bois, des fossés ou des zones peu entretenues.
• Les modèles à moteur thermique sont préférables pour les grandes surfaces. Les engins électriques nécessitent un long câblage, mais ceux à batterie n'ont guère plus de vingt minutes d'autonomie.

Sécurité électrique

Tout engin électrique de jardin doit être relié à un disjoncteur différentiel à haute sensibilité (30 mA), qui coupe immédiatement le courant en cas de sectionnement accidentel du câble ou de surtension électrique.

Poignées Les outils comportent des poignées en D ou en T (poignée-béquille), en bois ou en plastique. Prenez votre temps pour choisir le modèle que vous jugez le plus maniable.

Les manches varient aussi en longueur et il est important de choisir la bonne dimension : s'ils sont trop courts ou trop longs, vous serez vite gagné par le mal de dos.

Si vous manquez d'espace de rangement, optez pour les outils modulables. Choisissez un manche, ou deux de différentes longueurs, s'adaptant à toute une gamme de têtes d'outils.

Choisir les plantes

En achetant des plantes en bonne santé et en les plantant convenablement, vous économiserez du temps sur les soins à leur apporter ultérieurement. Démarrer avec des plants en mauvais état, mis en terre sans respecter les règles et à la mauvaise période, c'est se préparer à coup sûr un surcroît de travail.

Où acheter les plantes

Si amis et voisins vous proposent des plantes ou des boutures issues de leur jardin, avant d'accepter, vérifiez qu'elles sont saines, sans ravageurs ni maladies, et bien adaptées aux conditions de votre jardin.

Pépinières et jardineries sont les sources d'approvisionnement les plus courantes. Les pépiniéristes font généralement pousser leurs plants et connaissent bien l'adaptabilité des espèces, en particulier au climat local.

La vente sur catalogues, par correspondance ou sur Internet est une autre possibilité, surtout intéressante pour des plantes moins communes.

Choisir des plantes saines

Observez bien l'état des plants, qui ne doivent être ni étiolés ni chétifs. Évitez de choisir une plante juste parce qu'elle est en fleurs : buissonnante et non fleurie, elle s'établira plus rapidement que si elle porte quelques fleurs sur de rares pousses grêles. Mais à qualité égale, il est préférable d'opter pour le sujet en fleurs, car vous êtes sûr ainsi d'avoir choisi la bonne plante.

Au début du printemps, certaines jardineries vendent des plantes à racines nues (qui ne sont pas élevées en conteneur). Vérifiez que les racines ne sont pas desséchées et plantez-les le plus rapidement possible.

Pour choisir les meilleurs spécimens en pots, suivez les conseils suivants.

Un terreau sans mousse ni mauvaises herbes

Une plante fermement ancrée dans son pot

Des pousses saines

- Le terreau doit être dépourvu de mauvaises herbes, de mousses et d'algues, signes d'un mauvais entretien.
- Soulevez le pot : si des racines courent dans le sol, la plante est restée là trop longtemps et risque d'être stressée.
- Quelques racines sortant de la base du pot ne sont cependant pas forcément un mauvais signe : cela montre aussi que le sujet est vigoureux et prêt pour la plantation.
- Vérifiez que la plante est solidement ancrée dans son pot : si elle s'en extrait facilement, elle a été rempotée récemment et aura besoin de temps pour s'établir, ou bien elle peut manquer d'eau et être sensible au stress.
- Tâtez le terreau : il doit être humide.
- Inspectez les pousses : elles ne doivent montrer aucun signe d'infection.

Conseils de plantation

L'idéal est de planter lorsque le sol est humide. Vous pouvez planter les sujets élevés et vendus en conteneur à n'importe quel moment, mais en été, vous devrez les arroser très régulièrement. Les périodes de plantation indiquées dans ce livre concernent des plants à racines nues, des semis ou des jeunes plants.

Le printemps est la période idéale pour la plantation : la plupart des plantes sont en période de dormance et peuvent consacrer leur énergie à l'installation d'un bon système racinaire. Veillez à l'arrosage pendant les périodes sèches ou venteuses. Il faut cependant savoir que les espèces très rustiques peuvent aussi être plantées en automne.

Il est conseillé de recouper les racines des sujets à racines nues d'environ un tiers à la plantation. Cela élimine les parties abîmées susceptibles de pourrir et encourage la plante à produire un nouveau chevelu racinaire favorable à une bonne reprise.

❶ Vérifiez la taille du trou

❷ Ajoutez un engrais

Comment planter

Que vous plantiez un arbre ou une petite plante à massif, suivez ces règles simples pour une plantation réussie.

❶ **Creusez un trou** assez large pour laisser de la place autour de la motte, et suffisamment profond pour que la plante se retrouve à la même profondeur que dans son pot. Émiettez le sol dans le fond du trou puis emplissez-le d'eau et laissez drainer.

❷ **Placez la plante dans le trou**, bien droite. Si les racines remplissent le pot, démêlez-les doucement. Si elles sont contenues dans un filet ou un sac, mettez la plante dans le trou avec son emballage, puis détachez celui-ci avec un couteau. Ajoutez un peu d'engrais (voir page 9) dans le fond du trou : poudre de poisson, de sang et d'os au printemps ou en été, poudre d'os en automne.

❸ **Comblez le trou** avec de la bonne terre de jardin additionnée de compost bien décomposé, de terreau de rempotage ou de terreau de feuilles.

❹ **Tassez** fermement et arrosez généreusement, sauf si le sol est déjà bien détrempé.

❸ Comblez avec un mélange terre-compost

❹ La plante doit être fermement ancrée

Tuteurage des plantes

Il est nécessaire de tuteurer les jeunes arbres, les arbustes conduits sur tige et certaines autres plantes. Placez le tuteur près de la plante mais sans la toucher. Veillez à ce que tronc et tuteur ne soient pas directement en contact.

Des colliers avec écarteur (ci-dessous) maintiennent le tronc à distance ; la boucle permet de régler la tension du lien.

Pour tuteurer les plantes buissonnantes, utilisez trois ou quatre tuteurs reliés par de la ficelle ou un lien en nylon. Intervenez quand la plante est jeune ; la végétation finira par cacher le support.

Utilisez de la ficelle pour les plantes buissonnantes

Maintenez le tronc et le tuteur écartés

Arroser, fertiliser, désherber

Même le jardin le plus facile à entretenir nécessite un peu d'attention pour offrir le meilleur de lui-même en toutes saisons. Suivez ces conseils et vous ne perdrez pas votre temps dans les tâches d'arrosage, de fertilisation et de désherbage, tout en obtenant d'excellents résultats.

Vous avez le choix entre plusieurs types d'engrais. Engrais solubles ❶, billes ❷, granulés ❸ et poudres, comme la poudre d'os ❹, à incorporer dans le sol, ou bien tablettes ❺ et billes agrégées ❻, à libération lente, à insérer dans le terreau.

Comment arroser

Pour obtenir les meilleurs résultats et éviter le gaspillage de l'eau, en particulier pendant les périodes de sécheresse, suivez ces consignes :

• Arrosez le soir. L'évaporation est réduite et le sol reste humide toute la nuit.
• N'arrosez que si c'est nécessaire. Les nouvelles plantes peuvent avoir besoin d'un arrosage quotidien par temps très chaud. Les potées en pleine croissance doivent être arrosées au moins une fois par jour en été, plus par temps caniculaire ou venteux.
• Versez l'eau à la base et à la périphérie pour qu'elle atteigne toutes les racines.
• Arrosez copieusement. En effet, un arrosage insuffisant est nuisible car il favorise la formation de racines superficielles, plus sensibles à la sécheresse. Sauf en cas de flétrissement, mieux vaut ne pas arroser du tout plutôt que superficiellement.
• Avant d'arroser un sol très sec, veillez à en briser la croûte superficielle afin de maximiser la pénétration de l'eau.
• Ne détrempez pas le sol en début et fin de saison, cela favorise la pourriture.
• N'arrosez pas les feuilles et les fleurs en plein soleil. En période de sécheresse, la brumisation est bénéfique au feuillage lorsqu'il n'est plus au soleil.
• Utilisez un tuyau perforé pour laisser l'eau humecter doucement le sol au pied des plantes.

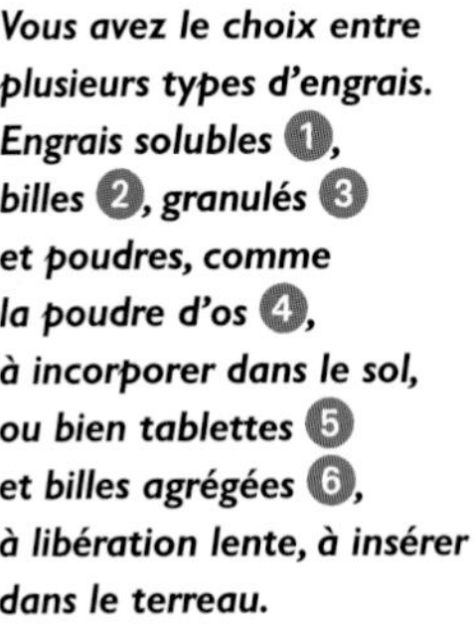

Arrosez au pied

Retenir l'eau

Les sols riches en matière organique retiennent bien l'eau. Une zone ensoleillée se dessèche plus vite qu'un endroit légèrement ombragé ; évitez d'y planter des espèces aimant l'humidité.

L'utilisation d'un feutre géotextile semi-perméable (ci-dessous) est une bonne méthode pour retenir l'eau. Il permet le passage des eaux de pluie mais restreint l'évaporation, tout en empêchant les mauvaises herbes de pousser. Désherbez bien la zone, étalez le feutre et percez des trous pour les plantations. Après, épandez une couche d'écorce de pin ou de graviers pour cacher le feutre.

Le feutre limite l'évaporation

Fertilisation

Faire des apports d'engrais avant et pendant la plantation (voir page 9) vous permettra de limiter les interventions par la suite. La plupart des plantes apprécient cependant une fertilisation régulière. Pour leur apporter ce qui leur convient, reportez-vous aux lettres **N, P** et **K** (voir ci-dessous) figurant sur l'emballage.

• **La pelouse et les plantes à feuillage** ont besoin d'azote (**N**). Utilisez un engrais pour pelouse à libération lente pour les graminées et les cyperacées ornementales.
•**Toutes les plantes,** mais surtout celles qui viennent d'être plantées, profitent d'un apport de phosphore (**P**) au printemps, pour développer leur système racinaire.
• **Les plantes à fleurs** demandent plus de phosphore, et moins d'azote.
• **Les engrais à tomates,** riches en potassium (**K**), stimulent la fructification.

• **Les engrais à rosiers** sont riches en potassium, fer et magnésium.
• **Les engrais complets** contiennent tous les éléments pour une bonne croissance.
• **Les engrais à libération rapide** favorisent la croissance en début de saison; renouvelez l'application au moins une fois dans l'été.
• **Les engrais à libération lente** peuvent agir toute la saison s'ils sont apportés au printemps.
• **Les engrais foliaires** s'appliquent sur le feuillage pour un effet instantané. Ils conviennent bien aux plantes mal en point.
• **Les engrais organiques** proviennent de substances naturelles allant du fumier de basse-cour aux sous-produits issus d'abattoirs ou de pêcheries, qui donnent la poudre de poisson, de sang et d'os. Ils se présentent sous un aspect volumineux, comme le fumier, ou sous forme concentrée. Leur action peut être lente ou rapide.

Désherbage

Les mauvaises herbes sont non seulement inesthétiques, mais elles absorbent aussi l'eau et la nourriture destinées aux plantes de jardin et peuvent développer ravageurs et maladies. Les tenir en échec dès le départ facilite le désherbage et limite l'apparition ultérieure d'autres problèmes.

Binage C'est la technique la plus simple et la plus économique pour supprimer les jeunes mauvaises herbes. L'opération brise aussi le sol en surface et aide à réduire l'évaporation.

Arrachage manuel Dans les massifs plantés serrés et entre les jeunes plantules fragiles, il peut être plus facile de désherber à la main; c'est aussi la meilleure méthode pour extraire efficacement les mauvaises herbes vivaces. Enlevez bien toutes les herbes arrachées car certaines peuvent continuer à fleurir et à former des graines.

Paillage Le paillis empêche les mauvaises herbes de germer. L'écorce compostée, les copeaux de taille, le compost bien décomposé et les coques de cacao conviennent tous, mais vous pouvez aussi étendre un feutre géotextile semi-perméable (voir à gauche). Paillez de préférence au printemps ou en début d'automne, quand le sol est chaud et humide, en épandant une couche d'au moins 5 cm.

Couvre-sols Les plantes à port étalé sont un excellent moyen de lutter contre les mauvaises herbes; elles sont en outre plus attrayantes que le sol nu. Les persistants sont intéressants car ils se fondent rapidement ensemble et empêchent la levée des graines indésirables. Le fusain *Euonymus fortunei*, *Cotoneaster dammeri*, le thym, le lamier ou la pervenche (*Vinca*) sont de bons exemples.

Désherbants chimiques Si vous devez désherber une grande surface, les désherbants chimiques vous feront gagner du temps et épargner de la fatigue. Il existe différents produits. Avant tout achat, lisez bien les étiquettes ou demandez l'avis d'un spécialiste, et, surtout, renseignez-vous sur les règlements municipaux. Utilisez un pulvérisateur pour obtenir un épandage homogène.

• L'acide acétique et certains acides gras agissent par contact, détruisant presque instantanément la partie aérienne des plantes, mais les vivaces finissent souvent par repousser.
• Pour lutter contre les mauvaises herbes vivaces et difficiles à contrôler, le glyphosate et certains herbicides sélectifs utilisés pour les pelouses sont préférables. Ils ne persistent pas dans le sol, ce qui permet de planter dès que les mauvaises herbes ont péri.
• Certains produits déposent en surface un film herbicide: les graines de mauvaises herbes ne peuvent pas germer et les plantes qui se réveillent après une période de dormance meurent dès qu'elles atteignent la surface. Ces produits sont réservés pour la plupart aux allées et au sol nu.

Un entretien facile

Ces conseils de base vous permettront de garder un jardin propre et en excellente santé sans vous épuiser. Savoir tailler et palisser correctement, et au bon moment, contribue à tirer le meilleur parti de vos plantes.

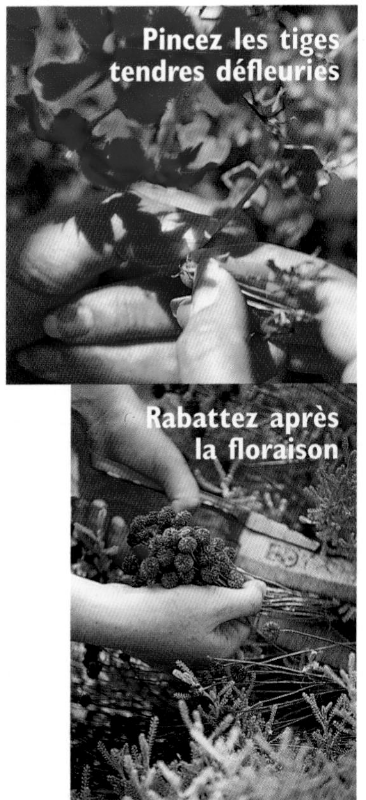

Règles de base

La plupart des plantes apprécient un minimum d'entretien pour rester au sommet de leur forme.

Suppression des fleurs fanées

Supprimer les fleurs fanées peut aussi prolonger la période décorative en stimulant une deuxième floraison. En les empêchant de fructifier, vous laissez aux plantes plus d'énergie pour produire une végétation saine et vigoureuse.

- **Sur les plantes à pousses tendres** comme les pensées et les pétunias, ôtez les fleurs fanées à la main.
- **Sur les arbustes et les plantes herbacées** plus coriaces, utilisez des ciseaux ou un sécateur.
- **Taillez légèrement** par la même occasion, en rabattant la tige florale sur un bourgeon orienté dans la direction où vous voulez voir la tige continuer de pousser.
- **Laissez les fleurs fanées** sur les plantes qui produisent des fruits décoratifs.

Rabattage

De nombreuses vivaces herbacées, comme les géraniums rustiques, apprécient d'être rabattues après la floraison ; elles peuvent produire un nouveau feuillage vigoureux pour garnir un vide dans un massif. Coupez les tiges défleuries et une petite partie du feuillage. Souvent, la repousse est d'autant plus vigoureuse que le rabattage était sévère.

Éclaircissage

En éclaircissant les plantes trop touffues, vous laissez l'air circuler entre les branches et limitez les risques d'attaque de ravageurs et de maladies. Supprimez les tiges en surnombre dans le centre de la plante, le plus près possible de la base (voir ci-dessus).

Quand et comment tailler

Une plante n'a généralement pas besoin d'être taillée, sauf si elle pousse inconsidérément, mais il peut être utile de tailler court les jeunes sujets de manière à les inciter à former de nouvelles pousses en abondance ; d'autres plantes nécessitent une taille de formation.

Suivez les conseils de taille indiqués pour chaque plante dans le « Fichier des plantes ». Si vous n'êtes pas sûr de la catégorie à laquelle appartient un arbuste, attendez un an pour voir de quelle manière il pousse et comment il fleurit, puis reportez-vous à ces consignes.

Plantes grimpantes et arbustes palissés

- **Les plantes grimpantes persistantes,** comme le lierre (*Hedera*), se taillent de préférence au printemps. Il peut être nécessaire de raccourcir les longues pousses en fin d'été.
- **Les arbustes persistants et à fleurs** se taillent après la floraison et de nouveau en saison si la végétation est trop abondante. Chez les espèces à fruits décoratifs, comme certains cotonéasters, laissez les pousses qui ont fleuri former des baies.

• **Les plantes grimpantes fleurissant au printemps et en début d'été** se taillent après la floraison, en rabattant sur les branches charpentières. Ôtez quelques-unes des branches les plus anciennes pour encourager les jeunes pousses.
• **Les plantes grimpantes fleurissant en fin d'été et en automne** se taillent au printemps.

Arbustes de forme libre
• **Les persistants** comme le mahonia, certains fusains et le houx (*Ilex*) n'ont pas besoin d'une taille régulière. Faites une taille de nettoyage lorsqu'ils sont en pleine croissance pour maintenir une belle silhouette d'ensemble et ôtez le bois mort ou malade, mais pas après la fin du mois d'août, sinon les repousses risquent de souffrir du gel.

Arbuste à feuillage caduc et floraison précoce **Arbuste à feuillage caduc et floraison tardive**

• **Les arbustes à feuillage caduc et floraison précoce,** qui fleurissent au printemps sur le bois de l'année précédente, comme *Forsythia* et le groseillier à fleurs (*Ribes*), et ceux qui fleurissent en début d'été sur de courtes pousses latérales issues des tiges de l'année précédente, comme le seringat (*Philadelphus*) et *Deutzia*, se taillent après la floraison. Ôtez toutes les tiges qui ont fleuri (en bleu, ci-dessus) et rabattez les jeunes pousses pour stimuler une repousse vigoureuse.
• **Les arbustes à feuillage caduc et floraison tardive,** qui fleurissent en été et en automne sur le bois de l'année, comme le buddleia, se taillent au printemps à deux ou trois yeux du vieux bois (en bleu, ci-dessus). Opérez de la même façon avec les arbustes cultivés pour la coloration hivernale de leur écorce.

Les supports peuvent être décoratifs

Animez un treillage

Pitons et fil de fer

Rosiers
• **Les jeunes rosiers-buissons** se taillent sévèrement au printemps de manière à encourager la formation de nouvelles tiges.
• **Les rosiers à grandes fleurs** (hybrides de thé) et ceux à fleurs en bouquets se taillent de préférence en automne. Raccourcissez les branches à 30 cm du sol, sur un bourgeon orienté vers l'extérieur, et supprimez les branches mortes ou mal placées.
• **Les rosiers-arbustes** se taillent légèrement. Taillez les rosiers trop touffus en supprimant quelques branches à la base, et taillez sévèrement les arbustes très anciens, ligneux, tard à l'automne ou au printemps.
• **Les rosiers miniatures** se taillent à la cisaille au printemps et de nouveau après la première floraison.

Arbres
• **Sur les jeunes arbres,** supprimez les branches mal placées pendant la période de dormance. Ne taillez pas les *Prunus* par temps humide car ils sont très sensibles aux infections.
• **Coupez les branches basses** sur les jeunes arbres pour encourager la formation d'un tronc droit.
• **Chez les arbres à écorce colorée** comme l'érable *Acer negundo* 'Flamingo', rabattez les pousses sur les branches charpentières tous les trois à cinq ans.

Palissage et supports

Les plantes naturellement grimpantes peuvent nécessiter un support pour se fixer. Prévoyez son installation dès le départ.
• **Les fils de fer** se fixent sur un mur ou une clôture avec des pitons enfoncés au marteau ou avec des vis et des chevilles. Ils sont discrets mais plus adaptés aux plantes persistantes buissonnantes.
• **Le treillage** est un meilleur choix pour les espèces à feuilles caduques, car il reste décoratif pendant l'hiver.
• **Les plantes grimpantes qui s'accrochent d'elles-mêmes,** comme la vigne vierge (*Parthenocissus*), n'ont pas besoin de support. Ne les installez pas contre un mur qui doit être repeint régulièrement ; elles se détachent difficilement.
• **Les arches, pergolas et obélisques** peuvent être garnis de plantes grimpantes.

Ravageurs et maladies

La meilleure façon d'éviter les ravageurs et les maladies est de planter des espèces vigoureuses dans les conditions appropriées. Toutes les plantes citées dans ce livre sont aussi résistantes que possible ; l'Award of Garden Merit de la Société royale d'horticulture britannique, identifié par 🏆, est un gage de résistance.

Le voile horticole protège les plantes

Identifier les ravageurs

Pour limiter l'usage des pesticides, il est préférable d'agir quand vous découvrez un indésirable, plutôt que d'abuser des traitements préventifs. Il existe quelques ravageurs communs à la plupart des jardins ; repérez les signes indicateurs de manière à les identifier rapidement.

- **Les pucerons** sont des insectes suceurs de sève ; ils peuvent transmettre des maladies. Ils s'agglutinent sur les tiges, et le miellat qu'ils sécrètent attire souvent les fourmis. Chassez-les avec un jet d'eau. Si vous constatez leur présence dans le jardin, couvrez les plantes à protéger avec un voile horticole jusqu'à la fin de l'invasion.
- **Thrips et mineuses** peuvent provoquer des marques sur les feuilles ou s'agglutiner sur les fleurs, mais ils ne nuisent pas à la santé de la plante.
- **Les chenilles** dévorent les feuilles ; le plus simple est de les enlever à la main.
- **Les otiorrhynques et les charançons** dévorent les feuilles, mais leurs larves sont plus nuisibles car elles détruisent les racines. Elles se plaisent dans les sols très humides, aussi n'arrosez pas trop copieusement. Si vous observez des adultes sur une plante, prenez des mesures pour détruire les larves.

Lutter contre les ravageurs

- **Les pesticides de contact** sont le meilleur moyen d'éliminer les ravageurs. Ils contiennent de la roténone ou des pyréthrines, d'origine végétale, ou des pyréthroïdes de synthèse.
- **Les jardiniers biologiques** utilisent de préférence des insecticides à base d'acides gras ou d'huiles végétales.
- **Les insectes** provoquant des déformations, comme les mineuses et les thrips, sont difficiles à éradiquer, à moins de les atteindre avec un insecticide de contact.
- **Les obstacles,** comme les voiles horticoles, sont surtout efficaces contre les ravageurs « saisonniers », comme les tenthrèdes.
- **La pose d'un film de polyéthylène,** d'un feutre horticole ou même d'un vieux tapis repousse les ravageurs venus du sol, comme la mouche du chou.
- **Le binage** autour des plantes sensibles peut éliminer certains ravageurs précoces, comme la mouche du narcisse.

Chassez les pucerons au jet

La lutte biologique

Encouragez la présence d'insectes prédateurs qui vous aideront à lutter contre les ravageurs.

Évitez d'utiliser des pesticides et vous verrez affluer coccinelles, libellules, bombyles et guêpes, tous très friands de ravageurs tels les pucerons.

Les coccinelles sont de précieuses auxiliaires

Les otiorrhynques exercent leurs ravages dans le sol

Ramassez les chenilles

Piège à bière pour les limaces

Limaces

Ce sont les ravageurs les plus courants. Elles peuvent détruire une plante en une nuit. Les granulés sont efficaces mais leur action est éphémère. Essayez ces autres remèdes.

- **Les pièges à bière** enfoncés dans le sol attirent les limaces, qui tombent et se noient. Il est préférable d'utiliser un piège conçu à cet usage (ci-dessus).
- **La poudre de kaolin** répandue au pied des plantes assèche le mucus des gastéropodes et empêche leur progression. Renouvelez l'application après une grosse pluie.
- **Les nématodes** incorporés au sol par arrosage infectent et tuent les limaces, mais sont moins efficaces contre les escargots. Ce traitement coûteux est à réserver aux plantes vraiment spéciales.
- **Une inspection de nuit** est encore le moyen le plus efficace. Ramassez tous les gastéropodes que vous trouvez et débarrassez-vous-en.

Identifier les maladies

L'hybridation des plantes a permis la création de nombreuses variétés modernes plus résistantes aux maladies, mais pas à toutes.

- **L'oïdium** est courant par temps sec et chaud et laisse sur les feuilles un revêtement blanchâtre, farineux.
- **Le pourridié** révèle sa présence par l'apparition de corps fructifères à la base de la plante, qui indiquent que le champignon a déjà envahi l'écorce et les racines. Si vous craignez une attaque, consultez un spécialiste.
- **La rouille,** également provoquée par un champignon, peut être difficile à éradiquer. Traitez préventivement les jeunes pousses des plantes sensibles dès le printemps.
- **La maladie des taches noires,** particulièrement commune sur les rosiers, provoque des taches sur le feuillage. Éliminez les feuilles présentant des taches suspectes et traitez la plante entière avec un fongicide approprié.
- **La pourriture grise** affecte fréquemment les fleurs, les feuilles et les fruits, souvent au niveau de leur insertion sur la tige. L'humidité ambiante favorise son apparition. Éliminez les parties atteintes pour limiter son expansion.
- **Le feu bactérien** affecte les arbustes, dont les pousses prennent un aspect grillé. Éliminez et brûlez les rameaux malades ou arrachez la plante si nécessaire.

Oïdium

Pourridié

Lutter contre les maladies

La plupart des fongicides agissent par absorption et rendent les nouvelles pousses résistantes. Ils n'éliminent généralement pas les maladies déjà présentes, comme la maladie des taches noires du rosier, d'où la nécessité de couper le bois et les feuilles malades avant de traiter. Cependant, employés au printemps, lorsque le feuillage se déploie, puis encore une ou deux fois durant la saison, ils réduisent nettement les risques d'infection sur les plantes sensibles.

Le soufre est un remède ancien encore largement utilisé par les jardiniers, biologiques ou non. Il est très efficace sur bon nombre de maladies courantes. Cependant, certaines variétés craignent le soufre : faites un test sur quelques feuilles avant de traiter la plante entière.

Rouille

Taches noires

quel type de

situation ?

QUEL TYPE DE SITUATION ?

Pour jardiner encore plus facilement, vous devez connaître les conditions de culture qu'offre votre jardin. Cette partie contient des idées et des conseils pour chaque type de situation – venteuse, ombragée, ensoleillée, pentue ou plane – et selon la nature du sol.

• **Faites le plan de votre jardin**, avec les bâtiments, les murs, les clôtures ou les haies, les allées ou les terrasses, les arbres.

• **Notez comment le soleil se déplace** au cours de la journée et combien de temps il reste à un endroit donné. Identifiez les zones spécifiques : venteuse, pentue ou humide, par exemple.

• **Déterminez la nature du sol,** pour voir s'il est plutôt lourd et argileux ou léger et sableux, et son pH – acide ou alcalin.

• **Consultez les chapitres** qui vous semblent les plus adaptés et découvrez les choix de plantation proposés.

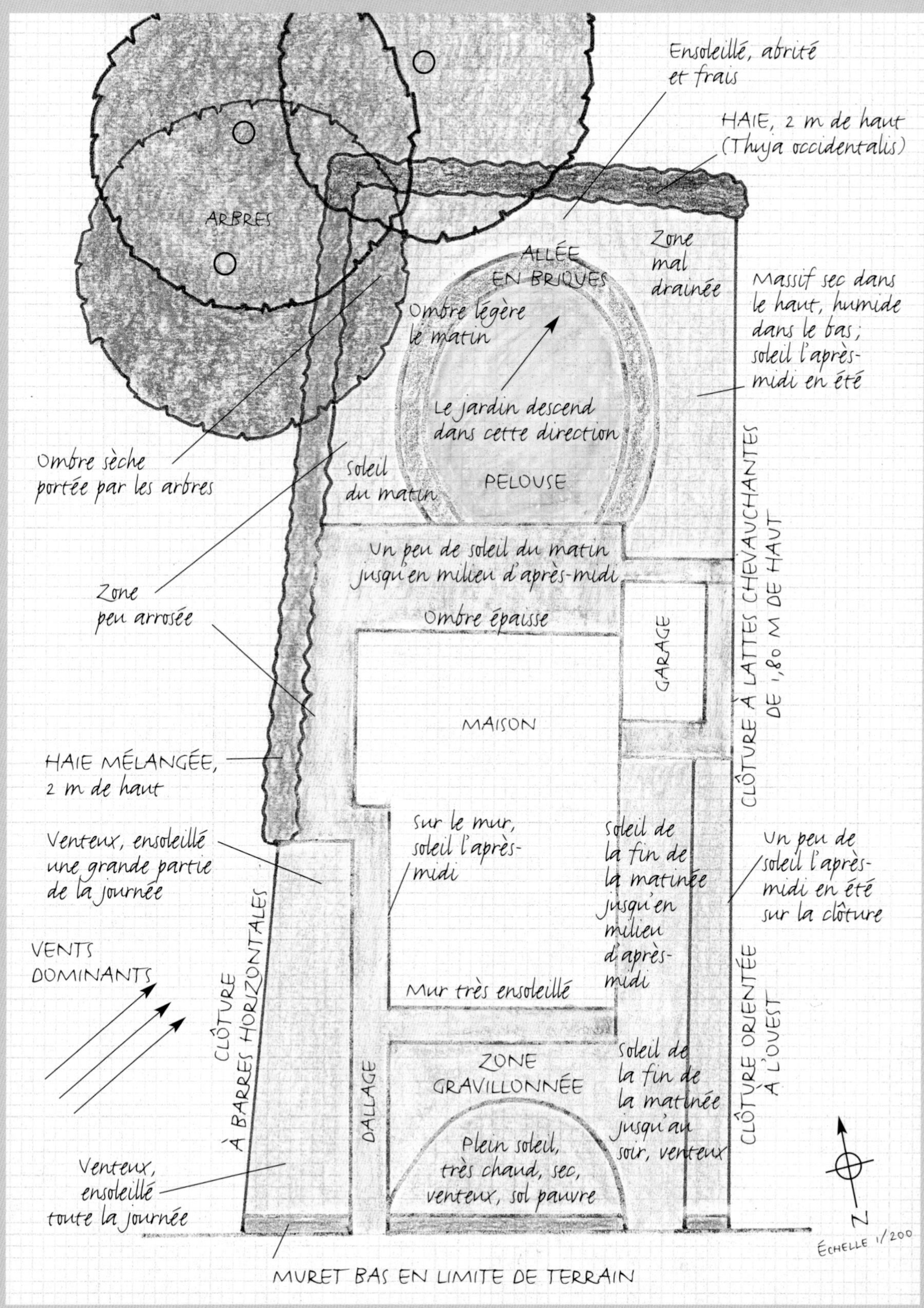

Sur du papier quadrillé, dessinez un plan à l'échelle de votre jardin, en vous plaçant si possible à midi en été. À cette période, le soleil est au plus haut et les conditions sont extrêmes. Par la suite, vous pourrez faire de même pour d'autres saisons et affiner ainsi vos projets de plantation.

Quand un terrain est fouetté par le vent et exposé au plein soleil, les conditions varient de la chaleur sèche et cuisante jusqu'à la bise glaciale. De tels sites demandent des plantes très tolérantes.

Tracez un plan de votre terrain

Une fois établie l'esquisse du jardin, vous pouvez l'utiliser pour faire un plan plus détaillé des espèces que vous souhaitez planter (voir page 85). Dessinez un plan à l'échelle, en y indiquant les éléments fixes, comme les allées ou les gros arbres, le nord et la pente du jardin. Puis posez-vous les questions suivantes et notez les réponses sur le plan.

Où se situent soleil et ombre ?

La plupart des jardins offrent des expositions variées entre le plein soleil et l'ombre dense, définies par la proximité d'arbres et de bâtiments. Comptez les heures pendant lesquelles un endroit est au soleil au cœur de l'été lors d'une journée sans nuages. Les emplacements dégagés reçoivent en théorie le soleil sans interruption, mais la plupart se retrouvent à l'ombre à un moment ou à un autre de la journée.

L'époque de l'année joue aussi un rôle. Les grands arbres et les bâtiments élevés font peu d'ombre en été lorsque le soleil est haut, mais ils créent des zones entièrement à l'ombre en milieu d'hiver.

L'ombre portée par un bâtiment, une clôture ou une haie épaisse est totale, tandis que la ramure de la plupart des arbres laisse filtrer un peu de lumière.

Le sol est-il sec ou humide ?

Devez-vous attendre plusieurs jours avant de pouvoir marcher sur le sol après une grosse pluie ? Subsiste-t-il en permanence des zones détrempées, même en été ? Si oui, votre sol est probablement lourd – effectuez un test à l'eau (voir page 8). L'eau s'évacue rapidement ? Votre sol est léger.

L'ombre portée par un bâtiment est dense et bien délimitée. À mesure que le soleil tourne, différentes parties du jardin sont tour à tour dans l'ombre : c'est une exposition mi-ombre.

Il est essentiel de connaître les exigences des plantes en ce qui concerne l'humidité. Beaucoup pourrissent dans un sol constamment humide, d'autres flétrissent et meurent si elles manquent d'eau. Il en existe cependant qui tolèrent aussi bien les sols secs qu'humides, comme *Hosta* et *Hemerocallis*.

Avez-vous des arbres et des haies ?

Les arbres, grands arbustes et haies ont un gros impact sur le jardin. Ils créent des zones d'ombre et puisent eau et nutriments dans le sol. Il existe de nombreuses espèces qui se plaisent sous les arbres et les arbustes, tolérant sans problème les conditions plus sèches et appauvries qui y règnent. Ce sont des plantes bien plus faciles que celles qui demandent des apports constants d'eau et d'engrais.

Votre jardin est-il en pente ?

La plupart des jardins présentent une légère déclivité qui ne restreint pas le choix des plantes. Sur les fortes pentes, en revanche, la partie haute est souvent drainée tandis que la moitié inférieure reste humide. Un long talus peut être en plein soleil au sommet et dans l'ombre presque totale à la base. La terre a parfois aussi tendance à glisser du haut vers le bas. Il faut dans ce cas planter à travers un feutre semi-perméable ou utiliser des plantes qui fixent la terre.

Le terrain est-il venteux ou abrité ?

Certains jardins subissent l'assaut des vents tout au long de l'année. Les coups de vent peuvent faire chuter la température et retarder la floraison. Pour réduire leur impact, installez un brise-vent, comme une haie ou un treillage couvert des plantes grimpantes appropriées.

Habitez-vous en bord de mer ?

Sur la côte, le climat est plus régulier que dans les terres, car la mer maintient les températures plus élevées en hiver et plus fraîches en été. Les conditions extrêmes, en particulier le gel intense, y sont moins fréquentes, mais les vents forts, chargés d'embruns, posent souvent un problème.

SITUATIONS VENTEUSES DANS LES TERRES

DÉGAGÉES ET EXPOSÉES

De nombreux jardins, surtout en altitude, sont largement exposés aux intempéries : soleil cuisant de l'été, vents froids et rigueurs de l'hiver.

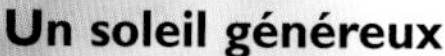

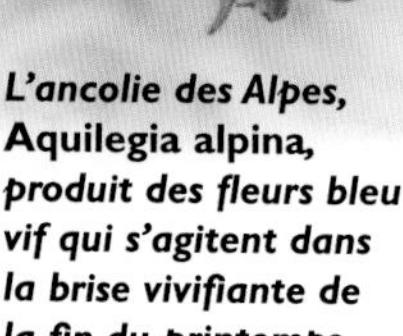

L'ancolie des Alpes,* Aquilegia alpina, *produit des fleurs bleu vif qui s'agitent dans la brise vivifiante de la fin du printemps.

De fortes rafales de vent peuvent brûler les plantes autant que des heures de soleil cuisant. Le vent assèche les feuilles et le sol, brunissant le bord du feuillage des persistants en hiver et rendant les jeunes pousses sensibles au gel au printemps.

Par temps humide, quand le sol est meuble, ou sur un sol léger quand il est sec, les assauts répétés du vent peuvent déchausser ou même déraciner des plantes en une nuit ; surveillez les jeunes arbres et arbustes et retassez la terre à leur pied s'ils commencent à vaciller.

Un soleil généreux

Un jardin dégagé s'apprécie surtout quand arrive l'été. Vous pouvez vous y installer à n'importe quel moment de la journée et il vous offre la situation idéale pour cultiver les vivaces de plein soleil, comme ***Potentilla*** ou la fétuque bleue (***Festuca glauca***). De tels jardins sont dépourvus de poches de froid et ne connaissent pas les problèmes de zones sèches au pied des bâtiments ou sous les arbres.

Cependant, si aucun mur ou clôture n'offre un abri, la plantation de quelques arbres et arbustes robustes, comme le bouleau blanc (***Betula pendula***), ou ***Rosa rugosa*** 'Alba', en première ligne de défense, élargira les possibilités pour le reste du terrain. Protégez ces brise-vent avec un filet ou une palissade temporaire jusqu'à ce qu'ils soient bien établis et ils offriront au jardin abri et structure.

Des plantes en bonne santé

N'achetez que les espèces les plus robustes et gardez-les au sommet de leur forme de manière à ce qu'elles supportent sans problème les rigueurs du climat. Veillez à la qualité du sol. Les plantes s'enracinent mieux dans une terre riche en humus : incorporez de la matière organique bien décomposée si votre sol est peu profond et paillez pour retenir l'humidité.

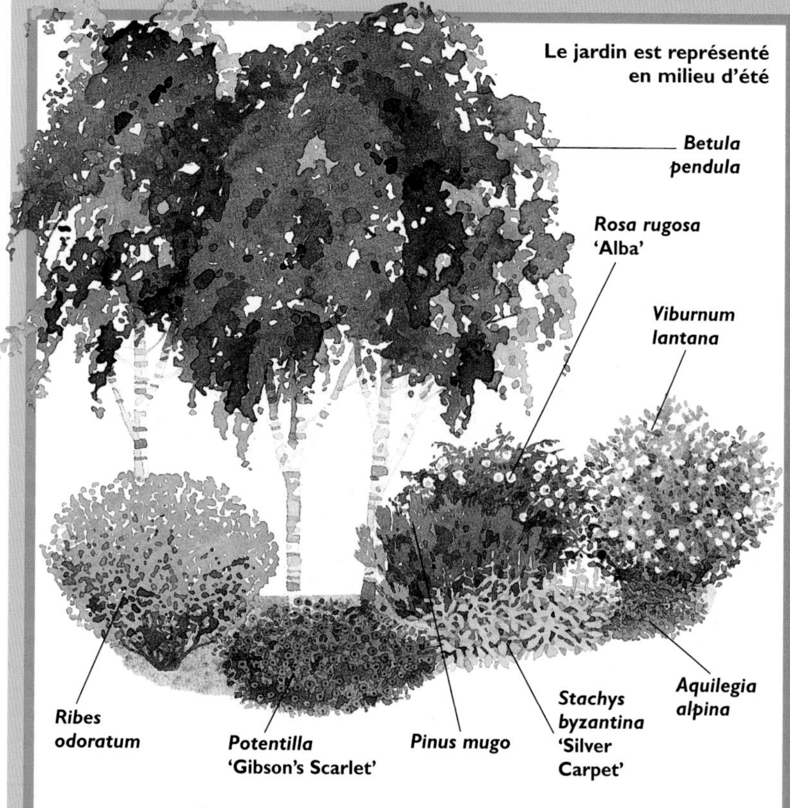

À L'ABRI DU VENT FROID DU NORD

Les vents froids du nord viennent ici de la gauche, mais sont filtrés par les trois bouleaux blancs (*Betula pendula*), groupés au-dessus d'un groseillier à fleurs (*Ribes*). Au printemps, des variétés basses de jonquilles et tulipes entourent les arbustes persistants, qui les protègent du vent.

Le choix du spécialiste

Vivaces herbacées

Les feuillages gris bleuté réfléchissent le soleil et maintiennent les plantes fraîches sous le soleil de plomb qui chauffe un tel jardin en plein été.

Aquilegia alpina ❀ Bleu vif • Fin de printemps-début d'été • *H* 45-60 cm *E* 30 cm ➤p. 93

***Festuca glauca* 'Elijah Blue'** ⌀ Bleu • Début d'été • *HE* 30 cm ➤p. 126

***Potentilla* 'Gibson's Scarlet'**♀ ❀ Rouge vif • Début d'été • *H* 45 cm *E* 60 cm ➤p. 154

***Rudbeckia nitida* 'Herbstsonne'** ❀ Jaune • Milieu d'été-début d'automne • *H* 2 m *E* 60 cm ➤p. 158

***Sedum kamtschaticum* 'Variegatum'**♀ ❀ Jaune • Milieu-fin d'été • *H* 10 cm *E* 25 cm ➤p. 161

***Stachys byzantina* 'Silver Carpet'** ⌀ Gris teinté de jaune • *H* 60 cm *E* 1 m ➤p. 164

Arbustes et plantes grimpantes

Les feuilles cireuses et lustrées contribuent à rendre les végétaux résistants aux conditions difficiles, comme le soleil brûlant et les vents desséchants.

Cotoneaster apiculatus ❀ Rose • Été ❦ Rouge • Automne • *H* 1 m *E* 1,50 m ➤p. 187

***Ilex* x *meserveae* 'Honey Maid'**
⌀ Vert foncé et crème ❦ Rouge
• Automne-hiver • *HE* 1,20 m
➤p. 201
***Pinus mugo* 'Gnom'** ⌀ Vert foncé
❦ Cônes brun-noir, jaune-brun à maturité • *HE* 1 m à 10 ans ➤p. 211
Ribes odoratum ❀ Jaune
• Printemps • *HE* 2 m ➤p. 213
***Rosa rugosa* 'Alba'**♀ ❀ Blanc
• Tout l'été ❦ Rouge orangé
• Automne • *HE* 1 à 2,50 m ➤p. 218
Viburnum lantana ❀ Blanc • Fin de printemps-début d'été ❦ Noir
• Automne • *H* 4 m *E* 3 m ➤p. 229

Arbres

Ne choisissez que les variétés les plus robustes si vous voulez les planter à un endroit où les rafales sont fréquentes.

***Acer negundo* 'Flamingo'**
⌀ Vert panaché de blanc et de rose
• Printemps-été • *H* 6 m *E* 4 m
➤p. 234
Betula pendula♀ ⌀ Jaune
• Automne • *H* 14 m *E* 10 m à 20 ans
➤p. 235
***Sorbus aucuparia* 'Cardinal Royal'**
❀ Blanc • Fin de printemps ❦ Rouge orangé • Automne • *H* 8 m *E* 3 m
➤p. 241

Bulbes

Les grandes plantes craignent le vent, particulièrement au printemps, quand la végétation environnante est encore nue ; préférez des variétés basses.

***Narcissus* 'Tête-à-tête'**♀ ❀ Jaune
• Début de printemps • *H* 15 cm
➤p. 289
***Tulipa* 'Chaperon Rouge'**
❀ Rouge ; base des pétales noire
• Début de printemps • *H* 20 cm
➤p. 292

Des graminées légères (voir pages 125-126), des grandes touffes de **Miscanthus** *aux épillets plumeux de* **Pennisetum**, *constituent l'essentiel d'un site balayé par les vents. Les panicules ploient sous la brise, mais les tiges souples ne craignent pas l'assaut des rafales. Des rudbeckias jaunes complètent la scène.*

SITUATIONS VENTEUSES DANS LES TERRES

SOL LÉGER

Les fortes rafales peuvent faire plus de dommages que le gel et, en sol léger, les assauts répétés du vent risquent de déchausser les plantes.

Le houblon doré, Humulus lupulus 'Aureus' (ci-dessus à droite), adoucit les clôtures, les murs et les pergolas avec son feuillage teinté de jaune ; les pieds femelles produisent des bouquets de fruits vert pâle.

Un terrain léger et venteux présente bien des avantages. Le sol est facile à travailler et à désherber, et il se réchauffe vite au printemps. Le risque d'humidité stagnante est négligeable et les parasites et maladies n'apprécient guère les vents frais.

En revanche, la terre s'assèche rapidement et le vent aggrave le problème. Garnissez vos plates-bandes avec des plantes trapues, résistant au vent et à la sécheresse, et tuteurez les plus hautes. Au printemps, **ails d'ornement** et **scilles** apportent de la couleur. En été, pensez aux **genêts** et aux touffes de **véronique** et de **camomille**.

La pluie entraîne les nutriments en profondeur, et vous devrez vérifier l'ancrage des jeunes plantes les jours de grand vent. Enfouissez quantité de matière organique et fertilisez les plantes avec des engrais à libération lente pour maintenir leur vigueur. Après une période pluvieuse, paillez en couche épaisse pour préserver l'humidité.

Après la nourriture, l'abri

Un treillage ou une haie peu touffue atténuent le vent sans le bloquer. Si votre jardin est suffisamment grand, bordez-le avec une « première ligne de défense » d'**aubépines** ou de *Caragana*, du côté où souffle le vent. Une palissade pleine, ou un mur, est la dernière chose à installer dans un tel site : le vent contourne l'obstacle par le haut et retombe en tourbillonnant sur le côté que vous pensiez protéger.

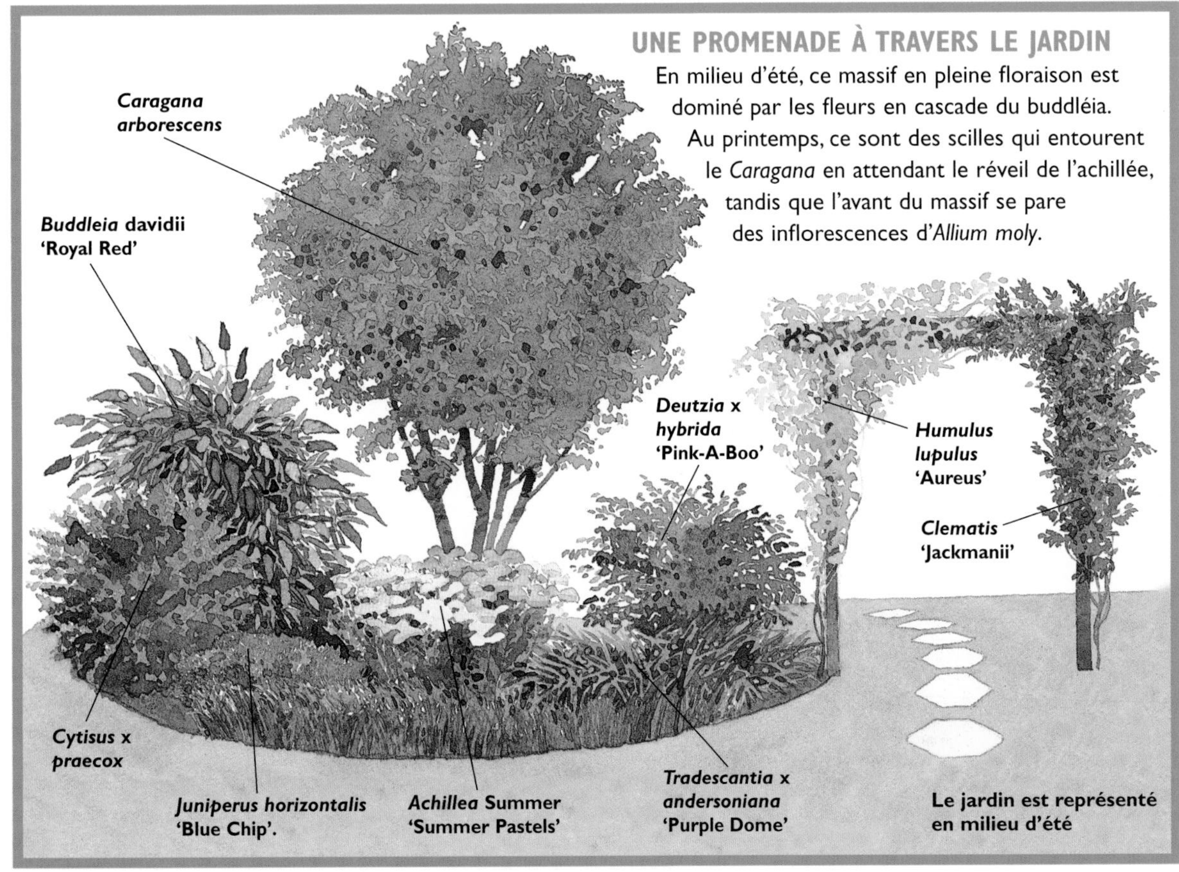

UNE PROMENADE À TRAVERS LE JARDIN

En milieu d'été, ce massif en pleine floraison est dominé par les fleurs en cascade du buddléia. Au printemps, ce sont des scilles qui entourent le *Caragana* en attendant le réveil de l'achillée, tandis que l'avant du massif se pare des inflorescences d'*Allium moly*.

Genista lydia, *au centre de ce massif, conserve ses fleurs même sous la plus vive des brises. On peut faire un bel aménagement coloré même en situation venteuse.*

Le choix du spécialiste

Vivaces herbacées

Les tons argentés, blancs et bleus réfléchissent le soleil et maintiennent une certaine fraîcheur aux endroits dégagés. Les feuilles au limbe étroit et effilé sont aussi un moyen de limiter l'évaporation dans les sites sensibles.

***Achillea* 'Summer Pastels'**
❀ Blanc, crème, jaune, rose, saumon ou pourpre pâle • Été
• *H* 75 cm *E* 60 cm ➤p. 88

***Tanacetum parthenium* 'Aureum'**
❀ Blanc jaunâtre • Fin de printemps
• *H* 45 cm *E* 30 cm ➤p. 165

***Thymus* 'Coccineus'♀**
❀ Rose cramoisi • Milieu d'été
• *H* 5 cm *E* 30 cm ➤p. 167

***Tradescantia* x *andersoniana* 'Purple Dome'** ❀ Pourpre • Début d'été-début d'automne
• *H* 60 cm *E* 45 cm ➤p. 169

***Veronica gentianoides*♀**
❀ Bleu • Été • *HE* 40 cm ➤p. 171

Arbustes et plantes grimpantes

Les hélianthèmes adorent le soleil tandis que les genêts, plantes de lande par excellence, résistent au vent.

***Buddleia davidii* 'Royal Red'♀**
❀ Pourpre-rouge • Milieu d'été-début d'automne • *HE* 2 m ➤p. 179

***Clematis* 'Jackmanii'♀**
❀ Mauve foncé • Début-fin d'été
• *H* 3 m *E* 1 m ➤p. 183

Cytisus* x *praecox
❀ Jaune • Printemps
• *H* 1 m *E* 1,20 m ➤p. 188

***Deutzia* x *hybrida* 'Pink-A-Boo'**
❀ Rose foncé et blanc • Début d'été
• *H* 1 m *E* 1,50 m ➤p. 190

***Genista lydia*♀**
❀ Jaune • Début d'été
• *H* 40 cm *E* 60 cm ➤p. 193

***Humulus lupulus* 'Aureus'♀**
❀ Jaune verdâtre • Fin d'été
Ø Vert-jaune • Été • *H* 4 m *E* 2 m ➤p. 198

***Juniperus horizontalis* 'Blue Chip'**
Ø Bleu argenté • *H* 30 cm *E* 1,50 m ➤p. 202

Arbres

L'acacia jaune (*Caragana*) et les aubépines (*Crataegus*) poussent dans les lieux ensoleillés et bien drainés.

Caragana arborescens
❀ Jaune • Fin de printemps Ø Vert
• Printemps-été • *HE* 1,50 m ➤p. 235

***Crataegus laevigata* 'Paul's Scarlet'♀** ❀ Rouge • Printemps
Ø Vert foncé • *HE* 5 m ➤p. 236

Bulbes

Préférez les bulbes à tige courte pour les endroits peu abrités.

Allium moly
❀ Jaune • Début d'été • *H* 15-25 cm ➤p. 274

***Scilla siberica* 'Spring Beauty'**
❀ Bleu vif • Début de printemps
• *H* 15 cm ➤p. 291

SITUATIONS VENTEUSES DANS LES TERRES

SOL LOURD

Le vent peut être l'ennemi des massifs.

Mais si vous disposez d'un sol frais et fertile et d'une situation ensoleillée, vous pouvez obtenir un jardin débordant de couleurs et de parfums toute l'année.

Campanula glomerata ***se couvre de bouquets de fleurs pourpres au début de l'été. Cette vivace vigoureuse empêche le sol de durcir pendant les périodes de sécheresse ou de former une croûte de «battance» après une pluie forte.***

Les zones les plus venteuses se situent souvent sur de fortes pentes, où la gravité entraîne eau, éléments nutritifs et terre vers le bas et loin des plantes. Mais si vous bénéficiez d'une bonne terre argileuse et d'un terrain peu pentu, vous pouvez faire du vent un allié.

Les rafales peuvent déchausser les plantes hautes, mais résistez à la tentation de les ancrer en tassant fortement la terre : vous risquez d'obtenir un sol entièrement compacté. Plantez plutôt des **aubépines** en brise-vent et tuteurez solidement les plantes sensibles en les surveillant en période de grand vent.

Par contre, les sols lourds fournissent l'humidité et les nutriments nécessaires à la bonne vigueur des plantes une fois qu'elles sont bien établies. En outre, une situation ensoleillée les encourage à fleurir et le vent contrarie les parasites et les maladies.

De la flaque d'eau au béton

Les plantes situées dans un emplacement venté risquent de mettre plus de temps à démarrer au printemps. Un vent fort peut abaisser la température et assécher le sol en surface, créant une croûte dure sur laquelle l'eau s'écoule et que les jeunes pousses ont bien du mal à traverser.

Après une grosse pluie, pour éviter la formation d'une croûte de « battance » formée par les fines particules de la surface, attendez pour marcher sur le sol que le vent l'ait asséché. Vous pouvez briser la surface de temps en temps pour l'empêcher de durcir.

Rapide à étendre, une couche épaisse de paillis permet également de maintenir la bonne structure du sol, mais des plantations serrées sont tout aussi efficaces et bien plus attrayantes. Au fil des mois, essayez les tapis printaniers de **jacinthes des bois**, les touffes de **campanules**, les **berbéris** flamboyants à l'automne ou les **thuyas** persistants.

Le cornouiller prend tout son intérêt en hiver avec ses rameaux colorés. Celui-ci, à écorce rouge, embrase tout le massif tel un buisson incandescent.

Le choix du spécialiste

Vivaces herbacées

Les vivaces basses conviennent mieux aux sites ventés. Choisissez des variétés naines comme l'aster 'Flora's Delight' ou tuteurez les plantes hautes comme *Helenium*.

***Aster* x *frikartii* 'Flora's Delight'** ❀ Lilas • Automne • *HE* 45 cm ➤p. 96
Campanula glomerata ❀ Violet • Début d'été • *H* 40 cm *E* 50 cm ➤p. 102
Erigeron aurantiacus ❀ Orange • Été • *HE* 30 cm ➤p. 112
***Helenium* 'Moerheim Beauty'** ♈ ❀ Cuivré • Été • *H* 90 cm *E* 60 cm ➤p. 127
Thalictrum aquilegiifolium ❀ Rose • Milieu d'été • *H* 1 m *E* 60 cm ➤p. 166

Arbustes et plantes grimpantes

Des feuilles coriaces, une silhouette trapue et un système racinaire solide sont les critères pour qu'un arbuste résiste dans un tel jardin. Si vous disposez d'un mur ou d'une clôture, utilisez des plantes grimpantes, comme le lierre ou un rosier sarmenteux, pour donner du relief.

***Berberis thunbergii* 'Royal Burgundy'** ⌀ Rouge vin ❦ Pourpre • Automne • *H* 60 cm *E* 90 cm ➤p. 177
***Cornus alba* 'Sibirica Variegata'** ⌀ Écorce et feuillage cramoisis • *HE* 1,50 m ➤p. 185
***Hedera helix* 'Bulgaria'** ⌀ Vert • *H* 20 m *E* 3 m ➤p. 197
Philadelphus* x *lemoinei ❀ Blanc • Début d'été • *HE* 1,80 m ➤p. 209
***Rosa* 'Geranium'** ♈ ❀ Rouge vif • Début d'été • *H* 2,50 m *E* 2 m ➤p. 218
***Rosa* 'Compassion'** ♈ ❀ Rose saumoné • Tout l'été • *HE* 3 m ➤p. 220
***Thuja occidentalis* 'Smaragd'** ♈ ⌀ Vert olive • *H* 2,50 m *E* 50 cm à 10 ans ➤p. 228

Arbres

Étêtez vos arbres tous les deux ans pour conserver une couronne basse ; avec un bon système racinaire, ils devraient résister aux assauts du vent.

***Crataegus crus-galli* 'Inermis'** ❀ Blanc • Début d'été ⌀ Vert foncé ❦ Rouge foncé • Automne • *HE* 7 m ➤p. 236
***Salix alba* var. *vitellina* 'Britzensis'** ♈ ⌀ Tiges rouge orangé • Fin d'automne • *H* 1,50 m *E* 3 m ➤p. 240

Bulbes

Les bulbes tendres comme les narcisses et les tulipes risquent de pourrir avec l'humidité hivernale, mais les perce-neige et les jacinthes des bois conviennent aux sols lourds et illuminent les jours sombres.

Galanthus ❀ Blanc • Début de printemps • *H* 20 cm ➤p. 283
Hyacinthoides ❀ Bleu • Printemps • *H* 40 cm ➤p. 284

TENIR TÊTE AU VENT

Le temps venteux reprend avec l'automne. À l'abri d'une solide clôture posée côté ouest, offrant une certaine protection contre les bourrasques du sud-ouest, des végétaux trapus dévoilent leurs couleurs automnales et des plantes grimpantes ajoutent de la hauteur sans donner prise au vent.

Le jardin est représenté en début d'automne

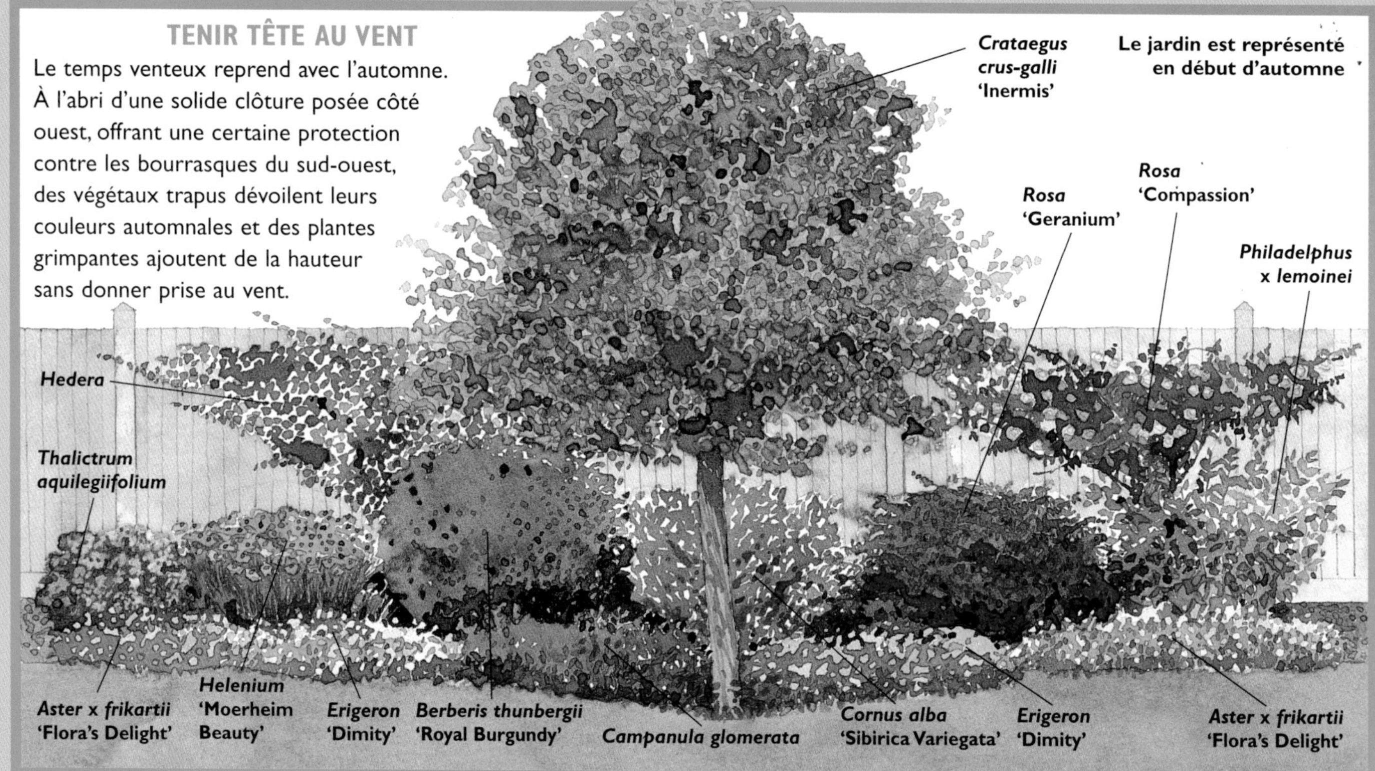

SITUATIONS VENTEUSES DANS LES TERRES

SOL PAUVRE

Une maison disposant d'une belle vue est un bien inestimable. Mais cela signifie probablement que vous habitez au sommet d'une colline ou d'une crête ensoleillée, avec une couche de sol plutôt maigre.

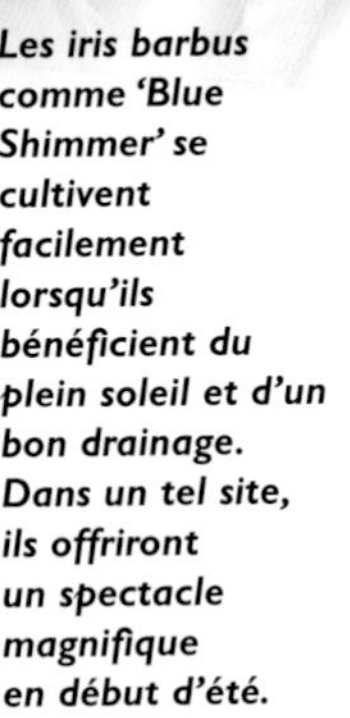

Les iris barbus comme 'Blue Shimmer' se cultivent facilement lorsqu'ils bénéficient du plein soleil et d'un bon drainage. Dans un tel site, ils offriront un spectacle magnifique en début d'été.

Dans un site comme celui-ci, le jardinier est souvent confronté au tintement du métal sur la pierre. En effet, nul besoin de creuser bien profond pour rencontrer du roc, du gravier ou du sable.

Ce jardin ensoleillé et venté devrait cependant rester relativement indemne de parasites et de maladies. Son sol mince assure un bon drainage et peut être amélioré. Un soleil généreux est aussi un gage de réchauffement rapide au printemps ; vous pouvez effectuer semis et plantations tôt en saison et profiter, par exemple, de la floraison du **gazon d'Espagne** pendant une longue période estivale.

Fortifier le sol superficiel

Avant de commencer à travailler dans votre jardin, observez les végétaux qui y poussent. Certaines plantes peuvent indiquer des déficiences (voir page 10), d'autres être brûlées par le vent. Et des plantes aux racines naturellement profondes paraîtront rabougries car elles ont du mal à développer leur système racinaire. Regardez les jardins alentour et tâchez de « comprendre » votre terrain.

Le plus important est d'améliorer la qualité du sol superficiel en y déposant du compost ou du fumier ; les vers de terre se chargeront de l'incorporer. Vous pouvez aussi essayer de briser la couche dure sur laquelle repose le sol superficiel et de retirer toutes les grosses pierres : c'est un travail fatigant pour le dos et qui peut prendre plusieurs années, mais à long terme vous recueillerez le fruit de votre labeur.

Utilisez des végétaux de haie robustes comme le **hêtre**, l'aubépine et le charme. Plantez des **bouleaux blancs**, des **potentilles**, des **roses trémières**, et de la **lavande** pour protéger du vent les plantes plus fragiles. Étalez une épaisse couche de paillis pour retenir l'eau et limiter l'érosion. Posez des brise-vent temporaires en attendant que les plantes s'établissent, en veillant à ne pas créer des poches de froid (voir page 40).

Portées sur des tiges robustes et dépourvues de feuilles, les inflorescences en pompon des ails d'ornement, ici 'Purple Sensation', semblent surgir des plantes environnantes, comme ces lavandes richement parfumées.

Le choix du spécialiste

Vivaces herbacées

Les plantes de bord de mer, comme le gazon d'Espagne (*Armeria*), poussent bien en sol pauvre, mais il existe aussi d'autres vivaces colorées à planter dans un massif venté.

Armeria alliacea
❀ Blanc à pourpre • Été
• *HE* 40 cm ➤p. 93
***Centranthus ruber* 'Albus'**
❀ Blanc • Été • *HE* 60 cm ➤p. 103
***Iris* 'Blue Shimmer'**
❀ Blanc et bleu • Début d'été
• *H* 75 cm ➤p. 136
Lysimachia punctata
❀ Jaune • Milieu-fin d'été
• *H* 1 m *E* 60 cm ➤p. 144
***Sempervivum* 'Commander Hay'**♀
❀ Rose foncé • Milieu d'été ∅ Rouge et vert • *H* 10 cm *E* 20 cm ➤p. 161

Arbustes et plantes grimpantes

Évitez les arbustes de grande taille dans les jardins ventés, mais les tiges souples d'un saule (voir p.222) laissent passer les bourrasques. Pour créer du relief, plantez des grimpantes au pied de structures solides.

Hypericum kalmianum
❀ Jaune • Milieu d'été ∅ Vert
• *HE* 1 m ➤p. 200
***Lavandula angustifolia* 'Hidcote'**♀
❀ Bleu foncé • Été ∅ Gris argenté
• *HE* 45 cm ➤p. 204
***Perovskia atriplicifolia* 'Blue Spire'**♀ ❀ Bleu lavande • Milieu d'été-début d'automne • *H* 1,20 m *E* 1 m ➤p. 209
***Potentilla fruticosa* 'Abbotswood'**♀
❀ Blanc • Été ∅ Vert foncé
• *HE* 80 cm ➤p. 212

Arbres

Un sorbier (*Sorbus*) ou un bouleau blanc (*Betula pendula*) étendent leurs racines superficiellement et leurs feuilles bruissent dans le vent. Ils sont bien adaptés à ces conditions de sol mince.

Betula pendula♀
❀ Jaune • Automne • *H* 14 m *E* 10 m à 20 ans, 20 m à terme ➤p. 235
***Sorbus aucuparia* 'Pendula'**
∅ Rouge, orange et jaune ❀ Blanc
• Début d'été ⁂ Rouge vif • Automne
• *HE* 4 m ➤p. 241

Bulbes

Pour le début du printemps, choisissez des tulipes botaniques et des crocus. Pour l'été, essayez les ails d'ornement.

Allium cristophii♀
❀ Pourpre • Milieu d'été
• *H* 30-60 cm ➤p. 274
Crocus
❀ Divers • Début de printemps
• *H* 5-18 cm ➤p. 279
Tulipa turkestanica♀
❀ Blanc crème
• Début de printemps
• *H* 30 cm ➤p. 292

UN SITE ENSOLEILLÉ SUR UN SOL MINCE

Quand le soleil tape au cœur de l'été, le feuillage argenté et les fleurs pâles réfléchissent la lumière, conservant fraîcheur et humidité. Millepertuis et lavande s'accommodent bien de ce type de jardin où soleil, vent et sol pauvre limitent la quantité d'eau disponible.

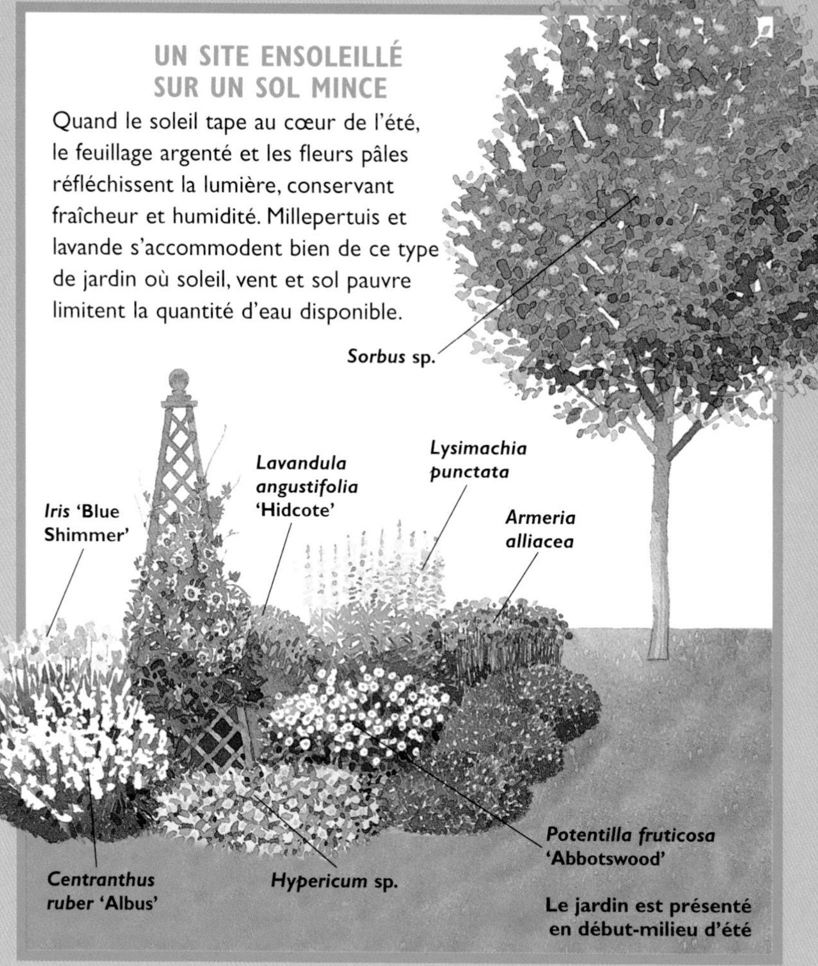

Le jardin est présenté en début-milieu d'été

SITUATIONS VENTEUSES EN BORD DE MER
SOL LÉGER

En retrait de la plage, le sable s'est stabilisé en un sol des plus légers. Ici, les tamaris filtrent les vents marins et protègent dahlias, glaïeuls et centaurées, dont les teintes vives flamboient dans la clarté.

Sous le climat ensoleillé et tempéré d'un jardin de bord de mer pourvu d'un sol léger et bien drainé, le jardinier insouciant peut s'asseoir et voir prospérer des plantes normalement non rustiques, comme les *Osteospermum*. Sur le littoral, la différence entre les températures estivales et hivernales est moins prononcée que dans les terres, et les gelées sont rarement sévères. Le sol est parfois chargé en sel, ce qui le rend alcalin (pH supérieur à 7), mais il existe de nombreuses plantes adaptées à de telles conditions, dont certaines ne craignent aucunement les vents riches en embruns qui battent la côte lors des tempêtes.

Les fleurs cramoisies d'*Escallonia *durent tout l'été, mais cet arbuste n'est pas rustique. Pensez au* Tamarix *qui se plaît sous les assauts du vent marin. Il convient parfaitement à l'établissement d'une haie vaporeuse peu exigeante.

Donnez un bon départ à votre jardin

Choisissez avec soin des plantes qui se plaisent dans les conditions particulières d'une situation en bord de mer, et vous avez déjà fait la moitié du chemin qui mène à un beau jardin. Choyez vos plantations et le succès est garanti : tuteurez par exemple les variétés à tige tendre, comme les glaïeuls.

Tassez bien le sol à la plantation et inspectez le jardin après une période très venteuse pour vérifier qu'aucune plante ne s'est déchaussée. Paillez généreusement le sol afin de maintenir l'humidité en profondeur et d'abaisser le pH du sol. La structure s'en trouvera aussi améliorée, assurant aux plantes un ancrage plus solide.

Les graminées sauvages sont les premières à coloniser les sols sableux du littoral. Plantez des espèces ornementales (voir pages 125 et 126), en compagnie d'ails d'ornement (voir page 274), de lavande, d'*Osteospermum *et de giroflées (*Erysimum*) pour orner une plate-bande estivale.

Le choix du spécialiste

Vivaces herbacées

La forme arrondie des inflorescences de *Centaurea*, *Echinops* et *Eryngium*, renforce l'intérêt du massif. En sol léger, les fleurs sauvages traditionnelles conviennent aussi très bien.

Artemisia arborescens
Ø Gris argenté • *H* 1 m *E* 50 cm ➤p. 95

***Centaurea hypoleuca* 'John Coutts'** ❀ Rouge rosé • Milieu-fin d'été • *HE* 60 cm ➤p. 103

Echinops ritro 🏆
❀ Bleu métallique • Fin d'été • *H* 1,20 m *E* 30 cm ➤p. 110

Eryngium variifolium
❀ Bleu argenté • Milieu-fin d'été • *H* 40 cm *E* 25 cm ➤p. 113

DES ARBUSTES RÉSISTANTS QUI SE MOQUENT DES EMBRUNS

Le jardin est représenté au début de l'été

Tout jardin côtier devrait héberger au moins un tamaris pour briser les vents chargés d'embruns venus de la mer. Les vents âpres du nord balaient l'avant de ce massif, qui protège agréablement le jardin et la maison situés à l'arrière.

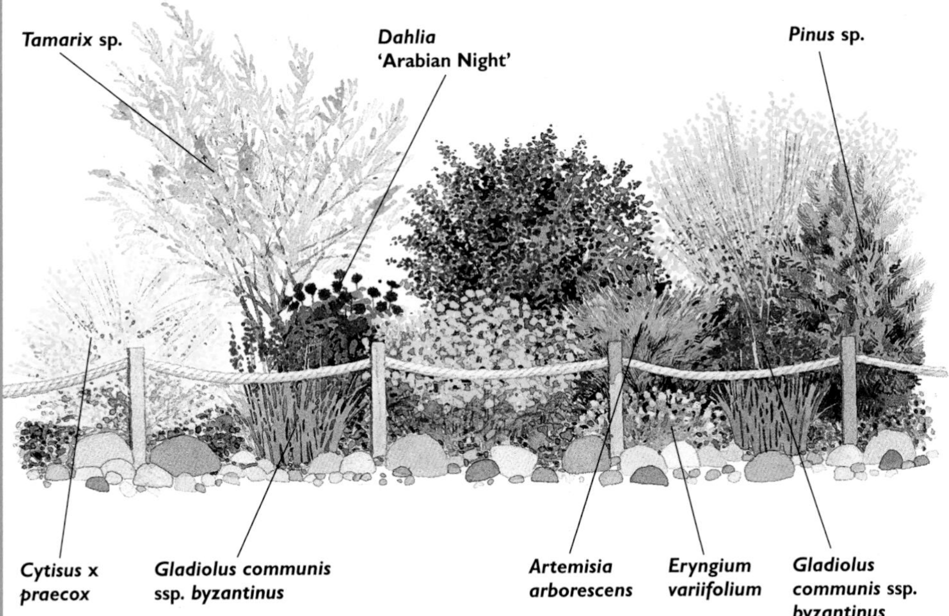

Arbustes et grimpants

Une silhouette trapue et des feuilles étroites aident les arbustes ne craignant pas les embruns à résister au temps agité du littoral.

Cytisus* x *praecox ❀ Jaune • Printemps • *H* 1 m *E* 1,20 m ➤p. 188
***Lavandula angustifolia* 'Miss Muffet'** ♀ ❀ Lilas-bleu • Début-milieu d'été Ø Gris argenté • *HE* 30 cm ➤p. 204
***Pinus sylvestris* 'Fastigiata'** Ø Vert foncé • *H* 7 m *E* 1 m ➤p. 211
Rosa spinosissima ❀ Blanc • Début d'été • *H* 1 m *E* 1,20 m ➤p. 218
***Tamarix ramosissima* 'Pink Cascade'** ❀ Rose pâle • Été Ø Vert pâle • *HE* 2 m ➤p. 227

Arbres

Plantez des arbres à la cime aérée ne craignant pas les vents forts.

***Acer platanoides* 'Princeton Gold'** Ø Jaune doré • Printemps • *H* 12 m *E* 10 m ➤p. 234

Annuelles

Pluie et soleil favorisent la floraison et l'épanouissement de bon nombre d'annuelles.

***Osteospermum* Série Springstar** ❀ Blanc, rose ou pourpre • Fin de printemps-automne • *HE* 45 cm ➤p. 259

Bulbes

Plantés çà et là, ces bulbes faciles apporteront des taches de couleur tout au long de l'été.

***Dahlia* 'Arabian Night'** ❀ Cramoisi noirâtre • Été-automne • *H* 1 m ➤p. 281
Gladiolus communis* ssp. *byzantinus ♀ ❀ Magenta • Milieu d'été • *H* 1 m ➤p. 283
Ornithogalum umbellatum ❀ Blanc et vert • Fin de printemps-début d'été • *H* 30 cm ➤p. 290

SITUATIONS VENTEUSES EN BORD DE MER

SOL LOURD

Le climat maritime peut être un défi pour n'importe quel jardinier. Un sol lourd est parfois dur comme du béton en été, ou inondé d'eau salée en hiver. Heureusement, certaines plantes résistent bien.

Les jardins de bord de mer bénéficient d'un soleil généreux, mais même les terrains situés légèrement à l'intérieur des terres peuvent subir les assauts de vents chargés d'embruns. Les sols lourds sont souvent fertiles et profitent à la croissance des plantes une fois celles-ci établies. Ils retiennent mieux l'eau que les sols sableux. L'argile lourde présente aussi l'avantage de drainer moins d'eau qu'un sol sableux et, de ce fait, elle se charge moins en sel.

Les fleurs pendantes du fuchsia **'Riccartonii'** *sont remarquables. Cet arbuste pousse sans problème et aime l'air d'un jardin de bord de mer.*

Terre et vent

Même si l'influence tempérée de la mer signifie moins de neige et de gelées fortes, les sols lourds restent lents à se réchauffer au printemps – un inconvénient pour les jeunes plants. Pour planter, attendez une amélioration du temps et une remontée des températures et achetez toujours les sujets les plus robustes.

Les secousses et les brûlures dues au vent et au sel peuvent aussi endommager les plantes : choisissez des végétaux trapus et robustes, qui sauront résister aux bourrasques, et tournez-vous vers des plantes résistantes au vent et au sel, comme *Erigeron* et *Miscanthus*. Le vent a aussi l'avantage de limiter les attaques de parasites et de maladies.

Alléger le sol et couper le vent

Avant de vous lancer dans tout un programme de plantation, ajoutez beaucoup de matière organique pour alléger le sol et améliorer sa structure : si vous épandez du fumier bien décomposé en surface à l'automne, les vers de terre feront le travail pour vous en l'enfouissant dans le sol. Si la terre est vraiment argileuse, incorporez du sable ou du fin gravier pour améliorer le drainage.

Une fois vos plantes en place, paillez-les au pied avec une couche épaisse de compost, de fumier, d'écorce de pin ou de coques de cacao pour empêcher le vent de dessécher le sol et les mauvaises herbes de germer.

Le choix du spécialiste

Vivaces herbacées

Les fleurs de type marguerite associées à des graminées créent un effet de textures intéressant dans les sites balayés par le vent.

***Echinacea purpurea* 'Robert Bloom'** ❀ Pourpre vif • Milieu d'été-début d'automne • *H* 1,20 m *E* 50 cm ➤p. 109

***Erigeron karvinskianus* 'Profusion'** ❀ Blanc, rose • Printemps-été • *H* 30 cm *E* 40 cm ➤p. 112

***Gaillardia* x *grandiflora* 'Dazzler'**🏆 ❀ Jaune et rouge orangé • Milieu d'été-début d'automne • *H* 60 cm *E* 45 cm ➤p. 120

***Hosta* 'Wide Brim'**🏆 ❀ Lavande ∅ Vert et crème • Été • *H* 60 cm *E* 1 m ➤p. 134

***Miscanthus sinensis* 'Morning Light'**🏆 ❀ Rougeâtre • Automne ∅ Vert bordé de blanc • *H* 1,20m *E* 1 m ➤p. 126

***Rudbeckia* 'Goldquelle'**🏆 ❀ Jaune • Milieu d'été-début d'automne • *HE* 1 m ➤p. 158

UN JARDIN À L'ABRI DU VENT

Plantez des saules à l'arrière des massifs estivaux et installez une haie persistante d'*Elaeagnus* qui formera un brise-vent bas et efficace. Plantez des gaillardes et des rudbeckias et, pour leur élégance, des fuchsias et du miscanthus.

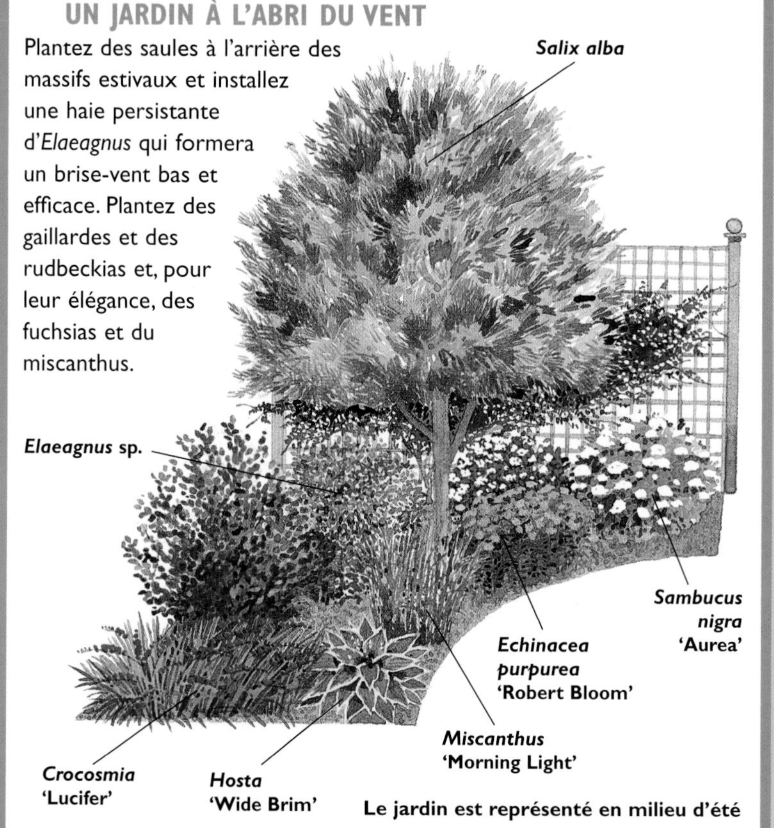

Le jardin est représenté en milieu d'été

Arbustes et plantes grimpantes

Choisissez des arbustes résistant au vent et au sel comme l'*Elaeagnus* pour atténuer la force du vent.

***Elaeagnus* 'Quicksilver'**♀
Ø Argenté • *HE* 3 m ➤p. 191
***Euonymus alatus* 'Compactus'**♀
Ø Rouge vif • Automne • *HE* 1,20 m ➤p. 191
Rosa spinosissima
❀ Blanc • Début d'été • *H* 1 m *E* 1,20 m ➤p. 218
***Sambucus canadensis* 'Aurea'**
❀ Blanc • Début d'été Ø Doré • Printemps – Vert lime • Été • *H* 3 m *E* 2 m ➤p. 222

Arbres

Les branches souples d'un saule font un beau brise-vent pour abriter le jardin des vents forts.

Salix x pendulina* var. *elegantissima Ø Vert vif • Printemps-été • *H* 8 m *E* 6 m ➤p. 240
Sorbus decora
Ø Rouge pourpré • Automne • Orange • *H* 8 m *E* 5 m ➤p. 241

Bulbes

Des bulbes dans des tons peu courants renforcent l'intérêt du massif.

***Crocosmia* 'Lucifer'**♀ ❀ Rouge vif • Été • *H* 1 m ➤p. 278
***Hyacinthus orientalis* 'City of Haarlem'**♀ ❀ Jaune pâle • Milieu de printemps • *H* 20 cm ➤p. 285

Les capitules vivement colorés d'**Erigeron glauca** ***'Sea Breeze' sont parfaits pour ce genre de site. Ils accompagnent ici des campanules aux fleurs étoilées mauve pâle.***

SITUATIONS VENTEUSES EN BORD DE MER
SOL PAUVRE

Relevez le défi d'un jardin en haut d'une falaise de bord de mer : plantez des espèces succulentes résistant à la sécheresse, des arbustes que le sel n'effraie pas et des plantes basses qui se jouent des bourrasques.

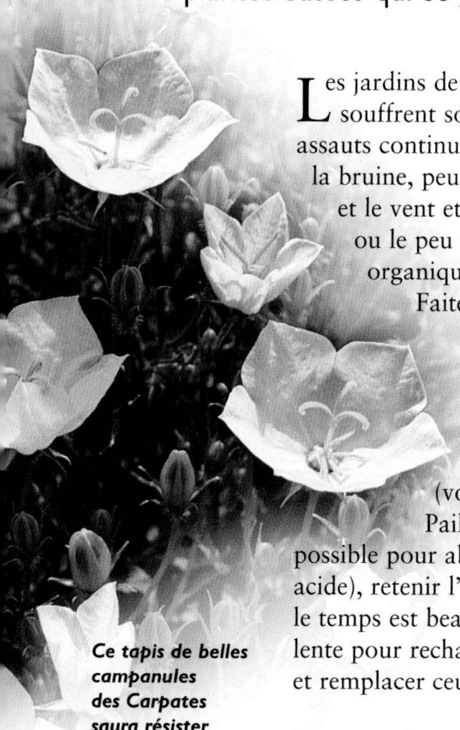

Les jardins de bord de mer balayés par le vent souffrent souvent d'un sol peu fertile. Les assauts continus du sel, amené par les vagues ou la bruine, peuvent rendre le terrain très alcalin, et le vent et la pluie emporter le sol superficiel ou le peu d'éléments nutritifs et de matière organique qu'il contient.

Faites un test de pH avec un kit d'analyse pour vérifier le degré d'alcalinité du sol afin d'adapter les plantations. Mélangez aussi une poignée de terre dans un pot rempli d'eau pour déterminer sa richesse en humus (voir page 8).

Paillez vos massifs le plus souvent possible pour abaisser le pH (rendre le sol plus acide), retenir l'eau et améliorer la fertilité. Quand le temps est beau, dispersez des engrais à libération lente pour recharger le sol en éléments nutritifs et remplacer ceux qui ont été lessivés par la pluie.

Ce tapis de belles campanules des Carpates saura résister aux rafales dans un jardin de bord de mer exposé aux vents violents.

Une couche mince et inconfortable

Dans ce type de sol, la bêche rencontre rapidement les cailloux ou un sous-sol dur. Si vous avez du courage, vous pouvez essayer de déblayer cette couche de caillasse. Sinon, choisissez des plantes adaptées, comme *Campanula carpatica,* pourvues de racines superficielles.

Planter un brise-vent protecteur

Le climat de bord de mer se caractérise par du vent, de longues périodes ensoleillées et un faible risque de gelées ou de neige abondante. Choisissez des espèces résistant au sel et aux embruns, et tuteurez les plantes hautes ou plantées depuis peu.

Les treillages offrent une protection sans porter une ombre trop dense, mais vous pouvez adopter pour brise-vent des végétaux décoratifs, comme des *Ilex* ou un sorbier.

Aloe vera et d'autres succulentes, comme les orpins, apprécient un jardin côtier ensoleillé et sablonneux – à l'abri des gelées –, stockant leur propre humidité en vue des périodes de sécheresse.

Le choix du spécialiste

Vivaces herbacées

Des vivaces au port bas et étalé résistent au pire des vents. Leurs racines superficielles fixent le sol et évitent l'érosion.

Campanula carpatica♀
❀ Bleu ou blanc • Début-fin d'été
• *H* 30 cm *E* 40 cm ➤p. 102
Dianthus plumarius
❀ Blanc et rose • Milieu d'été
• *HE* 30 cm ➤p. 106
***Eryngium bourgatii* 'Oxford Blue'**♀
❀ Bleu-violet argenté • Milieu-fin d'été
• *H* 60 cm *E* 50 cm ➤p. 113
Geranium macrorrhizum
❀ Blanc, rose ou magenta
• Fin de printemps-début d'été
• *H* 30 cm *E* 60 cm ➤p. 122
Limonium tataricum
❀ Bleu ou bleu rosé
• Milieu d'été-début d'automne
• *H* 20 cm *E* 10 cm ➤p. 140
***Sedum kamtschaticum* 'Variegatum'**♀ ❀ Jaune
• Été-début d'automne
Ø Vert et jaune • *H* 10 cm *E* 25 cm ➤p. 161
***Tradescantia* x *andersoniana* 'Purple Dome'** ❀ Pourpre
• Début d'été-début d'automne
• *HE* 60 cm ➤p. 169
***Veronica peduncularis* 'Georgia Blue'** ❀ Bleu foncé • Été
• *H* 10 cm *E* 60 cm ➤p. 171

Arbustes et plantes grimpantes

Les petites feuilles cireuses ou vernissées retiennent l'eau, n'absorbent pas les embruns salés et résistent bien aux rafales.

Aloe vera♀
Ø Gris-vert • *H* 60 cm *E* illimité ➤p. 304
***Berberis thunbergii* 'Atropurpurea Nana'**♀ Ø Pourpre-rouge ❦ Rouge vif • Automne • *H* 1,80 m *E* 2,50 m ➤p. 177
***Ilex* x *meserveae* 'Honey Maid'**
Ø Vert et jaune ❦ Rouge
• Automne-hiver • *HE* 1,20 m ➤p. 201
***Juniperus scopulorum* 'Skyrocket'**
Ø Gris-bleu • *H* 7 m *E* 30 cm ➤p. 202
Rosa rubiginosa
❀ Rose • Été • *HE* 2,50 m ➤p. 218

Arbres

Une couronne souple et aérée filtre les vents marins et crée un effet brise-vent.

Sorbus koehneana♀ ❀ Blanc
• Printemps ❦ Blanc • Automne
• *H* 2 m *E* 1 m ➤p. 241

Bulbes

Ces deux bulbeuses ne craignent pas les sols pauvres et leurs pétales délicats résistent étonnamment bien dans ce type de situation ventée.

Nerine bowdenii♀
❀ Rose • Automne • *H* 45 cm ➤p. 290
Ornithogalum narbonense
❀ Blanc • Fin de printemps-début d'été • *H* 60 cm • Non rustique ➤p. 290

COUPER LA ROUTE AUX VENTS CHARGÉS D'EMBRUNS

En milieu d'été, les plus grosses tempêtes sont généralement passées, mais un jardin en haut d'une falaise reçoit des brises chargées d'embruns toute l'année. De solides arbustes comme *Berberis* et *Juniperus* soutiennent le choc des vents venant de l'arrière du massif, mais les autres plantes résistent aussi au sel.

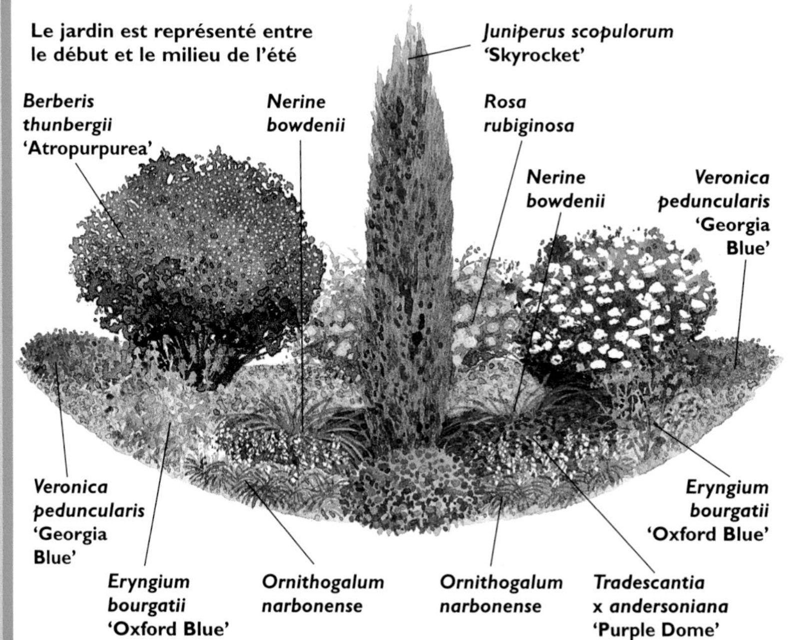

TERRAINS EN PENTE

EXPOSÉS AU NORD OU À L'EST, AVEC ZONES FROIDES

Un jardin pentu exposé au nord est parmi les plus difficiles à aménager. Les faibles rayons du soleil peuvent ne jamais atteindre certains recoins sombres. Mais même dans ces conditions difficiles, il est possible de trouver des plantes qui offriront couleur et texture à votre jardin.

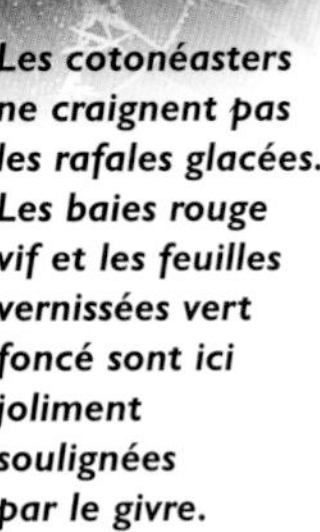

Les cotonéasters ne craignent pas les rafales glacées. Les baies rouge vif et les feuilles vernissées vert foncé sont ici joliment soulignées par le givre.

Les pentes exposées au nord et à l'est subissent de plein fouet les vents glacés et le gel semble parfois s'y éterniser pendant des semaines. La zone située au pied d'une telle pente forme une poche de froid : l'air froid descend et s'accumule dans la partie basse, créant des conditions de culture éprouvantes pour les plantations.

Défier les conditions difficiles

Ne baissez pas les bras et voyez plutôt les avantages que peut offrir cette situation. Un jardin situé en haut d'une pente, par exemple, est généralement bien drainé et tout à fait adapté aux bulbes de printemps ou aux **géraniums vivaces**, tandis que la partie basse peut convenir à des plantes de terrain frais et ombragé, comme les **hostas**. Tout ce que vous devez faire est de choisir des plantes adaptées, en évitant les espèces frileuses, et de les protéger avec un paillis épais.

Maintenez la chaleur près du sol

Sur une pente exposée à l'est, le soleil matinal peut provoquer des brûlures sur les bourgeons qui ont subi le gel nocturne ou sur les jeunes feuilles, au printemps. Choisissez des espèces à feuillage coriace ou cireux, comme les **cotonéasters** ou les **genévriers**, et des variétés à port étalé susceptibles de retenir un peu de chaleur au sol. N'essayez pas de renforcer les protections : un jardin cerné de clôtures ou de haies épaisses reçoit encore moins de soleil et a plutôt tendance à piéger l'air froid.

Dans un endroit froid et ombragé, un berbéris offre l'attrait de son feuillage pourpre. Un hosta à larges feuilles et une alchémille prospèrent aussi dans ce lieu difficile.

Le choix du spécialiste

En haut de la pente
Vivaces herbacées

Les lamiers et les géraniums vivaces pourront s'étaler dans la partie haute et bien drainée de la pente.

Brunnera macrophylla ❀ Bleu vif • Printemps • *HE* 40 cm ➤p. 100
Epimedium perralderianum ∅ Rouge-bronze, vert foncé et cuivré • Toute l'année ❀ Jaune • Printemps • *H* 30 cm *E* 45 cm ➤p. 111
Geranium macrorrhizum ❀ Blanc, rose ou magenta • Fin de printemps-milieu d'été • *H* 30 cm *E* 60 cm ➤p. 122
***Lamium maculatum* 'Beacon Silver'** ❀ Pourpré • Fin du printemps • *H* 20 cm *E* 80 cm ➤p. 137

Arbustes et plantes grimpantes

Seules les espèces grimpantes les plus rustiques peuvent résister à ce type de situation. Sinon, optez pour un genévrier à port bas ou un berbéris.

***Berberis thunbergii* 'Emerald Carousel'** ❀ Jaune • Printemps ⁂ Rouge • Automne • *HE* 1,20 m ➤p. 177
Cotoneaster acutifolius ❀ Blanc rosâtre • Fin de printemps-début d'été ⁂ Noir puis rouge • Automne • *H* 2 m *E* 1 m ➤p. 187
***Euonymus fortunei* 'Coloratus'** ∅ Vert foncé ; pourpre-rouge en hiver • *HE* 1,50 m ➤p. 191
***Juniperus procumbens* 'Nana'** ∅ Vert bleuté • *H* 30 cm *E* 3 m ➤p. 202

Bulbes

Plantez des bulbes là où le sol est sec et vous verrez avec plaisir les fleurs colorées s'épanouir après les mois sombres et froids de l'hiver.

Hyacinthoides non-scripta ❀ Bleu violacé • Printemps • *H* 30 cm ➤p. 284
***Narcissus* 'Gentle Giant'** ❀ Jaune à couronne orange • Milieu de printemps • *H* 60 cm ➤p. 289

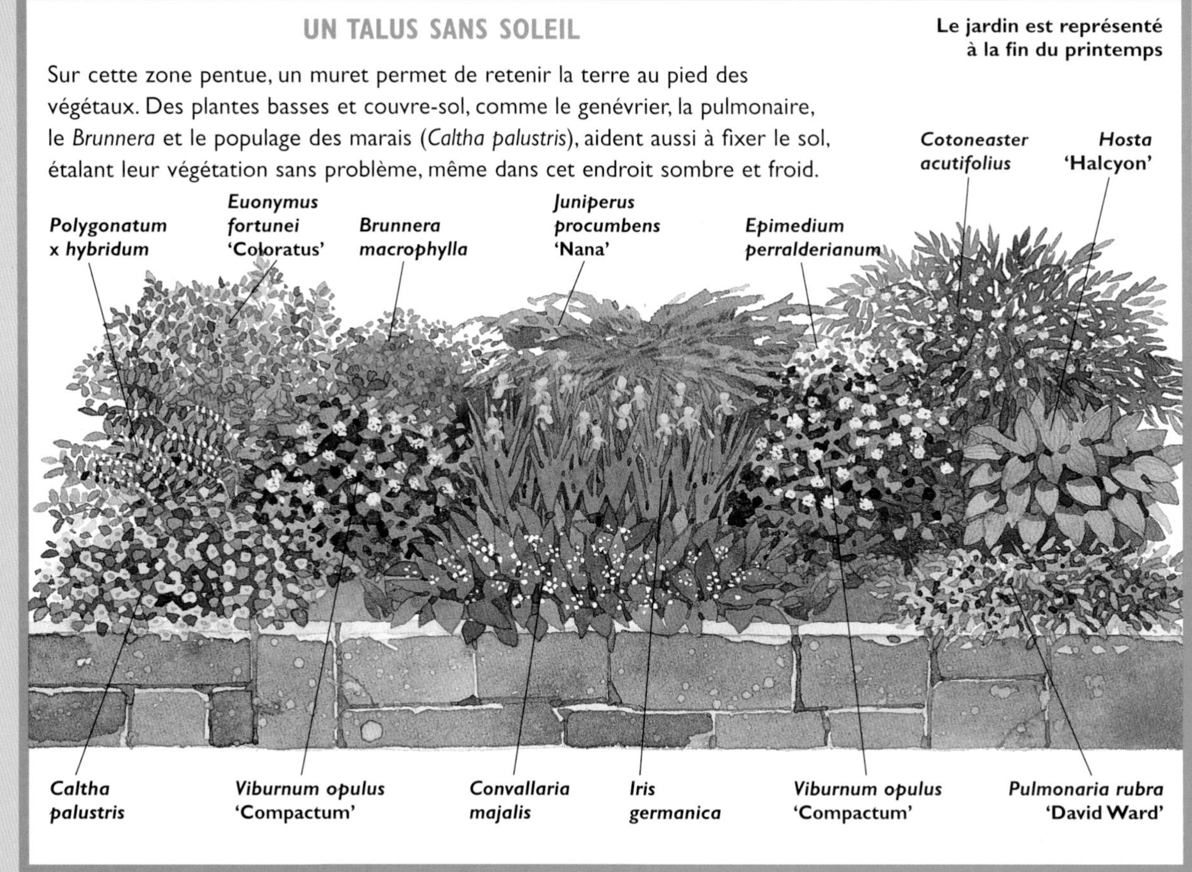

En bas de la pente
Vivaces herbacées

Le sol humide au pied d'une pente exposée au nord ou à l'est convient à ces vivaces tolérant l'ombre.

Alchemilla mollis ❀ Jaune-vert • Début d'été ∅ Vert tilleul • *H* 45 cm *E* 75 cm ➤p. 90
Caltha palustris ❀ Jaune • Printemps • *H* 45 cm *E* 75 cm ➤p. 101
***Hosta* 'Halcyon'** ❀ Mauve pâle ∅ Bleu-vert • Milieu d'été • *H* 60 cm *E* 95 cm ➤p. 133
Iris germanica ❀ Bleu-pourpre et blanc • Milieu-fin du printemps • *H* 70 cm ➤p. 136
Polygonatum x hybridum ❀ Blanc • Fin de printemps • *H* 1,20 m *E* 1 m ➤p. 153
***Pulmonaria rubra* 'David Ward'** ❀ Rose rougeâtre • Fin de printemps ∅ Vert bordé de crème • *H* 45 cm *E* 60 cm ➤p. 157
Waldsteinia ternata ❀ Jaune • Fin de printemps-été • *H* 15 cm *E* 60 cm ➤p. 173

Arbustes et plantes grimpantes

Baies, feuilles et rameaux nus offrent de merveilleux spectacles en automne et en hiver.

***Cornus sanguinea* 'Midwinter Fire'** ❀ Blanc • Été ∅ Rameaux jaunes, orange et rouges • Hiver • *HE* 2,50 m ➤p. 185
***Sambucus nigra* 'Black Beauty'** ❀ Rose • Début d'été ∅ Pourpre foncé • *HE* 3 m ➤p. 222
***Viburnum opulus* 'Compactum'** ❀ Blanc • Début d'été ⁂ Rouge vif • Fin d'été-automne ∅ Rouge • Automne • *HE* 1 m ➤p. 229

Arbres

Les branches pleureuses du saule Marsault protègent du vent.

***Salix caprea* 'Kilmarnock'** ❀ Chatons jaune verdâtre • Printemps • *H* 1,50 m *E* 2 m ➤p. 240

Bulbes

Contrairement à beaucoup de bulbes, le muguet fleurit bien à l'ombre.

Convallaria majalis ❀ Blanc • Printemps • *H* 25 cm ➤p. 278

TERRAINS EN PENTE

EXPOSÉS AU SUD OU À L'OUEST, AVEC ZONES FROIDES

Oscillant entre étuve et glacière, une pente exposée au sud ou à l'ouest profite au maximum du soleil mais n'offre aucune protection aux plantes quand le vent souffle. Dans les régions du nord et en altitude, les coups de froid s'accompagnent de gelées intenses.

Une pente orientée au sud ou à l'ouest sera toujours légèrement plus chaude qu'une pente faisant face au nord ou à l'est. Cependant, elle sera aussi plus sujette aux gelées hâtives d'automne ou tardives de printemps. Mais à ces périodes de l'année, le gel s'attarde rarement au-delà de la mi-journée car le soleil peut réchauffer le sol.

Résistez à la tentation d'installer des brise-vent ou autres types d'abris pour protéger vos plantes, car vous pourriez obtenir l'effet inverse en retenant l'air glacé dans des poches de froid. Ce type de jardin est certes exposé au vent mais sans rien de comparable à la bise glaciale en provenance de Sibérie.

Nemesia denticulata ***se trouve parfois sous le nom de*** **N. d. 'Confetti',** ***qui illustre à merveille la profusion de fleurs dans une nuance délicate de rose tendre.***

L'eau s'écoule vers le bas

Si vous vivez sur un terrain pentu, vous constaterez que les conditions varient beaucoup dans votre jardin. Le sommet de la pente, bien drainé, est généralement pourvu d'une terre légère et grumeleuse, facile à travailler. En s'écoulant vers le bas, l'eau emmène avec elle les éléments nutritifs et parfois, lorsque le terrain est nu, la terre elle-même.

Tirez parti de la situation en cultivant des plantes diverses, depuis le **millepertuis** (*Hypericum*) ou l'espèce montagnarde à fleurs blanches *Anaphalis triplinervis* au sommet de la pente, jusqu'à des végétaux aimant l'humidité, comme les **eupatoires** (*Eupatorium*) et la **bistorte** (*Persicaria*), vers le bas.

Choisissez des plantes rustiques pour les endroits froids

Dans les emplacements où le gel est le plus à craindre – au pied de la pente ou dans les recoins ne recevant pas le soleil –, plantez des espèces rustiques. Couvrez le sol avec un paillis épais au début de l'automne pour retenir la chaleur emmagasinée pendant l'été et créer une barrière isolante pour l'hiver. Si des gelées printanières sont annoncées, les jeunes pousses apprécieront la protection d'un voile horticole.

Si vous surplombez votre jardin, faites-en un patchwork de plantes basses tels œillets, thym et iris nains, et placez çà et là quelques espèces plus grandes et robustes, comme des euphorbes et des santolines buissonnantes.

Le choix du spécialiste

En haut de la pente
Vivaces herbacées

Les conditions sèches et chaudes qui règnent en haut de la pente conviennent à ces plantes de soleil.

Anaphalis triplinervis ♀
❀ Blanc • Été-automne ⌀ Gris-vert • *HE* 60 cm ➤p. 90
***Aster novi-belgii* 'Climax'**
❀ Bleu lavande • Automne • *H* 1,20 m *E* 60 cm ➤p. 96
Dianthus
❀ Rose foncé • Fin de printemps-été • *H* 20 cm *E* 25 cm ➤p. 106
Euphorbia griffithii
⌀ Vert • Début de printemps
❀ Rouge orangé • Début d'été • *H* 90 cm *E* 75 cm ➤p. 117
***Thymus vulgaris* 'Silver Posie'**
❀ Rose ou blanc • Début d'été • *H* 25 cm *E* 40 cm ➤p. 167

Arbustes et plantes grimpantes

Des arbustes compacts ou trapus sauront résister au vent.

Hypericum kalmianum
❀ Jaune brillant • Milieu d'été ⌀ Vert • *HE* 1 m ➤p. 200
***Juniperus chinensis* 'Gold Lace'**
⌀ Jaune doré • *H* 60 cm *E* 1,20 m ➤p. 202
***Weigela florida* 'Victoria'**
❀ Rouge • Été ⌀ Pourpré • *HE* 1 m ➤p. 230

Bulbes

***Tulipa praestans* 'Fusilier'** ♀
❀ Rouge brillant • Début de printemps • *H* 30 cm ➤p. 292

En bas de la pente
Vivaces herbacées

Un sol riche et frais, combiné à une situation ensoleillée, fait du bas de la pente un excellent emplacement pour cultiver ces vivaces avides d'humidité.

Aruncus aethusifolius ♀
❀ Blanc crème • Milieu d'été • *H* 25 cm *E* 30 cm ➤p. 95
***Erigeron* 'Dunkelste Aller'** ♀
❀ Pourpre • Été • *H* 60 cm *E* 30 cm ➤p. 112
***Iris sibirica* 'Gatineau'**
❀ Bleu azur • Début d'été • *H* 1 m *E* 30 cm ➤p. 136
***Persicaria bistorta* 'Superba'** ♀
❀ Rose • Été-automne • *H* 1 m *E* 60 cm ➤p. 151

Arbustes et plantes grimpantes

Choisissez un ou deux grands arbustes, comme du lilas (*Syringa*), pour donner du relief, mais couvrez le sol avec des espèces à port étalé.

***Rosa* 'Flower Carpet'** ♀
❀ Rose, blanc ou jaune • Tout l'été • *H* 1 m *E* 1,20 m ➤p. 221
Spiraea thunbergii ♀ ❀ Blanc • Début du printemps • *HE* 1 m ➤p. 225
***Syringa microphylla* 'Superba'**
❀ Rose • Milieu de printemps-fin d'été • *HE* 1,80 m ➤p. 226
***Taxus x media* 'Densiformis'**
⌀ Vert clair • *H* 1 m *E* 2 m ➤p. 227

Bulbes

Les fleurs en coupe des colchiques agrémentent l'automne.

***Colchicum speciosum* 'Album'** ♀
❀ Blanc • Automne • *H* 25 cm ➤p. 277

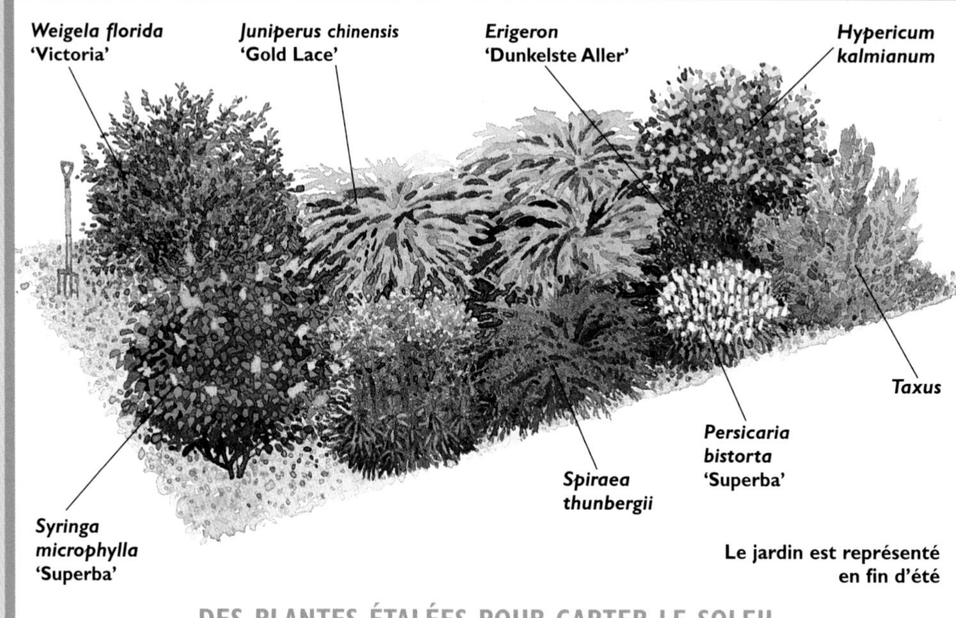

DES PLANTES ÉTALÉES POUR CAPTER LE SOLEIL

Les silhouettes basses des trois *Juniperus* créent une masse colorée durant toute l'année. D'autres variétés prostrées de *Taxus* et *Spiraea* contribuent à retenir le sol de ce massif implanté sur un talus. En fin d'été, l'emplacement chaud et ensoleillé continue à offrir des fleurs grâce à une combinaison judicieuse d'arbustes et de vivaces résistant aux gelées.

TERRAINS EN PENTE

EXPOSÉS AU NORD OU À L'EST

Sur une zone pentue froide et sombre, les vents sont frais et le soleil ne brille que le matin – et à peine en hiver. Cette situation n'est pas engageante, mais l'ombre signifie que l'humidité a plus de chance de se maintenir dans le sol, et que le risque de brûlure due au soleil est minime.

Tout propriétaire d'un jardin en pente sait que la terre a tendance à glisser vers le bas. L'eau dévale aussi la pente, ce qui signifie que durant les périodes de faibles pluies, le sommet de la pente peut se dessécher et que, par temps pluvieux, le bas peut devenir un bourbier.

La pluie n'est pas le seul facteur climatique à prendre en compte quand vous choisissez des plantes. Les vents froids et violents peuvent lacérer ou brûler les feuilles tendres. Les arbustes à floraison printanière craignent le soleil du matin après une gelée nocturne et sont à déconseiller pour ce type de jardin pentu.

Vous pouvez améliorer très facilement les conditions en plantant une rangée d'arbres ou une haie à croissance rapide sur le côté du jardin exposé au vent. Si la déclivité est forte, créez une série de terrasses et de murets de soutènement. Vous disposerez ainsi d'un endroit plat appréciable par beau temps, tout en empêchant la terre de glisser.

Des taches de couleur dans un tapis de verdure

Il existe cependant des techniques de plantation moins fatigantes que la création de terrasses et tout aussi efficaces pour lutter contre l'érosion. Travaillez le sol le plus légèrement possible et utilisez un feutre géotextile (voir page 14), qui empêche la croissance des mauvaises herbes tout en permettant aux plantes de pousser et de s'enraciner.

Comme végétaux de base, choisissez des espèces à stolons – **pervenches** bleues (***Vinca major***) et **géraniums** rose pâle – ou celles qui s'enracinent au contact du sol, tel le **cotonéaster** rampant. Ils contribuent à fixer le sol tout en développant une belle végétation tapissante. Animez cette verdure avec quelques taches vives de couleur, comme les fleurs jaune d'or d'***Hypericum calycinum***.

Les plantes à feuillage panaché, à tiges colorées ou à baies abondantes apporteront de l'éclat dans les recoins sombres, en particulier durant l'hiver.

Les géraniums vivaces, tel Geranium macrorrhizum 'Album', avec ses délicates fleurs blanches estivales, s'étalent à l'ombre pour former un tapis attrayant.

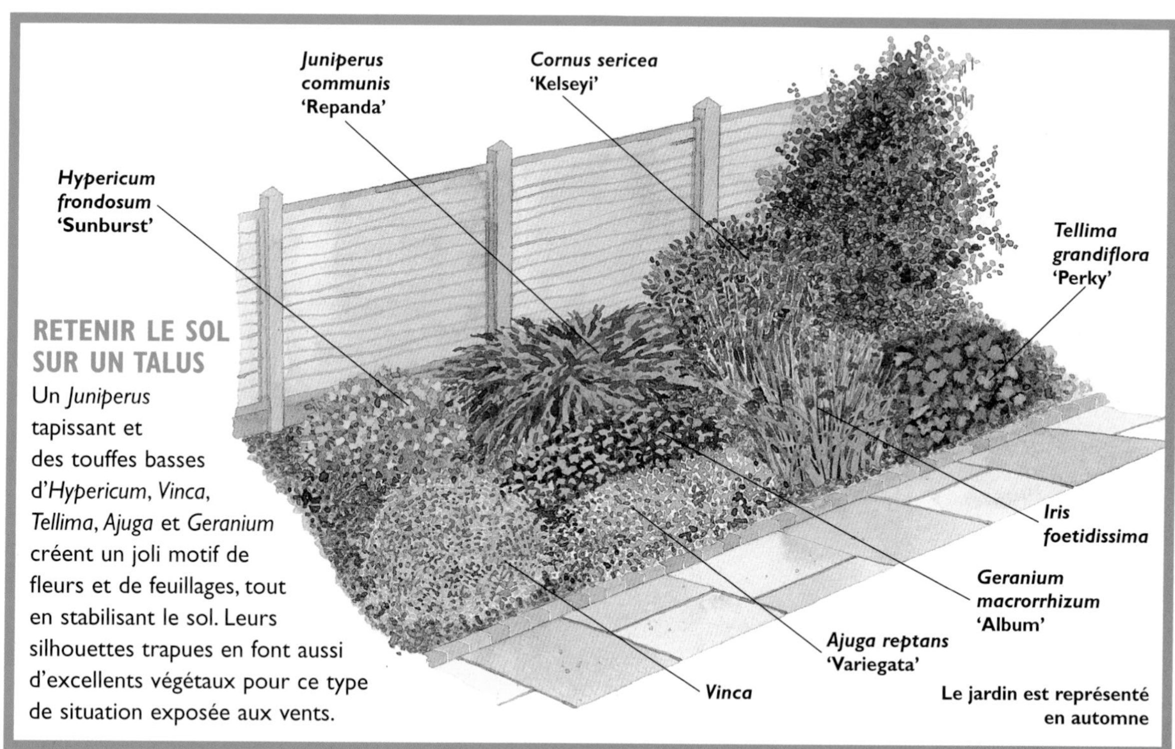

RETENIR LE SOL SUR UN TALUS

Un *Juniperus* tapissant et des touffes basses d'*Hypericum*, *Vinca*, *Tellima*, *Ajuga* et *Geranium* créent un joli motif de fleurs et de feuillages, tout en stabilisant le sol. Leurs silhouettes trapues en font aussi d'excellents végétaux pour ce type de situation exposée aux vents.

Le jaune vif d'une touffe de trolles, les inflorescences blanches et plumeuses des astilbes et le feuillage panaché d'un cornouiller à l'arrière-plan illuminent un talus sombre exposé au nord.

Le choix du spécialiste

Vivaces herbacées

Les espèces à floraison précoce sont sensibles aux gelées tardives. Choisissez plutôt des persistants ou des vivaces à floraison estivale.

***Ajuga reptans* 'Variegata'**
⌀ Gris-vert et crème • *H* 15 cm *E* 45 cm ➤p. 89

Astilbe simplicifolia♀
❀ Rose pâle • Été • *HE* 25 cm ➤p. 97

Festuca glauca
⌀ Bleu • *HE* 30 cm ➤p. 126

***Geranium macrorrhizum* 'Album'**♀
❀ Blanc • Fin de printemps-début d'été • *H* 30 cm *E* 60 cm ➤p. 122

Iris foetidissima♀
Capsules à graines rouge orangé • Automne • *H* 50 cm ➤p. 136

***Tellima grandiflora* 'Perky'**
❀ Rouge • Début-milieu d'été • *H* 60 cm *E* 30 cm ➤p. 166

***Trollius chinensis* 'Golden Queen'**♀ ❀ Jaune orangé • Début d'été • *H* 75 cm *E* 45 cm ➤p. 170

***Vinca minor* 'Albovariegata'**
❀ Bleu pâle • Printemps-début d'été • *H* 20 cm *E* illimité ➤p. 172

Arbustes et plantes grimpantes

Des arbustes bas ou des espèces grimpantes aimant s'étaler à l'horizontale conviennent pour les pentes fortes.

***Cornus sericea* 'Kelseyi'**
⌀ Rameaux rouge orangé • Automne-hiver • *HE* 75 cm ➤p. 185

***Cotoneaster damneri* 'Coral Beauty'** ❀ Blanc • Été • Orange • Automne • *H* 60 cm *E* 1,50 m ➤p. 187

***Euonymus fortunei* 'Emerald 'n' Gold'**♀ ⌀ Vert et jaune, devenant rose • *H* 1 m *E* 2 m ➤p. 191

***Hypericum frondosum* 'Sunburst'**
❀ Jaune vif • Tout l'été • *HE* 80 cm ➤p. 200

***Juniperus communis* 'Repanda'**♀
⌀ Gris-vert • *H* 30 cm *E* 2 m ➤p. 202

***Rosa* 'Max Graf'** ❀ Rose • Tout l'été • *H* 1,20 m *E* 2,50 m ➤p. 218

TERRAINS EN PENTE
EXPOSÉS AU SUD OU À L'OUEST

Sur une pente ensoleillée, même la partie basse peut se dessécher au cours des longues journées chaudes, donnant un sol friable facile à travailler. C'est un régal pour le jardinier paresseux car les plantes bien choisies pourront prospérer avec un minimum d'attention et créer un décor éclatant.

Les potentilles s'étalent sans problème dans les lieux ensoleillés et conviennent parfaitement pour couvrir le sol d'une pente exposée au sud ou à l'ouest.

Tourné vers le sud, un jardin en pente peut être un endroit extrêmement chaud, surtout dans les zones où le soleil darde ses rayons toute la journée en été. Si cette situation convient parfaitement à certaines plantes, elle peut aussi être à l'origine de brûlures sur les espèces non adaptées. Les jeunes plants risquent de manquer d'eau et d'avoir du mal à s'établir. Exposée à l'ouest, une pente présente les mêmes caractéristiques mais bénéficie du soleil un peu plus tard dans la journée.

Un lieu idéal pour les espèces méditerranéennes

Avec ce type de jardin, la clé du succès réside dans le choix de plantes résistant à la sécheresse. Les espèces méditerranéennes, telles la **lavande** et la **sauge** (*Salvia*), seront particulièrement à leur aise au sommet d'une pente ensoleillée. L'**armoise** (*Artemisia*) et d'autres plantes à feuillage gris ou duveteux sont aussi adaptées pour survivre sous un soleil ardent.

La pente entraîne eau et nourriture

La déclivité accentuant l'effet de drainage, ayez toujours un arrosoir à la main au cours des longues périodes de sécheresse et profitez de ces arrosages pour admirer vos massifs estivaux. Faites des apports réguliers d'engrais complet pour remplacer les nutriments lessivés par la pluie. Comme l'eau et l'engrais que vous appliquez descendent progressivement la pente, soyez parcimonieux avec les doses utilisées en haut, sinon la partie basse risque de souffrir d'un excès de fertilisation.

Les fortes pluies peuvent entraîner la terre elle-même, en particulier après une période de temps sec – vent et gravité jouent aussi un rôle. Vous pouvez limiter les pertes en choisissant des plantes couvre-sol, comme l'**alysse jaune** (*Aurinia saxatilis*) pour fixer la terre. Dans les parties les plus raides, utilisez un feutre géotextile (voir page 14) pour retenir le sol et maintenir l'humidité.

Le feuillage filiforme d'une armoise argentée et les feuilles laineuses d'un stachys gris sont tout à fait adaptés au plein soleil. Les feuilles étroites offrent une surface faible qui réduit les pertes par évaporation, tandis que le feutrage laineux retient l'humidité au niveau des feuilles.

Le choix du spécialiste

Vivaces herbacées

Plantez des espèces couvre-sol, comme la potentille, pour empêcher la terre de glisser vers le bas si la pente est forte.

***Artemisia* 'Powis Castle'**♡
⌀ Argenté • *H* 60 cm *E* 1 m ➤p. 95
Aurinia saxatilis♡ ❀ Jaune • Fin de printemps • *HE* 30 cm ➤p. 98
Campanula portenschlagiana♡
❀ Bleu lavande foncé • Fin de printemps-été • *H* 15 cm *E* 50 cm ➤p. 102
Potentilla alba
❀ Blanc • Fin de printemps-milieu d'été • *HE* 15 cm ➤p. 154

Scabiosa graminifolia
❀ Lilas • Milieu-fin d'été • *HE* 30 cm ➤p. 160
***Sedum kamtschaticum* 'Variegatum'**♡ ❀ Jaune-orange • Milieu-fin d'été • *H* 10 cm *E* 25 cm ➤p. 161
***Stachys byzantina* 'Silver Carpet'**
⌀ Gris argenté • *H* 60 cm *E* 1 m ➤p. 164

Arbustes et plantes grimpantes

En réfléchissant la lumière, les arbustes à feuillage gris ou argenté gardent leur fraîcheur dans les endroits très ensoleillés.

Elaeagnus commutata
⌀ Argenté • *HE* 3 m ➤p. 191

***Lavandula angustifolia* 'Munstead'**
❀ Bleu mauve • Début-milieu d'été
⌀ Gris-vert • *H* 40 cm *E* 30 cm ➤p. 204
***Rosa* 'Flower Carpet'**♡
❀ Rose, blanc ou jaune • Tout l'été • *H* 1 m *E* 1,20 m ➤p. 221
***Tamarix ramosissima* 'Pink Cascade'** ❀ Rose • Été • *HE* 2 m ➤p. 227

Bulbes

Ajoutez une touche d'exotisme à vos bordures avec des touffes de nérines pour l'automne et de glaïeuls pour l'été.

Gladiolus ❀ Divers • Début d'été-automne • *H* 1 m ➤p. 283
Nerine bowdenii♡
❀ Rose • Automne • *H* 45 cm ➤p. 290

DES PLANTATIONS ÉTAGÉES POUR UN TALUS COLORÉ

Le jardin est représenté au milieu de l'été

Dans ce massif en forte déclivité, des vivaces et arbustes bas maintiennent le sol en place. Installer les glaïeuls à l'arrière renforce leur effet spectaculaire et permet aux autres plantes, à la période de végétation plus longue, de masquer leur feuillage jaunissant.

TERRAINS PLATS DÉGAGÉS

SOL LÉGER

Le terrain le plus agréable à travailler est un sol léger et sableux sur une surface plane et dégagée. Vous pouvez désherber à la main, marcher sur le sol après la pluie sans que vos bottes ne doublent de poids, de plus la terre grumeleuse s'émiette entre les doigts.

Les sols légers se réchauffent vite au printemps, permettant des semis précoces et une bonne reprise des plantes. Le drainage est parfois un peu trop efficace : les éléments minéraux sont facilement lessivés, et la terre sèche rapidement par temps ensoleillé ou venteux. L'incorporation annuelle de compost ou de fumier décomposé additionné d'un engrais complet rétablit la fertilité et améliore la rétention de l'humidité dans le sol. Un jardin plat a besoin d'arbres pour lui donner du relief.

Avec sa floraison printanière et ses fruits colorés en automne, le pommier d'ornement (*Malus floribunda*) est l'un des plus intéressants. Pour un feuillage rougeâtre et des fleurs blanches, choisissez le cerisier à fleurs *Prunus cerasifera* 'Hessei'.

Des espèces robustes et peu exigeantes

Les plantes méditerranéennes conviennent car elles apprécient chaleur et sécheresse. Le feuillage gris ou argenté, souvent laineux, est un bon critère pour savoir si une plante se plaira dans ces conditions. Un *Yucca* ajoutera une note exotique.

Les variétés anciennes de roses sont plus robustes que les cultivars modernes. ***Rosa* 'Stanwell Perpetual'**, au port étalé, vous récompensera avec une succession de fleurs doubles roses. Avec des campanules et des marguerites au pied, vous obtiendrez un style « jardin de cottage » sans beaucoup d'entretien.

Un endroit ensoleillé sur un sol léger et bien drainé est le lieu idéal pour créer un jardin d'herbes aromatiques. Ce jardin en creux fera le bonheur des abeilles et des papillons, tout en régalant les sens du jardinier.

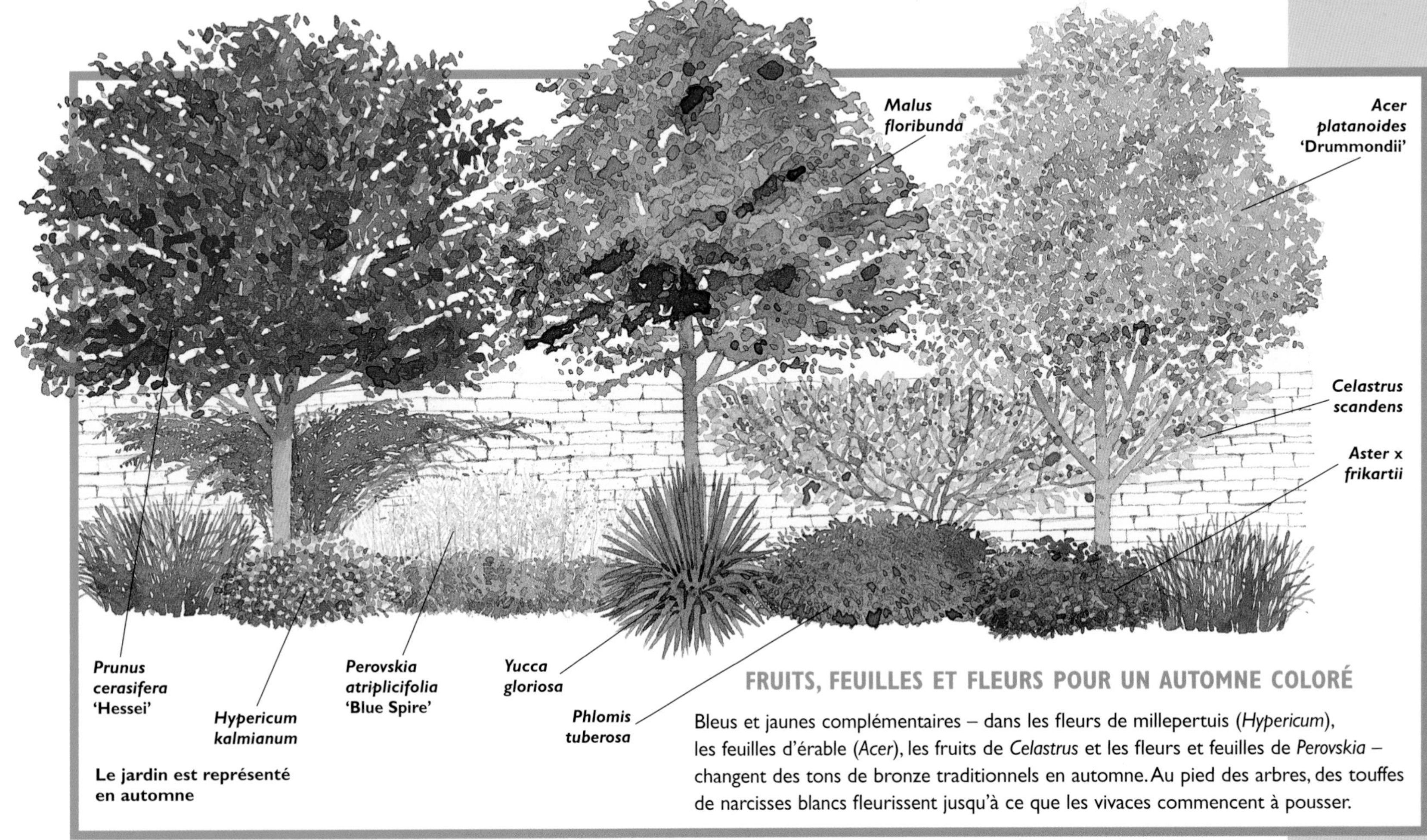

Le jardin est représenté en automne

FRUITS, FEUILLES ET FLEURS POUR UN AUTOMNE COLORÉ

Bleus et jaunes complémentaires – dans les fleurs de millepertuis (*Hypericum*), les feuilles d'érable (*Acer*), les fruits de *Celastrus* et les fleurs et feuilles de *Perovskia* – changent des tons de bronze traditionnels en automne. Au pied des arbres, des touffes de narcisses blancs fleurissent jusqu'à ce que les vivaces commencent à pousser.

Le choix du spécialiste

Vivaces herbacées

Cette liste propose une gamme de plantes pour différentes saisons.

***Aster* x *frikartii* 'Flora's Delight'**
❀ Rose-lilas • Automne • *HE* 45 cm ➤p. 96

***Campanula lactiflora* 'Pouffe'**
❀ Rose ou bleu clair • Été-début d'automne • *HE* 60 cm ➤p. 102

***Oenothera fruticosa* 'Fyrverkeri'**♀
❀ Jaune d'or • Début d'été-automne • *HE* 40 cm ➤p. 148

***Tanacetum parthenium* 'Aureum'** ❀ Blanc jaunâtre • Fin de printemps • *H* 45 cm *E* 30 cm ➤p. 165

Arbustes et plantes grimpantes

Choisissez des plantes fleurissant longtemps pour limiter l'entretien.

Celastrus scandens
Jaune • Automne • *HE* 2,50 m ➤p. 181

Cytisus* x *praecox
❀ Jaune pâle • Fin de printemps • *H* 1 m *E* 1,20 m ➤p. 188

Hypericum kalmianum
❀ Jaune brillant • Milieu d'été ∅ Vert • *HE* 1 m ➤p. 200

***Lavandula angustifolia* 'Twickel Purple'** ❀ Pourpre • Milieu d'été ∅ Gris-vert • *H* 60 cm *E* 45 cm ➤p. 204

***Perovskia* 'Blue Spire'**♀
❀ Bleu lavande • Milieu d'été-début d'automne ∅ Bleu-vert argenté • *H* 1,20 m *E* 1 m ➤p. 209

***Rosa* 'Stanwell Perpetual'**
❀ Rose pâle • Milieu d'été • *H* 1 m *E* 1,20 m ➤p. 218

Yucca gloriosa♀ ∅ Vert foncé • *HE* 1,50 m ➤p. 231

Arbres

Couleur, silhouette et aspect décoratif sont importants pour un jardin de taille moyenne.

***Acer platanoides* 'Drummondii'**
∅ Vert et blanc • *H* 10 m *E* 5 m ➤p. 234

Malus floribunda♀ ❀ Rose pâle • Printemps Jaune • Automne • *H* 5 m *E* 7 m ➤p. 237

***Prunus cerasifera* 'Hessei'**
❀ Blanc • Printemps ∅ Rougeâtre marginé de jaune • *HE* 4 m ➤p. 238

Bulbes

Le printemps arrive vite sur les sols légers et les bulbes fleurissent plus tôt.

***Narcissus* 'Geranium'**♀ ❀ Blanc à couronne orange • Fin de printemps • *H* 40 cm ➤p. 289

Ornithogalum umbellatum
❀ Blanc et vert • Fin de printemps-début d'été • *H* 30 cm ➤p. 290

TERRAINS PLATS DÉGAGÉS

SOL LOURD

Si la terre de votre jardin colle à vos semelles par temps de pluie et durcit sous le soleil, vous connaissez les inconvénients de la situation. Les sols argileux sont cependant très fertiles, et un terrain plat et dégagé permet de cultiver un mélange attrayant d'arbres, arbustes et vivaces.

Avec un feuillage teinté de pourpre et des grappes de baies rouge vif, un berbéris comme ce **Berberis thunbergii** *'Rose Glow' produit un bel effet automnal en sol lourd.*

Par bien des côtés, les sols lourds sont idéaux pour le jardinier paresseux. Le bêchage y est certes difficile et les jeunes plantes peuvent avoir quelques difficultés à pousser, mais une fois bien établies, elles apprécient cet environnement, le plus souvent frais et fertile. Le mauvais drainage présente même l'avantage de vous dispenser d'arrosage pendant les étés ordinaires.

Des moyens faciles pour améliorer le sol

Bêchez bien pour émietter le sol avant de planter et, si les fortes pluies laissent le jardin détrempé, améliorez le drainage par la même occasion en incorporant du sable ou du gravier.

Cela vaut la peine aussi de consacrer un peu de temps en automne pour maintenir la fertilité naturelle du sol. Épandez du compost ou du fumier bien décomposé à la surface et laissez les vers de terre l'enfouir. Au printemps, faites un apport de calcaire pour inciter les particules d'argile à former des agrégats et alléger la texture. Profitez d'une belle journée car piétiner un jardin humide ou gelé ne fera que tasser le sol et détruira tout votre labeur.

Tirer profit du travail du sol

Pensez à l'avenir quand vous travaillez le sol et rappelez-vous que moins il est engorgé, plus vite il se réchauffera au printemps et plus tôt vous pourrez profiter des belles pivoines ou de la beauté exotique des pavots d'Orient.

D'autre part, la chaleur que reçoit un terrain dégagé en été est emmagasinée par le sol argileux et bien conservée jusqu'à la fin de l'automne, ce qui laisse à des arbustes et à des vivaces à floraison tardive, comme *Helenium* et *Lysimachia*, le temps de briller.

UN MASSIF COLORÉ TOUT AU LONG DE LA SAISON

Si le gazon pousse mal sur votre sol lourd, retournez un morceau de pelouse et plantez à cet endroit un massif isolé. En milieu d'été, les plantes – deux rosiers hybrides de thé entourés d'un assortiment de vivaces à floraison estivale colorée – feront un îlot pimpant au milieu du jardin.

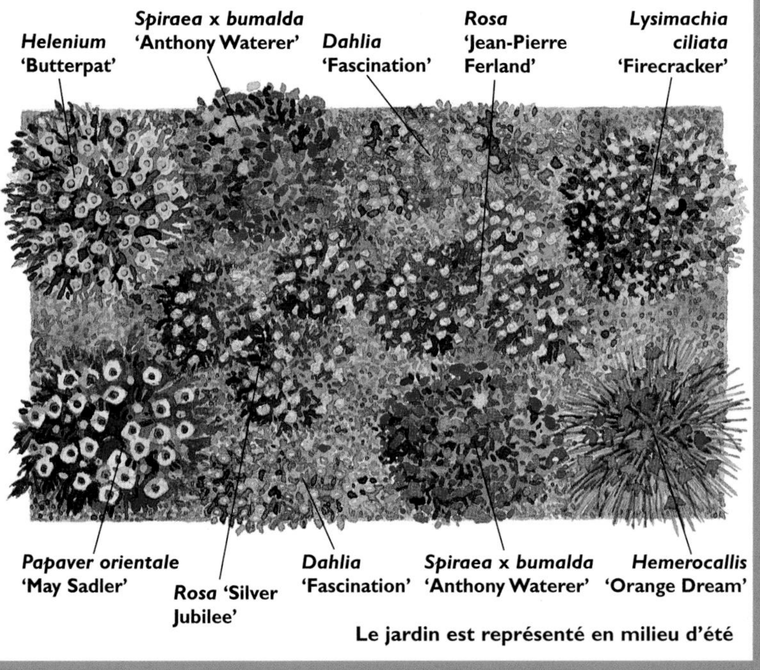

Le jardin est représenté en milieu d'été

Le choix du spécialiste

Vivaces herbacées

Plantez des vivaces à fleurs qui aiment le soleil, comme les achillées, les héléniums et les pavots ; elles se plairont dans ce sol lourd et riche en éléments nutritifs.

Achillea filipendulina **'Gold Plate'**♀ ❀ Jaune • Été • *H* 1,40 m *E* 1 m ➤p. 88

Anemone hupehensis **'Hadspen Abundance'**♀ ❀ Rose foncé • Fin d'été-début d'automne • *H* 75 cm *E* 45 cm ➤p. 91

Brunnera macrophylla **'Langtrees'** ❀ Bleu clair • Printemps • *HE* 40 cm ➤p. 101

Helenium **'Butterpat'**♀ ❀ Jaune vif • Milieu-fin d'été • *H* 1,20 m *E* 60 cm ➤p. 127

Hemerocallis **'Orange Dream'** ❀ Orange • Milieu-fin d'été • *HE* 75 cm ➤p. 131

Lysimachia ciliata **'Firecracker'**♀ ❀ Jaune pâle • Milieu-fin d'été • *H* 1,20 m *E* 45 cm ➤p. 144

Miscanthus sinensis **'Morning Light'**♀ ❀ Rougeâtre • Automne ∅ Vert et blanc • *H* 1,20 m *E* 1 m ➤p. 126

Paeonia lactiflora **'Sarah Bernhardt'**♀ ❀ Rose pâle • Début d'été • *HE* 1 m ➤p. 149

Papaver orientale **'May Sadler'** ❀ Orange rose • Début d'été • *H* 75 cm *E* 60 cm ➤p. 150

Arbustes et plantes grimpantes

Ces plantes à feuillage coriace et à tiges épaisses résistent aux vents et aux pluies d'hiver.

***Berberis thunbergii* 'Atropurpurea Nana'**♀ ⌀ Rouge-pourpre • Automne ❦ Rouge vif • Automne • *HE* 1,20 m ➤p. 177

***Cornus alba* 'Sibirica Variegata'** ⌀ Cramoisi avec des tiges rouges • Automne-hiver • *HE* 2,50 m ➤p. 185

***Potentilla fruticosa* 'Elizabeth'** ❀ Jaune canari • Été ⌀ Vert moyen • *H* 50 cm *E* 1 m ➤p. 212

***Rosa* 'Jean-Pierre Ferland'** ❀ Jaune vif • Tout l'été • *H* 75 cm *E* 60 cm ➤p. 217

***Rosa* 'Silver Jubilee'**♀ ❀ Rose • Tout l'été • *H* 1 m *E* 60 cm ➤p. 217

***Sambucus racemosa* 'Sutherland Gold'**♀ ❀ Blanc crème • Début d'été ⌀ Doré • *H* 1,50 m *E* 1 m ➤p. 222

***Spiraea* x *bumalda* 'Anthony Waterer'** ❀ Rouge • Milieu-fin d'été ⌀ Jaune • *HE* 1 m ➤p. 224

Arbres

Les sols lourds assurent un bon ancrage aux arbres adultes. Pour plus d'attrait, choisissez un mélange de spécimens à floraison, feuillage et fruits décoratifs.

***Robinia pseudoacacia* 'Frisia'**♀ ❀ Blanc • Printemps ⌀ Jaune doré • *H* 9 m *E* 8 m ➤p. 239

Sorbus decora ⌀ Rouge pourpré ❦ Rouge orangé • Automne • *H* 8 m *E* 5 m ➤p. 241

Bulbes

Des tons pourpres et roses complètent avantageusement une plantation estivale.

***Dahlia* 'Fascination'**♀ ❀ Pourpre rosé • Été-automne • *H* 60 cm ➤p. 281

Dans un jardin dégagé au sol lourd, les épis de **Lysimachia**, *ici en compagnie d'eupatoires pourpres (***Eupatorium purpureum**, *voir page 114) à l'arrière et de rudbeckias pourpres (***Echinacea purpurea**, *voir page 109) à l'avant, trouvent le soleil, la nourriture et l'humidité dont ils ont besoin pour s'élever.*

TERRAINS DÉGAGÉS EN PENTE

SOL LÉGER

Défiez la force de gravité en utilisant des plantes soigneusement choisies pour empêcher le sol de glisser. Cette situation offre le pire comme le meilleur ; sachez contourner les obstacles.

Bien conçu, un jardin à flanc de colline peut offrir un effet vraiment théâtral, avec des terrasses garnies d'arbustes et de fleurs. Vous devrez cependant surmonter quelques obstacles. Le sol léger a tendance à filer vers le bas, surtout par temps très humide. La pluie et le vent peuvent éroder le sol au sommet de la pente, laissant une couche mince et appauvrie en nutriments. Plus la déclivité est importante, plus l'érosion est forte, d'où l'importance de maintenir une fertilisation soutenue.

Dans la partie haute, la mince couche de terre sèche rapidement par temps chaud ou venteux, mais si votre jardin est bien pourvu en couleurs, textures et parfums, vous ne ressentirez pas l'arrosage en été comme une corvée.

La terre au sommet d'une pente ensoleillée se réchauffe vite au printemps et permet un démarrage de la végétation plus rapide que dans les zones plus fraîches. De plus, l'excès d'eau n'est pas à craindre, même au cours des périodes les plus arrosées.

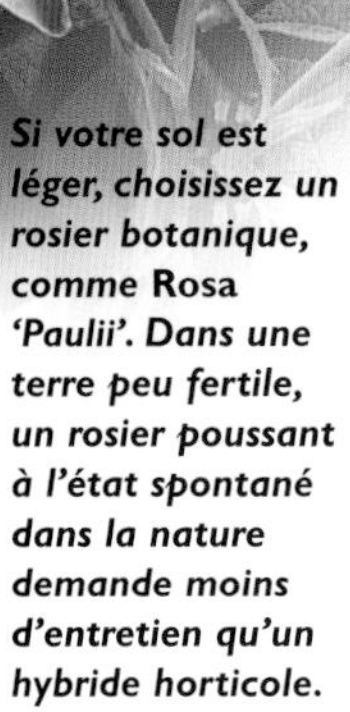

Si votre sol est léger, choisissez un rosier botanique, comme Rosa 'Paulii'. Dans une terre peu fertile, un rosier poussant à l'état spontané dans la nature demande moins d'entretien qu'un hybride horticole.

Des plantations pour stabiliser le sol

Des plantations judicieuses peuvent résoudre les problèmes liés à la pente et vous donner un beau jardin sans que vous vous épuisiez à créer des terrasses. Soyez paresseux et limitez le bêchage ; un sol peu travaillé est moins sensible à l'érosion.

Vous pouvez utiliser un feutre géotextile (voir page 14), qui aide à retenir le sol ou, si vous préférez les méthodes naturelles, des plantes couvre-sol dont les racines fixent la terre. Les branches entremêlées du ***Stephanandra incisa*** créent un fond neutre pour mettre en valeur les fleurs lavande et les feuilles argentées de ***Nepeta* x *fassenii***. Si vous préférez les teintes chaudes, essayez le millepertuis ***Hypericum kalmianum***, aux fleurs jaune brillant, au milieu d'une étendue de ***Lysimachia punctata*** jaune et de lierre panaché (***Hedera helix***).

Le choix du spécialiste

Vivaces herbacées

Un sol léger et drainant est idéal pour les plantes telles que le thym et *Nepeta*, qui préfèrent les lieux secs et ensoleillés.

***Artemisia vulgaris* 'Oriental Hybrids'** Ø Vert doré • Printemps-automne • *H* 60 cm *E* illimité ➤p. 95

***Fragaria* 'Red Ruby'** ❀ Rouge • Été-début d'automne • *H* 15 cm *E* illimité ➤p. 119

***Leucanthemum* x *superbum* 'Snowcap'** ❀ Blanc • Début-milieu d'été • *HE* 30 cm ➤p. 139

Lychnis chalcedonica♀ ❀ Rouge vif • Début d'été • *H* 90 cm *E* 40 cm ➤p. 143

***Melissa officinalis* 'Aurea'** ❀ Blanc • Été Ø Vert • *H* 60 cm *E* 40 cm ➤p. 146

***Miscanthus sinensis* 'Morning Light'**♀ ❀ Rougeâtre • Automne Ø Vert bordé de blanc • *H* 1,20 m *E* 1 m ➤p. 126

Nepeta* x *faassenii♀ ❀ Lavande • Milieu d'été Ø Gris argenté • *HE* 60 cm ➤p. 147

***Prunella grandiflora* 'Blue Loveliness'** ❀ Bleu lilas • Été • *H* 25 cm *E* 1 m ➤p. 156

***Thymus vulgaris* 'Silver Posie'** ❀ Rose ou blanc • Début d'été • *H* 25 cm *E* 40 cm ➤p. 167

Arbustes et plantes grimpantes

Maintenez le sol en place en plantant des végétaux couvre-sol.

Cotoneaster dammeri♀ ❀ Blanc • Début d'été ❦ Rouge • Automne • *H* 20 cm *E* 2 m ➤p. 187

***Euonymus fortunei* 'Emerald Gaiety'**♀ Ø Vert et crème Ø Bordé de bronze • Hiver • *H* 1 m *E* 1,50 m ➤p. 191

Hedera helix Ø Vert ou panaché • *H* 20 cm *E* 2 m ➤p. 197

Hypericum kalmianum ❀ Jaune brillant • Milieu d'été • *HE* 1 m ➤p. 200

***Rosa* 'Paulii'** ❀ Blanc • Début d'été • *H* 1,20 m *E* 1,50 m ➤p. 218

***Stephanandra incisa* 'Crispa'** Ø Jaune orangé • Automne • *H* 80 cm *E* 1,50 m ➤p. 225

Arbres

Sur un terrain pentu et dégagé, un petit arbre craindra moins le vent qu'une variété élevée.

***Prunus cerasifera* 'Hessei'** ❀ Blanc • Printemps Ø Rougeâtre à marge jaune • *HE* 4 m ➤p. 238

Une plantation dense est un moyen attrayant de stabiliser le sol sur un terrain pentu. Ici, des touffes argentées de Lychnis et de Nepeta, des grandes marguerites blanches (Leucanthemum) et du thym se bousculent dans un jardin où chaque centimètre carré est planté.

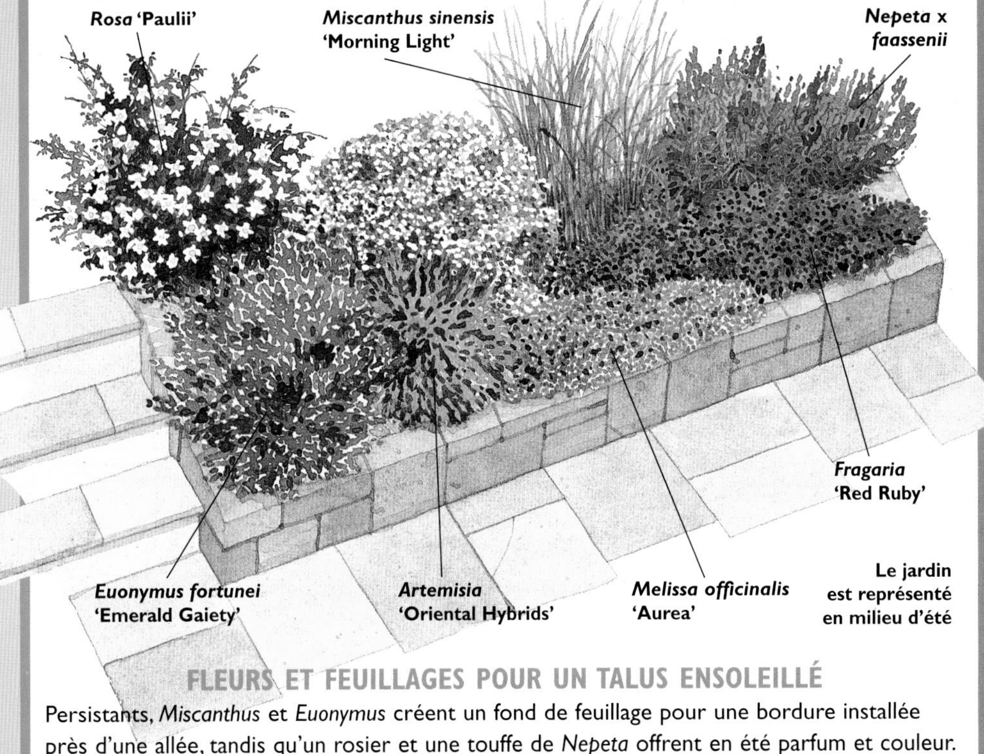

FLEURS ET FEUILLAGES POUR UN TALUS ENSOLEILLÉ

Persistants, *Miscanthus* et *Euonymus* créent un fond de feuillage pour une bordure installée près d'une allée, tandis qu'un rosier et une touffe de *Nepeta* offrent en été parfum et couleur. Un muret retient la terre et évite qu'elle ne souille le pavage lors des fortes averses.

TERRAINS DÉGAGÉS EN PENTE
SOL LOURD

Un sol lourd est un bienfait dans la partie haute d'un jardin en pente car il retient bien l'eau et les éléments nutritifs. En revanche, le bas de la pente peut être souvent détrempé.

Si votre jardin se situe au pied d'une colline, vous savez à quel point le sol reste détrempé pendant les périodes de pluies incessantes. À mesure que la pente s'adoucit, l'eau qui descend de la colline s'accumule dans des flaques boueuses. Plantez-y des **saules**, des **cornouillers**, des **lysimaques**, des **scrofulaires** et autres plantes de milieu humide. Elles se plaisent les pieds au frais et se débrouillent seules pendant l'hiver. Contentez-vous de les admirer depuis votre intérieur chaud et sec, ce qui vous évitera de piétiner le sol gorgé d'eau.

En fin d'été, les inflorescences rouge cerise du dahlia 'Fascination' à fleurs doubles avivent joliment le sommet d'un jardin pentu.

Un jardin des extrêmes

Tirez profit des situations diverses qu'offre un jardin pentu en cultivant une large gamme de végétaux, depuis les **géraniums vivaces**, qui apprécient le soleil et le bon drainage du haut, jusqu'aux **hostas**, qui se plairont dans l'humidité du bas de la pente.

Le sol peut durcir en été dans la partie haute de la pente, mais il présente l'avantage de bien conserver eau et nutriments. Comme il retient l'humidité froide, il est parfois lent à se réchauffer au printemps – encore plus dans le bas de la pente – et les bulbes et jeunes pousses mettent plus de temps à apparaître que dans des lieux plus hospitaliers.

Empêcher le sol de glisser

La plantation de couvre-sol à croissance rapide, comme des **lamiers** ou des **pervenches**, ou l'utilisation d'un feutre géotextile (voir page 14) permettent de fixer le sol et d'éviter son érosion lors des fortes pluies. Créer des terrasses ou des petits murets de soutènement est aussi une solution, mais veillez à réaliser des fondations solides.

Faites un apport d'engrais une fois par an en haut de la pente pour compenser les pertes dues au lessivage. Ne l'enfouissez pas par un bêchage : le sol lourd est naturellement collant, mais si vous brisez les mottes, il aura tendance à glisser plus vers le bas.

Le choix du spécialiste

Haut de la pente
Vivaces herbacées

Utilisez de belles teintes de feuillage et des fleurs vives pour orner le haut d'une pente.

Epimedium perralderianum
⌀ Rouge bronze, vert foncé et cuivré • Toute l'année ❀ Jaune • Printemps • *H* 30 cm *E* 45 cm ➤p. 111

***Geranium sanguineum* var. *striatum* 'Splendens'**♀ ❀ Rose • Fin de printemps-début d'été • *H* 20 cm *E* 30 cm ➤p. 121

***Lamium garganicum* 'Golden Carpet'** ❀ Rose et blanc • Milieu d'été • *HE* 45 cm ➤p. 137

Linum narbonense
❀ Bleu • Milieu d'été • *H* 50 cm *E* 30 cm ➤p. 141

***Vinca minor* 'Albo Variegata'**
❀ Bleu pâle • Printemps-début d'été ⌀ Vert doré • *H* 20 cm *E* illimité ➤p. 172

Arbustes et plantes grimpantes

Des arbustes bas et des plantes étalées fixent le sol sur les talus.

Cotoneaster apiculatus
❀ Rose • Été ❦ Rouge • Automne • *H* 1 m *E* 1,50 m ➤p. 187

***Euonymus fortunei* 'Blondy'**
⌀ Vert et jaune • *H* 50 cm *E* 1 m ➤p. 191

***Rosa* 'Max Graf'**
❀ Rose • Tout l'été • *H* 1,20 m *E* 2 m ➤p. 218

Bulbes

Peu de bulbes supportent l'humidité, aussi plantez-les plutôt vers le sommet.

***Dahlia* 'Fascination'**♀
❀ Pourpre rosé • Été-automne • *H* 60 cm ➤p. 281

Choisissez pour le bas de la pente des plantes qui ne craignent pas d'avoir les pieds mouillés. Les hostas, de l'autre côté du pont, et les lysimaques apprécient les berges pentues de ce ruisselet qui draine les eaux de pluie du jardin.

Bas de la pente

Vivaces herbacées

Même en sol lourd et détrempé, vous apprécierez ces vivaces peu exigeantes qui s'accommodent des conditions difficiles.

Astilbe ❀ Blanc, rose, rouge • Été • *H* 30 cm-1,20 m *E* 30 cm-1 m ➤p. 97

***Hosta* 'Ginko Craig'** ❀ Pourpre foncé • Été ∅ Vert foncé et blanc • *H* 45 cm *E* 60 cm ➤p. 134

Lysimachia clethroides♀ ❀ Blanc • Milieu-fin d'été • *H* 80 cm *E* 60 cm ➤p. 144

***Prunella grandiflora* 'Blue Loveliness'** ❀ Bleu lilas • Été • *H* 25 cm *E* 1 m ➤p. 156

***Scrophularia auriculata* 'Variegata'** ∅ Bleu-vert et crème • Printemps-été • *HE* 1 m ➤p. 160

***Solidago* 'Goldenmosa'**♀ ❀ Jaune vif • Fin d'été-début d'automne • *H* 75 cm *E* 45 cm ➤p. 163

Arbustes et plantes grimpantes

Plantez un cornouiller pour ses rameaux d'hiver vivement colorés et un cognassier à fleurs (*Chaenomeles*) pour sa floraison intéressante.

***Chaenomeles* x *superba* 'Texas Scarlet'** ❀ Rouge vif • Printemps • *H* 1 m *E* 1,50 m ➤p. 181

***Cornus sericea* 'Flaviramea'**♀ ∅ Rouge ou orange, puis des rameaux nus jaune-vert • Automne-hiver • *HE* 2,50 m ➤p. 185

Salix repens* var. *argentea ❀ Chatons jaunes • Printemps ∅ Gris argenté • *H* 75 cm *E* 1,20 m ➤p. 222

TIRER PARTI DE L'HUMIDITÉ

Sur une pente douce comme celle-ci, qui descend en s'éloignant de la bordure, les problèmes liés à la déclivité sont moins marqués. L'humidité et la fertilité y sont plus homogènes et vous pouvez mélanger des plantes à floraison estivale conseillées pour le bas de la pente, comme les hostas, avec des espèces recommandées pour le haut, comme le céanothe.

Le jardin est représenté au début de l'été

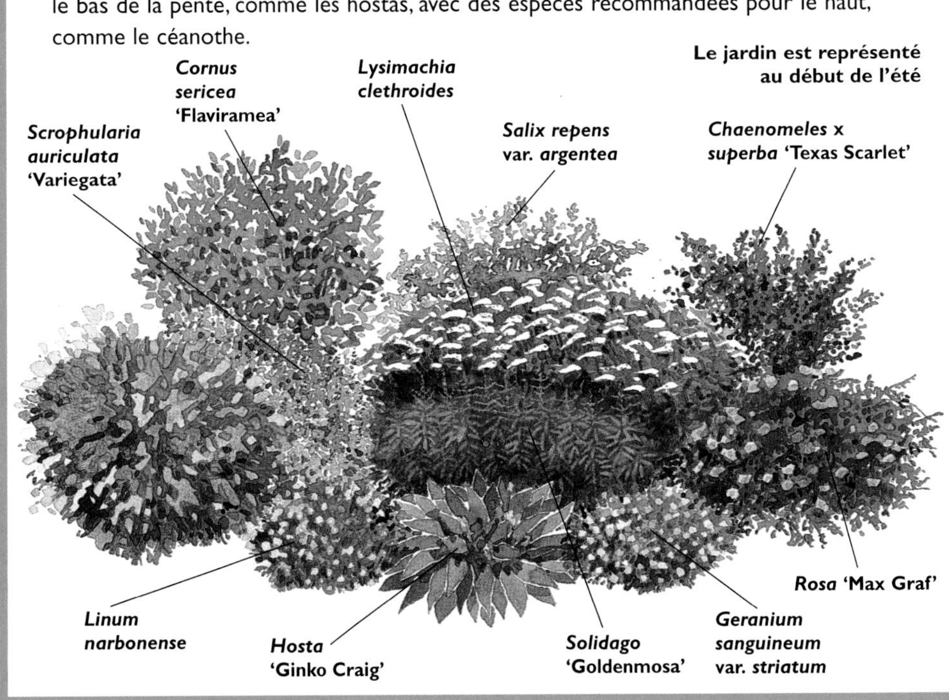

TERRAINS OMBRAGÉS SOUS LES ARBRES

OMBRE ÉPAISSE, SOL LÉGER

Sous l'ombre d'un arbre à la cime étalée, la lumière et la pluie ne parviennent pas jusqu'au sol. L'arbre lui-même est amateur d'eau et de nutriments.

Si vous avez des conifères dans votre jardin, vous constaterez que la terre à leur pied reste sèche toute l'année. La pluie qui parvient au sol met du temps à pénétrer l'épais tapis d'aiguilles jonchant la surface, puis s'infiltre rapidement dans la texture grossière et légère du sol. Même les arbres à feuillage caduc peuvent générer une ombre épaisse en pleine saison, si bien qu'à leur aplomb, le sol ne voit parfois le soleil que par beau temps tôt au printemps, à la mi-journée.

De croissance rapide, les* Hedera helix *sont très intéressants à utiliser en couvre-sol.

Des grosses masses de couleur persistante

Le choix des plantes est ici assez limité, mais celles qui conviennent s'étaleront sans problème pour offrir fleurs et feuillages attrayants. La clé du succès est de choisir des espèces tolérant la sécheresse, n'exigeant ni soleil ni sol riche, et de les planter en masse (voir dessin page de droite).

Les plantes couvre-sol, comme le **lierre** (*Hedera*), sont idéales pour remplir l'espace. Vous pouvez introduire des taches de couleur avec des bulbes printaniers comme les **muscaris**, des **pervenches** (*Vinca*) et *Viola* pourpres, ainsi que des **lamiers** jaune vif.

Les arbres déposent un paillis naturel

Sous un arbre, l'entrelacs de racines superficielles empêche souvent le bêchage ou même le binage, mais l'arbre travaille pour vous en déposant tous les ans un paillis enrichissant de feuilles mortes. Ratissez les aiguilles de pin, qui sont lentes à se décomposer, mais laissez les autres feuilles pourrir en enlevant juste celles qui étouffent les jeunes plantes.

Un des grands avantages de la situation est la difficulté pour les mauvaises herbes à s'établir. Les semences apportées par le vent n'arrivent pas à s'insérer dans la cime touffue.

Les fleurs et feuillages panachés apportent couleur et lumière aux recoins ombragés. Les feuilles teintées de jaune de cet* Elaeagnus *s'harmonisent parfaitement avec la floraison printanière du mahonia.

Le choix du spécialiste

Vivaces herbacées

Produisant un bel effet, les baies et capsules réussissent mieux que les fleurs à l'ombre. Plantez *Iris foetidissima* dans le fond du massif de manière à ne pas froisser ses feuilles malodorantes.

Iris foetidissima ♡ Capsules à graines rouge orangé • Automne-hiver • *H* 50 cm ➤p. 136
***Lamium galeobdolon* 'Florentinum'** ∅ Vert et argenté ∅ Pourpre • Hiver ❀ Jaune • Printemps-été • *HE* 45 cm ➤p. 137
***Vinca minor* 'Atropurpurea'** ♡ ❀ Pourpre • Printemps-début d'été • *H* 20 cm *E* illimité ➤p. 172
Viola cornuta ♡ ❀ Lilas ou blanc • Tout l'été • *H* 15 cm *E* 30 cm ➤p. 172

Arbustes et plantes grimpantes

Les feuillages panachés éclairent les recoins sombres. Choisissez des arbustes décoratifs en automne et en hiver, comme un *Mahonia*, qui déploieront leurs atouts quand les arbres seront dénudés.

***Euonymus fortunei* 'Coloratus'** ∅ Vert foncé ∅ Pourpre-rouge • Fin d'automne-hiver • *H* 1 m *E* 2 m ➤p. 191
***Hedera helix* 'Bulgaria'** ∅ vert • *H* 20 cm *E* 2 m ➤p. 197
***Mahonia aquifolium* 'Smarag'** ❀ Jaune • Printemps ∅ Vert foncé ∅ Pourpre • Automne-hiver • *H* 60 cm *E* 90 cm ➤p. 208

Bulbes

Au printemps, le sous-bois se couvre de bulbes colorés, mais beaucoup exigent le soleil. Les muscaris s'accommoderont de toutes les situations sauf l'ombre très épaisse.

***Muscari armeniacum* 'Blue Spike'** ❀ Bleu • Printemps • *H* 15-20 cm ➤p. 288

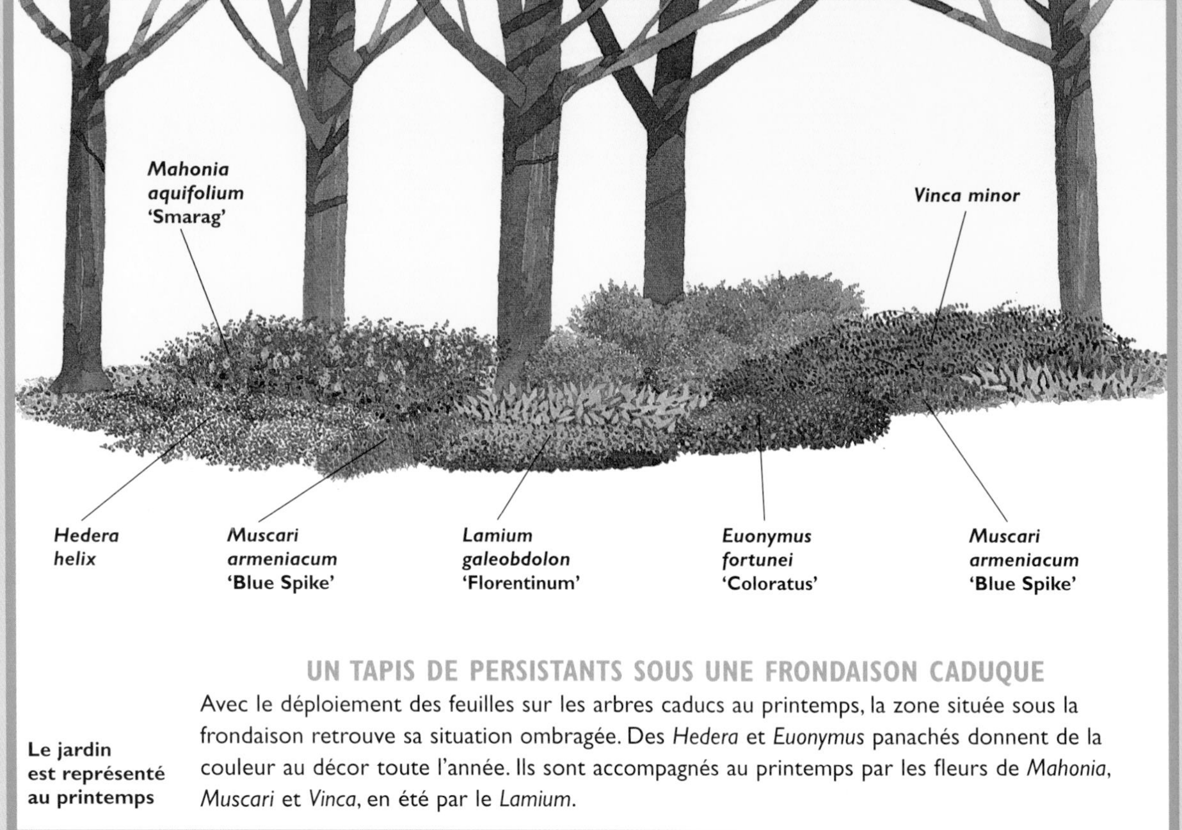

Le jardin est représenté au printemps

UN TAPIS DE PERSISTANTS SOUS UNE FRONDAISON CADUQUE

Avec le déploiement des feuilles sur les arbres caducs au printemps, la zone située sous la frondaison retrouve sa situation ombragée. Des *Hedera* et *Euonymus* panachés donnent de la couleur au décor toute l'année. Ils sont accompagnés au printemps par les fleurs de *Mahonia*, *Muscari* et *Vinca*, en été par le *Lamium*.

TERRAINS OMBRAGÉS SOUS LES ARBRES

OMBRE ÉPAISSE, SOL LOURD

Dures comme du béton et envahies de racines, certaines zones de votre jardin vous désespèrent. Pas un rayon de soleil ne pénètre les cimes épaisses et la terre est parfois si compacte que même les mauvaises herbes ont du mal à pousser. Et dès que vous tentez d'enfoncer la bêche, vous butez sur une racine.

Sous les arbres, la terre est parfois très dure et parcourue de racines. La frondaison peut faire barrage à la pluie et au soleil. Avec les essences caduques, le problème se pose surtout en été, mais les persistants comme les conifères font de l'ombre toute l'année. Les aiguilles de pin se décomposent lentement et ne s'incorporent pas dans la terre; elles agissent comme une barrière et empêchent l'humidité de migrer vers le sous-sol. Les sols lourds retiennent cependant bien les éléments minéraux et présentent rarement des carences.

Un sous-bois facile à entretenir

Ne perdez pas espoir. Il est possible de créer un jardin de sous-bois. L'essentiel est de préparer correctement le site avant la plantation. Une fois bien établies, les plantes demanderont peu d'entretien. De plus, vous n'aurez pas de souci avec le désherbage: les mauvaises herbes ne pousseront pas.

Préparer le sol

Commencez par ameublir le sol, en ôtant si nécessaire les petites racines superficielles. Puis incorporez une bonne quantité de matière organique, tel du compost. Fertilisez régulièrement avec des engrais à libération lente et d'autres à action rapide. En automne, enfouissez les feuilles mortes en y joignant un fumier lourd et mouillé.

Les plantes reprenant plus vite dans un sol humide, plantez-les après une forte pluie. Si vous avez le temps, posez un feutre géotextile ou un film de polyéthylène noir recouvert d'écorces de pin pour conserver l'humidité. Arrosez bien durant la première année de croissance.

Certaines plantes mettront probablement du temps avant de bien s'établir. Mais si vous suivez les suggestions proposées ici pour sélectionner les bonnes espèces, vous verrez qu'il est facile de transformer un jardin sombre en un havre de sérénité.

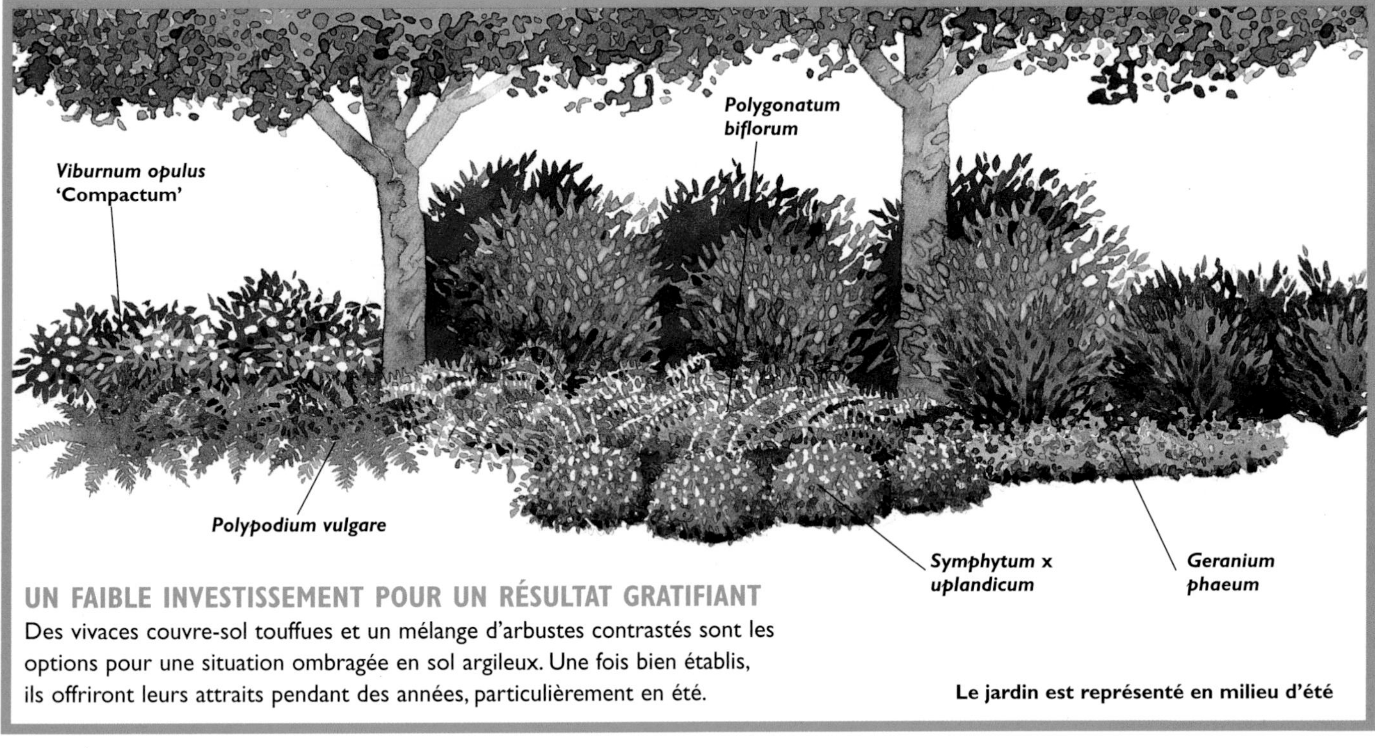

UN FAIBLE INVESTISSEMENT POUR UN RÉSULTAT GRATIFIANT

Des vivaces couvre-sol touffues et un mélange d'arbustes contrastés sont les options pour une situation ombragée en sol argileux. Une fois bien établis, ils offriront leurs attraits pendant des années, particulièrement en été.

Le jardin est représenté en milieu d'été

Les étonnantes feuilles cuivrées d'un **Heuchera** *contrastent au sein d'une masse de verts variés, alors que le rose vif des* **Primula** *anime ce jardin de sous-bois.*

Le choix du spécialiste

Vivaces herbacées

Avec un mélange de vivaces couvre-sol, créez un fond pour les taches colorées des floraisons printanières.

Geranium phaeum
❀ Rouge pourpré • Printemps-été • *H* 60 cm *E* 45 cm >p. 121
***Heuchera micrantha* 'Palace Purple'** ❀ Blanc crème • Début-milieu d'été ∅ Pourpre cuivré • Automne-hiver • *H* 60 cm *E* 30 cm >p. 132
Polygonatum biflorum
❀ Blanc • Fin de printemps • *H* 1 m *E* 75 cm >p. 153
Polypodium vulgare
∅ Vert • *H* 40 cm *E* 60 cm >p. 116
Primula auricula♀
❀ Jaune, rouge, mauve • Printemps • *HE* 20 cm >p. 155
Symphytum* x *uplandicum
❀ Rose, bleu, pourpre • Début d'été • *H* 1 m *E* 60 cm >p. 164
***Vinca minor* 'Atropurpurea'**♀
❀ Pourpre • Printemps-début d'été • *H* 20 cm *E* illimité >p. 172

Arbustes et plantes grimpantes

Un assortiment d'arbustes persistants constitue la structure. Les baies offrent de la couleur longtemps après la fin des floraisons.

Hamamelis virginiana
❀ Jaune • Fin d'automne • *HE* 4 m >p. 196
Ilex* x *meserveae
∅ Vert foncé ❦ Rouge clair • Automne-hiver • *HE* 1,20 m >p. 201
***Viburnum opulus* 'Compactum'**♀
❀ Blanc • Début d'été ❦ Rouge vif • Fin d'été-automne • *HE* 1 m >p. 229

TERRAINS OMBRAGÉS SOUS LES ARBRES

OMBRE LÉGÈRE, SOL LÉGER

En bordure d'un bosquet d'arbres, la lumière qui arrive sur le sol est tamisée par l'extrémité des branches. Si, de plus, l'endroit bénéficie d'une terre légère et facile à travailler, il est le lieu idéal pour cultiver certaines des plantes les plus jolies.

Un parfum puissant se dégage des fleurs de **Lonicera periclymenum** *tout au long de l'été.*

Crocus et aconits d'hiver, réveillant les jardins au printemps ; tiges arquées de **sceaux-de-Salomon,** portant d'élégantes fleurs tubulaires du printemps à l'été ; espèces d'ombre arbustives et persistantes, produisant des baies colorées en fin d'automne : tous ces végétaux se plaisent dans un sol léger sous la lumière tamisée que dispense le bord de la frondaison.

Un mélange judicieux peut créer un jardin sans souci à l'orée d'un petit bois offrant des couleurs attrayantes toute l'année.

Un sol léger facilite l'enracinement, mais il conserve mal l'humidité et les éléments minéraux. Avant la plantation, il est donc important de travailler la terre le plus profondément possible. Puis incorporez beaucoup de matière organique, comme du compost ou du fumier, et arrosez copieusement, surtout si le temps est sec.

Avoir des plantes heureuses

Offrez à vos plantes un bon démarrage en les plantant à travers un film de polyéthylène recouvert d'écorces de pin ou de copeaux de bois. Ces matériaux cachent le plastique et facilitent la rétention de l'humidité. Inspectez régulièrement vos plantations pour vérifier qu'elles ne sèchent pas et fertilisez à intervalles assez fréquents.

Une fois bien établies, les plantes sont peu exigeantes. Surveillez cependant l'apparition de fumagine sur le feuillage – ce moisi fuligineux provient du miellat sécrété par d'éventuels pucerons infestant les branches en surplomb. À l'automne, ôtez si nécessaire les feuilles mortes qui pourraient étouffer les jeunes plantes ou celles de petite taille.

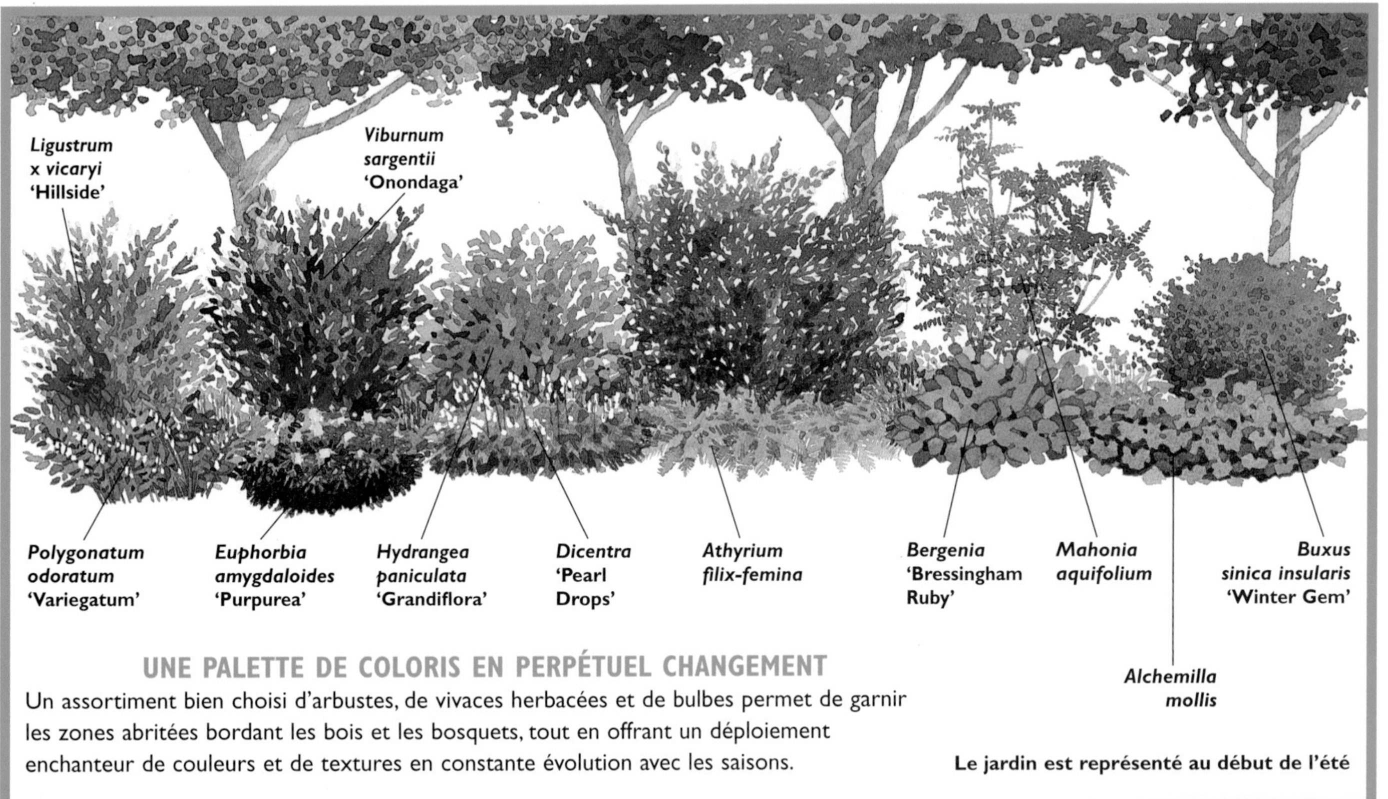

UNE PALETTE DE COLORIS EN PERPÉTUEL CHANGEMENT

Un assortiment bien choisi d'arbustes, de vivaces herbacées et de bulbes permet de garnir les zones abritées bordant les bois et les bosquets, tout en offrant un déploiement enchanteur de couleurs et de textures en constante évolution avec les saisons.

Le jardin est représenté au début de l'été

La bordure d'un bosquet s'anime au printemps avec les tiges arquées des sceaux-de-Salomon, garnies de clochettes blanches, et les fleurs bleu vif des corydales.

Le choix du spécialiste

Vivaces herbacées

Égayez la bordure avec une gamme de vivaces de taille basse à moyenne pour former un tapis de fleurs colorées.

Alchemilla mollis♡
❀ Jaune-vert • Début d'été ∅ Vert tilleul • *H* 50 cm *E* 75 cm ➤p. 90
Athyrium filix-femina♡
∅ Vert • Printemps-début d'été • *HE* 60 cm ➤p. 116
***Bergenia* 'Bressingham Ruby'**
❀ Rose rougeâtre • Printemps ∅ Rouge pourpré • Automne • *HE* 35 cm ➤p. 99
***Corydalis flexuosa* 'Purple Leaf'**
❀ Bleu • Fin de printemps-milieu d'été • *HE* 30 cm ➤p. 105
***Dicentra* 'Pearl Drops'**
❀ Blanc • Fin de printemps-été • *H* 30 cm *E* 45 cm ➤p. 107
***Euphorbia amygdaloides* 'Purpurea'** ∅ Marron rouge • Début de printemps ❀ Vert tilleul • Fin de printemps-début d'été • *H* 45 cm *E* 30 cm ➤p. 117
***Hosta* 'Gold Standard'**
❀ Lavande ∅ Vert • Été • *H* 50 cm *E* 1 m ➤p. 134
***Polygonatum odoratum* 'Variegatum'**♡ ❀ Blanc • Fin de printemps • *H* 60 cm *E* 30 cm ➤p. 153

Arbustes et plantes grimpantes

Mélangeant feuillages colorés et textures diverses, les arbustes et les plantes grimpantes structurent le massif.

***Buxus sinica insularis* 'Winter Gem'** ∅ Vert foncé • *HE* 1 m ➤p. 180
***Clematis montana* 'Rubens'**
❀ Rose • Fin de printemps • *H* 7 m *E* 4 m ➤p. 183
***Hydrangea paniculata* 'Grandiflora'**♡ ❀ Blanc rosé • Fin d'été-début d'automne • *H* 3 m *E* 1,50 m ➤p. 199
***Ligustrum x vicaryi* 'Hillside'**
∅ Panaché • *HE* 80 cm ➤p. 205
***Lonicera periclymenum* 'Harlequin'** ❀ Rose • Milieu de printemps-milieu d'été • *H* 2,50 m ➤p. 205
Mahonia aquifolium
❀ Jaune • Printemps • *HE* 1,20 m ➤p. 208
***Viburnum sargentii* 'Onondaga'**♡
❀ Blanc et rose • Fin de printemps • *H* 2,50 m *E* 2 m ➤p. 229

Bulbes

Plantez un choix de bulbes pour obtenir des masses colorées, même pendant les jours sombres et courts du début de printemps.

***Crocus chrysanthus* 'Cream Beauty'**♡ ❀ Crème à jaune pâle • Début de printemps • *H* 10 cm ➤p. 279
Crocus pulchellus♡
❀ Lilas pâle • Milieu-fin d'automne • *H* 20 cm ➤p. 279
Eranthis hyemalis♡
❀ Jaune • Début de printemps • *H* 5-8 cm ➤p. 282
***Eranthis hyemalis* Groupe Tubergenii 'Guinea Gold'**♡
❀ Jaune • Début de printemps • *H* 8 cm ➤p. 282
Scilla bifolia♡
❀ Bleu-violet • Début de printemps • *H* 15 cm ➤p. 291
***Scilla siberica* 'Spring Beauty'**
❀ Bleu vif • Début de printemps • *H* 15 cm ➤p. 291

TERRAINS OMBRAGÉS SOUS LES ARBRES

OMBRE LÉGÈRE, SOL LOURD

Frais et fertile, le sol lourd constitue un excellent milieu de culture, même sous l'ombre portée d'un arbre. La lumière tamisée filtre à travers la partie moins touffue qui frange la frondaison, donnant une ombre légère que beaucoup de plantes de jardin apprécient. Vous pourrez rapidement profiter d'un jardin orné de fleurs et peu exigeant.

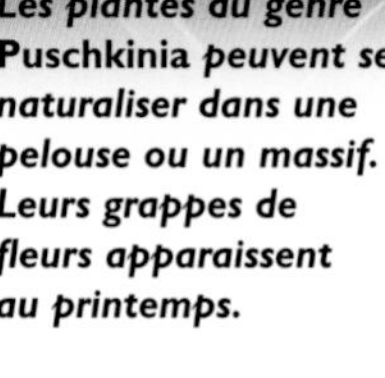

Les plantes du genre **Puschkinia** *peuvent se naturaliser dans une pelouse ou un massif. Leurs grappes de fleurs apparaissent au printemps.*

La lumière douce qui atteint le sol sous un arbre est parfaite pour les plantes de sous-bois, comme les **hellébores** et les **jacinthes des bois** (***Hyacinthoides***, voir page 284), mais, plus étonnamment, elle peut aussi convenir à un **rosier** ou à un **groseillier à fleurs** (***Ribes***). Des arbustes panachés tels ***Euonymus*** ou du **houx** supportent l'ombre et beaucoup sont persistants, offrant de belles taches colorées quand les arbres ont perdu leurs feuilles. Dès la première pluie, vous pourrez déterminer si le sol de votre nouveau jardin est argileux : il devient alors compact et colle sous les bottes. Vous pouvez alléger sa texture en incorporant de grosses quantités de matière organique avant la plantation et en le paillant régulièrement.

Vous aurez ainsi plus de choix pour vos plantations, mais attendez-vous à un travail ardu. Le bêchage d'un sol lourd est difficile et vous risquez de tomber sur des paquets de racines enchevêtrées. Vous pouvez cependant supprimer les racines fibreuses superficielles sans endommager les arbres ; cela vous facilitera le travail.

Quand le sol travaille à votre place

Les sols lourds, surtout à l'ombre, retiennent bien l'eau et les nutriments, ce qui réduit d'autant les corvées d'arrosage et de fertilisation. Cependant, au cœur de l'été, les grands arbres puisent beaucoup d'eau et le sol peut devenir sec et dur. Planter à travers un film de polyéthylène recouvert d'écorces de pin permet de maintenir l'humidité dans le sol tout en empêchant les mauvaises herbes de pousser.

Les arbres prélèvent aussi beaucoup d'éléments nutritifs. Pour compenser ces pertes, faites au printemps un apport en surface d'engrais à libération lente.

Ce fond de feuillages persistants aux nuances variées est éclaboussé par le bleu lavande des fleurs estivales d'une campanule rampante (voir page 102).

TABLEAU PRINTANIER POUR UN MASSIF OMBRAGÉ

Les tiges de *Cornus, Corylus, Ribes* et *Rosa sericea* ssp. *omeiensis* f. *pteracantha*, avec ses aiguillons rouges, produisent un effet saisissant sous la gelée blanche matinale. Au printemps, chatons et fleurs commencent à apparaître, complétant le feuillage doré du houx et la floraison jaune vif du forsythia.

Le jardin est représenté au printemps

Le choix du spécialiste

Vivaces herbacées

Le sol lourd est riche et fertile. Beaucoup de vivaces s'y plaisent, même avec peu de lumière.

***Brunnera macrophylla* 'Langtrees'**
❀ Bleu clair • Printemps • *HE* 40 cm
➤p. 100

Cimicifuga racemosa
❀ Blanc • Milieu d'été • *H* 1,50 m
E 60 cm ➤p. 105

***Doronicum orientale* 'Frühlingspracht'** ❀ Jaune soutenu • Fin de printemps • *H* 40 cm
E 45 cm ➤p. 108

***Euphorbia amygdaloides* 'Purpurea'** ⌀ Marron rouge • Début de printemps ❀ Vert tilleul • Fin de printemps-début d'été • *H* 45 cm *E* 30 cm ➤p. 117

***Helleborus* x *hybridus* hybrides Ashwood** ❀ Blanc, jaune, rouge et vert • Printemps • *HE* 45 cm ➤p. 130

***Hosta* 'June'**♀
❀ Gris lavande à presque blanc
⌀ Jaune/Bleu-vert • Milieu d'été
• *H* 50 cm *E* 85 cm ➤p. 134

***Lamium galeobdolon* 'Hermann's Pride'** ❀ Jaune • Printemps-été
• *HE* 45 cm ➤p. 137

***Monarda* 'Cambridge Scarlet'**♀
❀ Écarlate • Milieu-fin d'été
• *H* 1 m *E* 45 cm ➤p. 146

***Pulmonaria saccharata* 'Mrs Moon'** ❀ Rose-violet • Fin de printemps ⌀ Vert pâle moucheté
• *HE* 45 cm ➤p. 157

Arbustes et plantes grimpantes

Certains arbustes au feuillage persistant panaché ou aux belles teintes d'arrière-saison colorent les journées sombres même en hiver.

***Clematis* 'Ville de Lyon'**
❀ Rouge carmin • Milieu d'été-début d'automne • *H* 3 m *E* 1,50 m ➤p. 184

***Cornus alba* 'Gouchaultii'**
⌀ Panaché, tiges rouges • Hiver
ꝏ Bleu • Automne • *HE* 2 m
➤p. 185

***Corylus avellana* 'Aurea'**
ꝏ Noisettes brunes • Automne
• *H* 3 m *E* 2 m ➤p. 186

Cotoneaster acutifolius
❀ Blanc rosé • Été ꝏ Noir puis rouge
• Automne • *H* 2 m *E* 1 m ➤p. 187

***Euonymus fortunei* 'Emerald 'n' Gold'**♀ ⌀ Vert et doré ; rosâtre en hiver • *H* 1 m *E* 2 m ➤p. 191

***Forsythia ovata* 'Ottawa'**
❀ Jaune • Début de printemps
⌀ Vert foncé • Fin de printemps
• *H* 1,50 m *E* 2 m ➤p. 193

***Hydrangea paniculata* 'Grandiflora'**♀ ❀ Blanc rosé
• Fin d'été-début d'automne
• *H* 3 m *E* 1,50 m ➤p. 199

***Ilex verticillata* 'After Glow'**
ꝏ Rouge orangé • Automne-hiver
• *HE* 2 m ➤p. 201

***Lonicera japonica* 'Halliana'**♀
❀ Blanc • Début d'été • *H* 3 m
➤p. 205

Ribes odoratum
❀ Jaune • Printemps ⌀ Pourpre
• Automne • *HE* 2 m ➤p. 213

Rosa sericea* ssp. *omeiensis* f. *pteracantha ❀ Blanc • Fin de printemps • *HE* 2,50 m ➤p. 218

Bulbes

Profitez des périodes pendant lesquelles les arbres sont dénudés et plantez des bulbes de printemps et d'automne.

Chionodoxa
❀ Rose, bleu ou blanc • Printemps
• *H* 10-20 cm ➤p. 277

Puschkinia
❀ Blanc ou bleu • Printemps
• *H* 15 cm ➤p. 291

Scilla
❀ Bleu, violet ou lilas • Printemps-début d'été ; automne • *H* 10-30 cm
➤p. 291

OMBRE NON PORTÉE PAR DES ARBRES

OMBRE ÉPAISSE, SOL LÉGER

Sous l'ombre épaisse d'un haut mur, cette partie du jardin peut ne jamais voir le soleil. Quand le sol est peu profond, trouver des plantes qui s'accommodent du manque de lumière, d'éléments nutritifs et d'humidité est un vrai défi.

Les constructions élevées bloquent le vent, laissant l'air stagner dans le jardin. Si votre pelouse comporte plus de mousse que de gazon, si des algues colonisent les zones non cultivées et si vos plantes sont souvent attaquées par des parasites et des maladies, vous possédez sûrement un terrain de ce type. Choisissez des espèces d'ombre et surveillez le moindre signe de maladie.

Le sol peut être très sec dans les parties qui ne reçoivent jamais de pluie, mais dans les zones bien arrosées, la terre légère retient mieux l'humidité qu'en plein soleil, permettant la culture de plantes qui ne conviendraient pas à un sol drainant. Évitez les espèces qui ont besoin de soleil car elles finiraient par s'étioler.

Le choix du spécialiste

Zone bien arrosée Vivaces herbacées

Choisissez des vivaces avec des coloris et des textures variés.

Acorus calamus Ø Vert vif • *H* 1,50 m *E* 60 cm ➤p. 302
Aruncus dioicus♀ ❀ Blanc crème • Milieu d'été • *H* 1,80 m *E* 1,20 m ➤p. 95
***Astilbe* x *arendsii* 'Fanal'** ❀ Écarlate • Été • *HE* 50 cm ➤p. 97
***Astilbe* x *arendsii* 'Brautschleier'** ❀ Blanc • Début d'été • *H* 75 cm *E* 40 cm ➤p. 97
Astrantia major ❀ Blanc • Milieu d'été • *H* 75 cm *E* 45 cm ➤p. 98
***Bergenia* 'Bressingham Salmon'** ❀ Rose saumon • Printemps Ø Rouge foncé • Automne • *HE* 35 cm ➤p. 99
Blechnum spicant♀ Ø Vert pâle • Automne • *H* 75 cm *E* 90 cm ➤p. 116

Arbustes et plantes grimpantes

Rameaux et baies aux teintes vives renforcent l'intérêt du massif.

***Cornus alba* 'Sibirica'**♀ Ø Rameaux rose corail • Hiver • *HE* 2,50 m ➤p. 185
Humulus lupulus ❀ Vert pâle • Fin d'été • *H* 4 m *E* 2 m ➤p. 198
Hydrangea anomala* ssp. *petiolaris♀ ❀ Blanc • Été • *H* 5 m *E* 3 m ➤p. 199

Arbres

Plantés dans un endroit arrosé, ces arbres se plaisent à l'ombre d'un bâtiment.

***Robinia pseudoacacia* 'Tortuosa'** ❀ Blanc • Fin de printemps Ø Vert tilleul • *H* 2,50 m *E* 1,50 m ➤p. 239
***Salix matsudana* 'Tortuosa'** ❀ Chatons vert-jaune • Début de printemps • *H* 8 m *E* 5 m ➤p. 240

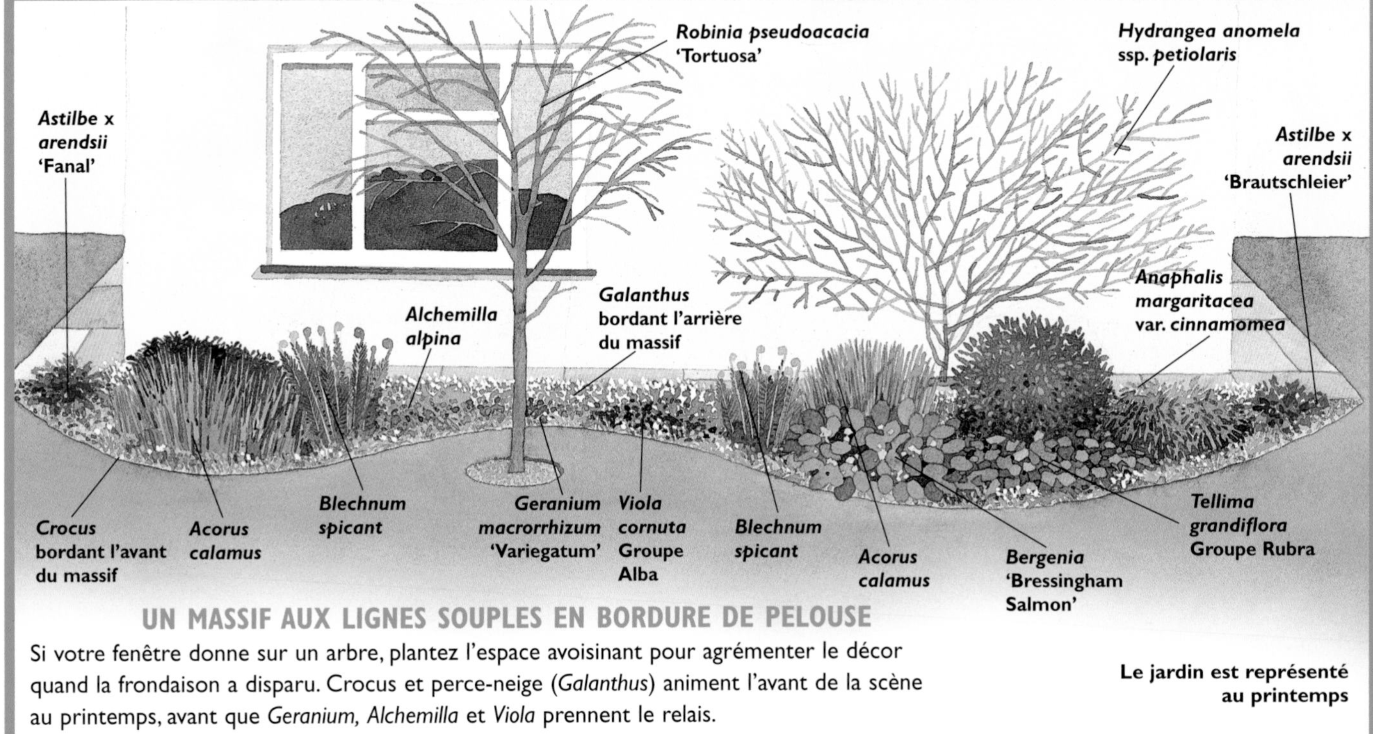

UN MASSIF AUX LIGNES SOUPLES EN BORDURE DE PELOUSE

Si votre fenêtre donne sur un arbre, plantez l'espace avoisinant pour agrémenter le décor quand la frondaison a disparu. Crocus et perce-neige (*Galanthus*) animent l'avant de la scène au printemps, avant que *Geranium, Alchemilla* et *Viola* prennent le relais.

Le jardin est représenté au printemps

Un houblon grimpe à l'assaut d'une pergola à la rencontre d'une clématite à floraison tardive (voir pages 183-184). Géraniums vivaces et astrances remplissent le premier plan de ce massif estival ombragé.

Bulbes

Les bulbes de printemps offrent leurs teintes vives sous l'ombre épaisse.

Crocus ❀ Blanc-jaune, pourpre et coloris mélangés • Début de printemps • *H* 5-13 cm ➤p. 279
Galanthus ❀ Blanc • Début de printemps • *H* 10-25 cm ➤p. 283
Scilla ❀ Bleu • Printemps ou automne • *H* 10-30 cm ➤p. 291

Zone peu ou pas arrosée
Vivaces herbacées

Au pied d'un mur, plantez des espèces tolérant la sécheresse.

Acanthus spinosus♀
❀ Blanc-mauve • Début d'été • *H* 1,50 m *E* 90 cm ➤p. 88
Alchemilla alpina
❀ Jaune-vert • Début d'été ⌀ Vert foncé • *H* 15 cm *E* 45 cm ➤p. 90
Anaphalis margaritacea* var. *cinnamomea ❀ Blanc • Milieu d'été-début d'automne ⌀ Gris argenté • *HE* 60 cm ➤p. 90
***Geranium macrorrhizum* 'Variegatum'** ❀ Rose tendre • Fin de printemps-début d'été ⌀ Gris-vert • *H* 30 cm *E* 60 cm ➤p. 122
Polypodium vulgare ⌀ Vert • Toute l'année • *H* 40 cm *E* 60 cm ➤p. 116
***Tellima grandiflora* Groupe Rubra**
❀ Blanc • Début-milieu d'été
⌀ Rougeâtre • Automne • *H* 60 cm *E* 30 cm ➤p. 166
***Viola cornuta* Groupe Alba**♀
❀ Blanc • Tout l'été • *H* 15 cm *E* 30 cm ➤p. 172

Arbustes et plantes grimpantes

Utilisez un cotonéaster couvre-sol ou palissez un lierre sur une arche pour obtenir de la verdure persistante.

Cotoneaster horizontalis♀
❀ Rose-blanc • Fin de printemps
Rouge • Automne • *H* 1 m *E* 1,50 m ➤p. 187
***Hedera helix* 'Rumania'**
⌀ Vert luisant • *H* 20 cm *E* 2 m ➤p. 197
***Ligustrum vulgaris* 'Cheyenne'**
⌀ Vert lustré • *H* 2 m *E* 1 m ➤p. 205

Arbres

Un érable s'accommode d'un site ombragé comme celui-ci, avec un sol léger et drainant.

***Acer platanoides* 'Drummondii'**
⌀ Panaché • Printemps et été • *H* 10 m *E* 5 m ➤p. 234

Bulbes

Plantez des touffes de muscaris à l'avant du massif pour leurs épis printaniers colorés, éphémères mais fournis.

Muscari ❀ Bleu ou blanc • Printemps • *H* 15-30 cm ➤p. 288

OMBRE NON PORTÉE PAR DES ARBRES

OMBRE ÉPAISSE, SOL LOURD

Si votre coin de jardin est exposé plein nord, s'il est argileux et collant, vous savez ce que signifie ombre humide et épaisse. Ne désespérez pas : avec un peu d'effort et les plantes adaptées, vous pourrez y créer un endroit charmant.

L'ombre d'un bâtiment est impitoyable. La partie jouxtant la façade, jamais arrosée par la pluie, est constamment sèche, tandis qu'un peu plus loin, le sol est souvent détrempé.

Marcher sur ce type de sol quand il est humide ou gelé risque de le rendre encore plus compact. Le mieux est de ponctuer la zone avec des arbustes à feuillage panaché, comme *Euonymus*, que vous contemplerez depuis la maison pendant les mois d'automne et d'hiver.

Les sols lourds retiennent bien l'eau et les éléments nutritifs, ce qui convient à bon nombre de plantes malgré la faible luminosité. Les fleurs de sous-bois – crocus et *Chionodoxa* – ajouteront une note colorée sous les arbustes. Mais, il vous faudra choisir les vivaces avec soin.

Même avec beaucoup d'attention, le gazon aura du mal à pousser : utilisez plutôt des plantes en pots à cet endroit (voir page 304).

***Les Primula denticulata** portent des bouquets de fleurs sur des hampes élevées. Groupez-les à l'avant d'une plate-bande fraîche.*

Le choix du spécialiste

Zone peu ou pas arrosée
Vivaces herbacées

Les coloris doux des fleurs et des feuillages s'accordent bien avec l'ombre épaisse.

Helleborus foetidus♀
❀ Vert pâle • Début de printemps • *H* 75 cm *E* 60 cm ➤p. 130

***Hosta* 'Undulata Albomarginata'**
Ø Vert bordé de blanc ❀ Lavande • Début-milieu d'été • *H* 1 m *E* 90 cm ➤p. 134

***Persicaria amplexicaulis* 'Firetail'**♀ ❀ Cramoisi • Été-automne • *HE* 1 m ➤p. 151

Primula denticulata♀
❀ Mauve • Début de printemps-début d'été • *H* 40 cm *E* 20 cm ➤p. 155

***Vinca minor* 'Argenteovariegata'**♀
❀ Bleu-violet • Printemps-début d'été Ø Vert et jaune • *H* 20 cm *E* 75 cm ➤p. 172

Arbustes et plantes grimpantes

Adoucissez un mur à l'ombre avec des grimpantes tolérant une faible luminosité et plantez à côté des arbustes supportant la sécheresse.

Hypericum frondosum
❀ Jaune orangé • Été Ø Bleu-vert • *HE* 1,20 m ➤p. 200

***Ilex verticillata* 'After Glow'**
Rouge orangé • Automne-hiver • *H* 2 m *E* 1 m ➤p. 201

***Lonicera* x *xylosteoides* 'Clavey's Dwarf'** Ø Vert bleuté ❀ Blanc • Fin de printemps • *HE* 1 m ➤p. 206

Parthenocissus quinquefolia♀
Ø Cramoisi • Automne • *H* 15 m *E* 5 m ➤p. 208

***Philadelphus* 'Avalanche'**
❀ Blanc • Début d'été • *H* 1,50 m *E* 75 cm ➤p. 209

Bulbes

Égayez l'avant de la bordure avec des bulbes colorés en mélange.

Erythronium revolutum♀
❀ Rose • Printemps • *H* 25 cm ➤p. 282

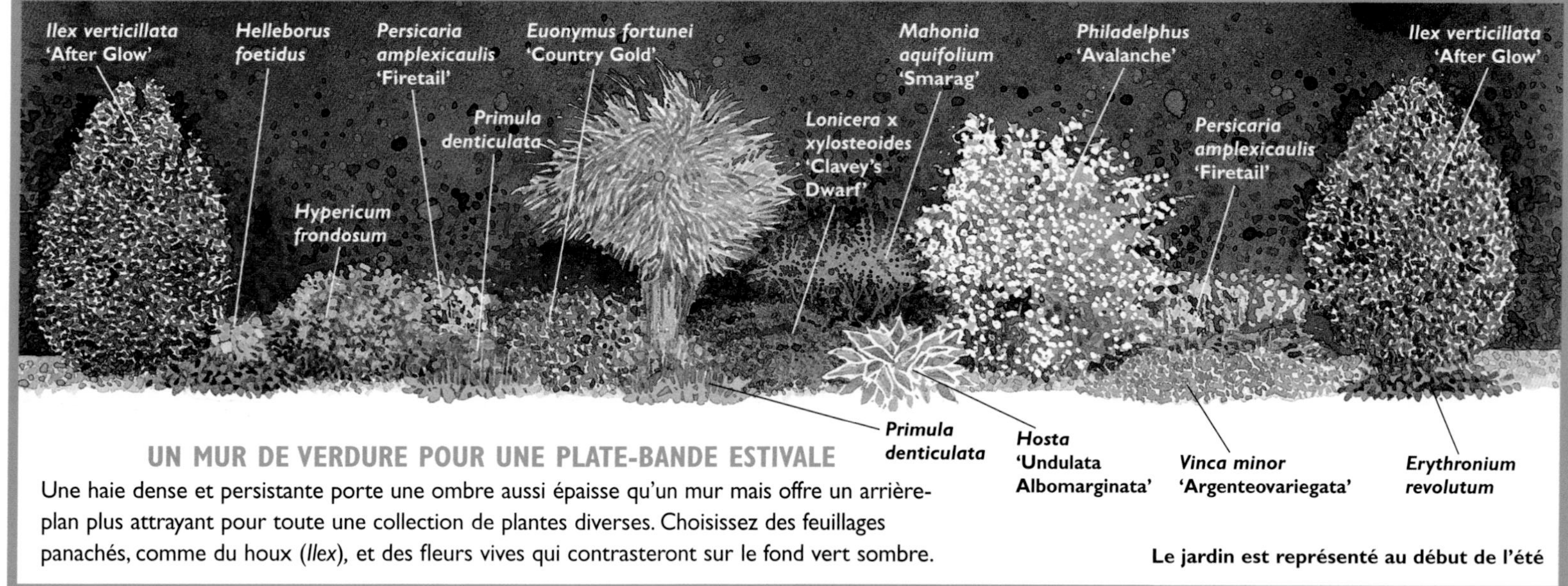

UN MUR DE VERDURE POUR UNE PLATE-BANDE ESTIVALE

Une haie dense et persistante porte une ombre aussi épaisse qu'un mur mais offre un arrière-plan plus attrayant pour toute une collection de plantes diverses. Choisissez des feuillages panachés, comme du houx (*Ilex*), et des fleurs vives qui contrasteront sur le fond vert sombre.

Le jardin est représenté au début de l'été

Débordant ici sur le muret, l'Elaeagnus se plaît dans les sols riches et lourds, même sous une ombre dense. Il apprécie la compagnie des hostas et autres plantes de sous-bois.

Zone bien arrosée

Vivaces herbacées

Choisissez des vivaces qui se plaisent à l'ombre et en terrain humide.

Geranium phaeum
❀ Rouge pourpré • Printemps-été • *H* 60 cm *E* 45 cm ➤p. 121
Iris foetidissima♀
Capsules à graines orange écarlate • Automne-hiver • *H* 50 cm ➤p. 136
***Lamium maculatum* 'White Nancy'**♀ ❀ Blanc • Fin de printemps • *H* 20 cm *E* 80 cm ➤p. 137

Arbustes et plantes grimpantes

Feuillages panachés ou baies et fleurs colorées égaient les coins sombres.

***Berberis thunbergii* 'Royal Cloak'**
❀ Rouge foncé Rouge clair • Automne • *HE* 1,20 m ➤p. 177
Elaeagnus angustifolia
Ø Vert argenté Orange • Automne • *HE* 6 m ➤p. 191
***Euonymus fortunei* 'Country Gold'** Ø Vert foncé et doré • *HE* 1 m ➤p. 191
***Mahonia aquifolium* 'Smarag'**
❀ Jaune • Début de printemps
Ø Rouge pourpré • Automne • *H* 60 cm *E* 90 cm ➤p. 208

Arbres

Choisissez un érable qui s'accommodera de la faible intensité lumineuse du site.

***Acer negundo* 'Flamingo'**
Ø Panaché de vert, rose et blanc • Printemps-été • *H* 6 m *E* 4 m ➤p. 234

Bulbes

Les lis aiment un peu d'ombre ; les blancs sont du plus bel effet.

***Lilium speciosum* 'Album'**
❀ Blanc • Fin d'été • *H* 1,20 m ➤p. 287

OMBRE NON PORTÉE PAR DES ARBRES

MI-OMBRE, SOL LÉGER

Pourvus de murs et de clôtures, la plupart des jardins possèdent des zones à mi-ombre. Avec une terre légère et facile à travailler, vous avez toutes les chances d'y créer un environnement florissant toute l'année.

L'alternance d'ombre et de soleil, alliée à un sol léger, facilite la tâche. Le bêchage est facile et les jeunes plants s'établissent rapidement s'ils ne manquent pas d'eau. Comme les terres légères sèchent vite en été, vous devez prévoir un arrosage complémentaire, surtout en haut des pentes et talus, où l'eau s'écoule rapidement.

Si vous plantez au pied d'un mur ou d'une clôture, repérez les zones qui ne reçoivent pas de pluie. Les haies peuvent aussi laisser un sol sec et appauvri. Avant la plantation, enfouissez une bonne quantité de matière organique et faites un apport d'engrais à libération lente. Vous pouvez limiter les pertes d'eau en couvrant le sol d'un film de plastique ou d'un paillis organique.

Si vous souhaitez une pelouse, choisissez un mélange de gazon adapté à l'ombre. Laissez l'herbe assez haute pour décourager la mousse.

Les inflorescences roses mousseuses de Filipendula purpurea se dégagent avec élégance des feuilles plus sombres.

ÉGAYER L'OMBRE

Avec le changement des saisons et le rallongement des jours, le soleil avive les feuillages éclatants et les fleurs colorées de ce massif. Là où l'ombre persiste, *Hypericum* et *Filipendula* mêlent leurs teintes pourprées avec des jaunes et des blancs brillants.

Le jardin est représenté au printemps

Le choix du spécialiste

Zone bien arrosée
Vivaces herbacées

Humidité, sol léger et lumière aideront ces vivaces à orner les massifs du printemps à l'automne.

Doronicum pardalianches
❀ Jaune • Début d'été • *HE* 1 m ➤p. 108

Epimedium* x *youngianum
❀ Blanc verdâtre ou rose pâle • Milieu-fin de printemps • *H* 20-30 cm *E* 30 cm ➤p. 111

Filipendula purpurea♀
❀ Pourpre-rouge • Milieu-fin d'été ∅ Vert vif • *H* 1,20 m *E* 60 cm ➤p. 119

***Hosta* 'Sagae'**♀
❀ Blanc • Milieu d'été ∅ Vert et crème • *H* 90 cm *E* 1,20 m ➤p. 134

***Lysimachia punctata* 'Alexander'**
❀ Jaune vif • Début d'été ∅ Vert et crème, rosé au printemps • *H* 1 m *E* 60 cm ➤p. 144

Matteuccia struthiopteris♀
∅ Vert • Été • *HE* 1 m ➤p. 116

***Persicaria amplexicaulis* 'Inverleith'**
❀ Rouge foncé • Milieu d'été-début d'automne • *HE* 45 cm ➤p. 151

Solidago cutleri
❀ Jaune vif • Fin d'été-début d'automne • *H* 45 cm *E* 30 cm ➤p. 163

Arbustes et plantes grimpantes

Feuillages vifs et belles floraisons forment un ensemble séduisant et changeant.

***Chamaecyparis obtusa* 'Fernspray Gold'** ∅ Jaune citron • *H* 2 m *E* 1 m ➤p. 182

***Forsythia* 'Fiesta'**
❀ Jaune • Début de printemps ∅ Vert et jaune • Fin de printemps • *HE* 1,80 m ➤p. 193

***Hypericum androsaemum* 'Albury Purple'** ❀ Jaune • Été ❧ Rouge cerise ∅ Vert • *HE* 60 cm ➤p. 200

***Kerria japonica* 'Picta'**
❀ Jaune d'or • Fin de printemps-début d'été ∅ Gris-vert et crème • *H* 1 m *E* 1,20 m ➤p. 203

***Rosa* 'Alberic Barbier'**♀
❀ Blanc crème • Début d'été • *HE* 4,50 m ➤p. 220

***Weigela* 'Bristol Ruby'**
❀ Cramoisi • Été • *HE* 1,80 m ➤p. 230

Arbres

Attrayants de près comme de loin, ces arbres complètent le décor.

***Acer platanoides* 'Royal Red'**
∅ Rouge foncé • Printemps et automne • *H* 12 m *E* 10 m ➤p. 234

Crataegus phaenopyrum
❀ Blanc • Début d'été ∅ Vert foncé ❧ Rouge vif • Automne • *HE* 7 m p. 236

Persicaria amplexicaulis ***'Inverleith'***, **Lysimachia punctata** ***'Alexander'*** ***(au fond) et hostas panachés : une combinaison harmonieuse de plantes qui apprécient les conditions fraîches et ombragées.***

Bulbes

En sol léger les bulbes poussent facilement. Utilisez-les pour remplir les vides de couleurs vives.

Hyacinthus
❀ Divers • Début-milieu de printemps • *H* 20-30 cm ➤p. 285
Lilium pyrenaicum
❀ Jaune vif taché de pourpre • Début d'été • *H* 1,20 m ➤p. 287

Zone peu ou pas arrosée
Vivaces herbacées

Avec un peu d'attention, un sol sec et léger peut convenir à certaines vivaces à fleurs décoratives.

Anemone **'Bressingham Glow'**
❀ Rose pourpré • Fin d'été-début d'automne • *H* 1,20 m *E* 45 cm ➤p. 91
Euphorbia polychroma ♀
Ø Vert foncé, rouge, pourpre • Automne ❀ Jaune vif • Milieu de printemps • *HE* 45 cm ➤p. 118
Geranium procurrens
❀ Pourpre rosé foncé • Milieu d'été-automne Ø Vert • *H* 15 cm *E* 1 m ➤p. 121
Hemerocallis **'Stella de Oro'**
❀ Jaune vif • Milieu d'été • *H* 30 cm *E* 45 cm ➤p. 131
Heuchera **'Snow Storm'**
❀ Rouge • Début d'été Ø Vert foncé marbré de blanc argenté ; teinté de rose en hiver • *H* 45 cm *E* 30 cm ➤p. 132
Prunella grandiflora **'Blue Loveliness'** ❀ Bleu lilas foncé • Été Ø Vert • *H* 25 cm *E* 1 m ➤p. 156

Arbustes et plantes grimpantes

Dans les coins plus sombres, fleurs vives et feuillages panachés attirent le regard.

Hedera helix **'Bulgaria'**
Ø Vert luisant à nervures apparentes • *H* 20 cm *E* 3 m ➤p. 197
Ribes sanguineum **'King Edward VII'** ❀ Rouge rosé • Fin de printemps • *HE* 1 m ➤p. 213
Rosa **'Golden Showers'** ♀
❀ Jaune vif • Été • *HE* 2,50 m ➤p. 221
Salix integra **'Hakuro-nishiki'**
Ø Rose et blanc • Fin de printemps-automne • *HE* 1,50 m ➤p. 222
Spiraea thunbergii **'Mount Fuji'**
❀ Blanc • Début de printemps Ø Panaché • *HE* 1 m ➤p. 225

Arbres

Les lieux peu arrosés peuvent accueillir de superbes scènes automnales.

Prunus padus **'Skinner's Red'**
❀ Blanc • Début de printemps Ø Pourpre foncé • *H* 8 m *E* 4 m ➤p. 238
Sorbus aucuparia **'Cardinal Royal'**
❀ Blanc • Fin de printemps Ø Rouge et jaune ⁂ Rouge orange • Automne • *H* 12 m *E* 5 m ➤p. 241

Bulbes

Soulignez une allée avec des rangées d'ails d'ornement et d'iris.

Allium cernuum
❀ Pourpre rosé • Début d'été • *H* 30-60 cm ➤p. 274
Iris danfordiae
❀ Jaune vif • Début de printemps • *H* 10 cm ➤p. 285

OMBRE NON PORTÉE PAR DES ARBRES

MI-OMBRE, SOL LOURD

Un sol lourd mi-ombragé peut devenir collant et glissant, ou bien sec et dur. L'ajout de sable et de matière organique permet d'améliorer la structure de ce type de sol.

Un sol lourd peut rendre délicate la reprise des jeunes plants mais il a l'avantage de bien retenir l'eau et les éléments nutritifs, et de favoriser la croissance des plantes une fois bien établies. Dans les zones d'ombre, la terre reste humide toute l'année, devenant même parfois détrempée lors de fortes pluies, surtout en bas des pentes. Ce n'est pas le cas dans les parties abritées par un mur ou une clôture.

Ne vous précipitez pas au jardin avec outils et jeunes plants dès la première belle journée de printemps ; pour planter, il faut attendre que le sol soit suffisamment réchauffé. De plus, marcher sur un sol encore humide ou gelé risque de provoquer sa compaction et de rendre le travail encore plus laborieux par la suite.

Les pétales déployés des tulipes captent les premiers rayons du soleil printanier.

Le choix du spécialiste

Zone bien arrosée

Vivaces herbacées

Un peu de soleil et de l'humidité font le bonheur de ces plantes, dont la croissance est favorisée par la richesse du sol.

***Anemone* 'Honorine Jobert'** ♀
❀ Blanc • Fin d'été-début d'automne • *H* 1 m *E* 60 cm ›p. 91

Brunnera macrophylla ♀
❀ Bleu vif • Fin de printemps-début d'été • *HE* 40 cm ›p. 100

Campanula persicifolia
❀ Blanc-violet-bleu • Milieu d'été • *H* 90 cm *E* 40 cm ›p. 102

Arbustes et plantes grimpantes

Dans les endroits où les plantes vivaces ont du mal à bien fleurir, préférez quelques arbustes touffus pour structurer le massif.

Celastrus orbiculatus
Ø Jaune • Automne • *H* 3 m à 5 ans ; 12 m à terme ›p. 181

***Deutzia x hybrida* 'Magicien'**
❀ Blanc et rose • Fin de printemps • *HE* 1,20 m ›p. 190

Elaeagnus multiflora
Ø Vert et argent Rouge brique • Été • *HE* 2 m ›p. 191

***Kerria japonica* 'Pleniflora'** ♀
❀ Jaune d'or • Début d'été • *H* 2,50 m *E* 2 m ›p. 203

***Philadelphus* 'Innocence'**
❀ Blanc • Début d'été Ø Marginé de blanc crème • *HE* 2 m ›p. 210

***Rosa* 'Albertine'** ♀
❀ Rose saumoné clair • Début d'été • *H* 4,50 m ›p. 220

***Syringa vulgaris* 'Congo'**
❀ Rose magenta • Fin de printemps-début d'été • *H* 5 m *E* 3 m ›p. 226

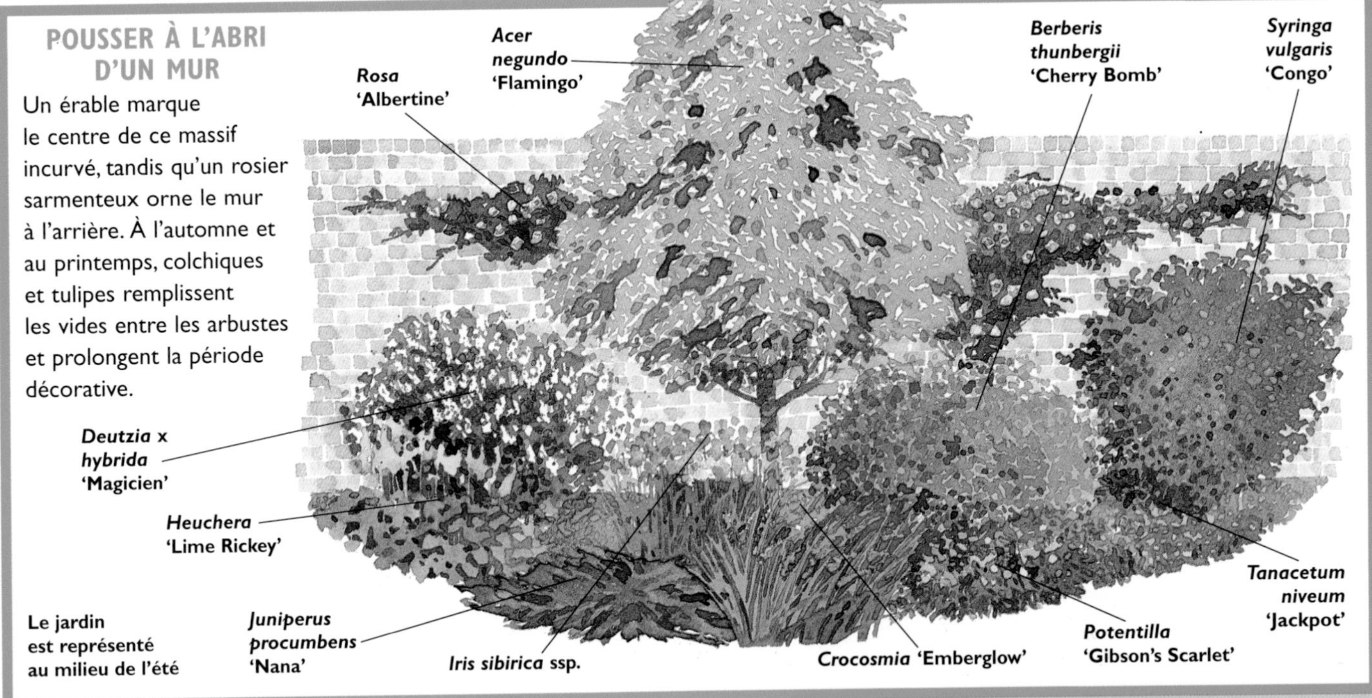

POUSSER À L'ABRI D'UN MUR

Un érable marque le centre de ce massif incurvé, tandis qu'un rosier sarmenteux orne le mur à l'arrière. À l'automne et au printemps, colchiques et tulipes remplissent les vides entre les arbustes et prolongent la période décorative.

Les fleurs roses de Potentilla nepalensis 'Miss Wilmott' s'harmonisent avec les boutons d'un lis royal (voir page 287), faisant de cet endroit frais et ombragé un lieu idéal où s'asseoir par un chaud après-midi d'été.

Arbres

Des feuilles colorées ou des baies à l'automne justifient la présence d'un arbre dans un petit jardin de ville.

***Acer negundo* 'Flamingo'**
∅ Panaché • Printemps-été • *H* 6 m *E* 4 m ➤p. 234
***Sorbus* x *thuringiaca* 'Fastigiata'**
∅ Rouge écarlate ❦ Rouge devenant orange • Automne • *H* 8 m *E* 3 m ➤p. 241

Bulbes

La plupart des bulbes printaniers classiques réussissent dans cette situation ; ceux cités ici conviennent particulièrement.

Colchicum
❀ Blanc-rose • Automne • *H* 10-23 cm ➤p. 277
***Crocosmia* 'Emberglow'**
❀ Rouge foncé • Début d'été • *H* 60 cm ➤p. 278
Eranthis hyemalis♀
❀ Jaune • Début de printemps • *H* 5-8 cm ➤p. 282

Zone peu ou pas arrosée

Vivaces herbacées

Même dans les situations sèches et ombragées, vous pouvez créer un massif plein de couleurs avec cette sélection de belles vivaces.

***Heuchera* 'Lime Rickey'**
❀ Blanc • Début d'été ∅ Vert lime • *H* 1 m *E* 30 cm ➤p. 132
Iris sibirica♀
❀ Bleu • Début d'été • *H* 1 m ➤p. 135
***Monarda* 'Beauty of Cobham'**♀
❀ Rose • Milieu et fin d'été • *H* 1 m *E* 45 cm ➤p. 146
***Potentilla* 'Gibson's Scarlet'**♀
❀ Rouge vif • Été • *H* 50 cm *E* 60 cm ➤p. 154
***Tanacetum niveum* 'Jackpot'**
❀ Blanc • Milieu d'été ∅ Gris • *H* 50 cm *E* 30 cm ➤p. 165

Arbustes et plantes grimpantes

Dans les endroits qui ne reçoivent pas d'eau, des racines profondes ou étalées aident les arbustes à aller chercher l'humidité plus loin.

***Berberis thunbergii* 'Cherry Bomb'** ∅ Rouge cramoisi ❦ Rouge • Automne • *HE* 80 cm ➤p. 178
***Clematis* 'Jackmanii'**♀
❀ Mauve • Début-fin d'été • *H* 3 m *E* 1 m ➤p. 183
***Juniperus procumbens* 'Nana'**♀
∅ Vert tendre et bleuté • *H* 30 cm *E* 3 m ➤p. 202
***Lonicera* x *heckrottii* 'Goldflame'**
❀ Rose et jaune • Été • *H* 3 m ➤p. 205
***Spiraea* x *bumalda* 'Candlelight'**
❀ Rose • Milieu-fin d'été ∅ Jaune • *HE* 80 cm ➤p. 225
***Yucca flaccida* 'Golden Sword'**♀
❀ Blanc crème • Milieu d'été ∅ Vert rayé de jaune • *HE* 75 cm ➤p. 231

Arbres

Une belle floraison printanière transforme un jardin et chasse en un instant la grisaille de l'hiver.

***Malus baccata* 'Erecta'**
❀ Blanc • Printemps ❦ Jaune et rouge vif • Automne • *H* 8 m *E* 3,50 m ➤p. 237
***Prunus cerasifera* 'Hessei'**
❀ Blanc • Printemps ∅ Pourpre moucheté • *HE* 4 m ➤p. 238

Bulbes

Un sol lourd favorisant la pourriture des bulbes pendant les hivers humides, les plates-bandes à l'abri des pluies offrent d'excellentes conditions.

***Iris* 'George'**♀
❀ Pourpre • Début de printemps • *H* 15 cm ➤p. 285
Tulipa ❀ Divers • Début-fin de printemps • *H* 15-35 cm ➤p. 292

SOL ACIDE

TERRAINS DÉGAGÉS

Inondé de soleil et exposé au vent, ce type de terrain est le rêve de bien des jardiniers. C'est la situation préférée de certaines plantes superbes, comme les bruyères et les rhododendrons. Utilisez-les pour vos massifs, associées à d'autres plantes de terre de bruyère.

Le sol acide typique est le sol tourbeux – riche, noir et grumeleux –, mais les terres légères, sableuses, et les argiles lourdes peuvent aussi être acides (pH inférieur à 7) en fonction de la nature géologique du sous-sol. Un rapide coup d'œil sur la flore locale peut vous renseigner sur le sujet : boutons d'or, marguerites, rumex et chardons prospèrent sur les bas-côtés en terrain acide, et vous devriez remarquer aussi des mousses, lichens et hépatiques sur les murets.

Choisir des plantes de terre de bruyère

Une terre très acide (pH 4 ou 5) limite le nombre de plantes, et le choix est encore plus restreint avec une situation ensoleillée et ventée. Cependant, **rhododendrons** et **azalées**, **magnolias**, **lupins**, **bruyères** (*Erica*), **airelles** et **bleuets** se plairont dans un tel endroit.

Choisissez vos variétés avec soin : quelques **clématites**, par exemple, apprécient les sols très acides, tandis que d'autres ne les tolèrent pas ; de la même manière, seules certaines variétés d'**œillets** (*Dianthus*) s'y plaisent. Abaisser le pH du sol avec des apports de poudre de calcaire ou de craie vous permettra d'élargir facilement votre choix.

Contrer les éléments

Dans un jardin sans ombre, le soleil omniprésent peut brûler certaines plantes, mais le vent est parfois plus à craindre. Dans un sol tourbeux, tassez fermement à la plantation pour limiter les risques de déchaussement. En sol lourd, utilisez plutôt des tuteurs solides car il faut éviter le compactage.

Incorporez du sable et des matières organiques pour alléger la structure des sols lourds et faites des apports d'engrais à libération lente. Un sol très acide peut « piéger » les éléments minéraux – la plante ne peut pas les assimiler – et provoquer des carences : surveillez les feuilles qui jaunissent ou tombent.

Plantez un magnolia pour ses superbes fleurs cireuses et son délicieux parfum. Mais attention, certaines variétés, comme M. liliiflora 'Nigra' (ci-dessus), doivent être protégées des vents.

UN MASSIF EN ANGLE POUR UNE LONGUE FLORAISON

Profitez d'une scène fleurie continue, depuis les tons mélangés des lupins au début de l'été jusqu'au bleu des iris et aux teintes vives des baies qui persistent tout l'hiver.

Le jardin est représenté au début de l'été

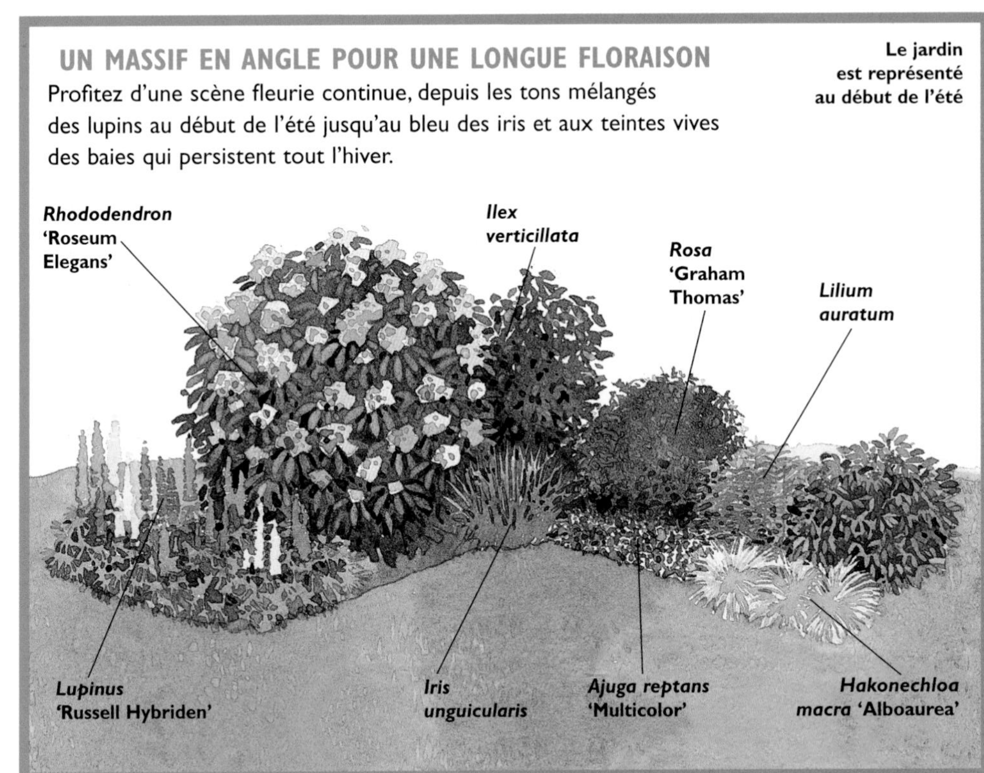

Iris setosa est le plus rustique de tous les iris et se plaît en sol acide, surtout s'il est humide. Les fleurs violet foncé, dressées au milieu des feuilles lancéolées, résistent bien au vent.

Le choix du spécialiste

Vivaces herbacées

En choisissant avec soin parmi ces vivaces colorées, vous pourrez obtenir un massif attrayant toute l'année.

***Ajuga reptans* 'Multicolor'**
❀ Bleu foncé • Début d'été
Ø Bronze panaché • *H* 15 cm
E 45 cm ➤p. 89

***Dicentra formosa* 'Adrian Bloom'**
❀ Rouge foncé • Fin de printemps-automne • *H* 30 cm *E* 20 cm ➤p. 107

Dryopteris erythrosora ♀
Ø Rouge rosâtre, puis cuivré, puis vert à maturité • *HE* 60 cm ➤p. 116

Eupatorium cannabinum
❀ Rose, pourpre ou blanc • Fin d'été
• *H* 1,80 m *E* 1 m ➤p. 114

***Hakonechloa macra* 'Alboaurea'** ♀
Ø Vert, blanc et jaune
• *H* 40 cm *E* 30 cm ➤p. 126

Iris unguicularis ♀
❀ Violet-bleu • Fin d'hiver • *H* 25 cm
➤p. 136

***Lupinus* 'Russell Hybrides'**
❀ Divers • Début d'été
• *H* 1 m *E* 45 cm ➤p. 142

Arbustes et plantes grimpantes

Certains des arbustes les plus prisés – magnolias et rhododendrons – sont des plantes de terre acide.

***Calluna vulgaris* 'Beoley Crimson'**
❀ Cramoisi • Été Ø Vert foncé
• *H* 30 m *E* 45 cm ➤p. 195

***Daphne x burkwoodii* 'Carol Mackie'** ❀ Rose • Printemps
Ø Vert à bordure crème
• *HE* 80 cm ➤p. 189

***Erica x darleyensis* 'Margaret Porter'** ❀ Lilas • Printemps Ø Vert clair • *H* 20 cm *E* 45 cm ➤p. 195

Ilex verticillata ❀ Blanc
• Printemps ❦ Rouge • Automne
• *H* 2 m *E* 1,80 m ➤p. 201

Magnolia stellata ♀
❀ Blanc • Milieu de printemps
• *HE* 3 m ➤p. 207

***Picea pungens* 'Montgomery'**
Ø Aiguilles bleu argenté
• *H* 3 m *E* 2 m ➤p. 210

***Rhododendron* 'Roseum Elegans'**
❀ Rose fuschia • Printemps
• *H* 1,80 m *E* 2,20 m ➤p. 215

***Rosa* 'Graham Thomas'** ♀
❀ Jaune d'or • Été • *H* 1,50 m
E 1,20 m ➤p. 219

***Rosa* 'Scarlet Fire'** ♀
❀ Rouge • Été • *HE* 1,80 m
➤p. 218

***Vaccinium vitis-idaea* 'Koralle'** ♀
❀ Blanc à rose • Fin de printemps-début d'été ❦ Rouge • Fin d'été
• *H* 30 cm *E* 50 cm ➤p. 229

Arbres

Des arbres à enracinement profond sont essentiels pour créer un abri sur un terrain venteux. Plantez des persistants pour une protection toute l'année et des caducs pour leurs belles teintes.

Betula pendula ♀
Ø Jaune • Automne • *H* 20 m à terme *E* 10 m ➤p. 235

Bulbes

Avec ses fleurs estivales à l'aspect exotique et fortement parfumées, le lis apporte une note enchanteresse à n'importe quel jardin.

Lilium auratum
❀ Blanc et or • Fin d'été • *H* 1,50 m
➤p. 287

SOL ACIDE
À L'OMBRE DES ARBRES

Si vous possédez un grand bouleau vigoureux et si rhododendrons, bruyères et lupins prospèrent aux alentours, votre sol est probablement acide. Vous pouvez faire de nombreux apports de calcaire pour le neutraliser, mais le plus simple est encore de choisir des plantes de terre de bruyère.

L'humidité et les feuilles en décomposition acidifient le sol, ce qui est souvent le cas à l'ombre d'un arbre à feuillage caduc. Vérifiez le pH de votre sol avec un kit d'analyse (voir page 8) et observez les plantes alentour. Si de nombreux végétaux craignent les sols très acides, les plantes de sous-bois, comme les fougères, y poussent naturellement et peuvent agrémenter la zone sombre, humide et acide située à l'ombre d'un arbre. Les espèces les plus adaptées font souvent partie de la famille des éricacées, comme les bruyères, d'où cette appellation de « plantes de terre de bruyère ».

Le gazon ayant besoin de soleil pour bien pousser, n'espérez pas une pelouse. Créez plutôt des massifs et plates-bandes, et choisissez des plantes décoratives, dont des couvre-sol, pour remplir l'espace.

En automne, ratissez régulièrement les feuilles mortes pour éviter qu'elles étouffent les jeunes plantes. Un paillis organique peut contribuer à retenir l'humidité si le sol est très léger, mais la couche de feuilles correspondant à un arbre serait probablement trop épaisse.

Les arbres gourmands monopolisent eau et nourriture

En sol mince ou léger, vous devez arroser régulièrement pendant les périodes de sécheresse, car les arbres empêchent la pluie d'atteindre le sol et pompent l'humidité qu'il contient. Comme ils puisent aussi des éléments nutritifs, vous devez faire de fréquents apports d'engrais. Les racines des arbres peuvent provoquer le soulèvement des dalles ou bloquer le développement d'autres racines. Vous pouvez améliorer la qualité du sol en supprimant certaines des racines gênantes et en remplissant les vides avec de la bonne terre.

Amateur de terres acides, un rhododendron déploie en début d'été ses délicieuses fleurs rosées, formant un joli contraste avec les frondes découpées des fougères vert vif.

Un lamier peut rapidement couvrir le sol sous les arbres avec de belles feuilles gaufrées souvent tachetées ou panachées. Les fleurs en épis s'épanouissent à la fin du printemps.

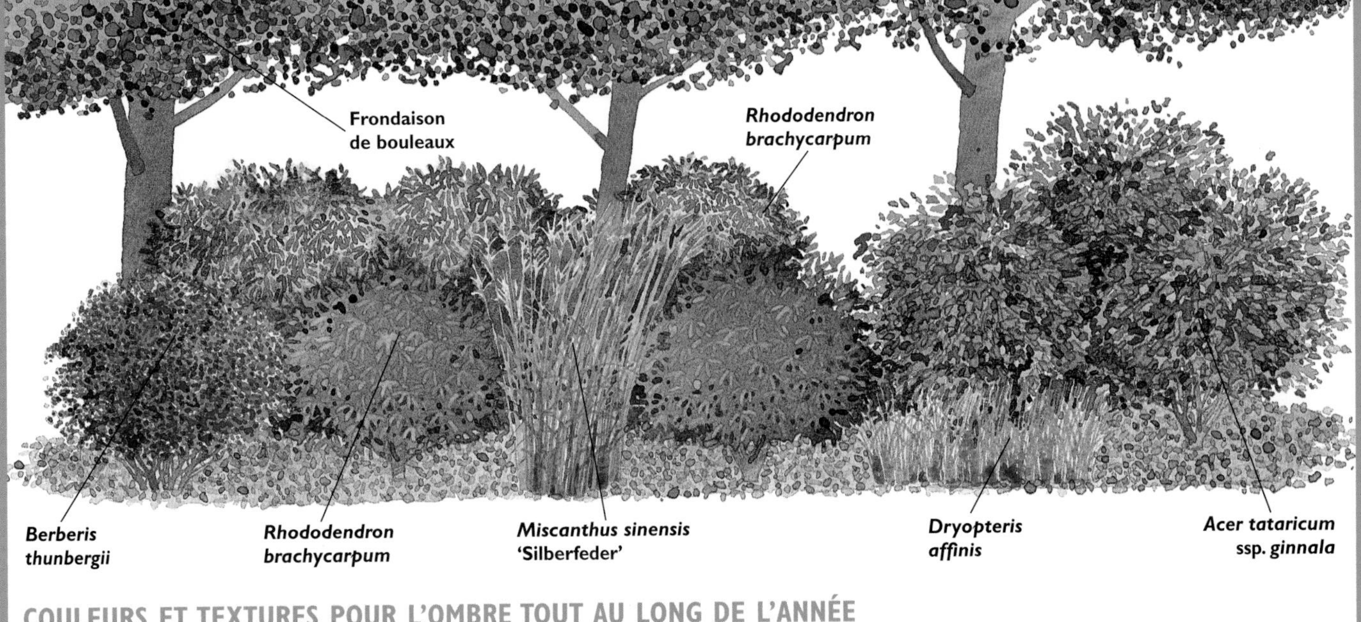

COULEURS ET TEXTURES POUR L'OMBRE TOUT AU LONG DE L'ANNÉE

Le massif est agrémenté à l'avant par de grandes touffes de *Miscanthus* et des fougères, décoratives la majeure partie de l'année. Les rhododendrons offrent leurs belles fleurs printanières tandis que l'érable se pare de teintes superbes au printemps et à l'automne.

Le jardin est représenté au début de l'automne

Le choix du spécialiste

Vivaces herbacées

Fougères, graminées telles que *Miscanthus* et lamiers couvre-sol conviennent parfaitement à ce type de terrain acide et ombragé.

***Asplenium scolopendrium* 'Crispum'** ⌀ Vert • Toute l'année • *HE* 60 cm >p. 116
Dryopteris affinis ♀
⌀ Vert foncé • Toute l'année • *H* 1 m *E* 40 cm >p. 116
***Lamium garganicum* 'Golden Carpet'** ❀ Rose et blanc • Milieu d'été ⌀ Vert et doré • *HE* 45 cm >p. 137
***Miscanthus sinensis* 'Silberfeder'** ♀
❀ Argenté brun rosâtre • Automne • *H* 2,25 m *E* 1 m >p. 126

Arbustes

Azalées et rhododendrons sont des classiques en sol acide. Berbéris et saule offrent leurs attraits toute l'année.

***Berberis thunbergii* 'Sunsation'**
❀ Jaune • Printemps ⌀ Jaune doré, puis rouge ❦ Rouge • Automne • *HE* 1 m >p. 177
Rhododendron brachycarpum
❀ Blanc rosé • Début d'été • *H* 1,60 m *E* 1,20 m >p. 215
Salix cinerea
⌀ Tiges et feuilles grises • *H* 1,50 m *E* 2,50 m >p. 222

Arbres

Les feuilles profondément lobées de ce petit érable virent du vert vif au rouge sombre à l'automne.

Acer tataricum* ssp. *ginnala
⌀ Vert • Printemps-été ; écarlate en automne • *H* 5 m *E* 3 m >p. 234

SOL ACIDE

OMBRE NON PORTÉE PAR LES ARBRES

Les jardins de ville sont parfois si bien entourés de hauts murs et d'immeubles qu'ils profitent rarement du soleil direct. Ils conservent donc humidité et fraîcheur, ce qui convient parfaitement aux rhododendrons et aux azalées si le sol est acide.

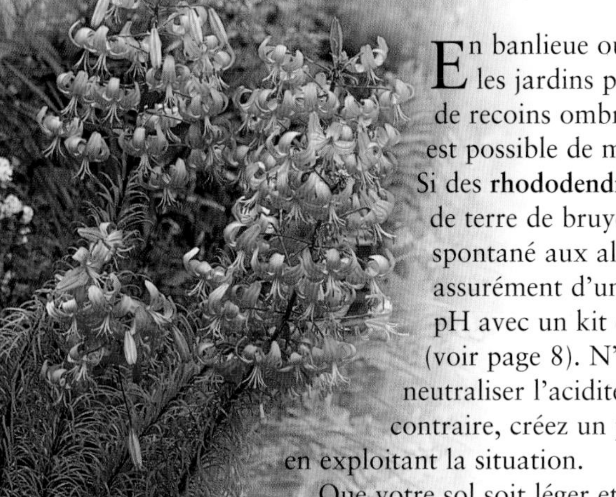

Plantez un lis rouge orangé – **Lilium davidii** *– pour ses fleurs en turban pourvues de pétales récurvés et d'étamines saillantes.*

En banlieue ou à la campagne, les jardins peuvent être pourvus de recoins ombragés et humides qu'il est possible de mettre en valeur. Si des **rhododendrons** et autres plantes de terre de bruyère poussent à l'état spontané aux alentours, vous disposez assurément d'un sol acide ; un test de pH avec un kit d'analyse le confirmera (voir page 8). N'essayez pas de neutraliser l'acidité naturelle du sol ; au contraire, créez un jardin facile à entretenir en exploitant la situation.

Que votre sol soit léger et tourbeux, sableux, ou argileux, s'il est ombragé, il doit bien retenir l'humidité, sauf en cas de sécheresse prolongée. Les seuls endroits secs se situent dans les zones protégées de la pluie – au pied des façades ou des murs, sous les haies – et, en été, en haut des pentes. Les haies adultes ont aussi tendance à appauvrir le sol car elles consomment beaucoup d'eau et d'éléments nutritifs.

Massifs et bordures plutôt que gazon

Généralement, le gazon n'aime guère les sols acides, ni l'ombre quasi-permanente. Vous n'obtiendrez que de la mousse. Réalisez plutôt une terrasse, en bois ou en dallage, ou une surface gravillonnée, entrecoupée de massifs et de bordures colorés et parfumés. Vous avez la chance de pouvoir créer un jardin de terre de bruyère : profitez-en. Comme vous l'indiquent les listes ci-contre, il existe un choix important de plantes : **chèvrefeuilles** (*Lonicera*) et **lis**, **érables** (*Acer*) et **azalées**, **hostas** et **hellébores**.

Une fois les zones de plantation préparées, arrosez-les, de préférence avec de l'eau de pluie. Paillez pour retenir l'humidité (voir page 14) et arrosez les jeunes plantes jusqu'à leur reprise. Binez de temps en temps la surface du sol pour éliminer algues, mousses et lichens, et utilisez un engrais spécial plantes de terre de bruyère pour fertiliser.

Le choix du spécialiste

Vivaces herbacées

Mélangez hellébores et hostas pour un effet tout au long de l'année.

***Bergenia* 'Abendglut'**
❀ Rouge rosé • Début de printemps
Ø Marron • Automne • *H* 30 cm *E* 60 cm ➤p. 99

Helleborus orientalis* ssp. *guttatus
❀ Blanc • Début de printemps
• *H* 45 cm *E* 60 cm ➤p. 130

***Hosta* 'Tall Boy'**
❀ Pourpre • Fin d'été • Vert moyen
• *H* 50 cm *E* 1 m ➤p. 134

Arbustes

Des arbustes aux silhouettes robustes, comme le houx, et un chèvrefeuille buissonnant complètent la floraison abondante d'un rhododendron ou d'une azalée.

Une azalée rouille vif domine l'avant de ce massif d'automne adouci par le lilas pâle des colchiques qui parsèment la pelouse.

UN COIN OMBRAGÉ

Un mur étend son ombre sur cette zone toute la journée. Ce petit massif se compose de plantes de terrain acide se plaisant à l'ombre. Les persistants restent décoratifs toute l'année et une combinaison harmonieuse de plantes variées offre un attrait continu.

Le jardin est représenté à la fin du printemps

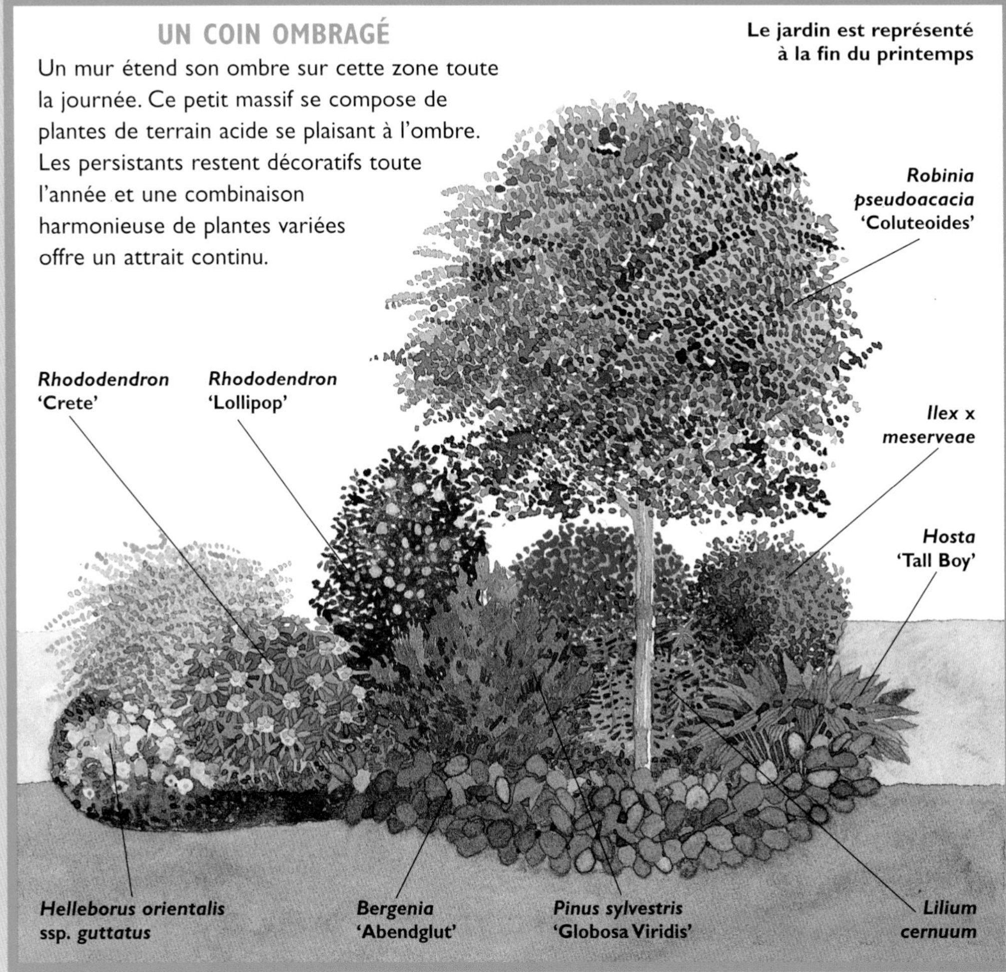

Ilex* x *meserveae
Ø Vert foncé ❦ Rouge clair • Automne-hiver • *HE* 1,20 m ➤p. 201

***Rhododendron* 'Crete'**♀
❀ Blanc et rose • Printemps • *HE* 1-2,50 m ➤p. 214

***Rhododendron* 'Lollipop'**
❀ Rose clair • Début d'été Ø Rouge orangé • Automne • *H* 1,50 m *E* 1 m ➤p. 215

***Pinus sylvestris* 'Globosa Viridis'**
Ø Vert foncé • *H* 1 m *E* 1,20 m ➤p. 211

Arbres

L'érable à feuillage coloré se dévoile au printemps et à l'automne, tandis que le robinier ajoute grâce et hauteur.

***Acer negundo* 'Flamingo'**
Ø Vert, rose et blanc • Printemps-été • *H* 6 m *E* 4 m ➤p. 234

***Robinia pseudoacacia* 'Coluteoides'** ❀ Blanc • Fin de printemps Ø Vert pâle • *HE* 6 m ➤p. 239

Bulbes

Originaires des sous-bois d'Europe et d'Asie, les lis se plaisent en situation ombragée. Beaucoup aiment les sols acides.

***Lilium* (la plupart)**
❀ Divers • Début-fin d'été • *H* 60 cm-1,50 m ➤p. 287

SOL ALCALIN
TERRAIN DÉGAGÉ

Dégagé et venteux, un jardin situé sur les hauteurs peut être tonique et vivifiant pour le jardinier, mais éprouvant pour les grandes plantes, à moins qu'elles ne soient abritées ou tuteurées. En sol calcaire, celles-ci doivent aussi affronter des conditions très alcalines.

Bien souvent, un sol calcaire ou crayeux est pauvre en éléments nutritifs mais assure un drainage efficace. De plus, la situation venteuse ne convient pas aux parasites et aux maladies, amateurs d'humidité stagnante. Avec un minimum d'entretien, vous pourrez cultiver ici de nombreuses plantes ravissantes.

Tuteurez les plus grandes et plantez des haies, de chèvrefeuille ou de cotonéaster par exemple, en les protégeant provisoirement avec un filet.

Toutes les espèces présentées ici sont aptes à pousser dans un sol au pH élevé, mais elles profiteront de l'enfouissement d'engrais à libération lente ou de fumier, qui aideront à relever le niveau de fertilité. Analysez le sol (voir page 8) pour connaître son degré d'alcalinité et abaissez le pH si nécessaire en incorporant du soufre et en arrosant toujours avec de l'eau de pluie.

Le choix du spécialiste

Vivaces herbacées

Un mélange judicieux de vivaces permet de couvrir le sol de couleurs tout l'été tandis que le vent diffuse leur parfum dans le jardin.

Armeria maritima
❀ Blanc, rose ou rouge • Début d'été • *H* 20 cm *E* 50 cm >p. 93

Aurinia saxatilis♡ ❀ Jaune • Fin de printemps • *HE* 30 cm >p. 98

***Dianthus plumarius* 'Doris'**
❀ Rose saumoné • Milieu d'été • *H* 35 cm *E* 25 cm >p. 106

***Fragaria* 'Pink Panda'**
❀ Rose • Été-début d'automne • *H* 15 cm *E* illimité >p. 119

Helianthus salicifolius
❀ Jaune vif • Début d'automne • *H* 2,50 m *E* 60 cm >p. 128

Lathyrus vernus♡
❀ Pourpre • Milieu-fin de printemps • *H* 40 cm *E* 30 cm >p. 138

***Leucanthemum x superbum* 'Snowcap'** ❀ Blanc • Début-milieu d'été • *HE* 30 cm >p. 139

Liriope muscari♡
❀ Violet • Fin d'été • *HE* 45 cm >p. 141

Lychnis chalcedonica♡
❀ Rouge vif • Début d'été • *H* 90 cm *E* 40 cm >p. 143

***Melissa officinalis* 'Aurea'**
❀ Blanc • Été ∅ Vert taché de jaune • *H* 60 cm *E* 40 cm >p. 146

Nepeta sibirica ❀ Bleu lavande • Milieu d'été ∅ Vert foncé • *HE* 70 cm >p. 147

***Scabiosa caucasica* 'Clive Greaves'**♡ ❀ Bleu lavande • Milieu-fin d'été • *HE* 60 m >p. 160

UN ABRI MULTICOLORE

Une rangée d'arbres au feuillage coloré, associée à une haie d'arbustes à fleurs buissonnants, compose une scène attrayante tout en protégeant du vent le tapis de vivaces herbacées. Un tel assortiment de végétaux procure un mélange permanent de couleurs et de parfums.

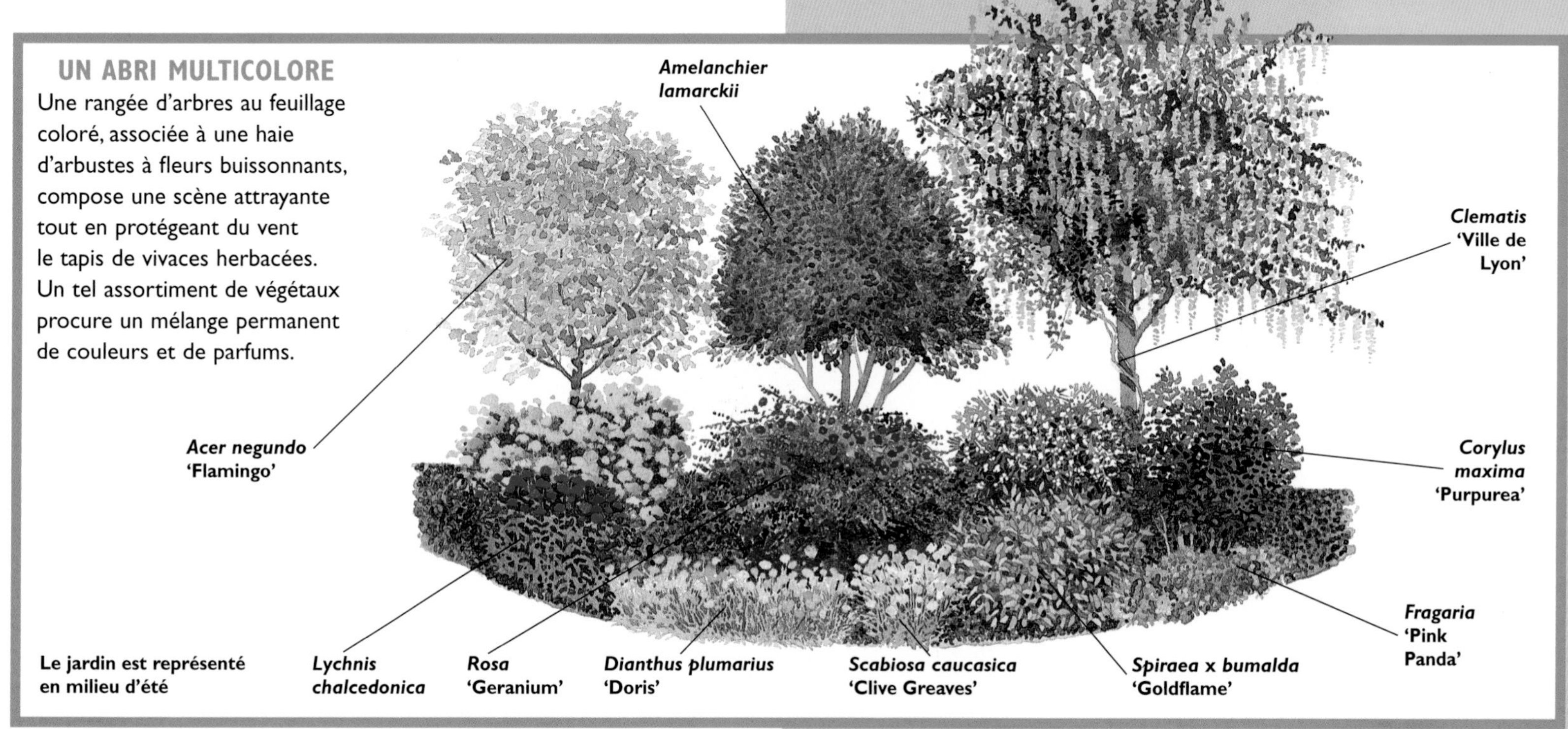

Le jardin est représenté en milieu d'été

Arbustes et plantes grimpantes

Ces arbustes et ces plantes grimpantes offrent de belles teintes mais aussi une protection vitale quand ils sont plantés en haie.

Amelanchier lamarckii ♀
❀ Blanc • Printemps ⌀ Rouge • Automne • *H* 1,50 m *E* 1,20 m à 5 ans ; 7 m à terme ➤p. 177

***Berberis thunbergii* 'Atropurpurea Nana'** ♀ ⌀ Pourpre-rouge ⁂ Rouge vif • Automne • *HE* 1,20 m ➤p. 177

***Berberis thunbergii* 'Emerald Carousel'** ❀ Jaune • Printemps ⌀ Rouge • Été • *HE* 1,20 m ➤p. 177

***Clematis* 'Jackmanii'** ♀
❀ Mauve foncé • Début-fin d'été • *H* 3 m *E* 1 m ➤p. 183

***Clematis* 'Ville de Lyon'**
❀ Rouge carmin • Milieu d'été-début d'automne • *H* 6 m *E* 3 m ➤p. 184

***Corylus maxima* 'Purpurea'** ♀
❀ Chatons pourpres • Printemps ⌀ Pourpre • *HE* 6 m ➤p. 186

***Lonicera periclymenum* 'Belgica'**
❀ Rose et rouge • Milieu de printemps-milieu d'été • *H* 2,50 m ➤p. 205

***Potentilla fruticosa* 'Manchu'**
❀ Blanc • Été ⌀ Gris-vert • *HE* 75 cm ➤p. 212

***Rosa* 'Geranium'** ♀ ❀ Rouge vif • Début d'été ⁂ Rouge orange • Automne • *H* 2,50 m *E* 2 m ➤p. 218

***Spiraea* x *bumalda* 'Goldflame'**
❀ Rose foncé • Printemps-automne ⌀ Orange rougeâtre • *HE* 80 cm ➤p. 224

***Syringa vulgaris* 'Charles Joly'** ♀
❀ Rouge pourpré foncé • Milieu-fin de printemps • *H* 3 m *E* 2,50 m ➤p. 226

Arbres

Choisissez des arbres à fleurs ou à feuillage décoratif, tels les érables et le cytise suggérés ci-dessous.

***Acer rubrum* 'Armstrong'**
⌀ Orange, rouge et jaune • Automne • *H* 15 m *E* 6 m ➤p. 234

***Acer negundo* 'Flamingo'**
⌀ Panaché rose et blanc • *H* 6 m *E* 4 m ➤p. 234

***Pyrus salicifolia* 'Pendula'** ♀
❀ Blanc crème • Milieu de printemps • *H* 4 m *E* 2,50 m ➤p. 239

Bulbes

Plantez quelques bulbes pour profiter de leurs fleurs tôt dans la saison. Le glaïeul imposant vous accompagnera vers l'automne.

Chionodoxa luciliae ♀
❀ Bleu et blanc • Début de printemps • *H* 10-15 cm ➤p. 277

Gladiolus callianthus
❀ Blanc à gorge pourpre • Fin d'été-début d'automne • *H* 1 m ➤p. 283

***Narcissus* 'Tête-à-tête'** ♀
❀ Jaune • Début de printemps • *H* 15 cm ➤p. 289

Tulipa urumiensis ♀
❀ Jaune teinté de lilas • Début de printemps • *H* 15 cm ➤p. 292

En été, ce terrain caillouteux prend vie avec l'apparition des épis vaporeux des* Nepeta *pourpres et des fleurs parfumées des œillets (*Dianthus*) roses.

SOL ALCALIN
À L'OMBRE DES ARBRES

Hêtres, charmes ou merisiers deviennent de beaux et grands arbres en sol alcalin, mais ils génèrent une ombre importante. Choisissez d'autres espèces aimant le calcaire pour donner de la couleur à ce coin ombragé et l'agrémenter quand les arbres sont dénudés.

Les muscaris se naturalisent facilement sous les arbres, tapissant le sol de bleu ou de blanc au printemps.

Tous les sols avec un pH supérieur à 7 sont alcalins, mais ils peuvent varier de lourds et humides à légers, peu profonds et caillouteux. Un simple kit d'analyse (voir page 8) peut vous permettre de connaître plus précisément le degré d'alcalinité de votre terrain et de choisir les plantes les plus adaptées.

L'ombre est un autre élément. La frondaison épaisse d'un arbre à feuillage caduc arrête la lumière au printemps et en été, celle des persistants toute l'année. Si votre sol est lourd, cela signifie qu'il retient bien l'eau et les nutriments et que votre jardin frais et ombragé convient parfaitement aux plantes à feuillage décoratif du genre *Filipendula*.

Savoir exploiter ces conditions

Les sols extrêmement alcalins peuvent être difficiles à cultiver, même avec les plantes les plus robustes ; repérez les signes de carence, comme le jaunissement des feuilles. Ajoutez des oligoéléments chélatés (facilement absorbés) pour combattre les problèmes de ce type (voir pages 14-15). Si le sol est très alcalin, faites un apport de soufre une fois par an.

Un arbre procure une ombre rafraîchissante, mais il est aussi très gourmand. Le problème est accentué dans les sols légers très drainants. Faites chaque année un apport d'engrais à libération lente pour stimuler la végétation sous les arbres. Ceux-ci puisent aussi beaucoup d'eau et, en dehors des grosses averses, la frondaison empêche la pluie d'atteindre le sol en été. Arrosez copieusement les jeunes plantes et paillez le sol pour retenir un maximum d'humidité.

Ramasser les feuilles et chasser les limaces

En automne, ramassez régulièrement les feuilles mortes pour empêcher qu'elles étouffent les plantes basses des massifs. Vous limiterez aussi les endroits susceptibles d'héberger escargots et limaces. Choisissez une journée claire pour le ratissage des feuilles ; elles sont plus faciles à rassembler quand elles sont sèches.

Avec la chute des feuilles en automne, la lumière qui atteint le sol alcalin sous ce pommier est suffisante pour faire fleurir asters et astrances.

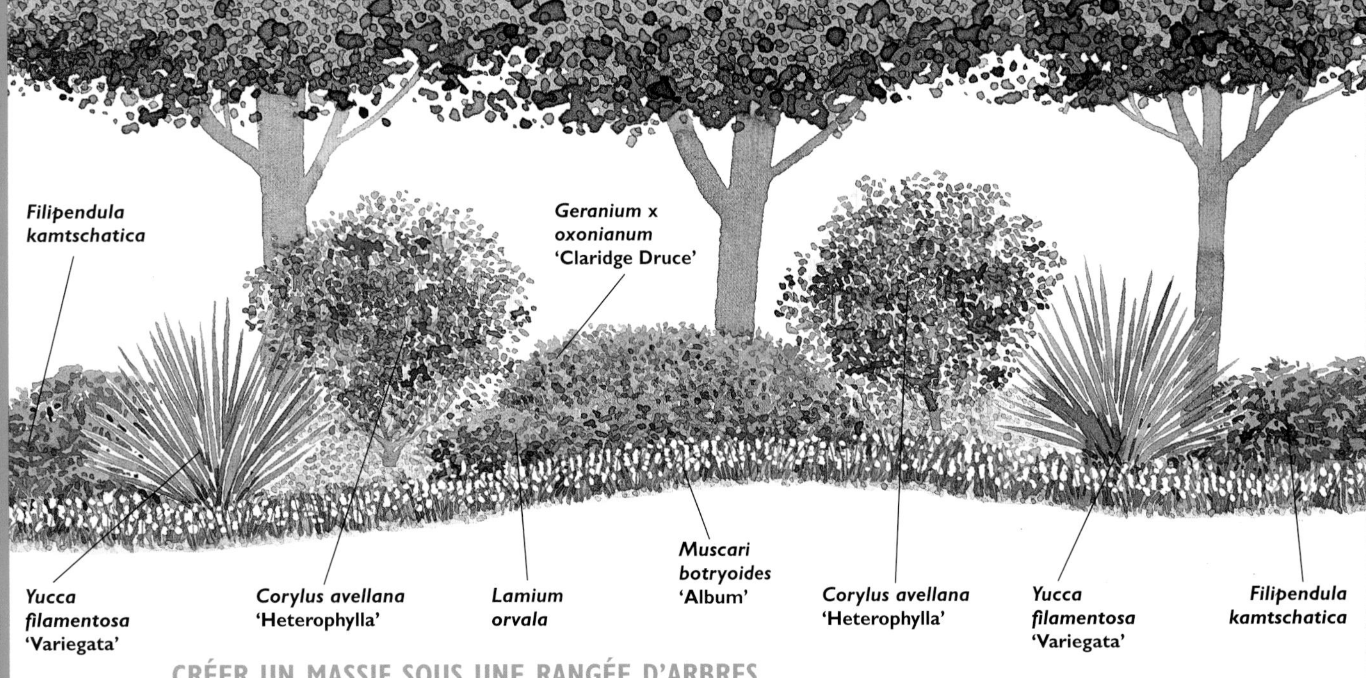

CRÉER UN MASSIF SOUS UNE RANGÉE D'ARBRES

Plantés à l'avant pour capter le soleil, les yuccas structurent le massif toute l'année, tandis que les autres plantes offrent des attraits saisonniers. Les muscaris blancs s'épanouissent au printemps, avec les premiers géraniums vivaces. *Lamium* et *Filipendula* suivent en été et le noisetier (*Corylus*) clôt le spectacle avec son feuillage d'automne doré.

Le jardin est représenté à la fin du printemps

Le choix du spécialiste

Vivaces herbacées

Les fleurs d'été avivent le dessous d'un arbre. Choisissez une palette de roses pour un décor tout en harmonie.

Artemisia arborescens♀ ∅ Gris argenté • *H* 1 m *E* 50 cm ➤p. 95

Aster x *frikartii* 'Flora's Delight' ❀ Lilas • Automne • *HE* 45 cm ➤p. 96

Astrantia major ❀ Blanc • Milieu d'été • *H* 75 cm *E* 45 cm ➤p. 98

Filipendula kamtschatica ❀ Rose ou blanc • Fin d'été • *H* 2 m *E* 1 m ➤p. 119

***Geranium* x *oxonianum* 'Claridge Druce'** ❀ Rose • Été • *HE* 60 cm ➤p. 121

Lamium orvala ❀ Rose cuivré • Début d'été • *H* 40 cm *E* 50 cm ➤p. 137

Arbustes et plantes grimpantes

Les feuillages persistants des yuccas orneront vos massifs même en hiver, quand les arbres sont dénudés.

***Corylus avellana* 'Heterophylla'** ❀ Chatons jaunes • Hiver-fin de printemps ∅ Doré ❦ Noisette • Automne • *HE* 5 m ➤p. 186

***Yucca filamentosa* 'Variegata'**♀ ❀ Blanc crème • Milieu d'été ∅ Vert panaché de rose et crème • *HE* 80 cm ➤p. 231

Arbres

Apportez de l'ombre à votre jardin avec cet érable (*Acer*) qui produit des fleurs rouges et un flamboyant feuillage d'automne.

***Acer rubrum* 'Red Sunset'** ❀ Rouge • Début-milieu de printemps ∅ Rouge orange • Début d'automne • *H* 8 m *E* 5 m ➤p. 234

Bulbes

Dispersez des poignées de bulbes de muscaris sous les arbres et laissez-les se naturaliser.

***Muscari botryoides* 'Album'** ❀ Blanc • Printemps • *H* 15 cm ➤p. 288

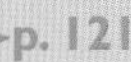

SOL ALCALIN
OMBRE NON PORTÉE PAR LES ARBRES

Les sols calcaires ou crayeux conviennent à de nombreuses plantes, mais ils ont aussi tendance à être secs. Inspirez-vous de la flore locale pour planter des espèces adaptées, comme des viornes, des narcisses et des campanules, qui pousseront sans souci à mi-ombre.

La plupart des plantes tolèrent mieux les sols alcalins que les sols acides. Ainsi, même à l'ombre d'une clôture élevée ou d'un bâtiment, ce type de terrain ne pose pas de problème majeur.

Votre principal souci sera de vérifier que les hautes teneurs en calcaire du sol n'empêchent pas les plantes d'y prélever certains éléments vitaux. Si vous notez un jaunissement des feuilles, traitez rapidement avec un produit antichlorose. Maintenez aussi la bonne fertilité du sol en apportant une fois par an un engrais à libération lente.

Les géraniums vivaces se plaisent dans un sol alcalin ombragé. Une rangée basse de* Geranium renardii *le long d'une allée ou en bordure de massif en adoucira les contours jusqu'à la fin de l'été.

Aménager l'ombre

Il est parfois plus difficile de cultiver des plantes dans l'ombre dense projetée par des structures artificielles que sous le couvert d'un arbre, car les zones dans l'ombre d'un bâtiment sont complètement privées de rayons lumineux, du moins une partie de la journée.

L'idéal est de dessiner le plan de votre jardin avant toute plantation et d'y repérer le mouvement du soleil. Cela vous aidera à placer vos plantes en fonction de leurs besoins en luminosité. Réservez les coins les plus sombres pour les vraies espèces d'ombre.

Des plantes qui n'aiment pas la chaleur

La zone jouxtant un mur est également protégée de la pluie ; vous devrez donc l'arroser de temps en temps. Mais dans la zone d'ombre, la portion de terrain qui est arrosée retient bien l'humidité puisqu'elle est protégée de l'ardeur du soleil de midi. Elle reste fraîche et généralement fertile.

Ce type d'emplacement convient parfaitement à des **pulmonaires** ou à des bulbes de sous-bois à floraison printanière, tels que **crocus** et **perce-neige**. Ajoutez une **viorne** (***Viburnum***) ou d'autres arbustes à fleurs blanches ou feuillage panaché pour éclaircir le massif et vous obtiendrez un coin attrayant, avec des couleurs intéressantes et variées.

Bien avant que les autres plantes ne prennent le relais, crocus et perce-neige étalent leurs teintes fraîches, même dans les coins les plus sombres du jardin.

Le choix du spécialiste

Vivaces herbacées

Choisissez des vivaces qui fleurissent dès que les bulbes commencent à faner.

Bergenia ciliata ❀ Blanc • Début de printemps • *HE* 45 cm ➤p. 99
***Campanula* 'Elizabeth'** ❀ Crème et pourpre rougeâtre • Milieu-fin d'été • *HE* 40 cm ➤p. 102
Geranium renardii ♀ ❀ Blanc et pourpre • Milieu d'été-début d'automne • *H* 30 cm *E* 25 cm ➤p. 121
***Hemerocallis* 'Cartwheels'** ♀ ❀ Jaune • Milieu d'été • *HE* 75 cm ➤p. 131
***Pulmonaria rubra* 'David Ward'** ❀ Rouge • Fin de printemps ∅ Vert bordé de crème • *H* 45 cm *E* 60 cm ➤p. 157

Arbustes et plantes grimpantes

Des arbustes de différentes tailles donneront relief et structure au massif tout en formant des contrastes intéressants.

Spiraea x arguta ♀ ❀ Blanc • Milieu de printemps ∅ Vert vif • *HE* 1,80 m ➤p. 225
***Syringa x prestoniae* 'Miss Canada'** ❀ Rose foncé • Fin de printemps-début d'été • *H* 2,50 m *E* 2 m ➤p. 226
***Viburnum dentatum* 'Chicago Lustre'** ❀ Blanc rosé • Fin de printemps ⁂ Bleu puis noir • Automne • *HE* 3 m ➤p. 229

Arbres

Si la place le permet, plantez un ou deux arbres mais en veillant à ce qu'ils n'apportent pas trop d'ombre en plus.

***Sorbus x thuringiaca* 'Fastigiata'** ∅ Rouge écarlate • Automne ⁂ Rouge • Automne • *H* 8 m *E* 3 m ➤p. 241

Bulbes

Les bulbes amènent de la couleur tôt en saison. Dans un sol crayeux sec, les bulbes tendres, comme les narcisses, sont moins sensibles à la pourriture.

Crocus ❀ Blanc, crème, jaune ou pourpre • Début de printemps • *H* 5-15 cm ➤p. 279
Galanthus ❀ Blanc • Début de printemps • *H* 10-25 cm ➤p. 283
Narcissus ❀ Jaune, crème et blanc • Début-fin de printemps • *H* 15-60 cm ➤p. 289

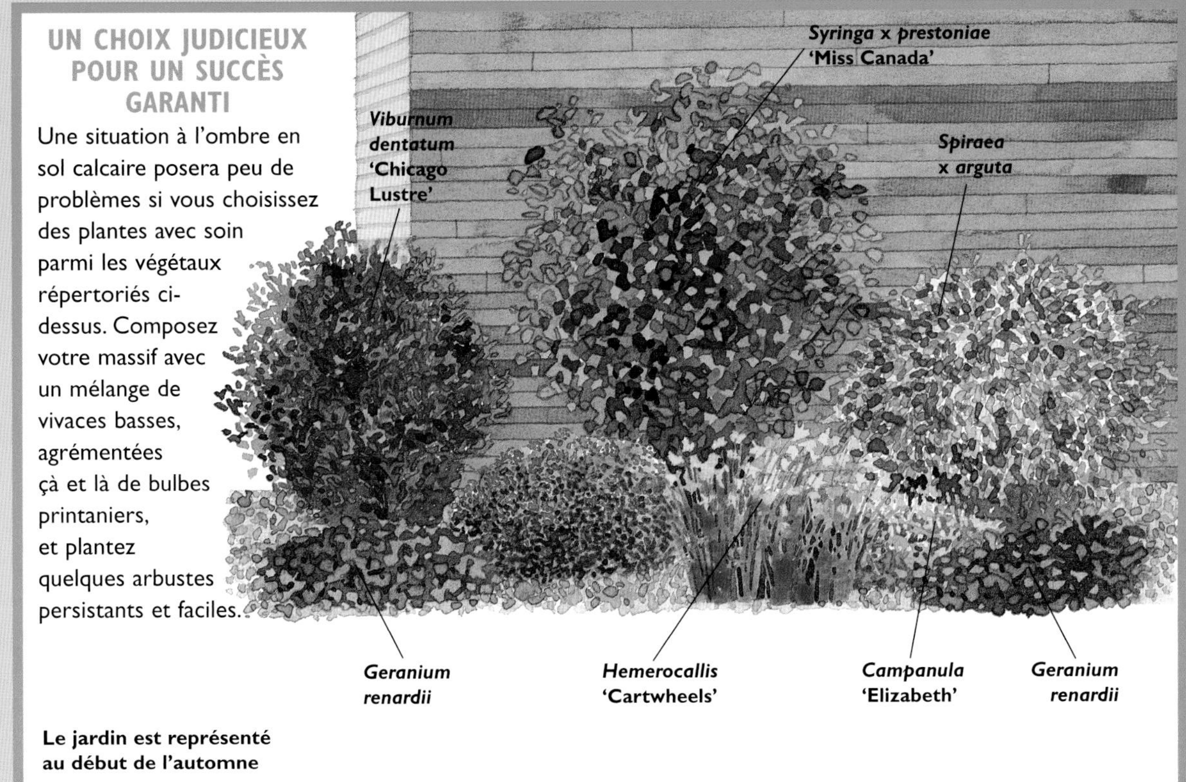

UN CHOIX JUDICIEUX POUR UN SUCCÈS GARANTI

Une situation à l'ombre en sol calcaire posera peu de problèmes si vous choisissez des plantes avec soin parmi les végétaux répertoriés ci-dessus. Composez votre massif avec un mélange de vivaces basses, agrémentées çà et là de bulbes printaniers, et plantez quelques arbustes persistants et faciles.

Le jardin est représenté au début de l'automne

fichier des

plantes

FICHIER DES PLANTES

L'une des tâches les plus passionnantes lors de la création ou de la transformation d'un jardin est le choix des végétaux. Pour vous aider, cette partie regroupe des plantes faciles à cultiver parmi les vivaces herbacées, les arbustes et plantes grimpantes, les arbres, les annuelles, bisannuelles et plantes à massif, et les bulbes, le tout accompagné de conseils de culture avisés.

• **Profitez de vos plantes** et détendez-vous. N'hésitez pas à bouger une plante si vous pensez que c'est mieux pour elle.

• **Observez d'autres jardiniers.** Visitez des jardins, tant dans votre région, où les conditions peuvent être similaires aux vôtres, que plus loin.

• **Visitez des jardins au printemps et en automne,** et quand il fait mauvais. Ne vous limitez pas aux belles journées d'été, où tout jardin paraît impeccable.

• **Évitez les erreurs coûteuses ou les arrangements décevants** en planifiant vos projets. Utilisez les plantes recommandées et suivez les suggestions de plantation données dans la première partie du livre pour créer des massifs sans souci et florissants.

• **En hiver, jardinez au coin du feu,** feuilletez livres, magazines et catalogues. C'est un moyen très plaisant de passer un après-midi lorsqu'il fait trop froid dehors.

La tenue d'un cahier sera très utile pour vous aider à planifier de nouvelles plantations. Notez-y les plantes qui réussissent à un emplacement particulier, faites des photographies de votre jardin et conservez les articles de magazine traitant des espèces que vous désirez introduire.

Anticiper la croissance

Quand vous choisissez une plante, notez les dimensions qu'elle est censée atteindre. Sauf mention contraire, les valeurs données dans ce livre correspondent à la hauteur et à l'étalement de la plante adulte. Comptez environ cinq ans pour que la plante atteigne ces dimensions.

Faire le plan des massifs sur papier

Pour guider vos choix, faites un dessin (ci-dessous) avec des cercles représentant l'espace occupé par chaque plante une fois adulte. Il est souvent tentant d'acheter plus qu'il ne faut et la taille des jeunes plants est trompeuse ; c'est donc un moyen facile de vérifier si une plante risque de gêner à terme ses voisines. Si vous trouvez que votre jardin fait « vide » pendant un an ou deux, vous pouvez toujours le garnir avec des annuelles ou des vivaces bon marché et colorées que vous supprimerez quand le massif prévu commencera à produire son effet.

Disposées pour attirer le client

Dans les jardineries, bon nombre de plantes sont placées en plein soleil, mais il s'agit plus souvent d'un souci de présentation qu'un conseil à suivre. Ce n'est pas parce qu'une plante proposée à la vente se trouve dans certaines conditions que celles-ci sont les plus appropriées. Les établissements qui ont à cœur le bien-être de leurs plantes doivent les ombrer par temps chaud ou les protéger des vents froids.

Mélange et association

En jardinerie, vous savez vraiment ce que vous achetez. Le choix est vaste et on y trouve toutes sortes de végétaux, depuis les annuelles jusqu'aux arbres et arbustes persistants. En plaçant les plantes côte à côte, vous pouvez juger à l'avance de l'effet de la combinaison.

Cependant, vous préférez peut-être commander vos plantes sur catalogues ou sur Internet. Ce sont des sources intéressantes pour les dernières variétés de plantes à massif et les graines d'annuelles.

Un beau jardin toute l'année

Les jardins les plus intéressants sont ceux qui offrent une grande diversité de végétaux et des intérêts variés tout au long de l'année. Ce ne sont pas forcément des fleurs, mais par exemple des feuillages décoratifs, des baies brillantes, une écorce colorée ou même une ramure hivernale dont la silhouette harmonieuse est mise en valeur par le givre. Pensez à toutes les saisons. Ne vous laissez pas séduire par les plantes qui ont belle allure le jour de leur achat ; elles sont peut-être sans intérêt le reste de l'année.

Avant de les acheter, associez les plantes de diverses façons afin de voir si les couleurs, les silhouettes et les textures forment une harmonie ou un contraste intéressants.

SYMBOLES UTILISÉS DANS LE LIVRE

- ✿ **Couleur des fleurs**
- Ø **Couleur des feuilles**
- **Couleur des fruits, baies ou fruits secs**
- 🏆 **Award of Garden Merit (AGM) de la Société royale d'horticulture britannique**
- ***H*** **Hauteur**
- ***E*** **Étalement**

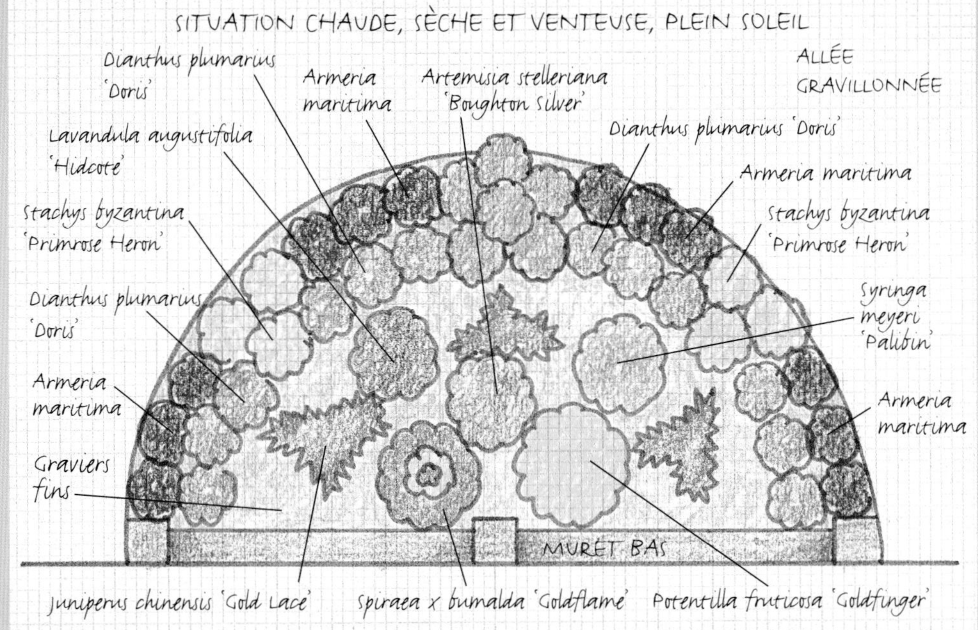

Une fois déterminées les conditions de culture (voir page 22), passez à cette deuxième partie pour choisir vos plantes. Faites le plan de vos massifs – ici pour une situation venteuse – puis dressez une liste et allez faire vos achats.

plantes vivaces

Les plantes vivaces constituent la base de nombreux jardins. Faciles à cultiver, elles offrent une grande diversité de teintes et de formes. Elles se déplacent par ailleurs facilement, vous permettant ainsi d'expérimenter des associations ou des effets particuliers.

Leur dénomination exacte de « plantes vivaces herbacées » implique qu'elles disparaissent en hiver, mais certaines, comme les **œillets** (***Dianthus***), conservent leur feuillage toute l'année. Leur aspect changeant au fil des saisons contribue à leur charme particulier.

De l'espace pour une bordure herbacée

Plusieurs facteurs sont à prendre en compte lorsque vous choisissez des plantes vivaces : l'espace disponible, le climat local, le type de sol, l'effet recherché au fil des saisons.

La bordure herbacée classique trouve sa place dans les grands jardins car elle sera du plus bel effet sur une longueur de 2 à 3 m. Mais vous pouvez aussi composer des massifs très réussis avec des vivaces dans un jardin plus petit en les associant à des arbustes qui gardent de l'intérêt lorsque les vivaces disparaissent, et qui apportent support et situation abritée si nécessaire.

Être attentif aux dimensions

La hauteur des plantes vivaces varie de quelques centimètres à plus de 3 m ! Vous trouverez dans ce chapitre, ainsi que sur les étiquettes dans les points de vente, une indication de la taille atteinte par les vivaces, après un à trois ans.

L'étalement est important également, car si de nombreuses plantes forment des touffes compactes, certaines, comme ***Helianthus*** ou ***Solidago***, se développent en de larges taches, et d'autres tapissent le sol, par exemple ***Ajuga***, ***Houttuynia*** et ***Lamium***.

Jouer avec les contrastes et les harmonies

Lorsque vous choisissez des vivaces à associer dans un massif, tenez compte de leurs différentes teintes, textures, dimensions et périodes de floraison. Faites votre choix entre un thème coloré unique ou un effet plus bariolé et campagnard.

Certains jardiniers achètent une unique plante vivace en jardinerie pour voir comment elle se comporte, avant d'acquérir d'autres sujets, mais les plantations qui en résultent risquent de manquer d'unité. Vous obtiendrez de bien meilleurs résultats en plantant les petites vivaces par trois ou cinq sujets. Si vous respectez les besoins des plantes, tels qu'ils sont présentés dans ce chapitre, le succès est assuré. Si vous n'êtes pas satisfait d'une association de plantes que vous avez réalisée, ou si une petite plante est étouffée par une autre plus vigoureuse, déplacez-les tout simplement !

Utilisez deux fourches pour diviser les grosses touffes

Prendre le temps

de choisir l'emplacement approprié et de bien préparer le sol.

Sec ou humide ?

- La plupart des vivaces préfèrent un sol bien drainé, humifère.
- Certaines, par exemple *Caltha* et *Astilbe*, demandent un sol humide.

Mesurer le pH du sol (page 8)

- Les sols neutres (pH 7) sont les plus propices à la culture des vivaces.
- Les sols fortement calcaires (pH supérieur à 7) ne conviennent qu'à certaines espèces.

Préparer le sol

- Bêchez, éliminez toutes les mauvaises herbes vivaces et incorporez compost ou fumier.

Apport d'engrais et tuteurage

- Faites des apports d'engrais universel en début de printemps puis en milieu d'été.
- Tuteurez les grandes vivaces.

En fin de saison

- De nombreux jardiniers coupent les feuillages jaunis en fin d'automne, mais en région froide, le feuillage peut protéger la souche.
- Ne rabattez les touffes sèches que si elles ont vilaine allure.
- Faites une exception avec *Alchemilla mollis,* qui a tendance à se ressemer excessivement.

Division

- Les vivaces issues de rhizomes étalés, par exemple les *Astilbe*, *Bergenia* et *Helianthus*, gagnent à être divisées tous les trois à cinq ans, en automne ou en début de printemps.

Acanthus

Les **acanthes** sont des plantes architecturales. Les variétés basses éclairent le premier plan d'un massif, tandis que les plus grandes déploient leurs longs épis.

Le choix du spécialiste

1 ***A. mollis***
Succès assuré, avec de longs épis de fleurs, de belles feuilles profondément découpées, jusqu'à 45 cm de long.
Blanc-mauve • Milieu d'été • *H* 1 m *E* 60 cm

2 ***A. spinosus***
Feuilles brillantes, à pointe épineuse, de 1 m de long, qui en font une plante remarquée.
Blanc-mauve • Début d'été • *H* 1,50 m *E* 90 cm

3 ***A. hungaricus***
Essayez cette acanthe de taille moyenne, non épineuse.
Rose-blanc • Milieu d'été • *HE* 80 cm

4 ***A. dioscoridis* var. *perringii***
Une forme plus basse, qui fleurit tout l'été.
Rose soutenu et vert • Été • *H* 40 cm *E* 60 cm

PLANTE VEDETTE
A. mollis **Les fleurs blanches à bractées mauves se dressent fièrement en juillet et août.**

À savoir

Situation En tout type de sol bien drainé, en plein soleil pour une floraison soutenue.
Plantation Au printemps. Incorporez du compost à la plantation si le sol est très calcaire et trop drainé.
Floraison Entre début et fin d'été, selon les espèces et les variétés.
Ravageurs et maladies Généralement aucun, mais surveillez limaces et escargots.
Bonus Les acanthes sont des plantes sans problème, qui gagnent presque à être négligées.

Si vous recherchez une silhouette remarquable, optez pour une grande acanthe comme *A. mollis*. Plantée en groupe de cinq, elle ne manquera pas d'attirer les regards, surtout si l'espace autour est vide ou garni de plantes basses. 'Latifolius' est un cultivar de *A. mollis* à feuilles d'au moins 1,20 m de long, mais moins florifère que l'espèce.

En hiver
Si le premier hiver est rude, protégez les jeunes plantes par un paillis. Une fois bien établies, elles ne craignent pas le gel.

Achillea

Les **achillées** sont l'un des piliers du jardin. Outre leur feuillage plumeux, souvent persistant, elles offrent une floraison estivale aux teintes vives.

Les achillées assurent une floraison généreuse sans demander de soins particuliers. Elles se distinguent grâce à leurs inflorescences plates qui attirent abeilles et papillons. Les fleurs coupées tiennent bien en vase et conservent même leurs couleurs en bouquet sec.

Le choix du spécialiste

1 ***A.* 'Summer Pastels'**
Un nouvel hybride qui offre des fleurs aux teintes douces.
Blanc, crème, jaune, rose, saumon ou pourpre pâle • Été • *HE* 60 cm

2 ***A. filipendulina* 'Gold Plate'** Une floraison jaune d'or remarquée en fond de plate-bande.
Jaune • Été • *H* 1,40 m *E* 1 m

3 ***A.* 'Moonshine'**
Pour un petit jardin, choisissez cette variété plus basse, d'un jaune doux et au feuillage argenté.
Jaune pâle • Été • *H* 60 cm *E* 45 cm

4 ***A. ageratifolia***
Un couvre-sol à feuillage argenté très attrayant.
Blanc • Été • *H* 15 cm *E* 60 cm

5 ***A. ptarmica* 'The Pearl'**
Une petite plante à fleurs doubles et à croissance rapide.
Blanc • Été • *H* 80 cm *E* 60 cm

À savoir

Situation Ensoleillée, en tout sol bien drainé. Les achillées résistent à la sécheresse.
Plantation En début de printemps ; arrachez et divisez les touffes tous les trois ans.
Floraison Tout l'été.
Ravageurs et maladies Aucun.
Bonus Fleur intéressante pour les bouquets, fraîche ou séchée.

PLANTE VEDETTE
***A.* 'Summer Pastels'**
Des bouquets aplatis de fleurs vaporeuses, pastel, sur des tiges dressées au-dessus d'un coussin de fines feuilles.

Ajuga

La bugle est un couvre-sol à feuillage persistant, étalé, qui aime l'humidité et l'ombre légère. Elle porte en fin de printemps et début d'été de charmantes fleurs bleues.

À savoir

Situation Toutes, sauf le soleil brûlant. Les formes à feuillage sombre, contrairement aux panachés, préfèrent le soleil.
Plantation Au printemps ou en automne. Séparez les rejets après la floraison.
Floraison Courts épis de fleurs bleues entre printemps et début d'été.
Ravageurs et maladies Aucun.
Bonus Se prête également à la culture en pots.

Le choix du spécialiste

1 *A. reptans* 'Burgundy Glow'
Superbe pour border une plate-bande, avec un feuillage panaché de rouge, crème, vert.
⌀ **Panaché • *H* 15 cm *E* 45 cm**

2 *A. reptans* 'Atropurpurea'
À cultiver pour son étonnant feuillage pourpre foncé.
⌀ **Pourpre • *H* 15 cm *E* 45 cm**

3 *A. reptans* 'Catlin's Giant' 🏆
Une variété plus haute, à grandes feuilles bronze teintées de pourpre.
⌀ **Bronze • *H* 30 cm *E* 45 cm**

4 *A. reptans* 'Multicolor'
Appelée aussi 'Rainbow' car ses feuilles bronze sont marquées de rouge, rose, doré.
⌀ **Bronze panaché • *H* 15 cm *E* 45 cm**

A. reptans 'Atropurpurea'

A. reptans 'Catlin's Giant'

5 *A. reptans* 'Variegata'
Dense et tapissante, elle forme de belles touffes aux feuilles gris-vert soulignées et éclaboussées de crème.
⌀ **Gris-vert et crème • *H* 15 cm *E* 45 cm**

La bugle peut se révéler envahissante, mais rarement au point de ne pouvoir être maîtrisée. Plusieurs variétés offrent un feuillage très décoratif et la plupart apportent en fin de printemps et début d'été une floraison d'un bleu soutenu rare au jardin.

Si un tapis de bugle devient encombrant, soyez ferme : vous ne risquez pas de nuire à cette plante robuste. Au printemps, tranchez la touffe à la bêche et replantez les éclats obtenus ailleurs au jardin.

Une plante de sous-bois

Si une partie de votre jardin a un petit air de sous-bois, un sol riche et humide, la bugle s'y plaira à coup sûr. Plantez-la le long d'une allée, de façon à profiter de son feuillage et de sa floraison.

PLANTE VEDETTE
***A. reptans* 'Burgundy Glow'** **Plantez ce beau cultivar panaché en bordure d'un petit massif en îlot, où son superbe feuillage sera remarqué et sa floraison bleue appréciée.**

Alchemilla

L'alchémille offre en été ses fleurs vaporeuses jaune-vert. Laissez-la déborder sur une allée ou utilisez-la pour mettre en valeur des floraisons très colorées.

L'une des plus faciles à cultiver parmi les vivaces, l'alchémille fait merveille en bordure de massif ou d'allée. Ses touffes amples, sa floraison légère adoucissent les lignes les plus strictes.

A. mollis fait toujours bel effet, surtout plantée en grands groupes. Elle a tendance à se ressemer, et si vous ne voulez pas en découvrir de jeunes plants ici et là, supprimez les fleurs fanées avant qu'elles forment des graines.

PLANTE VEDETTE

***A. mollis*♀ Une incontournable des jardins, qui résiste même aux périodes chaudes et sèches. Elle forme des touffes de belles feuilles vert tilleul, couronnées d'une floraison jaune-vert en début d'été.**

Le choix du spécialiste

1 *A. mollis*♀
Intéressante comme couvre-sol. Elle fleurit en début d'été en nuages de petites fleurs jaune-vert au-dessus de feuilles veloutées, vert tilleul.
✿ Jaune-vert • Début d'été
∅ Vert tilleul • *H* 45 cm *E* 75 cm

2 *A. erythropoda*♀
Les feuilles arrondies, bleutées, en font un sujet intéressant en premier plan d'un massif.
✿ Jaune-vert • Milieu d'été
∅ Vert bleuté • *H* 20 cm *E* 30 cm

3 *A. alpina*
Une plante tapissante, à feuilles vert foncé, arrondies, lustrées et lisses au-dessus, à poils argentés dessous.
✿ Jaune-vert • Début d'été
∅ Vert foncé • *H* 15 cm *E* 45 cm

À savoir

Situation Partout, mais ces plantes risquent de pourrir en sol marécageux.
Plantation Au printemps ou en automne.
Floraison En début d'été. Pour une seconde floraison en automne, supprimez aussitôt les fleurs fanées.
Ravageurs et maladies Généralement aucun, mais escargots et limaces s'attaquent parfois aux jeunes pousses.
Bonus Un précieux couvre-sol à croissance rapide.

Anaphalis

Le bouton d'argent excelle dans les massifs ensoleillés, en sol frais mais bien drainé, y produisant des bouquets de petites fleurs blanc nacré et un abondant feuillage gris-vert.

Les bouquets de fleurs blanc nacré des *Anaphalis* scintillent au soleil d'été. Ces plantes sont parfaites pour figurer dans une plate-bande à dominante blanche.

Elles permettent également de mettre en valeur des teintes vives, rouge, orangé et jaune, mais se marient tout aussi bien avec les tons doux des anémones, *Anemone* x *hybrida* (voir page ci-contre), qui fleurissent entre la fin de l'été et l'automne et apprécient aussi un sol frais.

Anaphalis margaritacea est une plante indigène de l'Amérique du Nord, très répandue sur le bouclier laurentien.

À savoir

Situation Au soleil ou sous une ombre légère, dans un sol bien drainé.
Plantation En automne ou au début du printemps.
Floraison Fin d'été et automne.
Ravageurs et maladies Aucun.
Bonus Les fleurs, fraîches ou sèches, sont idéales en bouquets.

FLEURS COUPÉES Les fleurs ne tiennent longtemps en vase que si vous coupez les tiges très court. Elles font bel effet dans les bouquets, les compositions séchées en particulier.

Le choix du spécialiste

1 *A. triplinervis*♀
Maintenez le sol frais pour une belle touffe de feuilles gris-vert.
❀ Blanc • Fin d'été-automne
∅ Gris-vert • *H* 30 cm *E* 40 cm

2 *A. margaritacea* var. *cinnamomea* Parfaite en sol plus sec, elle offre une profusion de petites fleurs blanches en bouquets.
❀ Blanc • Milieu d'été-début d'automne ∅ Gris argenté • *HE* 60 cm

PLANTE VEDETTE

***A. triplinervis*♀ Une masse de petites fleurs blanches à cœur jaune anime cette plante en fin d'été.**

Anemone

Les **anémones** comptent plus d'une centaine d'espèces, dont quelques-unes très adaptables au jardin. En choisissant avec soin plusieurs espèces et cultivars, vous obtiendrez du début de l'été à l'automne des floraisons blanc brillant, rose vif, rouges et bleues.

Le choix du spécialiste

1 ***A. hupehensis*** **'Hadspen Abundance'**♀ Les longues tiges portent des fleurs étonnantes, à deux pétales foncés et trois pétales d'un rose plus pâle, avec un cœur jaune soutenu. Cette anémone apporte une belle touche colorée dans un massif en fin de saison. Les fleurs de 'Bressingham Glow' sont semi-doubles, d'un rose pourpré plus bleuté.
✿ **Rose foncé • Fin d'été-début d'automne •** ***H*** **75 cm** ***E*** **45 cm**

2 ***A.*** **'Honorine Jobert'**♀ Une anémone du Japon à port étalé et belles fleurs blanches à « œil » jaune. Sa floraison dure plus de dix semaines.
❀ **Blanc • Fin d'été-début d'automne •** ***H*** **1 m** ***E*** **60 cm**

A. 'Honorine Jobert'

3 ***A. rivularis*** Les longues tiges étalées portent des petites fleurs délicates, blanches à bleutées en début d'été. Cette plante est à cultiver dans un coin abrité du jardin.
❀✿ **Blanc et bleu • Milieu d'été •** ***H*** **60 cm** ***E*** **45 cm**

Les anémones sont appréciées pour leurs belles fleurs en coupe. Les petites espèces conviennent bien dans la rocaille ou en bordure de massif, tandis que les plus grandes apportent des touches colorées dans les plates-bandes jusqu'en automne.

Ce sont des plantes rustiques qui poussent dans tous les sols assez riches. Incorporez de la matière organique dans le trou de plantation pour leur assurer un bon départ.

Pour les multiplier, divisez les touffes au printemps, avant la floraison, et replantez-les aussitôt.

À savoir

Situation Soleil ou ombre légère, en sol riche, bien drainé mais frais. Paillez au pied au printemps pour retenir l'humidité.
Plantation En automne.

A. 'Bressingham Glow'
A. rivularis

Floraison Entre été et début d'automne.
Ravageurs et maladies Généralement aucun, mais surveillez les attaques d'oïdium, de pourriture grise, d'escargots et de limaces.

Bonus La palette des espèces est telle que vous en trouverez pour toutes les situations ou presque.

PLANTE VEDETTE

A. hupehensis **'Hadspen Abundance'**♀ **En sol riche, demeurant frais en été, cette ravissante plante atteint environ 75 cm de hauteur.**

Anthemis

Ce sont des plantes idéales pour les plates-bandes et les jardins naturels, avec leur feuillage découpé et leur floraison en marguerites blanches ou jaunes, à cœur jaune.

Ces camomilles n'ont pas besoin d'être stimulées pour se donner en spectacle au jardin. Tout ce qu'elles demandent est une situation ensoleillée en sol bien drainé. Vous pouvez ensuite les oublier jusqu'à ce que la floraison soit terminée et qu'il soit nécessaire de rabattre les tiges.

Elles font merveille dans les massifs des jardins assez informels. Divisez-les annuellement pour éviter qu'elles ne se dégarnissent au centre.

PLANTE VEDETTE
***A. tinctoria* 'Sauce Hollandaise'** **Petite plante vivace qui s'installe rapidement au jardin et fleurit longtemps.**

Le choix du spécialiste

1 *A. tinctoria* 'Sauce Hollandaise' Feuillage vert, odorant et floraison prolongée.
✿ **Jaune clair • Tout l'été • *H* 50 cm *E* 60 cm**

2 *A. tinctoria* 'Grallagh Gold' Des fleurs jaunes durant des mois.
✿ **Jaune vif • Tout l'été • *H* 80 cm *E* 60 cm**

3 *A. tinctoria* 'E. C. Buxton' Remarquable, à feuillage aromatique ; 'Alba' en est la version blanche.
❀ **Crème • Tout l'été • *H* 90 cm *E* 60 cm**

4 *A. marschalliana* Feuillage gris argenté et fleurs jaune doré.
✿ **Jaune • Tout l'été • *H* 30 cm *E* 60 cm**

5 *A. sancti-johannis* Une camomille qui apporte une touche très colorée. Feuillage aromatique.
✿ **Orange • Milieu d'été • *HE* 60 cm**

À savoir

Situation En plein soleil, sur sol bien drainé.
Plantation Au printemps.
Floraison Tout au long de l'été.
Ravageurs et maladies Aucun.
Bonus Le feuillage de certaines espèces est aromatique.

Aquilegia

Les **ancolies** sont très faciles à vivre et offrent en début d'été un ravissant spectacle aux teintes douces ou vives.

A. vulgaris 'William Guiness'

Le choix du spécialiste

1 *A.* McKana Hybrides Cette plante se distingue par de grandes fleurs aux teintes vives.
✿✿✿❀ **Variées • Fin de printemps-début d'été • *H* 80 cm *E* 60 cm**

2 *A. vulgaris* 'Nora Barlow'♀ Les fleurs en pompons roses sont ponctuées de vert et de blanc. 'William Guiness' est une autre belle sélection à fleurs pourpre et blanc.
✿ **Rose moucheté de blanc et de vert tilleul • Début d'été • *H* 75 cm *E* 45 cm**

3 *A. formosa* Une floraison qui ne passe pas inaperçue.
✿ **Rouge à gorge jaune • Fin de printemps-début d'été • *H* 1 m *E* 45 cm**

4 *A. flabellata*♀ Une excellente ancolie naine.
✿ **Bleu-violet • Début d'été • *H* 30 cm *E* 25 cm**

5 *A. caerulea*♀ Une belle espèce malheureusement éphémère.
✿ **Bleu et blanc • Début d'été • *H* 60 cm *E* 30 cm**

6 *A. alpina* De délicates fleurs inclinées vers le bas.
✿ **Bleu violet • Fin de printemps-début d'été • *H* 45 cm *E* 30 cm**

À savoir

Situation Soleil ou ombre légère, en tout sol sauf argileux.
Plantation Au printemps.
Floraison Entre fin de printemps et début d'été.
Ravageurs et maladies Mineuse des feuilles.
Bonus De nouvelles variétés apparaissent régulièrement. Attire les papillons et les colibris.

Les ancolies ont en commun une floraison remarquable : des fleurs gracieuses portées par de fines tiges bien au-dessus du feuillage. Après la floraison, le feuillage profondément lobé ne manque pas de charme. Ces plantes sont faciles à cultiver et se ressèment bien souvent.

A. vulgaris **'Nora Barlow'**

A. flabellata

Vous les retrouverez donc ici et là au jardin, parfois dans de nouvelles teintes.

Les ancolies sont souvent assez éphémères, à l'exception des hybrides McKana, qui peuvent vivre au moins dix ans. Pour prolonger la courte vie (souvent deux ou trois ans) des autres cultivars, supprimez les fleurs fanées pour éviter que les plantes forment des graines.

PLANTE VEDETTE

***A.* McKana Hybrides**

Obtenues en Amérique et introduites en Europe en 1973, ces ancolies élégantes et vigoureuses séduisent par leurs grandes fleurs aux teintes vives, à long éperon.

Armeria

L'**arméria** pousse sur les falaises en bord de mer et en montagne. Dans les jardins, ses pompons blancs, roses ou rouges illuminent la rocaille en fin de printemps.

Ne plantez pas l'arméria dans un massif, il serait vite étouffé par des plantes plus grandes. Cultivez-le dans une rocaille ou un massif surélevé au sol bien drainé.

Jardins de gravier

L'arméria se plaît également dans les jardins de gravier, tandis que les plus petites espèces, comme *A. juniperifolia*, poussent bien dans une auge en pierre remplie de terreau drainant.

À savoir

Situation L'arméria ne supporte pas une humidité constante.
Plantation Étalez un paillis de gravillons autour des plantes pour protéger les souches de l'humidité hivernale.
Floraison Printemps et début d'été.
Ravageurs et maladies Aucun.
Bonus L'arméria colonise les endroits les plus inhospitaliers.

Le choix du spécialiste

1 ***A. alliacea***
Une touffe basse, compacte, de feuillage sombre, qui forme comme un coussin sous les fleurs.
Blanc à pourpre • Début d'été • *HE* 40 cm

2 ***A.* 'Bee's Ruby'**
Plusieurs touffes disséminées de part et d'autre d'une allée feront sensation.
Rose vif • Fin de printemps-début d'été • *H* 45 cm *E* 30 cm

3 ***A. maritima*** Les coussinets du gazon d'Espagne s'étalent peu à peu dans une rocaille escarpée.
Blanc, rose ou rouge • Début d'été • *H* 20 cm *E* 50 cm

4 ***A. juniperifolia***
Une petite espèce populaire à juste titre ; son cultivar 'Bevan's Variety' est encore plus compact.
Rose à blanc • Fin de printemps • *HE* 10 cm

PLANTE VEDETTE

A. alliacea **Cette espèce forme une touffe dense qui fleurit en gros pompons.**

Artemisia

Reconnues depuis des siècles, les **armoises** sont souvent cultivées dans les jardins d'herbes aromatiques pour leurs vertus médicinales et insecticides. Leur feuillage odorant, fin et argenté, très décoratif dans les massifs et les rocailles, n'est pas à dédaigner dans les aménagements et certaines peuvent être utilisées comme couvre-sol.

A. abrotanum

A. lactiflora

À savoir

Situation En tout sol qui ne soit pas humide en permanence. Plantez les formes basses en rocaille ou en massif surélevé.
Plantation Incorporez compost et gravier en sol lourd, de façon à améliorer le drainage avant de planter.
Taille Rabattez au printemps les variétés semi-ligneuses pour maintenir une belle silhouette et stimuler la croissance des jeunes pousses.
Floraison Les armoises sont surtout décoratives par leur feuillage. Leurs fleurs sont assez insignifiantes. Pincez pour favoriser la croissance du feuillage.
Ravageurs et maladies Attention à la rouille et aux pucerons.
Bonus Incorporez les feuilles aromatiques dans un pot-pourri.

PLANTE VEDETTE
***A.* 'Powis Castle'♀ Son feuillage gris argenté très fin fait de cette armoise un superbe sujet pour un jardin blanc.**

USAGES MÉDICINAUX
Utilisées par les Grecs, les armoises sont toujours en usage en Chine comme plante médicinale. L'armoise commune, qui est une vivace herbacée, était jadis très connue en Europe.

Les armoises argentées peuvent orner n'importe quel coin du jardin et illuminent efficacement une plate-bande aux feuillages sombres. Les espèces vivaces herbacées font de bons couvre-sols, tandis que les vivaces semi-ligneuses produisent un effet impressionnant dans les massifs ou contre un mur – surtout si celui-ci est patiné par l'âge et couvert de lichens.

Privilégier le feuillage
La plupart des armoises produisent des petites fleurs jaunes insignifiantes, de l'été à l'automne. Vous pouvez parfaitement les pincer quand elles sont encore en boutons sans abîmer la plante.

La suppression des fleurs favorise aussi la formation d'un nouveau feuillage touffu, qui est le principal attrait de la plante.

Cette astuce vous permet aussi de maîtriser le développement des formes les plus vigoureuses.

Jardins d'herbes
Si elles se marient bien aux autres plantes aromatiques, les feuilles d'armoise ne sont pas comestibles. Séchées et broyées, elles ont des vertus insecticides (contre mouches et mites) et parfument le linge.

A. ludoviciana *A. arborescens*

Le choix du spécialiste

1 *A.* **'Powis Castle'**🏆
Plantez cette belle armoise en sol drainé pour profiter pendant des années de son feuillage finement découpé.
∅ **Gris argenté • *H* 60 cm *E* 1 m**

2 ***A. lactiflora***🏆
Grandes feuilles très découpées et longs plumets de fleurs.
∅ **Vert foncé** ❀ **Blanc crème**
• Fin d'été • *H* 1,40 m *E* 60 cm

3 ***A. ludoviciana*** **'Silver Queen'**🏆 Adoptez cette armoise pour son beau feuillage gris argenté.
∅ **Gris argenté** ❀ **Jaune-gris • Été**
• *H* 75 cm *E* 60 cm

4 ***A. alba*** **'Canescens'**🏆
Essayez cette forme buissonnante en couvre-sol au feuillage découpé.
∅ **Argenté** ❀ **Jaune • Milieu d'été**
• *HE* 30 cm

5 ***A. stelleriana*** **'Boughton Silver'** Cette forme japonaise prostrée fait un superbe couvre-sol.
∅ **Argenté** ❀ **Jaune • Fin d'été**
• *H* 15 cm *E* 45 cm

6 ***A. vulgaris*** **'Oriental Hybrids'** Un nouveau cultivar, souvent proposé comme plante en pot, mais qui se prête également à la plantation dans un massif.
∅ **Vert doré • Printemps-automne**
• *H* 60 cm *E* illimité

7 ***A. arborescens***
Une très jolie armoise au port buissonnant, au feuillage aromatique finement découpé, gris argenté pâle. Bénéficiera d'une protection hivernale.
∅ **Gris argenté • *H* 1 m *E* 50 cm**

8 ***A. abrotanum***🏆
L'aurone est une vivace au port arbustif dont les feuilles gris-vert aromatiques, au léger parfum de citron, donnent des tisanes rafraîchissantes.
∅ **Gris-vert • *H* 70 cm *E* 50 cm**

9 ***A. absinthium*** **'Lambrook Silver'**🏆 Cette absinthe semi-persistante crée un contraste saisissant avec des pourpres. Son feuillage est plus finement découpé que celui de l'espèce, qui était traditionnellement employé pour parfumer les liqueurs.
∅ **Argenté** ❀ **Jaune pâle**
• Milieu d'été • *HE* 60 cm

10 ***A. dranunculus***
L'estragon est une vivace semi-ligneuse dont les feuilles sont utilisées pour parfumer les plats.
∅ **Vert moyen à clair**
• *HE* 60 cm

Aruncus

L'**aruncus** est une vivace vigoureuse, intéressante en été pour son feuillage divisé, dominé par des bouquets de fleurs blanches ou crème.

Le choix du spécialiste

1 ***A. dioicus***🏆
De longs plumets vaporeux, blanc crème, jaillissent en été au-dessus des feuilles arquées.
❀ **Blanc crème • Milieu d'été**
• *H* 1,80 m *E* 1,20 m

2 ***A. aethusifolius***
Les feuilles divisées se teintent de jaune en automne, après la floraison. C'est la seule espèce de petite taille, à réserver aux petits espaces.
❀ **Blanc crème • Milieu d'été**
• *H* 25 cm *E* 30 cm

3 ***A. dioicus*** **'Kneiffii'**
Ce cultivar est un peu moins encombrant que l'espèce-type, sans pour autant sacrifier les longs plumets crème.
❀ **Blanc crème • Milieu d'été**
• *H* 1 m *E* 60 cm

À savoir

Situation Soleil ou ombre légère, en tout type de sol.
Plantation Incorporez de la matière organique à la plantation et arrosez régulièrement en période sèche si la plante pousse au soleil et en sol bien drainé.
Floraison Éblouissante en milieu d'été.
Ravageurs et maladies Aucun.
Bonus Un feuillage élégant, même hors période de floraison.

PLANTE VEDETTE
A. dioicus🏆 **Mettez en valeur dans une plate-bande cette majestueuse vivace qui dépasse 1,80 m de hauteur.**

Le plus populaire des aruncus, la **barbe-de-bouc** (*A. dioicus*), fait beaucoup d'effet lorsqu'il est utilisé comme plante architecturale. Il ne convient guère cependant aux petits jardins.

Si vous n'avez pas de place dans vos massifs, mais que vous possédez un coin de jardin un peu sauvage, plantez-y un aruncus. Ces plantes se plaisent en sol humide, à proximité d'un bassin ou d'un cours d'eau.

Aster

Les **asters** sont incontestablement des fleurs d'automne. Ils offrent une fin de saison éblouissante au jardin et attirent les abeilles et les papillons. Il en existe toute une palette de tailles et de teintes, des formes basses à planter en bordure de massif aux classiques grands asters à installer à l'arrière-plan.

PLANTE VEDETTE

***A.* x *frikartii* 'Flora's Delight'** **Un cultivar qui présente tous les atouts: de très nombreuses fleurs lilas, un beau feuillage gris-vert, des tiges assez courtes pour une plantation en premier plan.**

Faites appel aux asters pour combler les vides entre des plantes vivaces ayant terminé leur floraison. Faciles à vivre, les asters se plaisent au soleil. Si vous désirez que l'automne se révèle en douceur, optez pour des tons de lilas, rose, bleu pâle. Si vous préférez des teintes lumineuses qui éclairent les brouillards matinaux, choisissez des bleus vifs ou même le rouge cerise de *Aster novae-angliae* 'Andenken an Alma Pötschke'.

Si vous avez assez de place, réservez des touffes d'asters pour vos bouquets.

***A. amellus* 'Veilchenkönigin'**

A. laterifolius* var. *horizontalis

***A. novae-angliae* 'Andenken an Alma Pötschke'**

À savoir

Situation Les asters préfèrent les sols neutres à calcaires, pas trop secs, au soleil.
Plantation Au printemps.
Floraison De la fin de l'été à l'automne.
Ravageurs et maladies Il peut être utile de traiter contre l'oïdium.
Bonus De superbes fleurs pour vos bouquets d'automne.

Le choix du spécialiste

1 *A.* x *frikartii* 'Flora's Delight' Un aster nain à fleurs lilas. 'Mönch'🏆 est un autre choix possible, plus haut (70 cm).
✿ Lilas • Automne • *HE* 45 cm

2 *A. turbinellus*🏆 (syn. *Symphyotrichum turbinellum*) Un aster américain à floraison généreuse sur des tiges fines.
✿ Lilas • Milieu d'automne • *H* 1,20 m *E* 60 cm

3 *A. novae-angliae* 'Andenken an Alma Pötschke' Un superbe aster de Nouvelle-Angleterre, d'un rouge cerise rare.
✿ Cerise • Automne • *HE* 1 m

4 *A. amellus* 'Veilchenkönigin'🏆 ('Violet Queen') Les bouquets lâches sont portés par des tiges dressées, ligneuses.
✿ Violet • Automne • *HE* 60 cm

5 *A. laterifolius* var. *horizontalis*🏆 Un aster compact, à floraison tardive, formant un buisson bas aux petites feuilles pourprées et aux fleurs très petites mais innombrables.
✿ Pourpre et blanc • Milieu d'automne • *H* 60 cm *E* 75 cm

6 *A. novi-belgii* 'Climax' Un grand aster classique toujours aussi populaire qu'au début du siècle dernier. Il est inutile de le tuteurer.
✿ Bleu lavande • Automne • *H* 1,20 m *E* 60 cm

Astilbe

Avec leurs grands plumets de fleurs minuscules, les **astilbes** ne passent pas inaperçues en été. Se déclinant en blanc, rouge, rose et lilas, elles se plaisent dans les endroits humides. Leur silhouette réfléchie à la surface de l'eau offre un spectacle de toute beauté.

Les astilbes sont un rêve pour le jardinier. Elles apportent volume et couleur dans les zones humides du jardin – souvent dominées par les tons de vert en été. Qui plus est, les longs plumets fanés gardent un bel aspect avec leurs graines soyeuses. Profitez tout l'été de leur explosion de couleurs, puis laissez-les dessiner des ponctuations décoratives dans les massifs jusqu'en hiver.

Dentelles d'hiver

Plutôt que de couper les épis après la floraison, laissez-les former des graines et sécher. Ils garderont belle allure jusqu'en hiver, quand tant de plantes ont disparu.

Le tracé délicat des tiges et fruits plumeux devient féerique lorsqu'il est souligné par le givre. Rabattez-les avant l'entrée en croissance au printemps.

Si vous plantez des astilbes en sol relativement sec, choisissez un emplacement assez ombragé. Étalez un épais paillis de matière organique au printemps, sur sol humide, de façon à mieux retenir l'humidité en été.

À savoir

Situation Sol frais et fertile, à maintenir humide en été.
Plantation En automne ou au printemps pour les sujets à racines nues. En toute saison pour les plantes en conteneurs.
Floraison À son apogée en plein été.
Ravageurs et maladies L'oïdium peut se déclarer par temps sec.
Bonus Les tiges robustes n'ont pas besoin de tuteurs.

A. chinensis 'Pumila'

A. simplicifolia 'Sprite'

UNE TOUCHE D'ORIGINALITÉ

***A. chinensis* 'Pumila'**♀ Choisissez cette forme basse, étalée, pour plus d'originalité. Son feuillage dense, de 30 cm de hauteur, est couronné en fin d'été et début d'automne de fleurs mauve rosé vif.

Le choix du spécialiste

1 *A.* x *arendsii* 'Fanal'
Une belle astilbe de taille moyenne, qui fait beaucoup d'effet. La floraison rouge vif commence en juin et dure longtemps. 'Brautschleier'♀ (syn. 'Bridal Veil') est à floraison blanche.
✿ **Rouge vif • Été • *HE* 60 cm**

PLANTE VEDETTE
***A.* x *arendsii* 'Fanal'**
Une variété très spectaculaire, de belle taille, à la floraison rouge intense et au feuillage vert sombre.

2 *A. simplicifolia* 'Sprite'♀ Une superbe floraison très pâle, bien mise en valeur par un feuillage sombre. Cette petite astilbe est un excellent choix pour le premier plan d'un massif.
✿ **Rose clair • Début d'été • *HE* 45 cm**

3 *A. simplicifolia*♀
Une espèce basse dont le feuillage, très élégant dans les bouquets, évoque celui d'une fougère. Particulièrement attractive lorsqu'elle est plantée au bord de l'eau.
✿ **Rose pâle • Été • *HE* 25 cm**

4 *A. chinensis* var. *taquetii* 'Purpurlanze' Une floraison tardive pour cette grande astilbe qui supporte un sol plus sec que ses congénères et offre des couleurs vivaces en fin de saison. 'Superba'♀ est mauve soutenu.
✿ **Rouge pourpré • Fin d'été • *H* 1,20 m *E* 1 m**

Astrantia

Les astrances éclairent le début de l'été de leurs fleurs rondes, délicates, dans des tons de blanc, rose ou rouge, sur des tiges fines, dressées.

Avec leurs fleurs entourées d'une collerette, les astrances sont à leur aise dans les jardins de campagne et les sous-bois clairs. Lorsque les conditions sont favorables, elles se ressèment, mais vous pouvez éviter cela en coupant les fleurs dès qu'elles fanent.

Certaines astrances rouges manquent de vigueur. Aidez-les en enrichissant le sol en compost, à la plantation, puis sous forme de paillis printanier. Choisissez un emplacement assez ensoleillé pour les tons de rouge : les fleurs y feront plus d'effet qu'à l'ombre.

À savoir

Situation Soleil ou ombre légère, en sol fertile.
Plantation En automne ou au printemps, hors période de gel.
Floraison Généralement entre début et fin d'été.
Ravageurs et maladies Escargots et limaces peuvent s'attaquer aux jeunes pousses.
Bonus Merveilleuses dans les bouquets, frais ou secs.

Le choix du spécialiste

1 ***A. major* 'Shaggy'**
Une variété à fleurs crème, très lumineuse en situation légèrement ombragée.
Blanc avec une touche de vert • Début d'été • *H* 75 cm *E* 45 cm

2 ***A. major* 'Ruby Wedding'**
Avec ses grandes fleurs rouges, cette astrance fait sensation dans une plate-bande. 'Hadspen Blood' est rouge foncé.
Rouge • Milieu-fin d'été • *H* 75 cm *E* 45 cm

3 ***A. major*** Les pétales sont blancs, veinés de vert et rose.
Blanc • Milieu d'été • *H* 75 cm *E* 45 cm

4 ***A. major* var. *rosea***
De belles fleurs aux tons doux.
Rose • Milieu d'été • *H* 60 cm *E* 40 cm

PLANTE VEDETTE
***A. major* 'Shaggy'** **La plus belle astrance sans doute, à longues bractées blanches à pointe verte, qui fleurit avant le milieu de l'été.**

Aurinia (Alyssum)

La corbeille d'or présente avec ses bouquets jaune vif l'une des floraisons les plus gaies du printemps. C'est dans les rocailles et les murets ensoleillés qu'elle s'épanouit.

Le choix du spécialiste

1 ***A. saxatilis***
Cette espèce vigoureuse forme un véritable tapis de fleurs.
Jaune • Fin de printemps • *HE* 30 cm

2 ***A. saxatilis* 'Citrina'**
Une variété populaire à juste titre, à floraison jaune doux.
Jaune citron • Fin de printemps • *H* 30 cm *E* 45 cm

3 ***A. saxatilis* 'Dudley Nevill Variegated'** Un feuillage joliment panaché associé à une floraison pâle.
Jaune clair ∅ Panaché • Début d'été • *H* 20 cm *E* 40 cm

4 ***A. saxatilis* 'Compacta'**
Une ravissante corbeille d'or très compacte, à fleurs jaune vif.
Jaune d'or • Été • *H* 20 cm *E* 30 cm

À savoir

Situation Beaucoup de soleil, un sol bien drainé – les fissures d'un muret ou d'une rocaille lui conviennent à merveille.
Plantation Au printemps ou en début d'été.
Floraison Fin de printemps et début d'été.
Ravageurs et maladies Aucun.
Bonus Les plantes bien établies se ressèment souvent.

PLANTE VEDETTE
A. saxatilis **Longtemps connue sous le nom d'*Alyssum saxatile*, cette corbeille d'or s'impose pour habiller un muret un peu triste et en mauvais état.**

La corbeille d'or est une précieuse plante à port étalé, qui apprécie les situations ensoleillées, abritées et bien drainées. Elle figure depuis longtemps au palmarès des rocailles et jardins alpins car ses coussinets de feuillage persistant se couvrent de petites fleurs jaunes en début d'été.

Si vous construisez un muret ou une rocaille, prévoyez des poches de plantation, remplissez-les de terre mêlée à des gravillons pour améliorer le drainage, puis installez quelques jeunes plantes. Leurs touffes basses adouciront les lignes si vous les plantez au bord, de façon à ce qu'elles retombent joliment.

Bergenia

Les **bergénias** font de superbes couvre-sols. Le feuillage persistant de certains cultivars est remarquable en automne lorsqu'il se teinte de rouge ou de pourpre. Grâce à leur feuillage lustré et à leur floraison printanière blanche, rose, rouge ou mauve, ils offrent un intérêt décoratif prolongé.

B. cordifolia 'Purpurea'

B. 'Baby Doll'

Les bergénias donnent du caractère aux plantations par leurs grandes feuilles brillantes. Évitez les formes à très grandes feuilles, comme *B. ciliata*, dans les petits jardins, car elles seraient disproportionnées. Plantez les bergénias au bord d'une allée rectiligne pour en adoucir le tracé, en cadre de feuillage autour d'un massif en îlot, ou près d'un bassin.

Parure automnale
Pour plus d'effet, installez un groupe de bergénias sur un talus bien drainé exposé au sud. Si vous n'avez de place que pour un ou deux sujets, choisissez des variétés comme 'Bressingham Ruby', aux feuilles teintées de rouge. Placez-les au soleil, devant un arrière-plan contrasté.

À savoir

Situation En tout sol, sauf très sec ou très humide. Le plein soleil en automne favorise une belle coloration du feuillage.
Plantation En milieu d'automne ou au printemps.
Floraison Printemps.
Ravageurs et maladies Attention aux escargots, limaces et otiorrhynques.
Bonus Les bergénias, excellents couvre-sols, empêchent la croissance des mauvaises herbes.

PLANTE VEDETTE

***B.* 'Bressingham Ruby'** **De cette famille de stars, ce bergénia est la vedette. Ses belles feuilles de 20 cm de long mettent merveilleusement en valeur la floraison printanière rouge rosé.**

Le choix du spécialiste

1 *B.* 'Bressingham Ruby' Les feuilles prennent à l'automne une teinte rouge sombre. 'Bressingham Salmon' et 'Bressingham White'♀ sont similaires, avec des fleurs respectivement rose saumon et blanc.
✿ **Rouge rosé • Printemps**
∅ **Rouge foncé • Automne**
• *HE* 35 cm

2 *B.* 'Eric Smith'
Les feuilles gaufrées pointent vers le haut.
✿ **Rose • Fin de printemps**
∅ **Bronze**
• *HE* 35 cm

3 *B. cordifolia* 'Purpurea'♀
Ses feuilles de 30 cm de long, qui évoquent celles des choux, se teintent de pourpre en automne.
✿ **Rose foncé • Printemps**
∅ **Pourpre • Automne • *HE* 60 cm**

4 *B.* 'Baby Doll'
De petites feuilles de 10 cm de long. Floraison abondante.
✿ **Rose pâle • Début de printemps**
∅ **Bronze • *H* 30 cm *E* 60 cm**

5 *B.* x *schmidtii*♀
Un beau bergénia, à feuilles dentées, d'un vert frais, vif.
✿ **Rose • Début de printemps**
• *HE* 30 cm

6 *B. ciliata*
Les feuilles velues, en creux, atteignent 35 cm de longueur.
❀ **Rose-blanc**
• Début de printemps
• *HE* 45 cm

7 *B.* 'Silberlicht'♀ **('Silver Light')** Les fleurs blanches se teintent de rose.
❀ **Blanc • Printemps**
• *HE* 30 cm

8 *B.* 'Abendglut'
Son feuillage vire au brun pourpré à l'automne.
✿ **Rouge rosé • Printemps**
∅ **Brun pourpré • Automne**
• *H* 30 cm *E* 60 cm

FEUILLAGE POUR VOS BOUQUETS **Les feuilles de bergénia donnent du volume à vos bouquets. Laissez-les « boire » quelques heures dans l'eau froide avant de composer le bouquet ou, si elles ont souffert du froid, dans un peu d'eau tiède.**

Brunnera

Appelé aussi **myosotis du Caucase**, le brunnera s'étale peu à peu en tapis dans les zones fraîches et abritées du jardin, sous une ombre légère. Il n'en existe qu'une unique espèce, *Brunnera macrophylla*, mais plusieurs excellentes variétés offrent une certaine diversité.

PLANTE VEDETTE
***B. macrophylla* 'Langtrees'** **Profitez du ravissant spectacle printanier des fines fleurs portées par des tiges grêles. Ensuite, les grandes feuilles en cœur deviennent le principal atout de la plante, avec leurs fines ponctuations gris argenté.**

La plupart des jardins présentent un coin d'ombre légère et fraîche. Ce peut être celle portée par un mur une partie de la journée, ou par le feuillage d'un arbre ou d'un grand arbuste.

Rien de plus facile que de trouver des plantes pour ce type de situation. Le brunnera y fait un excellent couvre-sol sans être envahissant pour autant. Si vous manquez de place et qu'une touffe devient trop encombrante, divisez-la simplement en automne et répartissez les éclats obtenus ailleurs au jardin.

Des plantes pour l'ombre humide

Le myosotis du Caucase s'associe facilement à d'autres espèces couvre-sol. Mélangez-le par exemple à des plantes qui se plaisent à la mi-ombre et en sol frais, comme le muguet, les pulmonaires et certains hostas.

Le choix du spécialiste

1 *B. macrophylla* 'Langtrees'
Un beau cultivar, qui fait aussi un excellent couvre-sol.
✿ **Bleu clair • Printemps**
Vert tacheté de gris argenté
• *HE* 40 cm

2 *B. macrophylla* 'Hadspen Cream' Les fleurs bleues et les feuilles à liseré crème sont très lumineuses au printemps.
✿ **Bleu clair • Printemps**
Vert marginé de crème
• *H* 45 cm *E* 40 cm

3 *B. macrophylla* 'Betty Bowring' Associez cette forme à fleurs blanches à une touffe de brunnera à fleurs bleues.
✿ **Blanc • Printemps**
• *H* 45 cm *E* 40 cm

4 *B. macrophylla*
Connue auparavant sous le nom de *Anchusa myosotidiflora*, c'est l'espèce qui est à l'origine des variétés citées plus haut.
✿ **Bleu vif • Fin de printemps-début d'été • *HE* 40 cm**

***B. macrophylla* 'Betty Bowring'**

***B. macrophylla* 'Hadspen Cream'**

À savoir

Situation Sous une ombre légère ou en situation plus ensoleillée, mais toujours en sol assez frais.
Plantation Au printemps ou en automne. Incorporez de la matière organique en sol pauvre. Arrosez régulièrement les jeunes plantes le premier été. Les sujets bien établis sont capables d'aller chercher l'humidité en profondeur.
Floraison Fin de printemps, début d'été.
Ravageurs et maladies Généralement aucun.
Bonus Une excellente plante couvre-sol, qui pousse partout excepté au soleil brûlant ou sous une ombre épaisse.

Caltha

Les **populages**, ou **soucis des marais**, offrent entre le début du printemps et l'été des fleurs jaune vif, parfois blanches, en bordure d'un bassin, d'un cours d'eau, ou dans une rocaille. La floraison mise en valeur par un feuillage lustré apporte une touche très colorée aux plantations.

C. palustris

C. palustris var. *alba*

Les populages appartiennent à un groupe de plantes qui se plaisent en eau peu profonde. Si vous souhaitez les installer en bordure de cours d'eau, plantez-les directement en sol marécageux, mais pas dans le courant. Il est également possible de les planter dans un jardin de tourbière, en pleine terre. En revanche, il faut procéder autrement au bord d'un bassin.

Plantation dans une pièce d'eau
Il vous faut un panier spécial, ajouré, que vous trouverez en jardinerie. Tapissez l'intérieur de toile pour éviter que le terreau s'échappe par les trous. Procurez-vous également du terreau spécial pour plantes aquatiques. Plantez le populage dans le panier, puis couvrez le terreau de gravier ou de petits galets en surface, de façon à maintenir en place terreau et plante et à éviter que les poissons viennent fouiller la terre.

Imbibez le terreau d'eau avant d'immerger le panier en douceur dans le bassin. L'arrosage préalable élimine en grande partie l'air, sans quoi des bulles se dégageront quand vous mettrez le panier en place, risquant aussi de déloger la plante.

DU FEUILLAGE POUR VOS BOUQUETS
Faites tremper les feuilles quelques heures dans l'eau froide avant de les utiliser. Si elles ont souffert du froid, trempez-les dans une eau tiède.

Le choix du spécialiste

1 ***C. palustris* var. *palustris* 'Plena'** Une plante de rocaille à fleurs doubles en pompons.
✿ **Jaune • Printemps**
• *H* 45 cm *E* 75 cm

2 ***C. palustris* var. *alba***
Fleurs blanches à cœur jaune.
✿ **Blanc • Fin de printemps**
• *H* 30 cm *E* 35 cm

3 ***C. palustris* 'Flore Pleno'**🏆
Une forme très décorative, à grosses fleurs doubles jaune d'or.
✿ **Jaune • Fin de printemps**
• *HE* 25 cm

4 ***C. palustris***🏆
L'espèce sauvage du bord des cours d'eau.
✿ **Jaune • Printemps • *H* 45 cm *E* 75 cm**

À savoir

Situation Plantez le populage en sol marécageux ou en eau peu profonde. Le plein soleil est utile pour une belle floraison.
Plantation Au printemps ou en début d'été ; pour un bassin, utilisez un panier spécial (voir ci-dessus).
Floraison Entre début de printemps et début d'été. Rabattez les tiges défleuries pour une seconde floraison.
Ravageurs et maladies Généralement aucun.
Bonus Les feuilles vert foncé lustré composent un tapis décoratif en été.

PLANTE VEDETTE
***C. palustris* var. *palustris* 'Plena'** **Une forme précieuse pour ses grosses fleurs doubles, en pompons jaune vif au printemps, et ses feuilles arrondies lustrées. Elle gagne du terrain en sol marécageux.**

Campanula

La floraison des **campanules** déploie toutes les nuances du bleu et du violet, parfois du blanc ou du rose. Certaines sont assez grandes pour demander à être tuteurées tandis que d'autres dessinent des touffes basses parfaites pour une plantation sur un muret ou en bordure de plate-bande.

PLANTE VEDETTE
***C. glomerata* 'Joan Elliott'**
Ses tiges robustes sont couronnées de charmants bouquets de grandes fleurs violettes.

Avec plus de 300 espèces, le choix de campanules est vaste. Certaines forment des touffes basses, d'autres ont des tiges presque verticales, d'autres encore s'étalent en tapis. Leurs tons bleus, du lilas pâle au bleu foncé, varient aussi selon la lumière. Même si les campanules bleu pâle semblent un peu fades sous un chaud soleil estival, le même bleu se révélera beaucoup plus lumineux sous une ombre légère.

C. 'Burghaltii'

Des teintes froides
Choisissez les teintes les plus pâles, élégantes et sobres, pour des plantations assez formelles, autour d'une statue ou dans des vasques. Elles permettent aussi d'encadrer ou de tempérer des compositions de couleurs chaudes, des rouges ou des oranges vifs.

Le choix du spécialiste

1 *C. glomerata* 'Joan Elliott'
Une campanule étonnante par ses grandes fleurs. L'espèce *C. glomerata* a des fleurs plus petites, mais qui se renouvellent tout l'été.
✿ Violet • Début d'été • *H* 45 cm *E* 50 cm

2 *C. persicifolia*
Associée aux rosiers anciens, cette élégante campanule se ressème facilement.
✿ Blanc à bleu-violet • Milieu d'été • *H* 90 cm *E* 40 cm

3 *C.* 'Burghaltii'♡ Des fleurs en clochettes sur des tiges arquées.
✿ Lavande pâle • Milieu d'été • *H* 60 cm *E* 40 cm

4 *C. carpatica*♡
Des touffes basses dominées par des clochettes.
✿✿ Bleu, blanc • Début-fin d'été • *H* 30 cm *E* 40 cm

5 *C. lactiflora*
Tuteurez les hautes tiges qui portent des fleurs pâles. 'Pouffe' a des fleurs bleu moyen sur des tiges de 60 cm.
✿✿ Bleu pâle, rose • Été-début d'automne • *H* 1,20 m *E* 60 cm

6 *C. portenschlagiana*♡
Elle s'étale lentement pour composer un charmant tapis floral.
✿ Bleu lavande soutenu • Fin de printemps-été • *H* 15 cm *E* 50 cm

À savoir

Situation Tout sol fertile, bien drainé, plutôt frais, au soleil ou sous une ombre légère.
Plantation Au printemps ou en automne, puis divisez les touffes tous les 3-4 ans après la floraison.
Floraison Entre printemps et fin d'été.
Ravageurs et maladies Aucun, mais surveillez escargots et limaces.
Bonus Si vous rabattez sans attendre les tiges défleuries, vous favoriserez une seconde floraison.

C. persicifolia

Centaurea

Les **centaurées** séduisent par leur floraison estivale qui rappelle celle des chardons, dans toute une gamme de teintes : jaune, rose, pourpre, blanc...

Le choix du spécialiste

1 ***C. montana*** Offrez au besoin un support aux fleurs bleu vif de cette plante vigoureuse.
✿ Bleu • Fin de printemps-été
• *H* 60 cm *E* 50 cm

2 ***C. macrocephala***
Les fleurs jaunes contrastent joliment avec les bractées brunes écailleuses sous les pétales.
✿ Jaune • Milieu d'été
• *H* 1,20 m *E* 60 cm

3 ***C. hypoleuca* 'John Coutts'**
Profitez de deux belles floraisons, en juin puis en septembre.
✿ Rouge rosé • Milieu-fin d'été
• *HE* 60 cm

4 ***C. dealbata***
Une plante très vigoureuse, qui gagne rapidement du terrain et fleurit en abondance.
✿ Rose et blanc • Été
• *H* 70 cm *E* 60 cm

À savoir

Situation Au soleil, en sol pauvre bien drainé.
Plantation Supprimez les fleurs fanées pour une seconde floraison.
Floraison Été.
Ravageurs et maladies Surveillez les attaques d'oïdium.
Bonus Les centaurées offrent de belles fleurs pour vos bouquets.

Les centaurées apportent des notes colorées dans les jardins de fleurs sauvages en été. Elles gagnent rapidement du terrain, au point de devenir envahissantes. Si vous avez peu de place, évitez ainsi *C. dealbata*. Essayez plutôt le cultivar 'John Coutts'.

Pour un effet de jardin campagnard gai et coloré, mariez plusieurs coloris. Le bleuet vivace, *C. montana*, présente en effet des variétés à fleurs blanches ('Alba'), roses ('Carnea') et bleu clair ('Parham').

PLANTE VEDETTE
C. montana **Le bleuet des montagnes est bien connu pour ses belles fleurs bleu vif portées par des tiges dressées.**

Centranthus

La **valériane** offre tout l'été et jusqu'en début d'automne ses bouquets de fleurs rouges ou blanches. Une plante idéale qui s'étale et se ressème à loisir.

Le choix du spécialiste

1 ***C. ruber***
Des feuilles épaisses, charnues, gris-vert, jusqu'à 8 cm de long, mettent en valeur les bouquets de fleurs rouge rosé.
✿ Rouge rosé foncé • Tout l'été
• *HE* 60 cm

2 ***C. ruber* 'Albus'**
La valériane blanche est la seule alternative courante à la forme rouge, la plus fréquente, avec laquelle elle contraste joliment.
✿ Blanc • Tout l'été • *HE* 60 cm

À savoir

Situation Au soleil en sol pauvre, elle donne le meilleur d'elle-même.
Plantation Semez ou divisez au printemps. Rabattez les touffes après la première floraison.
Floraison Entre début d'été et début d'automne.
Ravageurs et maladies Aucun.
Bonus Sa longue période de floraison.

Tant que vous évitez les sols humides, la valériane accepte toutes les situations ou presque. En sol fertile cependant, les tiges ont moins de tenue et demandent souvent à être tuteurées.

Les touffes trop étalées doivent être divisées tous les quatre ans ; aussi, pour tirer le meilleur parti de sa nature facile, réservez la valériane aux sols pauvres, caillouteux, aux jardins de bord de mer. Là, elle poussera en touffes compactes et robustes. Vous pouvez aussi la cultiver, ou mieux la laisser se ressemer, dans un vieux mur ou sur un talus rocailleux ; elle y sera superbe.

Une attraction pour les insectes

Outre ses qualités de plante facile, de fleur toute simple, la valériane attire papillons et autres insectes du jardin.

PLANTE VEDETTE
C. ruber **La valériane rouge porte sur de hautes tiges des bouquets serrés de petites fleurs rose foncé à rouge soutenu. Les fleurs apparaissent en fin de printemps et se renouvellent tout l'été.**

Chrysanthemum

Rares sont les plantes qui ont autant d'impact que les **chrysanthèmes** au jardin en début d'automne. Leurs fleurs décrivent toute une palette de couleurs, du blanc au rouge vif. Tous ne sont pas parfaitement rustiques, mais ceux présentés ici survivront sans peine en sol bien drainé.

Tout jardin ensoleillé au sol léger gagne à se parer, vers la fin de l'été, des notes colorées des chrysanthèmes rustiques. Il faut souvent les arracher avant l'hiver en sol lourd, mais, en situation favorable, le pincement des tiges à l'entrée en croissance, puis la suppression des fleurs fanées et un léger tuteurage suffisent.

Formes et teintes
Les chrysanthèmes offrent une diversité de couleurs et de formes : des fleurs simples de marguerite comme celles de **'Clara Curtis'** et de **'Mary Stocker'**, des fleurs semi-doubles comme **'Duchess of Edinburgh'**, ou des pompons comme la série **Yoder**.

Certains types de chrysanthèmes ont été classés sous le nom de *Dendranthema*, mais sont aujourd'hui connus sous l'appellation de *Chrysanthemum*.

Le choix du spécialiste

1 *C. rubellum* 'Mary Stocker'
Des fleurs simples qui apportent une teinte chaude dans les massifs d'automne.
Jaune cuivré • Fin d'été-automne
• *H* 80 cm *E* 60 cm

PLANTE VEDETTE
***C. rubellum* 'Mary Stocker'** **N'hésitez pas à pincer vos plants en début d'été. Vous obtiendrez des plants trapus et bien garnis de fleurs.**

2 *C. rubellum* 'Clara Curtis'
Cet hybride rustique se couvre en fin d'été de fleurs de marguerite au parfum légèrement épicé. Lorsque l'automne avance, le cœur vert vire au jaune.
Rose • Fin d'été-automne
• *H* 80 cm *E* 45 cm

3 *C. rubellum* 'Duchess of Edinburgh' Un hybride vigoureux qui offre tout au long de l'automne ses bouquets de fleurs très vives.
Rouge • Début-fin d'automne
• *H* 80 cm *E* 60 cm

4 *C. arcticum* 'Red Chimo'
Un chrysanthème populaire pour sa floraison abondante et son port large.
Rose foncé • Automne
• *H* 40 cm *E* 90 cm

5 *C. morifolium* 'Eldorado'
Ses grandes fleurs jaunes très doubles égaient à coup sûr une plate-bande.
Jaune • Automne
• *H* 45 cm *E* 40 cm

6 *C. morifolium* 'Modern Delight'
Chrysanthème fleurissant abondamment en sol bien drainé.
Rouge bronze
• Fin d'été • *H* 1,20 m *E* 75 cm

7 C. série Yoder
Une variété buissonnante, aux tiges courtes, qui se prête bien à la culture en pots.
Bronze, rouge, orangé, jaune, blanc
• Fin d'été-automne
• *H* 1,20 m *E* 75 cm

C. rubellum 'Clara Curtis'
C. 'Duchess of Edinburgh'

À savoir

Situation Au soleil et en sol bien drainé, car ces plantes redoutent l'humidité hivernale.
Plantation Incorporez de la matière organique pour améliorer les sols pauvres. Arrosez bien par temps chaud et sec, mais ne « noyez » pas les jeunes plantes.
Floraison Fin d'été-début d'automne.
Ravageurs et maladies Surveillez l'activité des escargots et des limaces et soyez attentif aux attaques d'araignées rouges ou de punaises. Les mineuses des feuilles marquent parfois le feuillage mais ne font pas de gros dégâts.
Bonus Les fleurs des chrysanthèmes sont si belles en bouquet qu'il est intéressant de réserver quelques plantes à cet usage.

Cimicifuga

Les épis plumeux de la **cimicaire** sont d'une incroyable délicatesse dans une plate-bande ou un bouquet. La floraison tardive illumine les jardins.

Les longues inflorescences blanches en plumet s'élèvent au-dessus d'une touffe de feuilles ressemblant légèrement à celles des fougères ou du persil. La cimicaire est magnifique à proximité d'astilbes ou d'anémones du Japon et sera plantée à l'orée d'un bosquet ou sur fond de soleil couchant. C'est elle que l'on appelle cierge d'argent.

Le choix du spécialiste

1 *C. racemosa* Sa floraison est plus hâtive que les autres et elle dégage une odeur musquée.
❀ **Blanc • Milieu d'été • *H* 1,50 m *E* 60 cm**

2 C. 'James Compton'
La plus petite des espèces.
❀ **Blanc Ø Bourgogne • Début-milieu d'automne • *H* 90 cm *E* 50 cm**

À savoir

Situation Prospère à la mi-ombre.
Plantation Divisez les touffes tôt au printemps.
Floraison Fin d'été à la mi-automne.
Ravageurs et maladies Rouille.
Bonus Ravissante dans les bouquets, mais l'odeur peut être déplaisante.

PLANTE VEDETTE
C. racemosa
fleurit plus tôt que les autres espèces et ses épis peuvent atteindre la taille de 2 m.

Corydalis

Il y a toujours de la place pour une **corydale**. Elles fleurissent généreusement tôt en été et certaines se ressèment dans les vieux murs.

Le choix du spécialiste

1 *C. flexuosa* 'Purple Leaf'
Le délicat feuillage gris-vert forme une touffe bien compacte.
✿ **Bleu • Fin de printemps-milieu d'été • *HE* 30 cm**

2 *C. lutea*
Une floraison gaie et colorée qui colonise rapidement un vieux muret.
✿ **Jaune vif • Début d'été-début d'automne • *HE* 35 cm**

3 C. 'Blackberry Wine'
Floraison pourpre jusqu'en fin d'été.
✿ **Pourpre • Tout l'été • *H* 30 cm *E* 40 cm**

4 *C. cheilanthifolia*
Sa floraison jaune vif apporte une note de gaieté dans tout jardin.
✿ **Jaune • Milieu de printemps-milieu d'été • *H* 25 cm *E* 40 cm**

PLANTE VEDETTE
***C. flexuosa* 'Purple Leaf'**
Les bouquets de fines fleurs bleues, inclinées, dominent une touffe compacte de feuillage gris-vert.

À savoir

Situation Ombre légère et sol bien drainé sont indispensables.
Plantation Au printemps. Divisez les touffes chaque année, en début de printemps ou en automne.
Floraison Printemps, parfois jusqu'en automne.
Ravageurs et maladies Surveillez les limaces.
Bonus Un excellent couvre-sol, de culture facile.

La corydale bleue, *C. flexuosa*, fait l'objet depuis quelques années d'un véritable engouement de la part des jardiniers. Facile à cultiver, elle offre sa merveilleuse floraison bleu vif au-dessus d'un feuillage divisé et découpé.

Par touches dans un dallage
Les corydales ne s'enracinent pas profondément. Plantez-les dans les interstices d'un dallage et elles s'étaleront pour en adoucir les lignes. Arrachez-les ou divisez les touffes envahissantes, ou supprimez les fleurs fanées pour éviter qu'elles se ressèment.

Dianthus

Les **œillets** sont des plantes qui nous viennent des jardins de nos grands-mères, dans un large éventail de blancs, de roses ou de rouges. Certains ont des fleurs simples, d'autres des fleurs doubles plus sophistiquées. Les meilleures variétés de mignardises offrent un délicieux parfum de clou de girofle.

Si vous recherchez des œillets mignardises faciles à vivre, adoptez des variétés modernes, très tolérantes aux chaleurs, comme 'Fire Witch'. Ces hybrides ont une floraison plus longue que celle des anciennes mignardises. Pour le parfum, soyez fidèle aux variétés anciennes comme 'Mrs Sinkins'.

Les mignardises naines, comme 'Inshriach Dazzler', sont parfaites pour la rocaille et se plaisent en sol très drainant. Ces petits œillets poussent très bien dans une auge de pierre que vous remplirez de terreau léger. Ils ne demanderont pour ainsi dire aucun entretien.

Le choix du spécialiste

1 *D. gratianopolitanus* 'Fire Witch' Fleurs parfumées à pétales larges. Floraison prolongée.
Rose foncé • Fin de printemps-été • *H* 20 cm *E* 25 cm

2 *D. deltoides* 'Brilliant'
Une variété dont la floraison peut se poursuivre jusqu'à l'automne si on la taille après le pic de floraison.
Rose fuchsia • Été • *H* 15 cm *E* 30 cm

3 *D. plumarius* 'Doris'
Encore une obtention moderne de qualité, aux fleurs rose saumoné à œil écarlate.
Rose saumon • Milieu d'été • *H* 35 cm *E* 25 cm

4 *D. plumarius*
La plupart des variétés rustiques d'œillet mignardise sont issues de cette espèce à floraison parfumée.
Blanc et rose • Milieu d'été • *HE* 30 cm

5 *D.* 'Mrs Sinkins'
Une mignardise de type ancien, très parfumée, à fleurs doubles et pétales joliment frangés au bord.
Blanc • Milieu d'été • *H* 30 cm *E* 25 cm

6 *D. alpinus* ♀
Un œillet à utiliser en rocaille.
Rose • Fin de printemps-milieu d'été • *H* 20 cm *E* 30 cm

D. plumarius

D. deltoides 'Brilliant'

7 *D.* 'Inshriach Dazzler' ♀
Une mignardise naine aux fleurs rouge carmin, chamois au revers, mises en valeur sur un feuillage gris-vert.
Rouge carmin • Milieu d'été • *HE* 15 cm

D. 'Mrs Sinkins'

PLANTE VEDETTE
***D. gratianopolitanus* 'Fire Witch'** **Les fleurs rose magenta contrastent avec le feuillage bleu-vert et exhalent un délicat parfum.**

À savoir

Situation En sol bien drainé, au soleil toute la journée. Ces œillets ne craignent pas les sols calcaires.
Plantation En début d'automne, en veillant à ne pas enterrer les feuilles les plus basses.
Floraison Les mignardises anciennes fleurissent avant la mi-été, les œillets de bordure juste après, et les mignardises modernes s'épanouissent plus longtemps.
Ravageurs et maladies Surveillez une éventuelle attaque de pucerons.
Bonus Des plantes sans souci pour sols calcaires, à belle floraison.

D. spectabilis

FLEUR PENDANTE
Les tiges arquées d'un cœur saignant, avec leurs fleurs pendantes, sont remarquables dans les bouquets. Plongez la base des tiges 5 secondes dans l'eau bouillante, puis laissez-les une heure dans l'eau froide avant de composer le bouquet.

Dicentra

Les **dicentras** associent une floraison spectaculaire à une grande facilité de culture dans les coins ombragés et frais du jardin. Leurs curieuses fleurs blanches, jaunes, rouges ou roses sont groupées sur des tiges arquées et se dévoilent surtout au printemps, avec encore quelques fleurs durant l'été.

Les jardins de sous-bois un peu sauvages conviennent parfaitement aux touffes compactes et aux petites fleurs délicates des dicentras. Le cœur-de-Marie, *D. spectabilis*, est sans doute le plus aisément identifiable. La plupart se plaisent en sol riche et frais. Si le sol est léger, enrichissez-le en matière organique avant la plantation. Ces plantes disparaissent peu après la floraison pour se développer à nouveau au printemps suivant. Pensez à repérer leur emplacement afin de ne pas risquer de blesser les racines plus tard en saison.

Le choix du spécialiste

1 *D. formosa* 'Adrian Bloom' Les grandes fleurs rose foncé dominent le feuillage gris-vert au printemps, puis se renouvellent par vagues jusqu'en automne.
✿ **Rose carminé • Fin de printemps-automne • *H* 30 cm *E* 20 cm**

2 *D. eximia* 'Alba' En situation abritée et fraîche, cette espèce s'accommode bien du soleil. Son feuillage est très délicat.
❀ **Blanc • Fin de printemps-été • *H* 40 cm *E* 45 cm**

3 *D.* 'Pearl Drops' Pour des nuances de teintes différentes, essayez ce cultivar de petite taille, à beau feuillage bleuté et fleurs blanches teintées de rose.
❀ **Blanc • Fin de printemps-été • *H* 30 cm *E* 45 cm**

4 *D.* 'Stuart Boothman'♀ Une variété très populaire aux fleurs colorées. On la trouve parfois sous le nom de 'Boothman's Variety'.
✿ **Rose foncé • Milieu de printemps-milieu d'été • *H* 30 cm *E* 40 cm**

5 *D. spectabilis*♀ C'est le cœur saignant, aux fleurs roses en forme de cœur alignées sur des tiges arquées, aux pétales internes blancs en saillie. Choisissez la variété 'Alba'♀ pour des fleurs blanc pur.
✿❀ **Rose et blanc • Fin de printemps • *HE* 60 cm**

UNE TOUCHE D'ORIGINALITÉ

D. spectabilis 'Alba'♀ Pour changer, adoptez cette variété aux « petits cœurs » d'un blanc pur. En plus de produire des tiges arquées, elle saura illuminer un coin de votre jardin.

À savoir

Situation Les dicentras ne se plaisent pas dans les jardins chauds et secs. Ils préfèrent la mi-ombre, les sols frais, profonds, fertiles. Là, ils gagnent du terrain sans devenir envahissants pour autant.
Plantation Améliorez les sols légers ou peu profonds par des apports de compost.
Floraison Au printemps et en début d'été surtout, suivie de quelques fleurs plus tard en saison.
Ravageurs et maladies Surveillez les escargots et les limaces.
Bonus Ces fleurs inhabituelles attirent l'œil dans les massifs.

PLANTE VEDETTE

***D. formosa* 'Adrian Bloom'**
Ce cultivar est précieux car il demeure longtemps décoratif. Il apporte en fin de printemps ses bouquets de grandes fleurs rose carminé, qui se renouvellent jusqu'en début d'automne, quand la plante disparaît.

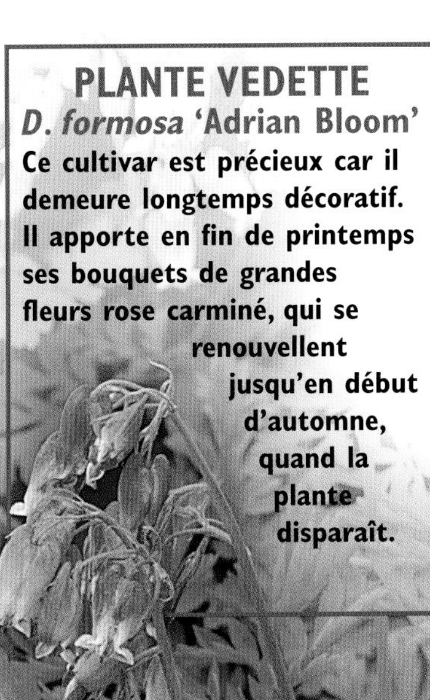

Doronicum

Les **doronics**, aux fleurs de marguerite jaune vif, sont indispensables dans les scènes printanières du jardin. Les fleurs, portées bien au-dessus du feuillage, permettent toutes sortes d'associations de teintes, formes et textures avec les tulipes, qui fleurissent à la même époque.

Le choix du spécialiste

1 *D.* 'Miss Mason'♈ Les fleurs jaunes, simples, couronnent les tiges au printemps, masquant les feuilles en forme de cœur.
✿ **Jaune vif • Milieu-fin de printemps • *HE* 45 cm**

2 *D. orientale* 'Magnificum'
Variété de taille moyenne, avec de grandes fleurs jaune d'or sur des hampes fines. Elle est parfaite pour le premier ou le second plan des massifs.
✿ **Jaune soutenu • Fin de printemps-début d'été • *H* 50 cm *E* 45 cm**

3 *D. orientale* 'Little Leo'
Variété plus compacte, à fleurs semi-doubles.
✿ **Jaune clair • Fin de printemps • *HE* 35 cm**

4 *D. pardalianches*
Dans un sous-bois clair, cette espèce colonise joliment le terrain et offre sa floraison lumineuse sur de longues tiges fines.
✿ **Jaune • Début d'été • *HE* 1 m**

5 *D. orientale* 'Frühlingspracht' Également connue sous le nom de 'Spring Beauty', cette variété se couvre en fin de printemps de fleurs doubles. Elle est intéressante pour les bouquets.
✿ **Jaune soutenu • Fin de printemps • *H* 40 cm *E* 45 cm**

Les doronics poussent à l'état sauvage dans des habitats variés, des prairies aux broussailles, des bois aux zones rocailleuses sur sol pauvre – et cela du Sud-Ouest asiatique à la Sibérie.

Leur adaptabilité en fait bien sûr des plantes de choix pour un jardin sans souci. Bien qu'elles ne survivent ni à une humidité permanente, ni à une sécheresse prolongée, elles figurent cependant parmi les plantes les plus faciles à cultiver qui soient.

Compositions contrastées

Une touffe de doronics fait un merveilleux arrière-plan pour des tulipes colorées. Les fleurs de marguerite des doronics, leurs petites feuilles en cœur contrastent joliment avec les feuilles plus larges des tulipes, avec leurs tiges raides et leurs fleurs brillantes.

L'un des atouts des doronics est que les touffes se font très discrètes une fois défleuries, ce qui donne aux plantes voisines tout loisir de s'épanouir. Qui plus est, il est pour ainsi dire inutile de supprimer les fleurs fanées et le feuillage ne jaunit pas tristement dans les massifs d'été.

***D. orientale* 'Frühlingspracht'**

À savoir

Situation Évitez les sols très secs ou trop humides. Ces plantes préfèrent une ombre légère mais supportent aussi le soleil.
Plantation Divisez les touffes tous les quatre ans, en automne ou au début du printemps. Tuteurez les grandes variétés si nécessaire.
Floraison Généralement au printemps, mais certains cultivars fleurissent jusqu'en milieu d'été.
Ravageurs et maladies Rares, parfois une attaque d'oïdium.
Bonus Une floraison gaie et colorée tôt en saison.

PLANTE VEDETTE

***D.* 'Miss Mason'**♈ **Une variété déjà ancienne qui forme des touffes compactes de feuillage vert vif, dominées entre le milieu et la fin de printemps par des fleurs de marguerite jaune vif.**

Echinacea

Souvent appelées **rudbeckias pourpres**, ces belles plantes font sensation dans les massifs. Leurs grandes fleurs en marguerite, qui atteignent jusqu'à 15 cm de diamètre, fleurissent durant deux mois, de juillet à septembre, attirant par leur parfum de miel les papillons et les abeilles.

E. purpurea 'Magnus'

Ces vigoureuses plantes natives d'Amérique du Nord se révèlent très rustiques. Leurs exigences sont minimes, mais évitez-leur les sols détrempés en automne et en hiver, ce qui les ferait dépérir à coup sûr. La floraison est généreuse durant deux mois au moins, de la mi-été à l'automne. Supprimez régulièrement les fleurs fanées pour encourager la poursuite de la floraison.

Le rudbeckia pourpre le plus cultivé est le robuste *E. purpurea*, mais ses cultivars sont précieux également, offrant de beaux tons blancs, jaunes, roses. Ces plantes sont faciles à associer à d'autres vivaces et font bel effet plantées en bordure d'un bassin, en se réfléchissant à la surface de l'eau.

Le choix du spécialiste

1 *E. purpurea* 'Robert Bloom' Des fleurs pourpres éclatantes, autour d'un cône central orangé soutenu.
✿ Pourpre vif
• Milieu d'été-début d'automne
• *H* 1 m *E* 50 cm

2 *E. purpurea* 'White Lustre' Remarquables fleurs aux pétales crème entourant un cône orange-vert. Essayez 'White Swan', plus petit, de 50 cm de hauteur.
❀ Crème • Milieu d'été-début d'automne • *H* 1 m *E* 50 cm

3 *E. purpurea* 'Magnus' ♀ D'énormes fleurs à pétales lancéolés avec un cône brun orangé soutenu.
✿ Pourpre rosé vif
• Milieu d'été-début d'automne
• *H* 1 m *E* 50 cm

4 *E. purpurea* 'Razzmatazz' Grandes fleurs rose foncé doubles !
✿ Rose foncé • Milieu d'été-début d'automne • *H* 80 cm *E* 50 cm

BOUQUETS Les rudbeckias pourpres font sensation dans un vase. Pour les mettre en valeur, ajoutez des feuillages, ou mariez une variété pourpre avec quelques penstemons et cosmos blancs.

PLANTE VEDETTE
***E. purpurea* 'Robert Bloom'**
L'un des plus populaires parmi les rudbeckias pourpres, avec ses fleurs vives qui se renouvellent sans faillir de juillet à septembre, souvent même jusqu'en octobre.

À savoir

Situation Un sol de jardin ordinaire leur convient, bien drainé, mais avec beaucoup de soleil.
Plantation Automne ou printemps.
Floraison Du milieu de l'été jusqu'en début d'automne.
Ravageurs et maladies Escargots et limaces s'attaquent parfois aux fleurs et aux pousses.
Bonus Ces fleurs attirent des insectes utiles, surtout les abeilles.

E. purpurea 'White Lustre'

Echinops

Les **échinops** sont parfaits pour les coins chauds et ensoleillés, sur sol bien drainé. Leur silhouette dressée et leur feuillage déchiqueté mettent en valeur la floraison spectaculaire en boules azurées.

E. sphaerocephalus

UNE TOUCHE D'ORIGINALITÉ

E. ritro* ssp. *ruthenicus
est plus grande que l'espèce, avec un port très architectural, des feuilles sombres et lustrées au-dessus, blanchâtres dessous. La floraison en fin d'été est bleu vif.

Le choix du spécialiste

1 *E. ritro* ♀
Les tiges gris pâle sont couronnées d'un globe hérissé de fleurs bleu vif.
✿ **Bleu métallique • Fin d'été**
• *H* 1 m *E* 60 cm

2 *E. niveus* Un excellent choix pour un jardin blanc. Avec son feuillage épineux grisâtre et ses fleurs blanc-gris, il est très étrange.
❀ **Blanc-gris • Fin d'été**
• *H* 1,20 m *E* 1 m

3 *E. sphaerocephalus*
Une plante robuste et impressionnante, qui crée un fort contraste dans une plate-bande de vivaces.
❀ **Blanc bleuté • Fin d'été**
• *H* jusqu'à 1,80 m *E* 80 cm

À savoir

Situation Mêmes exigences pour toutes les espèces : du soleil, un sol pauvre, plutôt sec.
Plantation En automne ou au printemps.
Floraison Fin d'été et début d'automne.
Ravageurs et maladies
Le feuillage peut être touché par l'oïdium.
Bonus Les inflorescences séchées conservent longtemps un attrait décoratif.

PLANTE VEDETTE

E. ritro ♀ **est une plante étonnante qui attire abeilles et papillons. Elle peut atteindre 1,20 m en milieu d'été, avec des feuilles raides et épineuses, aux contours déchiquetés, et des inflorescences bleu métallique. 'Veitch's Blue', à fleurs d'un bleu plus soutenu, est très décorative.**

N'oubliez pas que ces plantes poussent à l'état sauvage dans des lieux rocailleux et inhospitaliers, en Espagne et en Turquie notamment, aussi essayez de leur trouver des conditions de culture approchantes.

Même si elles s'adaptent à un sol un peu plus riche que celui de leur habitat naturel, un excès de fertilité leur est néfaste : le feuillage épineux et les tiges raides perdent de leur vigueur et de leur tenue en sol trop riche.

Le bon emplacement

L'idéal est de les installer dans un jardin de gravier ou bien en position assez centrale dans une plate-bande de petite taille. Les fleurs blanc grisâtre de *E. niveus* sont bien mises en valeur par des floraisons voisines colorées, en particulier des bleus foncés ou pourpres soutenus.

Des compagnes bien choisies

Le choix des arrangements possibles est vaste. Si vous recherchez d'autres plantes à port dressé, essayez les ails d'ornement, les yuccas et les verveines. Les graminées (pages 125-126) se marient bien également avec les échinops, apportant une touche légère, élancée. Choisissez par exemple *Calamagrostis*, dont les tiges atteignent près de 1,20 m et créent un bel effet au vent.

Epimedium

Les **épimèdes**, ou **fleurs des elfes**, allient un magnifique feuillage cordiforme à une floraison délicate. Le feuillage apparaît tôt au printemps, souvent teinté de bronze, de rose ou de rouge. La floraison à la mi-printemps offre une palette de blanc, jaune, orangé à rouge.

Les épimèdes forment des touffes basses de feuillage élégant, caduc ou semi-persistant selon les espèces et les variétés. La plupart, notamment ceux présentés ici, sont parfaitement rustiques en sol bien drainé mais frais, à l'abri du soleil brûlant. Utilisez-les comme couvre-sol pour l'ombre, ou bien au sous-bois et profitez tout au long de l'année des teintes changeantes du feuillage et de la floraison délicate.

Une floraison mise en valeur

Les épimèdes gagnent à être taillés à la cisaille tôt au printemps pour éliminer les vieilles feuilles avant que la plante entre en croissance. De cette façon, les fleurs sont mieux dégagées et mises en valeur par le jeune feuillage de la saison.

PLANTE VEDETTE

E. perralderianum **Le jeune feuillage se teinte de rouge bronze, puis vire au vert foncé, avant de prendre pour l'hiver des tons cuivrés. Les petites fleurs jaune vif en début de printemps dominent les touffes basses.**

Le choix du spécialiste

1 *E. perralderianum*
Le feuillage semi-persistant, lustré, offre l'année durant toute une palette de teintes.
Rouge bronze, vert foncé, cuivré • Toute l'année • Jaune • Printemps • *H* 30 cm *E* 45 cm

2 *E. x rubrum* ♀
Une forme à feuillage caduc, pâle, qui change au fil des saisons, avec une ravissante floraison printanière.
Rouge brique, vert pâle, jaune orangé • Rouge • Printemps • *H* 30 cm *E* 40 cm

3 *E. grandiflorum* 'Lilafee'
Les grandes fleurs lilas pourpré apparaissent en fin de printemps-début d'été et le feuillage est très coloré en automne.
Vert tendre • Printemps, automne • Lilas pourpré • Fin de printemps • *H* 25 cm *E* 30 cm

4 *E. x versicolor* 'Sulphureum' ♀ Les jeunes feuilles sont nuancées de rouge, teinte qu'elles retrouvent en automne.
Rougeâtre, vert • Printemps, automne • Jaune marqué de rouge • Printemps • *H* 40 cm *E* 50 cm

5 *E. x youngianum*
Une délicate floraison printanière parmi des feuilles vert moyen à pétiole teinté de rouge.
Vert • Blanc verdâtre ou rose pâle • Milieu-fin de printemps • *H* 20-30 cm *E* 30 cm

PROTECTION CONTRE LE GEL
Après avoir rabattu le feuillage des épimèdes, étalez un paillis pour protéger les jeunes pousses des gelées tardives.

E. grandiflorum

E. x rubrum

À savoir

Situation L'idéal est un sous-bois clair au sol humifère, enrichi en terreau de feuilles. Les épimèdes ne se plaisent pas du tout en sol sec.
Plantation En début de printemps ou en automne.
Floraison Milieu de printemps.
Ravageurs et maladies Attention aux otiorrhynques. Si une plante dépérit, il est fort probable que les responsables soient des larves d'otiorrhynques. Surveillez aussi les limaces.
Bonus Un feuillage très décoratif, couvre-sol efficace contre les mauvaises herbes.

Erigeron

Les **vergerettes**, aux fleurs en marguerite et aux couleurs tendres ou vives, forment aussi bien des tapis que de hautes touffes. Leur floraison généreuse s'échelonne entre le début et la fin de l'été. Ce sont des plantes faciles à vivre et rustiques, à adopter sans hésiter au jardin sans souci.

Le choix du spécialiste

1 *E.* **'Pink Jewel'** Cultivar populaire pour ses grandes fleurs sur des plants compacts.
✿ **Rose • Été •** ***H*** **50 cm** ***E*** **30 cm**

2 *E.* **'Grandiflorus'** Une floraison un peu plus hâtive, en juin, et plus haute que les autres variétés.
✿ **Bleu et jaune • Été • *H* 75 cm *E* 40 cm**

3 ***E. karvinskianus*** **'Profusion'** Des fleurs blanc rosé pour une sélection très florifère.
✿✿ **Blanc, rose • Été • *H* 30 cm *E* 40 cm**

4 ***E. aurantiacus***
Une vergerette de taille moyenne à floraison très colorée.
✿ **Orange • Été • *HE* 30 cm**

5 ***E. glaucus*** Des touffes basses, qui se prêtent à une plantation dans les anfractuosités d'un muret.
✿ **Violet-mauve • Fin de printemps-milieu d'été • *H* 25 cm *E* 30 cm**

6 *E.* **'Dunkelste Aller'**
D'innombrables fleurs pourpre foncé, à cœur jaune.
✿ **Pourpre • Été • *H* 60 cm *E* 30 cm**

***E. karvinskianus* 'Profusion'**

Si vous recherchez des plantes charmantes aux allures de fleur sauvage, essayez les vergerettes. Avec leurs fleurs en marguerite, elles se plaisent dans les endroits les plus inhospitaliers, comme les murets ou les escaliers, tandis que nombreuses sont celles qui ne craignent ni les embruns salés ni les vents violents. Plantées au soleil, dans un sol bien drainé, elles fleurissent tout l'été, sans demander beaucoup d'entretien.

Petit nettoyage

Pour éviter que les touffes s'étalent et se dégarnissent, divisez-les tôt au printemps, avant l'entrée en croissance. N'attendez pas plus tard, vous couperiez les jeunes pousses et retarderiez la floraison.

PLANTE VEDETTE
E. **'Pink Jewel'**
Un hybride rustique, à floraison généreuse et ravissante, chaque fleur étant constituée d'une collerette de pétales roses autour d'un cœur jaune d'or.

E. aurantiacus

Une marguerite de paresseux

E. karvinskianus est une ravissante petite espèce à utiliser dans les jardins protégés. Plantez-la dans les interstices d'un dallage, d'un vieux mur ou d'un escalier de pierre et elle formera de jolis tapis fleuris. Ponctuez une allée dallée de jeunes plantes pour en adoucir les lignes.

À savoir

Situation Plein soleil et sol bien drainé. N'essayez pas de les planter dans un massif frais et ombragé, elles n'y survivront pas.
Plantation En début d'été.
Floraison Du début à la fin de l'été.
Ravageurs et maladies Généralement aucun.
Bonus *E. glaucus* ne craint pas les embruns salés du bord de mer.

Erygium

Les **panicauts** apportent une petite touche sauvage au jardin avec leurs tiges raides et leurs collerettes épineuses. Les plus remarquables ont une floraison argentée ou bleutée, parfois d'un bleu métallique étonnant. Ces fleurs attirent abeilles et papillons et se prêtent bien au séchage.

E. alpinum

Natifs des régions côtières, les panicauts se plaisent en sol pauvre et rocailleux. Choisissez avec soin leur emplacement définitif de plantation car ils n'aiment guère être déplacés. N'oubliez pas non plus que feuilles et bractées sont épineuses, aussi ne les installez pas en bordure d'allée, mais ne les éloignez pas trop pour autant car vos invités aimeront tapoter leurs curieux cônes.

Le choix du spécialiste

1 *E. amethystinum*
Une variété étonnante, aux tiges et aux feuilles bleu-gris et aux inflorescences d'un bleu brillant.
✿ **Bleu améthyste • Milieu-fin d'été**
• *H* 70 cm *E* 60 cm

2 *E. variifolium* Rosettes de feuilles épineuses, vert vif veiné de blanc. Inflorescences bleu argenté.
✿ **Bleu argenté • Milieu-fin d'été**
• *H* 40 cm *E* 25 cm

3 *E. bourgatii* 'Oxford Blue'♡ Inflorescences bleu argenté, feuilles épineuses veinées de blanc et tiges bleutées.
✿ **Bleu argenté • Milieu-fin d'été**
• *H* 60 cm *E* 50 cm

4 *E. giganteum*♡
Une grande espèce à tiges robustes, qui se ressème en abondance.
✿ **Bleu et argent • Milieu-fin d'été**
• *H* 1,20 m *E* 75 cm

5 *E. alpinum*♡ Un superbe bouquet de petites inflorescences portées par des tiges fines.
✿ **Bleu lavande • Fin d'été**
• *H* 1 m *E* 75 cm

À savoir

Situation Plein soleil et sol bien drainé sont essentiels. En sol plutôt lourd, incorporez quantité de gravier pour l'alléger et le drainer.
Plantation Au début du printemps.
Floraison Entre milieu et fin d'été.
Ravageurs et maladies Pour éviter tout risque de pourriture, entourez la base de la plante d'un paillis de gravillons.
Bonus Des inflorescences qui font sensation dans les bouquets, frais ou secs.

PLANTE VEDETTE
E. amethystinum
Superbe, cette espèce est d'un bleu-gris qui se révèle particulièrement lumineux lorsque la lumière décline en soirée.

E. giganteum

E. bourgatii 'Oxford Blue'

Eupatorium

Les **eupatoires** trouvent leur place dans les massifs de style informel et les jardins de fleurs sauvages. Leurs bouquets de minuscules fleurs tubulées ne passent pas inaperçus. Les espèces arbustives à feuillage persistant craignent le froid, mais les grandes vivaces présentées ici sont très rustiques.

PLANTE VEDETTE

E. cannabinum **Les fleurs sont groupées en bouquets au sommet des grandes tiges feuillues vers la fin de l'été. Les tiges dressées sont teintées de rouge tandis que les feuilles peuvent atteindre 10 cm de long.**

Robustes et imposants, les gros bouquets de petites fleurs et feuilles lancéolées vertes des eupatoires ne demandent qu'un sol frais et une situation ensoleillée. Supprimez les fleurs fanées sans attendre, puis rabattez les touffes au ras du sol en fin d'automne.

Jardin de fleurs sauvages
Utilisez les eupatoires pour donner du volume à un massif de fleurs sauvages ou un petit air « nature » à une plate-bande de vivaces. Comme elles aiment l'humidité, n'hésitez pas à les planter en bordure de bassin ou de cours d'eau.

Leurs grandes touffes sont intéressantes aussi pour créer une division entre une partie assez formelle et fleurie du jardin, à petite échelle, et une autre partie plus sauvage, où les plantes sont plus développées. *E. purpureum* est une grande plante robuste, parfaite dans un jardin de fleurs sauvages avec ses tiges teintées de pourpre et ses inflorescences de 30 cm de diamètre. Elle demande quelques années avant de former une large touffe mais se marie ensuite très bien avec d'autres grandes plantes à port souple comme les verges d'or (*Solidago*).

Le choix du spécialiste

1 *E. cannabinum*
Une grande espèce robuste, à floraison parfumée blanche, rose ou pourpre. Elle a besoin de beaucoup d'espace pour se développer.
Le cultivar 'Flore Pleno' a des fleurs doubles roses.
Blanc, rose, pourpre • Fin d'été • *H* 1,80 m *E* 1 m

2 *E. purpureum*
Une autre espèce imposante, dont les tiges pourprées sont couronnées en fin d'été et début d'automne de remarquables inflorescences rose pourpré. *E. purpureum* ssp. *maculatum* 'Atropurpureum'♡ a une floraison rouge pourpré plus soutenue.
Rose pourpré • Fin d'été-début d'automne • *H* 1,80 m *E* 1 m

3 *E. rugosum*
Une espèce nord-américaine plus basse, très décorative du fait de sa longue floraison en inflorescences plates crème, sur des feuilles ressemblant à celles des orties.
Crème • Fin d'été-début d'automne • *H* 1 m *E* 60 cm

À savoir

Situation Plein soleil en sol humide mais non marécageux sont leurs deux exigences pour prospérer.
Plantation En automne ou au printemps.
Floraison En été, souvent jusqu'en début d'automne.
Ravageurs et maladies Généralement aucun, même si escargots et limaces ont tendance à abonder en sol humide.
Bonus Les fleurs sont visitées par les abeilles et les papillons.

E. purpureum

E. rugosum

fougères

Feuillages graphiques pour l'ombre

Les fougères sont superbes dans les coins humides et ombragés. Elles peuvent être plantées le long d'une allée, sur un muret, en bordure de bassin ou même en pots. La gamme est vaste : d'une petite fougère basse pour garnir un espace réduit aux fougères à grand déploiement qui font sensation. Leurs frondes extraordinaires offrent des teintes changeantes selon les saisons.

SOUS-BOIS DE FOUGÈRES
Si vous êtes passionné de fougères, constituez une petite collection que vous mettrez en valeur dans un coin ombragé du jardin. Disposez quelques grosses pierres et tirez parti de vieilles souches d'arbres ou de racines tortueuses. Plantez les fougères entre ces éléments du décor.

Assurez-vous que vous pouvez offrir aux fougères des conditions de culture favorables et vous bénéficierez de feuillages très décoratifs jusqu'en fin d'automne et même en hiver.

L'idéal est un coin abrité du jardin, sous climat doux et humide, avec un sol frais, acide. Une ombre légère leur convient également. Pour la plupart des fougères, plus la lumière est vive, plus le sol doit être humide.

Mais il existe des exceptions. Ainsi, certaines, comme l'osmonde royale, *Osmunda regalis*, se plaisent au bord de l'eau et ne craignent pas le soleil. Quelques-unes supportent même des conditions assez sèches : ***Asplenium scolopendrium*** se plaira entre les pierres calcaires d'un muret, mais apprécie aussi un sol riche.

En été, étalez un paillis de terreau de feuilles au pied des fougères. Ce paillis a un rôle nutritif et retient l'humidité dans le sol. Protégez les souches des fougères sensibles au froid, *Dryopteris erythrosora* par exemple.

Des plantes architecturales
Pour un effet très théâtral, optez pour les grandes fougères telles que la fougère plume d'autruche (*Matteucia struthiopteris*) ou l'osmonde royale (*Osmunda regalis*), aux longues frondes plumeuses. Leurs silhouettes élégantes font merveille avec d'autres feuillages décoratifs comme ceux des hostas.

UNE TOUCHE D'ORIGINALITÉ

Osmunda cinnamonea ♀
L'osmonde cannelle peut atteindre 1,50 m de haut. Les grandes frondes fertiles, d'un beau vert tendre, se déploient autour de frondes fertiles, brunes et rigides, semblables à des bâtons de cannelle.

PLANTE VEDETTE

Dryopteris erythrosora ♀ **Une magnifique fougère à protéger pour l'hiver. Les jeunes frondes triangulaires rouge rosé virent au cuivré, puis au vert foncé en été. Supprimez les vieilles frondes pour bien mettre en valeur les nouvelles feuilles.**

Asplenium scolopendrium

Blechnum spicant

Le choix du spécialiste

Petites fougères

Adoptez ces petites espèces pour une scène de feuillages ou bien comme couvre-sol décoratif sur une petite surface.

1 ***Dryopteris erythrosora***
Une fougère à protéger en hiver, native de Chine et du Japon.
Rouge rosé, puis cuivré, enfin vert • *HE* 60 cm

2 ***Asplenium scolopendrium* 'Crispum'** La scolopendre déploie des feuilles semi-persistantes rubanées, à bord ondulé.
Vert • Toute l'année • *HE* 60 cm

3 ***Onoclea sensibilis***
Parfaite dans un grand jardin de marécage, cette belle fougère a des frondes dressées. Indigène.
Brun • Automne • *HE* 80 cm

4 ***Polystichum acrostichoides*** Une belle fougère à frondes vert foncé, à la texture coriace. Elle résiste bien aux insectes et aux maladies. Indigène.
Vert • Toute l'année • *H* 60 cm *E* 40 cm

5 ***Athyrium filix-femina***
La fougère femelle se plaît dans les zones fraîches et humides du jardin. Indigène.
Vert • Été • *HE* 60 cm

6 ***Polypodium vulgare***
Une fougère facile qui se plaît entre les pierres ou les souches d'arbres.
Vert • Toute l'année • *H* 40 cm *E* 60 cm

7 ***Adiantum pedatum***
Fougère délicate, à frondes très découpées et déployées à l'horizontale. Indigène.
Vert tendre • *HE* 50 cm

Fougères de taille moyenne

Ces espèces associent frondes élégantes et belle coloration du feuillage.

1 ***Blechnum spicant***
Se plaît au bord des pièces d'eau. Feuillage vert pâle. Peu rustique, elle nécessite une protection hivernale.
Vert pâle • *H* 75 cm *E* 90 cm

2 ***Dryopteris affinis***
Une fougère facile à cultiver, qui se plaît au bord de l'eau.
Vert foncé • Toute l'année • *H* 1 m *E* 40 cm

Grandes fougères

Ces espèces produiront un bel effet, soit en sujet isolé, soit groupées à l'arrière-plan de plantations plus basses.

1 ***Matteuccia struthiopteris***
La fougère plume d'autruche se plaît en sol humide et fertile, au bord d'une pièce d'eau. Indigène.
Vert • Été • *HE* 1 m

2 ***Osmunda regalis***
La fougère royale offre un élégant feuillage à la teinte changeante. Indigène.
Orange roux • Automne • *H* 1,50 m *E* 1 m

Matteuccia struthiopteris

À savoir

Situation La plupart des fougères préfèrent l'ombre et les sols humides, non détrempés cependant. Un bon drainage demeure important.
Plantation Au printemps, en veillant à arroser très régulièrement par temps sec.
Floraison Elles ne fleurissent pas, mais le feuillage peut chez certaines fougères prendre des tons rosés ou rougeâtres.
Ravageurs et maladies Aucun.
Bonus Les spores sont portées au revers des feuilles et souvent disposées de façon très décorative.

Osmunda regalis

Adiantum pedatum

Euphorbia

Les **euphorbes** sont présentes dans le monde entier. Il en existe de toutes les tailles. Feuillage souvent persistant, floraison caractéristique, bonne rusticité : ce sont des plantes idéales pour les jardins ensoleillés. Adoptez ces silhouettes originales et ces teintes inhabituelles.

E. amygdaloides 'Purpurea'

Un groupe d'euphorbes aux « fleurs » vert tilleul, jaunes ou rouge rouille, au feuillage sculptural, contraste à merveille avec des plantes et des floraisons plus conventionnelles. Toutes les espèces et les variétés sélectionnées sont rustiques et faciles à cultiver.

Leurs « fleurs » inhabituelles sont constituées de deux bractées colorées entourant les très petites fleurs mâle et femelle. Les vraies fleurs sont dépourvues de pétales. Chez certaines formes, comme *E.* x *martinii*, les glandes sécrétrices de nectar forment un anneau proéminent et décoratif autour des vraies fleurs.

Installez les euphorbes au soleil, sur sol bien drainé. Rabattez les pousses défleuries des espèces à tiges bisannuelles pour offrir tout l'espace au développement et à la floraison des tiges de l'année.

Le choix du spécialiste

1 *E. cyparissias*

Une forme colonisatrice, à feuillage très fin vert foncé, jeunes pousses rouges au printemps et floraison vert-jaune.

Vert foncé, rouge • Début de printemps ✿ Vert-jaune • Fin de printemps • *H* 30 cm *E* 60 cm

2 *E. amygdaloides* 'Purpurea'

Le feuillage est joliment teinté de rouge-brun. À la différence de nombreuses autres euphorbes, celle-ci se plaît à la mi-ombre.

Rouge-brun • Début de printemps ✿ Vert tilleul • Fin de printemps-début d'été • *H* 45 cm *E* 30 cm

PLANTE VEDETTE

E. cyparissias

Ses jeunes pousses sont teintées de rouge. Les fleurs vert tilleul sont groupées en inflorescences qui contrastent bien avec le feuillage printanier.

E. x *martinii*

E. polychroma

ATTENTION ! Portez des gants en plastique, non absorbants, lorsque vous coupez les tiges des euphorbes car elles exsudent un latex blanc laiteux, toxique, qui peut causer des réactions cutanées. Les poissons y sont sensibles, aussi ne coupez jamais les tiges à proximité du bassin.

3 *E. myrsinites* ♀

Une vigoureuse euphorbe aux feuilles bleu-gris imbriquées en queue de renard.
∅ Bleu-gris • Début de printemps ✿ Jaune-vert • Fin de printemps-début d'été • *H* 30 cm *E* 60 cm

4 *E. griffithii* 'Fireglow'

Elle offre en situation ensoleillée des inflorescences éclatantes sur de grandes touffes étalées.
∅ Vert • Début de printemps ✿ Rouge orangé • Début d'été • *H* 90 cm *E* 75 cm

5 *E.* x *martinii* ♀

Une superbe euphorbe à feuillage persistant, nectaires visibles sous forme de petites ponctuations rouges à l'intérieur de chaque petite fleur.
∅∅ Vert foncé, rouge • Début de printemps ✿ Vert tilleul • Début d'été • *H* 1 m *E* 75 cm

6 *E. polychroma* ♀

Une euphorbe en dôme assez bas, à bractées jaune au printemps. Le feuillage vert foncé se teinte de rouge et pourpre en automne.
∅ Vert foncé, souvent teinté de rouge et pourpre • Automne ✿ Jaune vif • Milieu de printemps • *HE* 45 cm

7 *E. griffithii* 'Dixter' ♀

Feuillage à nervures pourpre et aux fleurs orange teintées de rose. Un peu moins rustique.
∅ Vert et pourpre • Début de printemps ✿ Orange rosé • Début d'été • *HE* 60 cm

8 *E. dulcis* 'Chameleon'

À privilégier pour son feuillage pourpre au printemps et à l'automne.
∅ Pourpre • Printemps et automne ✿ Vert olive • Été • *H* 60 cm *E* 40 cm

TAILLE UTILE Certaines espèces ou variétés, comme *E. amygdaloides* et *E.* x *martinii*, peuvent souffrir en été d'une attaque d'oïdium. Il suffit de couper les feuilles ou pousses atteintes, qui seront vite remplacées par de nouvelles pousses saines.

***E. dulcis* 'Chameleon'**

***E. griffithii* 'Fireglow'**

E. myrsinites

À savoir

Situation Plein soleil et sol bien drainé sont de mise.
Plantation Au printemps.
Floraison En général au printemps et en début d'été, jusqu'en automne pour certaines.
Ravageurs et maladies Surveillez les pucerons et l'oïdium.
Bonus Une grande diversité de formes, tailles et teintes.

Filipendula

Avec leur frais parfum estival, leurs fleurs dans les tons roses, rouges ou blancs, les **filipendules** animent joliment les zones humides et ombragées du jardin.

Les filipendules sont des plantes des prairies humides, parfaites dans les jardins sauvages avec leur feuillage luxuriant et leur floraison vaporeuse. Supprimez les fleurs de **'Aurea'** avant même qu'elles s'ouvrent pour éviter que le feuillage devienne terne. N'hésitez donc pas à couper les tiges florales.

Outre l'humidité, ces plantes demandent peu de soin. Réservez-leur un grand espace ; la division de souche est parfois difficile puisqu'elle peut être lignifiée.

Le choix du spécialiste

1 ***F. purpurea*** Un feuillage élégant, étalé, profondément lobé, sous des inflorescences vaporeuses.
Rouge pourpré • Milieu-fin d'été • *H* 1,20 m *E* 60 cm

2 ***F. ulmaria* 'Aurea'**
Une superbe variété à planter au bord de l'eau, décorative surtout par son feuillage doré.
Doré Blanc • Milieu d'été • *H* 1,20 m *E* 60 cm

3 ***F. kamtschatica***
Les minuscules fleurs odorantes blanches ou roses sont groupées en bouquets plats, très légers.
Rose ou blanc • Fin d'été • *H* 2 m *E* 1 m

4 ***F. rubra*** Cette espèce porte d'innombrables bouquets de minuscules fleurs roses.
Rose • Milieu d'été • *H* 1,80 m *E* 75 cm

5 ***F. vulgaris***
Un feuillage finement découpé évoquant celui d'une fougère ; des fleurs blanches, rosées en bouton.
Blanc crème • Milieu d'été • *H* 1,20 m *E* 60 cm

À savoir

Situation Humide et ombragée. *F. vulgaris* tolère les sols secs, calcaires.
Plantation Automne ou printemps.
Floraison Milieu d'été.
Ravageurs et maladies Aucun.
Bonus Un parfum musqué, léger.

PLANTE VEDETTE
F. purpurea **Cette grande plante forme une touffe ample, dominée en juillet-août par de très nombreux panaches légers, composés de centaines de petites fleurs rouge pourpré.**

Fragaria

Les **fraisiers** sont rarement cultivés pour leur aspect décoratif, et pourtant quelques variétés le méritent pour leur floraison colorée ou leur feuillage panaché.

PLANTE VEDETTE
***F.* 'Pink Panda'**
Ne comptez pas sur une grosse récolte de fraises, mais profitez de ses charmantes fleurs roses mises en valeur sur le feuillage vert frais.

Cette plante versatile offre une longue floraison et elle émet de nombreux stolons terminés par de jeunes plantes. Dans la seconde partie de l'été, ces jeunes plantes commencent à se mêler à leurs voisines, mais il est très facile de les arracher si elles se révèlent trop nombreuses.

Tirez parti des stolons
Plantez ces fraisiers en bordure de massif de façon à pouvoir utiliser les rejets. Remplissez des godets de terreau et enfoncez-les en terre autour de la plante mère. Plaquez les stolons qui se développent en surface des godets de façon à ce que les jeunes plantes s'y enracinent. Détachez-les de la plante mère quand elles ont bien pris racine et plantez-les ailleurs au jardin. Comme chaque plante forme plusieurs stolons, vous aurez rapidement un beau stock.

Le choix du spécialiste

1 ***F.* 'Pink Panda'**
Une floraison ravissante jusqu'en automne.
Rose • Été-début d'automne • *H* 15 cm *E* illimité

2 ***F. vesca* 'Variegata'**
Une plante étonnante, à fleurs blanches et feuillage panaché de gris-vert et crème.
Blanc • Fin de printemps-milieu d'été • *H* 15 cm *E* illimité

3 ***F.* 'Red Ruby'** Une variété qui se distingue par des fleurs rouges.
Rouge • Été-début d'automne • *H* 15 cm *E* illimité

À savoir

Situation Sol bien drainé.
Plantation Séparez les jeunes plantes à l'extrémité des stolons, entre l'automne et le printemps.
Floraison Du printemps à l'automne.
Ravageurs et maladies Surveillez oïdium et otiorrhynques.
Bonus Un excellent couvre-sol.

Gaillardia

Les **gaillardes** donnent de l'éclat à n'importe quelle plate-bande fleurie. Leurs grandes fleurs en marguerite, souvent multicolores, se succèdent en notes vives. Grâce à leur longue saison de floraison, elles rehaussent également les massifs d'automne, quand bien d'autres fleurs fanent.

Le choix du spécialiste

1 ***G.* x *grandiflora* 'Dazzler'** ♀ Le disque central brun est bordé de pétales rouge orangé à pointe jaune.
✿ Jaune et rouge orangé
• Milieu d'été-début d'automne
• *H* 60 cm *E* 45 cm

2 ***G.* x *grandiflora* 'Kobold' (syn. 'Goblin')** Une variété naine, qui offre les mêmes teintes éclatantes que 'Dazzler'.
✿ Rouge et jaune • Milieu d'été-début d'automne • *H* 25 cm *E* 20 cm

3 ***G.* x *grandiflora* 'Burgunder'** Une superbe fleur unie, d'un rouge-brun foncé, très élégant.
✿ Rouge-brun foncé
• Milieu d'été-début d'automne • *H* 60 cm *E* 45 cm

À savoir

Situation Chaude et ensoleillée, en tout sol bien drainé.
Plantation Au printemps ; prévoyez un soutien léger pour les grandes variétés.
Floraison Tout l'été et jusqu'en début d'automne.
Ravageurs et maladies Escargots et limaces sont à craindre ; l'oïdium peut faire jaunir les feuilles.
Bonus Une touche très colorée dans les massifs en fin d'été et début d'automne.

G. x *grandiflora* 'Kobold'

Les gaillardes ont la fâcheuse réputation d'être éphémères, surtout en sol lourd. La meilleure façon de les conserver consiste à diviser les touffes tous les trois ou quatre ans. Arrachez les touffes au printemps, divisez-les en vous assurant que chaque éclat comprend quelques belles racines et pousses. Ne conservez que les éclats périphériques vigoureux et éliminez le cœur de la touffe, qui se dégarnit. Replantez aussitôt les éclats et arrosez bien.

Les tiges manquent parfois de tenue et demandent un soutien. Des rameaux ramifiés suffisent à soutenir la touffe et à éviter que les fleurs soient couchées au sol.

Des annuelles aussi

Si des vides subsistent entre les plantes, surtout les premières années suivant la plantation, avant qu'elles s'étoffent, utilisez des gaillardes annuelles, faciles à obtenir de semis. L'une des plus belles variétés est **'Red Plume'**, à très nombreuses fleurs doubles rouges, qui ne craignent pas les périodes sèches. Vous trouverez aussi des graines en mélange, offrant toute une palette de teintes, de crème à jaune vif et cramoisi brillant.

Associations réussies

Fleurs aimant le soleil, les gaillardes font merveille dans un massif aux couleurs chaudes, parmi d'autres floraisons de fin de saison, adaptées elles aussi aux sols pauvres et rocailleux. Parmi les compagnes à conseiller figurent la gypsophile *Gypsophila* **'Rosenschleier'** (voir page 124), à floraison tardive blanche puis rose pâle ; et *Bidens ferulifolia* (voir page 245), à tiges étalées et à petites fleurs jaune vif.

PLANTE VEDETTE
***G.* x *grandiflora* 'Dazzler'** ♀
Une plante à recommander, une floraison éclatante en grandes marguerites qui se renouvellent de juin à septembre.

Geranium

Les **géraniums** vivaces sont superbes au jardin, en plantations naturelles ou suivant un schéma plus rigoureux. Leurs fleurs offrent des teintes de blanc, rose à pourpre, bleu à violet.

Le choix du spécialiste

1 *G. sanguineum* var. *striatum* 'Splendens'♀
Les fleurs en coupe, veinées de rose foncé, contrastent avec le feuillage vert sombre.
✿ **Rose • Fin de printemps-milieu d'été • *H* 20 cm *E* 30 cm**

2 *G.* 'Johnson's Blue'♀
Un grand classique, qui fait un excellent couvre-sol au feuillage joliment ciselé, et fleurit tout l'été.
✿ **Bleu lavande • Été • *H* 30 cm *E* 45 cm**

3 *G. psilostemon*♀
L'un des plus grands géraniums vivaces, à fleurs éclatantes, à œil noir. Le feuillage se teinte de jaune orangé flamboyant en automne.
✿ **Pourpre-magenta • Été • *H* 1 m *E* 80 cm**

4 *G. clarkei* 'Kashmir White'♀ Très élégant avec son feuillage découpé, ses fleurs veinées de lilas. Il a tendance à s'étaler mais est facile à maîtriser par la taille.
✿ **Blanc • Été • *H* 60 cm *E* 45 cm**

5 *G. procurrens*
Les longues tiges prostrées s'enracinent au contact du sol et forment de nouvelles plantes. Il peut aussi habiller un arbuste.
✿ **Pourpre • Milieu d'été-automne • *H* 15 cm *E* 1 m**

PLANTE VEDETTE
***G. sanguineum* var. *striatum* 'Splendens'**♀
Un merveilleux géranium à floraison rose nacré, qui pousse en touffes étalées, assez basses, ne dépassant guère 20 cm de hauteur.

G. psilostemon

6 *G.* x *oxonianum* 'Wargrave Pink'♀ Un grand géranium à floraison rose généreuse tout au long de l'été. 'Claridge Druce' a des fleurs rose soutenu veiné de rose foncé.
✿ **Rose • Été • *HE* 60 cm**

7 *G. himalayense*
Une bonne espèce couvre-sol. 'Gravetye'♀ forme des touffes plus compactes, à fleurs rougeâtres.
✿ **Bleu-violet soutenu • Été • *HE* 45 cm**

8 *G. phaeum*
Les petites fleurs soyeuses, foncées, se marient bien avec le feuillage vert sombre.
✿ **Rouge pourpré • Printemps-été • *H* 60 cm *E* 45 cm**

9 *G. sylvaticum*
Essayez les variétés 'Album'♀, blanc pur, et 'Mayflower'♀, d'un bleu-violet doux à œil blanc.
✿✿ **Blanc, bleu-violet • Été • *H* 60 cm *E* 40 cm**

10 *G. renardii*♀
Une espèce basse qui pousse en touffes compactes, à feuillage gris-vert doux et pétales en cœur, crème rayés de pourpre.
✿ **Blanc avec des stries • Milieu d'été-début d'automne • *H* 30 cm *E* 25 cm**

G. clarkei 'Kashmir White'

G. sanguineum

G. x *oxonianum* 'Wargrave Pink'

11 *G. sanguineum*

Le géranium sanguin forme un tapis bas de feuillage sombre qui vire en automne à l'orangé puis au rouge. 'Alan Bloom' a des fleurs rose vif.

✿ Magenta • Fin de printemps-milieu d'été • *H* 30 cm *E* 40 cm

12 *G. macrorrhizum*

Une excellente espèce couvre-sol, au feuillage dense, très odorant. 'Album'♀ a des fleurs blanches, 'Variegatum' des fleurs rose doux et des feuilles gris-vert, tandis que 'Bevan's Variety' a des fleurs magenta.

✿✿✿ Blanc, rose, magenta
• Fin de printemps-milieu d'été
• *H* 30 cm *E* 60 cm

Ne confondez pas les géraniums vivaces avec les *Pelargonium* (voir pages 260-261), généralement appelés géraniums eux aussi, mais qui sont des plantes de balcon ou potées. Avec leurs jolies fleurs en coupe à cinq pétales, ceux présentés ici sont des vivaces faciles à vivre.

Outre leur floraison estivale, ils présentent souvent un feuillage très décoratif, plus ou moins lobé et découpé. Certains ont un feuillage persistant, tandis que d'autres, à feuillage caduc, prennent de superbes teintes d'automne.

Après la première vague de floraison, rabattez les grosses touffes pour éviter que les plantes se ressèment et pour favoriser les nouvelles pousses vigoureuses.

Faire le bon choix

La plupart des géraniums forment des touffes amples, dressées, de 30 cm à 1 m de hauteur. Les formes basses, intéressantes comme couvre-sol, ne dépassent guère 30 cm.

Ce sont des plantes qui se plaisent un peu partout, parfois même sur sol crayeux. Les plus grands, comme ***G. psilostemon*** manifestent une préférence pour une ombre légère, tandis que les plus petits, ***G. sanguineum*** par exemple, gagnent à être plantés au soleil, en sol bien drainé.

Effets colorés

Comme les tons de bleu gagnent en intensité au jardin en début de matinée et en soirée, quand la lumière est assez faible, plantez les géraniums à fleurs bleues ou violettes à la mi-ombre, ils y feront beaucoup d'effet. Les formes basses, tapissantes, sont parfaites pour une plantation le long d'une allée rectiligne, dont ils adouciront les contours.

PETITE TAILLE D'ÉTÉ
Certains géraniums poursuivent leur floraison tout l'été mais deviennent moins compacts. Mieux vaut rabattre sévèrement les touffes après la première floraison. Les plantes ne tardent pas à former de jeunes feuilles vigoureuses et les variétés à floraison précoce offrent souvent une belle remontée.

UNE TOUCHE D'ORIGINALITÉ

***G.* 'Ann Folkard'**♀ porte en milieu d'été de belles fleurs pourpres. À la différence de nombreux autres géraniums, il offre un beau feuillage jaune et couvre le sol de ses tiges. Pour un contraste réussi, associez-le à des plantes dressées, par exemple euphorbes, graminées ou encore rosiers à fleurs roses ou jaunes. Vous pouvez même le guider sur un arbuste bas.

À savoir

Situation La plupart des géraniums vivaces se plaisent au soleil ou à la mi-ombre, en tout sol bien drainé.
Plantation Au printemps ou en automne. Faciles à multiplier par division.
Floraison Selon les espèces et variétés, à partir du début du printemps, mais la plupart sont à leur apogée au courant de juin.
Ravageurs et maladies Généralement aucun. Parfois attaques d'otiorrhynques.
Bonus Une incroyable palette d'espèces et de variétés de culture facile.

Geum

Les **benoîtes** sont des plantes très gaies : elles associent un feuillage vert vif à la floraison colorée de très nombreuses petites fleurs qui semblent se bousculer tout l'été, habillées de tons jaunes, rouges, orangés et blancs, mais aussi de teintes pastel.

Les benoîtes demandent un peu d'entretien au jardinier. Pour être assuré du succès, il faut les planter au soleil, en sol riche, bien drainé, frais en été, mais sec en hiver.

G. rivale aime les sols humides et *G.* x **borisii** supporte un sol léger, rocailleux.

Des benoîtes pour un jardin marécageux

G. rivale, la benoîte des ruisseaux, et ses cultivars, comme **'Leonard's Variety'** et **'Lionel Cox'**, est un excellent choix pour un jardin marécageux. Native des marais et des prairies inondables d'Europe centrale et d'Amérique du Nord, elle porte des fleurs inclinées sur des tiges de 60 cm de hauteur en début d'été.

G. rivale 'Leonard's Variety'

G. rivale 'Lionel Cox'

Le choix du spécialiste

1 G. 'Mrs J. Bradshaw'♀
Une variété populaire qui offre d'innombrables fleurs éclatantes, sur un feuillage vert brillant. 'Lady Stratheden'♀ porte des fleurs semi-doubles, presque jaunes.
✿ **Rouge brique • Été • *HE* 50 cm**

2 G. x *borisii*
Les feuilles vert vif mettent bien en valeur les fleurs d'un ton orangé chaleureux. 'Coppertone' a des tiges plus courtes, des fleurs abricot.
✿✿ **Jaune, orangé, abricot • Fin de printemps-début d'été • *H* 30 cm *E* 40 cm**

3 G. *montanum*♀
Une espèce basse à feuillage en tapis vert soutenu et floraison jaune vif.
✿ **Jaune vif • Début d'été • *H* 15 cm *E* 30 cm**

4 G. *rivale*
Cette espèce compte quelques excellents cultivars, comme 'Leonard's Variety' (orange cuivré) et 'Lionel Cox' (jaune).
✿✿ **Jaune clair, orangé • Tout l'été • *HE* 45 cm**

PLANTE VEDETTE
***G.* 'Mrs J. Bradshaw'**♀
Un spectacle estival quasi ininterrompu de fleurs dressées écarlates à rouge brique, à cœur jaune.

À savoir

Situation Sol riche et frais, au soleil.
Plantation En automne ou au printemps.
Floraison Du début au milieu de l'été.
Ravageurs et maladies Aucun.
Bonus Une floraison colorée pour une plante facile.

Globularia

Les **globulaires** s'épanouissent en charmants pompons bleus ou lavande sur un tapis dense de feuillage ras, vert. À planter dans la rocaille ou en massif surélevé.

Les globulaires poussent souvent à l'état sauvage entre les rochers. Ces petites plantes alpines sont originaires des zones montagneuses d'Europe centrale et méridionale. Leur port tapissant, leur feuillage persistant sont bien adaptés aux conditions sèches.

Installez-les en situation ensoleillée sur sol bien drainé, même rocailleux, et elles vous gratifieront d'une profusion de fleurs bleues en début d'été.

PLANTE VEDETTE
G. nudicaulis **Les fleurs bleu-mauve se dressent au-dessus de feuilles brillantes en rosette qui assurent l'ombrage des racines.**

À savoir

Situation Soleil et sol bien drainé. Incorporez au besoin des gravillons pour améliorer le drainage.
Plantation Plantez au printemps ou semez les graines en hiver.
Floraison Du début au milieu de l'été.
Ravageurs et maladies Généralement aucun au jardin.
Bonus Une floraison très gracieuse pour la rocaille ou les talus secs.

Le choix du spécialiste

1 ***G. nudicaulis***
Les petites inflorescences portées par des tiges raides lui donnent un aspect de touffe dense.
✿ Bleu-mauve • Début-milieu d'été • *H* 30 cm *E* 25 cm

2 ***G. stygia***
Les fleurs simples émergent d'un tapis de feuillage dense. Idéale en auge ou dans les crevasses.
✿ Bleu • Début-milieu d'été • *H* 6 cm *E* 25 cm

3 ***G. cordifolia*** 🏆
Un sous-arbrisseau à fleurs simples bleu pourpré et feuilles lustrées.
✿ Bleu pourpré • Début-milieu d'été • *H* 5 cm *E* 20 cm

4 ***G. punctata***
À utiliser dans les rocailles.
✿ Bleu-violet • Début d'été • *H* 25 cm *E* 30 cm

Gypsophila

Leurs bouquets aériens de fleurs minuscules allègent des floraisons voisines plus imposantes. Les **gypsophiles** sont idéales en bouquets.

Le choix du spécialiste

1 ***G. paniculata*** **'Bristol Fairy'** 🏆 Fleurs doubles blanches bien mises en valeur sur un feuillage sombre.
❀ Blanc • Milieu-fin d'été • *HE* 45 cm

2 ***G.*** **'Rosenschleier'** 🏆
Nuages denses de fines fleurs rose pâle en été.
❀✿ Blanc, rose pâle • Milieu-fin d'été • *H* 50 cm *E* 1 m

3 ***G. repens*** **'Dorothy Teacher'** Fleurs simples blanches virant au rose.
❀ Blanc puis rose pâle • Été • *H* 15 cm *E* 40 cm

4 ***G. cerastioides*** Bouquets de fleurs blanches veinées de pourpre au-dessus de feuilles velues.
❀ Blanc • Fin de printemps-milieu d'été • *H* 10 cm *E* 45 cm

À savoir

Situation De préférence en sol calcaire, léger, bien drainé. Évitez les sols humides.
Plantation Au printemps.
Floraison Généralement en été ; dès la fin du printemps pour certaines variétés.
Ravageurs et maladies Généralement aucun, mais parfois pourriture des tiges en sol humide.
Bonus Le « plus » des bouquets.

PLANTE VEDETTE
G. paniculata **'Bristol Fairy'** 🏆
Dans les massifs comme dans les bouquets, une présence très gracieuse par ses innombrables et minuscules fleurs blanc rosé.

D'aspect délicat, les gypsophiles n'en sont pas moins robustes et rustiques. Les fleurs en tête d'épingle font particulièrement bel effet dans les massifs surélevés ou au bord d'un muret.

Tapis et coussinets
La taille des différentes espèces varie entre plantes alpines en tapis ras et touffes plus amples et arrondies. Les fleurs sont exceptionnellement petites. Il en existe aussi des formes annuelles, donc beaucoup plus éphémères, certaines à floraison plus colorée.

Présentes à l'état spontané sur des pentes rocailleuses en montagne, les gypsophiles préfèrent les sols légers, secs et bien drainés. À l'exception notable de *G.* 'Rosenschleier', ces plantes redoutent les sols humides.

graminées

Formes et textures

Silhouettes originales, teintes inattendues et textures variées... les graminées sont difficiles à surpasser. Elles se prêtent à de multiples utilisations : les plus grandes touffes attirent l'œil dans un massif ; celles qui prennent de belles teintes d'automne seront plantées de façon à ce que le soleil fasse miroiter leurs tons beiges et orangés. Si vous attendez le printemps pour rabattre les tiges sèches, avant l'entrée en croissance, vous profiterez en hiver de leur silhouette gracieuse, en particulier lorsque les feuilles et les épillets sont ourlés de givre.

Les graminées offrent une merveilleuse diversité, des feuillages colorés aux floraisons légères ou aux grandes panicules plumeuses qui dominent le feuillage et oscillent au moindre souffle. Faciles à cultiver, elles apportent une présence en hiver par leurs formes et leurs textures.

Elles demandent un sol plutôt fertile et bien drainé, mais certaines s'accommodent de sols plus secs ou plus lourds, ou acides. La plupart gagnent à être nettoyées au début du printemps, puis taillées une ou deux fois durant la saison.

Contrastes de teintes

Les graminées à longs plumets argentés font beaucoup d'effet plantées devant un arrière-plan sombre, une haie de hêtres par exemple, tandis que les floraisons aux teintes douces mettront en valeur l'éclat des graminées qui se parent en fin de saison de tons orangés, jaunes ou pourpres.

Ondulations et potées

Utilisez les espèces basses pour l'ondulation des feuillages au pied de grandes plantes architecturales. *Festuca glauca* 'Elijah Blue' attire l'œil en bordure de plate-bande. Son feuillage est vraiment bleu, tout comme celui de *Helictotrichon sempervirens*, qui est deux fois plus haut. Pour vos potées, choisissez par exemple *Hakonechloa macra* 'Aureola', très élégante.

***Calamagrostis* x *acutiflora* 'Karl Foerster'**

PLANTE VEDETTE

***Miscanthus sinensis* 'Morning Light'** ♀ **Introduite dans les années 1970 en Occident, cette graminée aux feuilles gracieusement arquées, aux épis rouge orangé, demande un automne très doux pour fleurir.**

À savoir

Situation En règle générale, sol riche et bien drainé. Mais il existe des graminées pour toutes les situations, des sols acides (*Molinia caerulea*) aux sols secs (*Festuca glauca*) en passant par les sols lourds (*Deschampsia caespitosa*).
Plantation Printemps ou automne.
Floraison Été-automne.
Ravageurs et maladies Aucun.
Bonus De nombreuses graminées s'obtiennent facilement par semis.

Le choix du spécialiste

Graminées basses

Plantez ces petites espèces en groupe pour enrichir une composition de leurs textures originales et de leurs colorations saisonnières.

1 ***Helictotrichon sempervirens*** Une graminée dont l'épi floral est nettement au-dessus du feuillage bleu.
Bleu • *H* 60 cm *E* 90 cm

2 ***Festuca glauca*** **'Elijah Blue'** La fétuque bleue a vraiment un feuillage bleu. Les tiges florales et les épillets virent au beige en fin d'été et atténuent de ce fait la coloration originale, mais il est facile de les supprimer à la cisaille.
Bleu • Début d'été • *HE* 30 cm

3 ***Hakonechloa macra*** **'Aureola'** Un port en touffe large, à feuilles arquées, jaune rayé de vert, qui se teintent de rouge en été. 'Alboaurea' a des feuilles rayées de vert, blanc et jaune. Toutes deux donnent des épillets rougeâtres en fin d'été. À protéger pour l'hiver.
Jaune rayé de vert • Printemps
Rouge rosé • Été • *H* 40 cm *E* 30 cm

4 ***Leymus arenarius*** Le blé d'azur pousse sur les dunes. Ses feuilles plates, gris-bleu, sont couronnées d'épis crème en été.
Gris-bleu • *HE* 60 cm

5 ***Briza media*** La brize produit des épillets en cœur, groupés en panicules lâches et qui se teintent de beige en fin d'été et en automne.
Vert • Fin de printemps-milieu d'été • *H* 60 cm *E* 35 cm

Briza media

Stipa spp.

Festuca glauca 'Elijah Blue'

Graminées de taille moyenne

Celles sélectionnées ici forment de larges touffes dans les massifs, certaines couronnées de beaux plumets.

1 ***Miscanthus sinensis*** **'Morning Light'** Belle touffe érigée composée de fines feuilles bordées de blanc. Il en existe d'autres belles variétés, comme 'Variegatus', à feuilles rayées de blanc crème et vert pâle.
Rouge orangé • Automne
Vert bordé de blanc • *H* 1,20 m *E* 1 m

2 ***Deschampsia caespitosa*** La canche cespiteuse forme une touffe dense de feuilles vert foncé, dominée par des épis vaporeux qui virent au pourpre ou au jaune.
Vert foncé • Milieu-fin d'été • *H* 1,20 m *E* 60 cm

3 ***Panicum virgatum*** **'Rubrum'** Les touffes dressées portent en automne des épillets légers, tandis que le feuillage se colore de rouge. 'Rehbraun' et 'Warrior' prennent également de belles teintes d'automne.
Vert, rouge • Fin d'été-automne • *H* 1 m *E* 1,20 m

4 ***Calamagrostis x acutiflora*** **'Karl Foerster'** Une présence remarquée avec cette haute touffe verticale au feuillage vert soutenu. Les inflorescences légères, rouge bronze, sont à leur apogée en milieu d'été puis prennent une teinte plus douce.
Vert • Fin d'été • *H* 1,80 m *E* 60 cm

5 ***Stipa capillata*** Feuillage bas, rigide et recourbé avec des épis lâches et hauts. Se plaît dans les endroits secs.
Vert grisâtre • *H* 1 m *E* 40 cm

Grandes graminées

Des silhouettes élégantes, dont le feuillage ondule au vent et qui apportent de chaudes tonalités dorées et orangées dans les massifs d'automne.

1 ***Molinia caerulea*** **ssp.** ***arundinacea*** Une magnifique graminée pour l'automne. Les panicules se dressent au-dessus du feuillage, portées par de fines tiges, d'où une certaine transparence de la floraison. Le feuillage qui ondule prend en automne des teintes orangées éclatantes.
Pourpre, orange • Début d'été-début d'automne • *H* 2 m *E* 90 cm

2 ***Miscanthus sinensis*** **'Silberfeder'** Belle variété à panicules passant de l'argenté au brun rosé.
Vert moyen • *H* 2,25 m *E* 1 m

Helenium

Les **hélénies** étaient cultivées par les premiers colons américains comme substitut du tabac à priser. Adoptez-les pour leur floraison éclatante : dans un massif au sol frais, leurs fleurs en marguerite bronze, orangées, rouges et jaunes sont éblouissantes en fin d'été.

PLANTE VEDETTE
***H.* 'Moerheim Beauty'**
Les fleurs d'un rouge cuivré chaleureux s'épanouissent en début d'été. Coupez-les une fois fanées et vous bénéficierez d'une seconde floraison de la fin de l'été à l'automne.

Le choix du spécialiste

1 *H.* 'Moerheim Beauty'
Des fleurs remarquables, à pétales rouge cuivré entourant un cœur bombé, brun velouté.
Rouge cuivré • Été
• *H* 90 cm *E* 60 cm

2 *H.* 'Pumilum Magnificum'
Ses fleurs de 8 cm de diamètre attirent les regards en fin d'été.
Jaune • Fin d'été
• *H* 90 cm *E* 30 cm

3 *H.* 'Bruno'
Une variété à longues tiges et à fleurs couleur acajou.
Rouge acajou • Fin d'été
• *H* 1 m *E* 30 cm

4 *H. autumnale*
Cette espèce à floraison tardive porte des bouquets de fleurs jaunes. Indigène, elle peut être envahissante.
Jaune • Automne
• *H* 1,20 m *E* 45 cm

5 *H.* 'Coppelia'
Ouvrez la saison des hélénies avec cette variété très colorée.
Rouge orangé • Milieu à fin d'été
• *H* 1 m *E* 30 cm

6 *H.* 'Butterpat'
Pétales jaune soutenu rayonnant autour d'un cœur plus foncé. 'Kanaria' a un cœur plus clair.
Jaune soutenu • Milieu à fin d'été
• *H* 1,20 m *E* 60 cm

Les hélénies s'étoffent peu à peu sans devenir envahissantes. Elles figurent depuis longtemps au palmarès des vivaces utilisées dans les bordures herbacées traditionnelles.

Leurs fleurs, dont les pétales entourent un cœur bombé, semblent pointer vers le ciel.

Embrasement des massifs en fin d'été

La flamboyance des tons rouges, orangés et jaunes réchauffe les plates-bandes quand l'été touche à sa fin. Contrairement à la plupart des autres plantes à floraison très vive, les hélénies préfèrent la fraîcheur.

Elles mettent également en scène le début d'automne : ainsi, la teinte cuivrée de **'Moerheim Beauty'** fait écho aux feuilles d'automne qui roussissent, aux rouges un peu fanés des chrysanthèmes.

Des fleurs pour égayer la maison

Les hélénies font bel effet dans les bouquets. Supprimez les feuilles inférieures et associez ces fleurs à d'autres plantes de fin de saison comme les rudbeckias, les fuchsias et les anémones du Japon.

UNE TOUCHE D'ORIGINALITÉ
***H.* 'Autumn Lollipop'**
Cette nouvelle obtention est inhabituelle mais assez éphémère. Le cœur bombé brun est entouré de pétales jaunes courts, pointés vers le bas, presque pendants.

***H.* 'Bruno'**

***H.* 'Pumilum Magnificum'**

À savoir

Situation Préfèrent les sols frais, mais redoutent l'humidité stagnante. Évitez les situations très sèches et ensoleillées.
Plantation En toute saison ; si nécessaire, arrachez et divisez les touffes tous les deux ou trois ans, après la floraison.
Floraison Deuxième moitié de l'été, faisant le lien avec l'automne.
Ravageurs et maladies Rares, mais les limaces s'attaquent parfois aux feuilles, tiges et fleurs.
Bonus Des couleurs éclatantes pour les zones fraîches du jardin.

Helianthus

Les **soleils** vivaces sont l'une des vedettes au jardin en fin d'été. Les soleils géants, ou tournesols, sont des annuelles, alors que les espèces vivaces renouvellent le spectacle chaque année. Leurs fleurs largement épanouies vers le soleil sont portées par de hautes tiges.

À savoir

Situation En tout type de sol, au soleil ou à la mi-ombre.
Plantation Début de printemps. Tuteurez en situation ventée.
Floraison Fin d'été et début d'automne.
Ravageurs et maladies Rares, mais les limaces s'attaquent parfois aux jeunes pousses tendres.
Bonus Leurs graines attirent les oiseaux du jardin.

Les soleils vivaces sont différents des tournesols à fleurs, souvent énormes certes, mais annuels et à tiges peu ou pas ramifiées. Les vivaces, au contraire, forment au fil des années de grandes touffes robustes et offrent en fin d'été et en automne quantité de fleurs.

Plantez ces espèces en situation ensoleillée. Vous pouvez même les utiliser comme support pour une **clématite** rouge soutenu à floraison tardive ou bien pour une **capucine** élégante (*Tropaeolum speciosum*), à fleurs écarlates en été et début d'automne. L'association de rouge et de jaune attirera les regards.

Soleil géant
Si vous recherchez une plante plus proche des tournesols annuels hauts perchés, adoptez *H. salicifolius*, aux tiges de 2,50 m de hauteur. Ses feuilles ressemblent à celles des saules et sont décoratives bien avant la floraison. Cette espèce fleurit plus tard que les autres, ne commençant à ouvrir ses fleurs qu'en début d'automne. Ne coupez pas leurs tiges avant l'hiver, de façon à admirer leur silhouette architecturale couverte par le givre.

H. salicifolius

PLANTE VEDETTE

***H.* 'Capenoch Star'♀ Les fleurs jaune citron, de 12 cm de diamètre, apprécient le doux soleil de la fin de l'été et de l'automne, mais préfèrent les sols frais. Récoltez en automne les graines au centre des fleurs pour les semer au printemps suivant.**

Le choix du spécialiste

1 *H.* 'Capenoch Star'♀
Une plante buissonnante qui porte de très nombreuses fleurs en marguerites géantes.
✿ Jaune citron • Fin d'été-automne • *H* 1,50 m *E* 75 cm

2 *H. salicifolius*
Si vous recherchez un géant, optez pour celui-ci. Les fleurs sont relativement petites, 7 à 8 cm, mais dominent le feuillage. Les grandes feuilles minces et lustrées, de 20 cm de long, retombantes, sont un atout supplémentaire.
✿ Jaune vif • Début d'automne • *H* 2,50 m *E* 60 cm

3 *H. salicifolius* 'Low Down'
Variété très florifère et beaucoup plus courte que l'espèce.
✿ Jaune d'or • Fin d'été-début d'automne • *H* 30 cm *E* 45 cm

4 *H.* 'Monarch'♀ (syn. *H. atrorubens* 'Monarch')
Un splendide soleil à fleurs de 15 cm de diamètre, pétales pointés vers l'extérieur autour d'un cœur foncé.
✿ Jaune pâle • Fin d'été-début d'automne • *H* 2 m *E* 1,20 m

5 *H.* x *laetiflorus* 'Miss Mellish'♀ Une forme à grand développement, aussi large que haute, à floraison remarquable et qui demande beaucoup d'espace.
✿ Jaune orangé • Fin d'été-automne • *HE* 1,80 m

Helleborus

Les **hellébores** comptent parmi les fleurs préférées des jardiniers. Coupes aux couleurs délicates qui ornent le jardin tôt au printemps, ces plantes sont merveilleuses pour éclairer des plates-bandes à la mi-ombre, donnant parfois des variantes inattendues et originales.

À savoir

Situation De préférence en sol fertile et frais, sous une ombre légère. Le pied d'un arbre ou d'un arbuste à feuillage caduc convient tout à fait, les feuilles mortes constituant un précieux paillis.
Plantation En automne. Allégez les sols lourds et argileux par des apports de compost et de gravier. Enrichissez également en matière organique les sols calcaires bien drainés.
Floraison Tôt au printemps.
Ravageurs et maladies Rares, mais surveillez les attaques de pucerons en fin de printemps et début d'été, et la maladie des taches noires lorsque l'hiver est froid et humide.
Bonus Une floraison hâtive merveilleuse.

PLANTE VEDETTE
H. atrorubens
Les fleurs violettes à pourpres, souvent teintées de vert à l'intérieur, sont dirigées vers l'extérieur plus que vers le bas, à la différence de nombre d'hellébores. Elles offrent un ravissant spectacle en avril et mai.

H. orientalis* ssp. *guttatus

***H.* 'Sunshine Strain'**

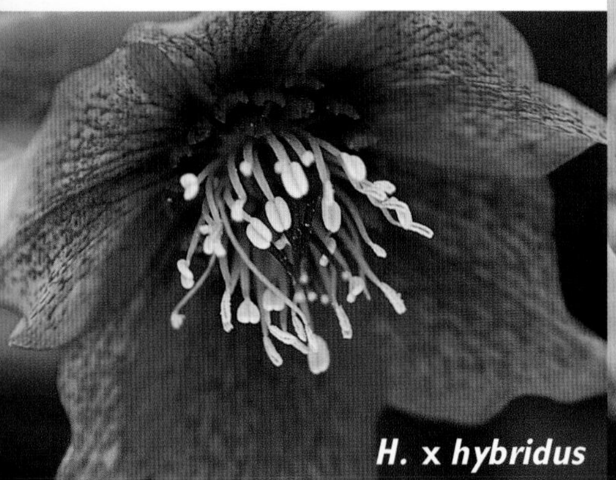

H. x hybridus

H. niger

Un pied d'hellébore suffit rarement dans un jardin. Leurs teintes inhabituelles mêlant vert, rose, pourpre les rendraient séduisants en toute saison, mais lorsque les fleurs s'épanouissent au début du printemps, ils ont un charme inouï.

Les hybrides, comme **'Garnet'**, figurent parmi les plus étonnantes de ces fleurs, dont les couleurs offrent une palette allant du blanc au vert, du rose au rouge, voire au noir. Les jardiniers qui disposent d'un coin humide ombragé de feuillus sont souvent tentés de collectionner les variétés.

L'un des inconvénients de ces plantes exquises est que leurs fleurs sont bien souvent trop inclinées. Les sélectionneurs cherchent aujourd'hui à privilégier des fleurs s'ouvrant vers l'extérieur ou vers le haut, de façon à mieux profiter des tons et des ponctuations de l'intérieur de la fleur. On trouve également maintenant des formes à fleurs doubles. Pour mettre la floraison en valeur, supprimez les vieilles feuilles tard à l'automne.

Un début de collection

Comme les hellébores fleurissent à une saison où les fleurs sont rares, ils gagnent souvent à être plantés en groupes.

H. purpurascens

Quelques espèces et variétés sont couramment proposées, mais il est intéressant également de rechercher des formes moins courantes, des teintes inhabituelles, chez des pépiniéristes spécialisés.

Associez par exemple un hellébore aux fleurs sombres avec d'autres à fleurs claires.

Essayez aussi ceux du groupe **Kochii**, de petites plantes à floraison blanche précoce.

Les hellébores s'hybridant facilement entre eux, si vous en cultivez plusieurs espèces et hybrides, ne soyez pas étonné de découvrir un jour une variante originale.

Le choix du spécialiste

1 *H. atrorubens* Les fleurs en coupe violet pourpré apparaissent avant les feuilles au printemps. Le feuillage est caduc mais élégant.
✿ Violet • Début de printemps • *H* 30 cm *E* 45 cm

2 *H. purpurascens*
Les feuilles persistantes sont composées de 5 folioles. Ses fleurs pourpres ont un aspect cireux.
✿ Pourpre • Début de printemps • *HE* 45 cm

3 *H.* 'Sunshine Strain'
Une lignée aux couleurs chaudes qui illuminent le printemps. Très hâtive.
✿✿✿ Jaune, orange, rouge • Tôt au printemps • *H* 40 cm *E* 30 cm

4 *H. x hybridus* hybrides Ashwood Un groupe d'hybrides à feuillage semi-persistant, offrant une vaste palette de teintes, claires à soutenues.
✿✿✿✿ Blanc, jaune, rouge et vert • Printemps • *HE* 45 cm

5 *H. niger* ♀
La rose de Noël – c'est ainsi qu'on l'appelle en Europe, où elle fleurit dès janvier – aux belles fleurs blanches qui s'ouvrent très tôt pour révéler les étamines dorées. Espèce la plus rustique.
✿ Blanc • Tôt au printemps • *H* 30 cm *E* 45 cm

6 *H. foetidus* ♀
Les feuilles de cette espèce, appelée aussi hellébore fétide, dégagent une odeur désagréable lorsqu'on les froisse et peuvent causer des réactions cutanées. Les bouquets de fleurs en clochettes pendantes dominent le feuillage.
✿ Vert pâle • Début de printemps • *H* 75 cm *E* 60 cm

7 *H. x* 'Royal Heritage Strain' Une lignée dont la vigueur et la floraison sont améliorées.
✿✿ Blanc à rouge • Début de printemps • *HE* 45 cm

8 *H. orientalis* ssp. *guttatus* Ses belles fleurs blanches, marquées de nombreuses ponctuations brun pourpré, sont remarquées dans les massifs.
✿ Blanc • Début de printemps • *H* 45 cm *E* 60 cm

Hemerocallis

Les hémérocalles se déclinent en une large palette qui s'enrichit chaque année de nouveautés. Les fleurs offrent différentes formes et une incroyable gamme de couleurs, du blanc au presque noir. Ces fleurs ne durent qu'une journée, mais de nouveaux boutons floraux se succèdent durant l'été.

Les hémérocalles sont des plantes faciles à cultiver, qui se plaisent dans presque tous les jardins. Outre leurs belles fleurs étoilées, certaines à pétales follement ondulés, ces plantes ont d'élégantes feuilles arquées, vert soutenu, qui mettent bien la floraison en valeur. Parfaitement rustiques, les hémérocalles s'adaptent aux situations venteuses, sur les côtes comme dans l'intérieur des terres. Elles font beaucoup d'effet plantées au bord de l'eau.

Rajeunir les vieilles touffes
Lorsqu'une vieille touffe fleurit moins, déterrez-la au printemps ou en automne. Éliminez la partie centrale plus âgée et replantez les éclats périphériques.

Le choix du spécialiste

1 *H.* 'Catherine Woodbery' Une gracieuse fleur rose et jaune, sur un feuillage vert vif.
✿ **Rose et jaune • Milieu-fin d'été • *H* 75 cm *E* 60 cm**

2 *H. lilioasphodelus* **(syn. *H. flava*)** Une espèce qui a fait ses preuves, à fleurs étoilées et parfum puissant.
✿ **Jaune doré • Début d'été • *H* 80 cm *E* 60 cm**

3 *H.* 'Orange Dream' Grandes fleurs orange brûlé.
✿ **Orangé • Milieu-fin d'été • *HE* 75 cm**

4 *H.* 'Pardon Me' Des fleurs rouges à centre jaune-vert.
✿ **Rouge • Milieu d'été • *HE* 45 cm**

5 *H.* 'Cartwheels' Une floraison étoilée éblouissante.
✿ **Jaune • Milieu d'été • *HE* 75 cm**

6 *H.* 'Stella de Oro' Une variété naine à grandes fleurs jaune vif, arrondies.
✿ **Jaune vif • Milieu d'été • *H* 30 cm *E* 45 cm**

7 *H.* 'Siloam Double Classic' De belles fleurs doubles, roses à centre vert. Variété très primée et parfumée.
✿ **Rose brillant • Milieu-fin d'été • *HE* 50 cm**

À savoir

Situation En tout sol, ni trop sec ni trop pauvre, au soleil mais en évitant les situations trop chaudes.
Plantation Au printemps ou à l'automne.
Floraison Tout l'été. Supprimez régulièrement les fleurs fanées.
Ravageurs et maladies Généralement aucun.
Bonus Une floraison durable et élégante.

***H.* 'Cartwheels'**

***H.* 'Pardon Me'**

PLANTE VEDETTE

***H.* 'Catherine Woodbery' Une fleur étoilée de couleur raffinée, à centre et étamines jaune verdâtre, qui, de plus, est parfumée. Elle fleurit à partir du milieu de l'été.**

H. 'Peach Flambee'

Heuchera

Les **heuchères** sont des plantes intéressantes en bordure de massif. Elles ont un feuillage décoratif, atout essentiel de certaines espèces ou variétés. D'autres offrent en outre une floraison légère et fournie en épis de minuscules fleurs vives.

Le choix du spécialiste

1 *H.* 'Chocolate Ruffles'
Les superbes feuilles gaufrées, brunes, sont pourpres dessous.
Blanc pourpré • Été ∅ Brun et pourpre • *H* 40 cm *E* 30 cm

2 *H.* 'Pewter Moon'
Le feuillage pourpre est joliment marqué d'argent.
Rose pâle • Eté ∅ Pourpre • *HE* 30 cm

H. micrantha 'Palace Purple'

3 *H.* 'Amethyst Myst'
La floraison rose contraste joliment avec le tapis de feuillage argenté.
Rose • Été ∅ Améthyste • *HE* 40 cm

4 *H. micrantha* 'Palace Purple' Les feuilles à bord déchiqueté offrent d'extraordinaires teintes pourpre cuivré.
Blanc • Été ∅ Pourpre cuivré • *H* 60 cm *E* 30 cm

5 *H.* 'Snow Storm'
Floraison colorée, feuilles arrondies vert sombre marbré d'argent.
Rouge • Début d'été ∅ Vert foncé • *H* 45 cm *E* 30 cm

6 *H.* 'Lime Rickey'
Variété décorative toute la saison avec son beau feuillage vert lime.
Blanc • Été ∅ Vert lime • *H* 1 m *E* 30 cm

7 *H.* 'Peach Flambee'
Feuillage multicolore.
Blanc • Printemps ∅ Rouge • *H* 40 cm *E* 35 cm

Les heuchères gagnent à être plantées en bordure de platebande ou de massif, en îlot, afin de mieux révéler le contraste entre leur floraison légère et vaporeuse et le feuillage sombre de certaines variétés.

Rajeunir les vieilles plantes

Les heuchères demandent peu de soins, mais il faut penser à les diviser tous les trois à cinq ans, sinon les tiges risquent de se lignifier, d'où une floraison très réduite. Il suffit de déterrer soigneusement la touffe, avec toutes ses racines, pour la diviser. Replantez les portions périphériques de la touffe, jeunes et vigoureuses, et éliminez le centre ligneux plus ancien. Procédez à cette division en fin d'été ou début d'automne et profitez-en pour enrichir le sol en compost ou en terreau de feuilles.

PLANTE VEDETTE

***H.* 'Chocolate Ruffles'**
Les dernières sélections privilégient les feuillages qui demeurent décoratifs en hiver et cette variété américaine connaît un grand succès avec son beau feuillage brun pourpré, bien coloré au fil des saisons.

À savoir

Situation Tout sol fertile, plutôt frais, au soleil ou à la mi-ombre.
Plantation En début d'automne ou au printemps.
Floraison En début d'été, parfois à nouveau en fin d'été.
Ravageurs et maladies Généralement aucun, mais surveillez les anguillules des feuilles et les larves d'otiorrhynques.
Bonus Couvre-sol très décoratif.

Hosta

Les **hostas** allient des qualités de couvre-sol avec l'un des feuillages les plus élégants, les plus décoratifs de nos jardins. Oblongues, en cœur ou arrondies, revêtant des tons verts, mais aussi jaunes et bleus, panachées ou non, ces feuilles prennent des textures variées, gaufrées, cireuses ou lustrées.

Les épis de fleurs dominent le feuillage

Les hostas ne se contentent pas d'être beaux, ils sont aussi peu exigeants. Ils s'accommodent de tous les types de sol excepté les plus secs, mais préfèrent les situations fraîches à la mi-ombre. Enrichissez bien le sol en matière organique avant la plantation, et paillez pour retenir l'humidité.

En pleine terre

Les hostas se prêtent à nombre d'associations décoratives. Ainsi, le feuillage vert-jaune vif de **'Gold Standard'** sera bien mis en valeur par des teintes plus sombres à l'arrière-plan. Quant aux hostas à feuillage bleuté, leur coloration est accentuée à la mi-ombre. Les grandes feuilles arrondies font bel effet en bordure de pièce d'eau, leurs formes se reflétant dans l'eau et leurs touffes servant d'abri aux grenouilles. Ces feuilles contrastent joliment avec celles élancées des **iris** ainsi qu'avec d'autres plantes d'ombre comme les **pulmonaires**.

En pots

La culture en pots permet plus encore de mettre en valeur le merveilleux feuillage des hostas. Les formes à grandes feuilles, par exemple *H. plantaginea*, sont magnifiques dans ce cas.

PLANTE VEDETTE
***H.* 'Halcyon'🏆 Un hosta à feuilles vert bleuté, sans égal. Les jeunes feuilles pointues prennent une forme plus arrondie une fois déployées. En milieu d'été, des fleurs mauves couronnent les tiges dressées.**

Le choix du spécialiste

1 *H.* 'Halcyon'🏆
Un superbe cultivar au feuillage vert bleuté, à floraison estivale mauve.
✿ Mauve ⌀ Bleu-vert • Milieu d'été • *H* 60 cm *E* 95 cm

H. sieboldiana* var. *elegans

2 *H.* 'Hadspen Blue'
Cette variété robuste forme des touffes denses de feuilles épaisses, cordiformes, bleutées.
✿ Lavande ⌀ Bleu-vert • Été • *HE* 60 cm

3 *H.* 'Big Daddy'
Un hosta impressionnant par ses très grandes feuilles arrondies, bleutées.
❀ Blanc cassé ⌀ Bleu • Milieu d'été • *H* 90 cm *E* 1 m

4 *H.* 'Krossa Regal'🏆
Une belle touffe de feuilles lancéolées, pointées vers le haut.
✿ Lavande pâle ⌀ Gris-bleu • Milieu d'été • *H* 1,40 m *E* 1 m

5 *H. sieboldiana* var. *elegans*🏆 Des feuilles joliment gaufrées, de 30 cm de longueur et de largeur.
✿ Lavande pâle ⌀ Bleu argenté • Milieu d'été • *H* 60 cm *E* 1,20 m

6 *H.* 'Colossal'
Un véritable géant, à feuilles vertes presque rondes.
✿ Lavande ⌀ Vert • Milieu d'été • *H* 1 m *E* 1,50 m

7 *H.* 'Honeybells'🏆
Une variété très vigoureuse, à feuilles lustrées, vert clair.
❀ Blanc ⌀ Vert clair • Milieu d'été • *H* 1 m *E* 1,20 m

H. 'June'

H. 'Gold Standard'

8 ***H. plantaginea***
Belles feuilles en cœur, brillantes, à nervures marquées et bord ondulé.
❀ Blanc ∅ Vert clair • Milieu d'été • *H* 75 cm *E* 90 cm

9 ***H.*** **'Gold Standard'**
Larges feuilles lustrées passant du vert foncé au jaune d'or, puis beige.
✿ Lavande ∅ Vert • Début d'été • *H* 50 cm *E* 1 m

10 ***H.*** **'Sagae'**♀
Les longues feuilles vert olive portent des panachures jaune crème.
❀ Blanc ∅ Vert olive • Milieu d'été • *H* 90 cm *E* 1,25 m

11 ***H.*** **'June'**♀
Les gracieuses feuilles en cœur sont bordées de vert bleuté soutenu.
❀ Lavande-gris à presque blanc ∅∅ Jaune/Vert bleuté • Milieu d'été • *H* 50 cm *E* 85 cm

12 ***H.*** **'Undulata Albomarginata'** Également nommé 'Thomas Hogg', il préfère une position très ombragée.
✿ Lavande ∅ Vert, bordé de blanc • Début-mi-été • *H* 1 m *E* 90 cm

13 ***H.*** **'Ginko Craig'**
Feuilles sombres joliment soulignées de blanc.
✿ Pourpre foncé ∅ Vert foncé et blanc • Été • *H* 45 cm *E* 60 cm

14 ***H.*** **'Tall Boy'**
Un grand hosta dont les hampes florales peuvent atteindre 1 m.
✿ Pourpre ∅ Vert moyen • Fin d'été • *H* 50 cm *E* 1 m

15 ***H.*** **'Wide Brim'**♀
Feuilles satinées, vert moyen à bord crème, large et irrégulier.
✿ Lavande pâle ∅ Vert et crème • Été • *H* 60 cm *E* 1 m

À savoir

Situation Ombre légère et sol frais sont les conditions idéales.
Plantation Au printemps ou en automne. Enrichissez le sol en matière organique avant de planter, arrosez régulièrement, étalez en automne un paillis de compost.
Floraison Les gracieuses inflorescences dressées apparaissent à partir de juin.
Ravageurs et maladies Escargots et limaces ; posez des pièges à bière (page 19) ou ramassez-les en soirée.
Bonus Un feuillage très élégant du printemps aux premières gelées.

Houttuynia

Cette plante est un excellent choix pour un couvre-sol dans un emplacement frais, légèrement ombragé. Ses feuilles en cœur dégagent un parfum citronné lorsqu'on les froisse.

Le choix du spécialiste

1 ***H. cordata*** **'Chameleon'**
Une variété connue aussi sous le nom de 'Tricolor', aux feuilles panachées de jaune, vert et rouge.
∅ Vert panaché de jaune et rouge • Fin de printemps • *H* 23 cm *E* illimité

2 ***H. cordata*** **'Flore Pleno'**
Les feuilles en cœur, vert légèrement bleuté, sont bordées d'un fin liseré rouge. Au printemps, épis denses de fleurs blanches.
❀ Blanc ∅ Vert bleuté • Fin de printemps • *H* 25 cm *E* illimité

À savoir

Situation Soleil ou mi-ombre, sol frais à humide.
Plantation Plantez en automne des portions de tige souterraine.
Floraison Épis compacts au printemps.
Ravageurs et maladies Aucun.
Bonus Peut aussi être planté en bordure de pièce d'eau, ses racines ne craignant pas d'être submergées.

Houttuynia cordata **'Chameleon'** est la variété la plus populaire grâce à son feuillage étonnamment coloré.

C'est sous une ombre légère que la coloration rouge des feuilles sera le plus à son avantage et le plus marquée. Un manque de lumière atténuera la coloration.

Le bon emplacement
Ne soyez pas tenté de planter ce feuillage très décoratif dans une plate-bande, car dans des conditions de culture favorables, il pourrait s'y révéler un peu trop envahissant. Utilisez-le plutôt comme couvre-sol ou au bord d'une pièce d'eau.

PLANTE VEDETTE
H. cordata **'Chameleon'**
Le feuillage aux couleurs vives, très décoratif, de l'*Houttuynia* en fait un couvre-sol remarqué. Il atteint environ 25 cm de hauteur et porte au printemps de petites fleurs blanches à quatre pétales en croix et au cœur jaune.

Iris

Il existe des **iris** pour tous les coins du jardin et pour presque toutes les saisons. Certains se dressent au bord de l'eau, tandis que d'autres supportent le soleil brûlant. Outre les bleus-violets, la palette des teintes compte de délicats roses, bleus pâles, jaunes, pourpres, bronzes, presque noirs et blancs.

Avec leurs fleurs extraordinaires, les iris font sensation dans tous les jardins. Certains se développent à partir de bulbes (voir page 285), mais ceux présentés ici sont issus de rhizomes souterrains, et divisés en deux grands groupes.

Les iris barbus se caractérisent par des poils duveteux formant une barbe sur les pétales externes et destinés à attirer les insectes pollinisateurs, tandis que les iris non barbus en sont dépourvus. La distinction concerne aussi les conditions de culture.

Où planter les iris barbus
Plantez les iris barbus au soleil, en sol bien drainé, neutre ou calcaire. Laissez dépasser du sol la partie supérieure des rhizomes. Surveillez les arrosages pendant quelques semaines après la plantation.

Où planter les iris non barbus
Les rhizomes des iris sans barbe demandent à être plantés à 4 cm de profondeur. *I. laevigata* et *I. pseudacorus* sont plantés sous 5 à 25 cm d'eau. *I. pseudacorus* préfère des conditions légèrement acides. *I. ensata* apprécie d'être submergé en été, mais préfère en hiver un sol plus sec. Plantez *I. sibirica* en sol humide, à 2 ou 3 cm de profondeur. Ces plantes apprécient les sols riches, aussi apportez régulièrement compost ou fumier bien décomposés.

***I.* 'Blue Shimmer'**

Plantation au bord de l'eau
Tirez parti de la merveilleuse floraison estivale des iris d'eau pour faire le lien entre la pièce d'eau et le jardin. Les longues et fines feuilles rubanées de ces iris sans barbe, du relativement petit *I. laevigata* au grand *I. pseudacorus*, ajoutent une note élégante et très naturelle au bord de l'eau.

De plus, une eau peu profonde occupée par des rhizomes d'iris offre un parfait emplacement de ponte aux grenouilles.

PLANTE VEDETTE

I. sibirica **Un iris de Sibérie typique (cette espèce originaire d'Europe centrale s'est ensuite déplacée vers l'est), aux fleurs dépourvues de barbe, d'un pourpre bleuté profond. Il préfère les sols frais. Ses petites fleurs, délicatement veinées et ponctuées, apparaissent en début d'été. Au Québec, on recommande le cultivar 'Gatineau'.**

Le choix du spécialiste

Iris non barbus ou iris d'eau

1 ***I. sibirica*** **'Gatineau'**
Un bel iris de Sibérie, aux fleurs bleu azur veinées de violet. Floraison abondante. 'Perry's Blue' est d'un bleu plus clair.
✿ **Bleu azur • Début d'été • *H* 1 m**

2 ***I. pseudacorus*** ♀ L'iris des marais colonise le bord des rivières et pièces d'eau et demande de l'espace pour prospérer. Ses feuilles rubanées sont rayées de jaune au printemps chez la variété 'Variegata' ♀.
✿ **Jaune • Début d'été • *H* 1-1,50 m**

3 ***I. versicolor*** ♀
Native d'Amérique du Nord, une espèce intéressante pour les petits bassins. 'Kermesina' a des fleurs rouge pourpré, 'Rosea' des fleurs pourpre rosé.
✿ **Bleu-violet • Début d'été • *H* 60 cm**

4 ***I. laevigata*** ♀
Robuste, un bel iris à planter au bord de l'eau. Il offre parfois une seconde floraison en début d'automne. 'Alba' a des fleurs blanches.
✿ **Pourpre-bleu • Milieu d'été • *H* 75 cm**

5 ***I. ensata*** ♀
L'iris du Japon, à l'origine de superbes variétés qui portent souvent des noms japonais, comme 'Iedo-mishiki'. 'Mme Bigot' a des fleurs blanches.
✿ **Pourpre foncé • Début d'été • *H* 60 cm-1 m**

6 ***I. setosa*** ♀
L'un des plus rustiques parmi les iris, originaire de Sibérie et d'Alaska.
✿ **Bleu métallique à violet • Début d'été • *H* 15-75 cm**

Iris barbus ou iris des jardins

1 ***I.*** **'Summer Fantasy'**
Une floraison rose lilas marquée de jaune.
✿ **Lilas rose • Été (remontant) • *H* 75 cm**

2 ***I.*** **'First Snow Fall'**
Un autre grand iris barbu aux fleurs ravissantes, à veinures violettes.
✿ **Blanc • Été (remontant) • *H* 80 cm**

3 ***I.*** **'Brown Lasso'** ♀
Un peu plus courte, cette variété ne passe pas inaperçue avec ses teintes vives.
✿ **Jaune et violet • Milieu-fin de printemps • *H* 60 cm**

4 ***I.*** **'Peach Frost'**
Un grand iris dont les fleurs froissées sont marquées de blanc et de pêche.
✿ **Rose-jaune • Printemps-début d'été • *H* 1 m**

5 ***I.*** **'Autumn Orchid'**
Variété plus courte, aux fleurs bleu pâle.
✿ **Bleu pâle • Été (remontant) • *H* 60 cm**

6 ***I. pumila***
Le plus précoce des iris barbus, dont les fleurs semblent presque dépourvues de tiges.
✿✿✿ **Bleu, jaune ou blanc • Début de printemps • *H* 10 cm**

7 ***I.*** **'Blue Shimmer'**
Les fleurs pâles scintillent au soleil.
✿ **Blanc et bleu • Début d'été • *H* 75 cm**

8 ***I. germanica*** ♀
Cet iris pourpre fleurit en abondance.
✿ **Pourpre • Milieu-fin de printemps • *H* 70 cm**

I. pumila

DES IRIS POUR L'AUTOMNE ET LE PRINTEMPS
Pour profiter des iris jusque dans les mois les plus sombres, essayez ces espèces : plantez *I. foetidissima* ♀, à floraison estivale mauve suivie en automne de bouquets de graines orangées. Continuez avec *I. unguicularis* ♀, qui fleurit en fin d'hiver lorsque celui-ci est doux ; il offre de grandes fleurs bleu-violet, odorantes.

I. versicolor

I. pseudacorus 'Variegata'

I. laevigata

À savoir

Situation Variable : du soleil à la mi-ombre, des sols secs au bord des pièces d'eau.
Plantation Voir le texte principal.
Floraison Début d'été pour la majorité, quelques-uns au printemps.
Ravageurs et maladies Surveillez les perceurs qui s'attaquent aux rhizomes des iris barbus ou iris des jardins.
Bonus Un feuillage décoratif qui persiste bien après les fleurs.

Lamium

Les lamiers, proches parents des orties, ont plus d'attrait qu'il n'y paraît. Ils offrent une charmante floraison du printemps à l'été et nombre d'entre eux font de précieux couvre-sols. Ils se plaisent dans les coins un peu sauvages, à l'ombre des arbres, en sol frais, même pauvre.

L. orvala

L. maculatum 'Beacon Silver'

Le choix du spécialiste

1 *L. galeobdolon* 'Hermann's Pride' Un lamier au feuillage très lumineux, à dominante argentée. 'Florentinum' a des feuilles vertes éclaboussées d'argent se teintant de pourpre en hiver.
✿ **Jaune • Printemps-été • *HE* 45 cm**

2 *L. garganicum* 'Golden Carpet' Un lamier au feuillage joliment panaché de jaune d'or, aux fleurs rayées, d'une vigueur tout à fait raisonnable.
✿ **Rose et blanc • Milieu d'été • *HE* 45 cm**

3 *L. maculatum* 'White Nancy' ♀ Les feuilles argentées sont ourlées de vert. Cette espèce compte d'autres variétés intéressantes, aux fleurs de teintes variées, comme 'Red Nancy', 'Beacon Silver' et 'Pink Pewter'.
❀ **Blanc • Fin de printemps • *H* 20 cm *E* 80 cm**

4 *L. orvala* Un lamier qui n'a rien d'envahissant et fleurit parfois dès le milieu du printemps. Il se plaît à la mi-ombre.
✿ **Rose cuivré • Début d'été • *H* 40 cm *E* 50 cm**

À savoir

Situation Sol frais à humide, mais non marécageux, ombre pas trop dense.
Plantation Au printemps ou en automne, voire en toute saison pour les plantes en godets.
Floraison Au printemps et en début d'été.
Ravageurs et maladies Les limaces en sont friandes mais rarement au point de faire disparaître vos plants.
Bonus Le feuillage panaché sert de faire-valoir aux plantes voisines.

À la différence des orties, les lamiers ne piquent pas. Les formes à port étalé font de bons couvre-sols qui étouffent les mauvaises herbes et fleurissent même à l'ombre. Les feuillages panachés éclairent également les coins ombragés du jardin.

Compagnes bien choisies

Les lamiers se plaisent en lisière de sous-bois, mais les formes les plus vigoureuses doivent être associées à d'autres plantes robustes. Des petits sujets délicats risqueraient en effet d'être étouffés par la vigueur des lamiers.

Parmi les bonnes compagnes figurent les jacinthes des bois (*Hyacynthoides non-scripta*), les narcisses (*Narcissus*), les digitales (*Digitalis purpurea*) et les sceaux-de-Salomon (*Polygonatum multiflorum*). Lorsque vous achetez des lamiers, choisissez plusieurs variétés pour obtenir des effets de feuillage moins monotones. Ceux qui se révèlent envahissants sont faciles à maîtriser, car il suffit de trancher à la bêche les tiges qui dépassent l'espace imparti. Notez qu'en sol pauvre, ces plantes sont moins vigoureuses.

Passage ombragé

Pour égayer un long passage dallé, travaillez une étroite bande de sol sur toute la longueur et plantez quelques lamiers, qui coloniseront vite l'espace et donneront de l'attrait à cet endroit un peu sombre.

PLANTE VEDETTE

***L. galeobdolon* 'Hermann's Pride'**

Souvent naturalisé dans les sous-bois, 'Hermann's Pride' dévoile en été ses fleurs jaune vif. Son feuillage panaché, aux nervures vert foncé soulignées par un limbe argenté, est très décoratif. C'est un excellent couvre-sol, qu'il faut même maîtriser là où les conditions lui sont favorables.

Lathyrus

Les **pois vivaces** apportent une note estivale au jardin avec leur floraison colorée, parfumée pour certains, leur port en touffes buissonnantes ou à tiges grimpantes, jamais envahissant. Peu exigeants quant au sol, ils aiment le soleil mais apprécient un léger ombrage aux heures chaudes.

Les pois vivaces sont plus simples à cultiver que leurs congénères annuels, les pois de senteur, ne serait-ce que parce qu'il n'est pas nécessaire de les semer à nouveau chaque année. S'ils sont peu exigeants, ces pois vivaces apprécient cependant quelques attentions. Lorsque les jeunes tiges atteignent environ 15 cm et comptent trois paires de feuilles, pincez leur extrémité. Vous stimulerez ainsi la formation de ramifications.

Tout un été de fleurs
Si vous supprimez régulièrement les fleurs fanées, les pois en produiront sans cesse de nouvelles au lieu de consacrer une bonne part de leur énergie à la formation des graines.

Un support pour les grimpants
Les pois vivaces grimpants, qui peuvent atteindre 2 m, ont besoin d'un support. Fixez des fils métalliques sur un mur, ou bien laissez les tiges s'appuyer sur celles d'un arbuste voisin. Si les pois vivaces font pour la plupart de belles grimpantes, d'autres, par exemple le merveilleux *L. latifolius*, peuvent servir de couvre-sol ou habiller un talus en un tapis de fleurs éclatantes.

Le choix du spécialiste

1 *L. latifolius* **'Rosa Perle'**♀
Une espèce à tiges rampantes ou grimpantes, qui fleurit plusieurs mois, jusqu'en automne. Appelée aussi 'Rose Pearl', il en existe une forme blanche, 'White Pearl'♀.
✿ **Rose pourpre • Été-début d'automne • *H* 1,80 m *E* 50 cm**

2 *L. vernus*♀
Un pois qui forme une touffe basse, buissonnante, avec des douzaines de petites fleurs légèrement teintées de rouge et de brun pourpré. 'Alboroseus'♀ est moins vigoureux, avec des fleurs rose et blanc.
✿ **Pourpre • Milieu-fin de printemps • *H* 40 cm *E* 30 cm**

À savoir

Situation En tout sol bien drainé, au soleil, de préférence avec un léger ombrage à la mi-journée.
Plantation Semez en début de printemps, en godets ou en pleine terre. Plantez un peu plus tard les plantes vendues en godets.
Floraison En milieu d'été.
Ravageurs et maladies Généralement aucun. Escargots et limaces s'attaquent parfois aux jeunes tiges. Posez des pièges à bière (voir page 19).
Bonus Ces pois vivaces font également de belles fleurs à couper.

L. latifolius 'White Pearl'

L. vernus 'Rosenelfe'

PLANTE VEDETTE
***L. latifolius* 'Rosa Perle'**♀
Ce pois vivace est une grimpante fantastique, qui fleurit tout l'été. Chaque grappe est composée de 10 à 15 fleurs de pois rose pourpre.

Leucanthemum

Les **marguerites** fleurissent les plates-bandes de juin à septembre. Ces plantes robustes portent à l'extrémité des tiges des fleurs uniques, à pétales blancs entourant un cœur jaune, ou bien des fleurs doubles blanches, aussi précieuses dans les massifs que pour les bouquets.

Le choix du spécialiste

1 *L.* x *superbum* **'Snowcap'** Une marguerite classique, à cœur jaune, épais pétales blancs et feuilles vert foncé sur des tiges robustes et courtes.
❀ **Blanc • Début-milieu d'été • *HE* 30 cm**

2 *L.* x *superbum* **'Wirral Supreme'**♡ L'une des plus grandes marguerites, à fleurs doubles mais aux pétales du centre en collerette plus courte.
❀ **Blanc • Tout l'été • *H* 1 m *E* 75 cm**

3 *L.* x *superbum* **'Crazy Daisy'** Les pétales fins et frangés donnent un petit air échevelé aux fleurs.
❀ **Blanc • Tout l'été • *H* 60 cm *E* 50 cm**

4 *L.* x *superbum* **'Mount Everest'** Une variété ancienne, à fleurs de 10 cm de diamètre, au cœur jaune vif.
❀ **Blanc • Tout l'été • *HE* 60 cm**

5 *L.* x *superbum* **'Aglaia'** Les fleurs doubles sont ornées de pétales blancs frangés.
❀ **Blanc • Tout l'été • *HE* 60 cm**

PLANTE VEDETTE

***L.* x *superbum* 'Snowcap'**
Une plante vigoureuse et sans souci, à floraison généreuse. Chaque fleur, d'environ 10 cm de diamètre, est constituée d'un cœur jaune citron dominant les pétales blanc pur.

À savoir

Situation En tout type de sol, même argileux, car les marguerites apprécient un peu d'humidité. Soleil ou ombre légère.
Plantation Au printemps, après les dernières gelées.
Floraison Avec leur longue saison de floraison, les marguerites illuminent les massifs tout l'été.
Ravageurs et maladies Généralement aucun.
Bonus Les fleurs coupées tiennent bien en vase, une semaine au moins.

Avec leurs contours bien définis, le contraste de leurs fleurs blanches ou crème et de leur feuillage vert foncé lustré, les marguerites sont faciles à associer à de très nombreuses autres plantes. Parfaitement rustiques, elles s'accommodent de tous les sols ou presque, au soleil ou à la mi-ombre.

Pour une plantation réussie
Mettez en place au printemps les jeunes plants de *L.* x *superbum*. Pour de meilleurs résultats, chaulez les sols acides. Quand la période de floraison se termine, supprimez les fleurs fanées. En automne, rabattez les vieilles tiges au ras du sol.

Contrastes dans les massifs
Les marguerites sont des plantes faciles à vivre, qui se prêtent à toutes sortes d'utilisations au jardin. Prévoyez de planter au moins quatre ou cinq sujets pour ponctuer une plate-bande et contraster avec des floraisons rouges, bleues ou jaunes. Elles font bel effet dans les hautes herbes d'une prairie et fleurissent bien au bord d'une pièce d'eau.

Les cultivars de *L.* x *superbum* offrent une grande variété de formes de fleurs.

Limonium

Les statices, ou lavandes de mer, poussent généralement sur les rivages ou dans les marais salants, en touffes qui se couvrent de petites fleurs lavande ou bleu vif. Ces plantes sont faciles à cultiver et fleurissent à partir du milieu de l'été.

Si vous créez un jardin en bord de mer, le statice y sera certes très authentique, mais il se plaira tout autant à l'intérieur des terres si le sol y est bien drainé. Ses très petites fleurs sont groupées en bouquets vaporeux et légers sur des tiges presque dépourvues de feuilles, offrant un contraste saisissant avec les grandes fleurs des plates-bandes.

Les variétés les plus courantes offrent des teintes de bleu, lavande et rose. La plupart des statices sont très rustiques et se plaisent en sol bien drainé, calcaire de préférence, même caillouteux. Corrigez le pH des sols acides. Certaines espèces, comme *L. platyphyllum*, préfèrent même les sols secs, les talus ensoleillés. La meilleure période pour les planter est la fin du printemps, quand tout risque de gel est écarté.

Une fois en place, les lavandes de mer ne demandent guère d'entretien. Supprimez les fleurs fanées pour prolonger la floraison, et rabattez les tiges en fin de saison.

PLANTE VEDETTE

L. platyphyllum

Le plus courant des statices vivaces. Il offre l'avantage d'avoir une coloration automnale du feuillage rougeâtre.

À savoir

Situation Dans un jardin de bord de mer, ou bien au soleil en sol sableux, bien drainé. Si le sol est acide, chaulez avant de planter.
Plantation Au printemps.
Floraison De l'été au début de l'automne.
Ravageurs et maladies Généralement aucun, mais *L. platyphyllum* est parfois atteint d'oïdium.
Bonus Ces plantes supportent le vent comme les embruns salés.

Le choix du spécialiste

1 *L. platyphyllum* (syn. *L. latifolium*) Les fines tiges ramifiées sont couronnées de bouquets vaporeux de petites fleurs lavande.
✿ Lavande • Milieu d'été • *H* 70 cm *E* 45 cm

2 *L. otolepis* 'Select'
Floraison blanche et bleue en inflorescence légère et fournie.
✿✿ Bleu, blanc • Milieu d'été • *H* 70 cm *E* 60 cm

3 *L. gmelinii*
Variété compacte à fleurs roses et violettes.
✿ Bleu-violet et rose • Milieu d'été • *H* 50 cm *E* 45 cm

4 *L. tataricum*
Plante à feuillage persistant et au port plus compact. Très utilisée comme fleur séchée.
✿ Rose • Milieu d'été • *H* 45 cm *E* 30 cm

Linum

Le **lin** est précieux pour sa floraison estivale en bordure de massif. Même si chaque fleur ne dure qu'une journée, elles se succèdent en grand nombre.

Les lins se plaisent là où peu d'autres plantes acceptent de pousser, dans les jardins de gravier ou d'éboulis, sur sol calcaire. Un petit groupe de lins bleus (*L. narbonense*), jaunes (*L. flavum* 'Gemmell's Hybrid') et blancs (*L. perenne* 'Diamant') fait beaucoup d'effet. Si certaines espèces et variétés sont éphémères, vous pouvez prélever des boutures terminales en été, elles prendront vite et donneront des plantes vigoureuses la saison suivante.

PLANTE VEDETTE

L. narbonense **C'est l'un des plus grands lins, apprécié à juste titre pour ses belles fleurs soyeuses, bleues à œil blanc.**

Le choix du spécialiste

1 *L. narbonense*
Le classique lin bleu, dont les tiges grêles se couvrent de fleurs d'un bleu très doux.
✿ **Bleu • Milieu d'été**
• *H* 50 cm *E* 30 cm

2 *L. flavum* 'Compactum'
Ce lin jaune forme des touffes compactes, précieuses pour les potées. Il fait merveille également en rocaille.
✿ **Jaune vif • Milieu d'été**
• *H* 15 cm *E* 30 cm

3 *L. perenne* 'Diamant'
De belles fleurs blanches, satinées, de 2,5 cm de diamètre.
❀ **Blanc • Été-début d'automne**
• *H* 30 cm *E* 25 cm

4 *L. narbonense* 'Heavenly Blue' Variété très florifère, à fleurs bleu azur et à feuillage très étroit, en forme d'aiguilles.
✿ **Bleu • Tout l'été • *H* 40 cm *E* 30 cm**

À savoir

Situation Plein soleil et sol bien drainé sont ses seules exigences.
Plantation Au printemps ou en début d'été.
Floraison Tout l'été.
Ravageurs et maladies
Les pucerons envahissent parfois les jeunes pousses.
Bonus Le lin fleurit même sur les sols les plus secs et caillouteux.

Liriope

Avec leurs fins épis floraux dressés, leurs touffes denses d'élégantes feuilles rubanées vert vif, les **liriopes** font d'excellents couvre-sols pour l'ombre, en situation abritée.

Plantes natives de la Chine, du Japon, de Taïwan et du Viêt Nam, les liriopes se plaisent en sol bien drainé, en situation chaude et abritée, à l'ombre comme au soleil. Les fleurs lavande, mauves ou blanches sont bien mises en valeur par les feuilles fines, à partir du milieu de l'été.

L'espèce *L. muscari* offre plusieurs belles variétés comme 'Monroe White', à fleurs blanches, 'Majestic', à longs épis bleu doux, ou 'John Burch', qui associe épis violets et feuilles panachées.

Le choix du spécialiste

1 *L. muscari*🏆
Les longs épis colorés contrastent joliment avec les feuilles vert vif.
✿ **Violet • Fin d'été**
• *HE* 45 cm

2 *L. muscari* 'Silvery Sunproof'
Une plante de taille moyenne, à feuilles joliment panachées.
✿ **Lavande • Fin d'été**
• *H* 25 cm *E* 30 cm

3 *L. spicata*
Une espèce à port étalé, qui forme des touffes aussi larges que hautes. Les fleurs sont bleu pâle à blanches, les feuilles atteignent 30 cm de long.
✿❀ **Bleu pâle, blanc • Fin d'été**
• *HE* 30 cm

À savoir

Situation Au soleil comme à l'ombre, en tout sol ordinaire.
Plantation Au printemps.
Floraison En fin d'été.
Ravageurs et maladies
Les limaces peuvent parfois se manifester.
Bonus Le feuillage persistant ou semi-persistant est un atout précieux pour un couvre-sol.

PLANTE VEDETTE

***L. muscari*🏆** **Les fleurs violet vif, semblables à de petites perles, se dressent en épis au-dessus des feuilles rubanées.**

Lupinus

Avec leurs longs épis de fleurs colorées, les **lupins** font sensation en début d'été aussi bien dans les jardins informels que dans les plantations plus structurées. Ces fleurs bien connues se plaisent dans les jardins au sol bien drainé, légèrement acide.

Vers le début juin, la floraison colorée des lupins attire les regards. Il est bon de renouveler les lupins vivaces tous les trois ou quatre ans, mais nombreux sont ceux qui se ressèment, vous épargnant cette peine. Les lupins, dont la floraison offre un spectacle haut en couleur en début d'été, sont des plantes faciles à cultiver en sol plutôt acide.

Choisir ses couleurs
Trop de coloris mélangés peuvent donner un ensemble bariolé un peu confus. Sélectionnez plutôt des teintes qui se marient bien en un ensemble cohérent. Déplacez les plantes dont les couleurs jurent aux côtés des autres.

PLANTE VEDETTE
***L.* 'Russell Hybrides'**
De superbes épis denses, dans une palette de teintes étonnantes, souvent avec des formes bicolores, comprenant des tons de jaune et de rose.

Les nouvelles espèces ne prennent pas nécessairement la forme conique des hybrides de 'Russell'. Recherchez des fleurs panachées dans les catalogues.

L. x 'Gallery'

À savoir

Situation De préférence en sol léger, sableux, bien drainé, neutre à légèrement acide, au soleil ou sous une ombre légère. Évitez les apports conséquents de matière organique, car les sols trop riches stimulent le feuillage au détriment des fleurs.
Plantation En début de printemps.
Floraison En début d'été.
Ravageurs et maladies Le puceron du lupin, un peu plus gros que la plupart des pucerons, peut envahir la face inférieure des feuilles et les épis floraux. Traitez sans attendre avec un savon insecticide. Les feuilles sont parfois tachées par l'oïdium.
Bonus Une croissance rapide pour une floraison très colorée en début d'été.

Le choix du spécialiste

1 *L.* 'Russell Hybrides'
Un groupe d'hybrides qui se ressèment facilement et offrent toute une palette de teintes.
Teintes assorties
• Début d'été • *H* 1 m *E* 45 cm

2 *L.* x 'Minarette'
Variété naine, intéressante pour la naturalisation puisqu'elle se ressème.
Teintes assorties
• Début d'été • *H* 60 cm *E* 45 cm

3 Hybrides identifiés
Ce sont des variétés bien identifiées et non en mélange de teintes, comme 'Royal Wedding', à fleurs blanches, 'The Governor' (syn. 'Kastellan'), à fleurs bleues et blanches, 'Deborah Woodfield', à fleurs crème et rose.
Teintes assorties
• Début d'été • *H* 1 m *E* 45 cm

4 *L.* x 'Gallery'
Hybride nain, offert en mélange ou en couleur unique.
Teintes assorties
• Début d'été • *HE* 45 cm

Lychnis

Les **lychnis** s'habillent de teintes très vives, rouges, orange, mais aussi de roses plus doux. Plantes des jardins sauvages ou campagnards, elles sont parfaites dans les compositions estivales, qu'il s'agisse de massifs très structurés ou de plantations plus naturelles.

Le choix du spécialiste

1 *L. chalcedonica* ♀

La croix-de-Malte ne passe pas inaperçue à la mi-été, lorsque apparaissent ses fleurs écarlate brillant.

✿ Rouge vif • Début d'été • *H* 90 cm *E* 40 cm

L. viscaria

L. coronaria

2 *L. viscaria*

Une espèce très décorative en début d'été quand les tiges raides sont couronnées de bouquets fournis de fleurs éclatantes.

✿ Rose pourpré • Début d'été • *H* 45 cm *E* 30 cm

3 *L. coronaria* ♀

La populaire coquelourde des jardins, au feuillage gris argenté dominé par une floraison éblouissante. Il en existe une forme blanche.

✿ Rose pourpré soutenu • Milieu d'été • *H* 60 cm *E* 45 cm

4 *L. flos-jovis* ♀

Si vous préférez les tons doux, essayez la fleur de Jupiter, à feuillage gris duveteux et à fleurs roses.

✿ Rose doux • Début d'été • *HE* 45 cm

À savoir

Situation Tout sol bien drainé, de préférence au soleil, ou bien avec un peu d'ombre.
Plantation En automne ou au printemps.
Floraison Entre début et milieu d'été.
Ravageurs et maladies Limaces et escargots peuvent s'attaquer aux jeunes tiges. *L. coronaria* se montre parfois sensible à l'oïdium.
Bonus Des plantes qui allient rusticité et teintes éclatantes.

Charmantes fleurs sauvages, les lychnis attirent papillons et autres insectes du jardin par les teintes vives de leurs pétales collants.

Ces plantes gagnent à être plantées en larges touffes très naturelles. Elles sont faciles à associer également à d'autres fleurs sauvages.

Certaines espèces, par exemple *L. coronaria*, *L. flos-jovis* et *L. viscaria,* sont relativement éphémères, ne vivant guère plus de deux ou trois ans. Comme elles se ressèment, de jeunes plantes prennent sans tarder la place des anciennes et les jeunes sujets en surnombre sont faciles à arracher.

L. coronaria ne se contente pas de se ressemer, mais peut offrir des nuances colorées inattendues. Attendez de voir comment fleurissent les semis spontanés avant de les déplacer, si nécessaire, dans une autre partie du jardin.

PLANTE VEDETTE

L. chalcedonica ♀ **La croix-de-Malte mérite bien son nom, avec ses fleurs d'un ton écarlate brillant en début d'été. Fleur traditionnelle des jardins campagnards, elle est bien mise en valeur lorsqu'elle est entourée de floraisons plus pâles.**

Lysimachia

Les **lysimaques** font de beaux sujets pour l'arrière-plan des massifs, avec leurs longues grappes de fleurs en clochettes jaunes ou blanches, parfois roses ou pourpres, étoilées lorsqu'elles sont épanouies. Ces plantes aiment l'humidité et se plaisent donc près d'une pièce d'eau.

PLANTE VEDETTE
***L. punctata* 'Alexander'**
Une forme très décorative de lysimaque, à feuilles vertes largement marginées de blanc crème. Entre le milieu et la fin de l'été, toute la partie supérieure des tiges se couvre de fleurs jaunes étoilées. La variété est moins envahissante que l'espèce.

Les longues chandelles jaunes ou blanches des lysimaques ont un aspect lumineux et naturel. Elles font merveille en bordure de bassin ou de cours d'eau car un sol humide est la condition de leur réussite. *L. ciliata* est un excellent choix pour les jardins marécageux, les sous-bois, le bord des cours d'eau ; *L. ephemerum* se plaît sur les rives des ruisseaux et *L. clethroides* s'adapte pour ainsi dire à tous les sols, excepté ceux détrempés ou très secs.

Des plantes à maîtriser
Les lysimaques ne posent problème que lorsqu'elles sont plantées au mauvais endroit. Celles qui ont des tendances envahissantes doivent être intégrées dans un jardin sauvage, où leur floraison blanche ou jaune resplendira. Les plantations trop proches risquent d'être étouffées. Coupez les fleurs fanées pour éviter que les lysimaques se ressèment et divisez les touffes à la bêche en début de printemps.

À savoir

Situation En sol sec, les lysimaques flétrissent rapidement. Toutes apprécient un sol frais à humide, au soleil ou à la mi-ombre.
Plantation À l'automne ou au printemps.
Floraison Milieu et fin d'été.
Ravageurs et maladies Limaces et escargots peuvent poser problème.
Bonus Une très longue période de floraison.

Le choix du spécialiste

1 *L. punctata* 'Alexander'
Les fleurs jaune brillant sont groupées en longues chandelles imposantes.
Jaune vif • Début d'été • *H* 1 m *E* 60 cm

2 *L. ciliata*
Une grande lysimaque aux fleurs étoilées, au jeune feuillage bronze au printemps. 'Firecracker'♀ a un feuillage bronze pourpré.
Jaune pâle • Milieu-fin d'été • *H* 1 m *E* 45 cm

3 *L. ephemerum* Une espèce à port dressé, à feuillage gris jusque sous les fleurs. Celles-ci sont suivies de fruits décoratifs. Espèce moins rustique pouvant nécessiter une protection hivernale.
Blanc • Milieu-fin d'été • *H* 1 m *E* 60 cm

4 *L. clethroides*♀
Gracieuse et pleine de charme avec ses longues inflorescences effilées.
Blanc • Milieu-fin d'été • *H* 80 cm *E* 60 cm

L. ciliata

L. clethroides

Malva

Les **mauves** apportent au jardin une floraison tout en douceur, avec leurs grandes fleurs en coupe aux teintes pastel, aux pétales délicatement veinés. Certaines se font remarquer, d'autres sont plus discrètes, mais toutes méritent de figurer au jardin en été.

M. alcea var. fastigiata

M. moschata f. alba

Remarquablement peu exigeantes, les mauves s'accommodent des sols pauvres, même calcaires. Une situation ensoleillée dans un massif bien entretenu leur conviendra tout autant. C'est en réalité la qualité du drainage qui fait la différence entre une floraison moyenne et une floraison remarquable. Améliorez le drainage des sols lourds et argileux en y incorporant matière organique et sable grossier.

Semis spontané

Les mauves vivaces sont des fleurs sauvages d'Europe qui se ressèment bien souvent ici et là dans les jardins. Comme elles sont assez éphémères, surtout sur sol lourd, cet atout vous offre sans effort de jeunes plantes vigoureuses.

Le choix du spécialiste

1 *M. sylvestris* 'Primley Blue'
Un port étalé, une longue floraison d'un bleu-violet délicat.
✿ Bleu-violet • Été-début d'automne • *H* 20 cm *E* 60 cm

2 *M. sylvestris*
Une plante beaucoup plus grande, qui peut atteindre 2 m contre un mur, aux fleurs mauves à veines sombres.
✿ Mauve • Été-début d'automne • *H* 1,20 m *E* 50 cm

3 *M. alcea* var. *fastigiata* Une plante à port dressé, qui se couvre de fleurs vives en été.
✿ Rose vif • Été-début d'automne • *H* 1,20 m *E* 50 cm

4 *M. moschata* 'Alba'♀
Une forme à fleurs blanches et à feuilles vert moyen de la mauve musquée.
✿ Blanc • Été-début d'automne • *H* 75 cm *E* 50 cm

5 *M. sylvestris* ssp. *mauritiana* Un coloris étonnamment soutenu, à associer à d'autres teintes vives.
✿ Magenta • Été-début d'automne • *H* 1,50 m *E* 50 cm

À savoir

Situation Tout type de sol pourvu qu'il soit bien drainé. La floraison est souvent moindre sur sol lourd et argileux.
Plantation En automne ou au printemps.
Floraison Tout au long de l'été.
Ravageurs et maladies La rouille demeure le principal problème.
Bonus Les mauves assurent leur propre renouvellement par des semis spontanés.

PLANTE VEDETTE
***M. sylvestris* 'Primley Blue'**
Une merveilleuse mauve assez originale, à port prostré, plus large que haute. La teinte bleu-violet des fleurs presque plates, qui se succèdent tout l'été, est un précieux atout dans une plate-bande estivale.

Melissa

La **mélisse**, ou **mélisse citronnelle**, trouve aussi bien sa place dans le jardin d'herbes qu'en bordure de plate-bande. Le parfum de ses feuilles froissées est délicieux.

Le choix du spécialiste

1 *M. officinalis* **'Aurea'**
Un feuillage vert vif panaché de jaune et de minuscules fleurs blanches.
Blanc • Été Vert et jaune • *H* 60 cm *E* 40 cm

2 *M. officinalis* **'Allgold'**
Proche de 'Aurea', mais avec un feuillage entièrement doré.
Blanc • Été Jaune • *H* 60 cm *E* 40 cm

À savoir

Situation Au soleil ou sous une ombre légère, en sol plutôt sec.
Plantation Au printemps ou en automne.
Floraison Été.
Ravageurs et maladies Aucun.
Bonus Un feuillage aromatique à savourer en tisane.

PLANTE VEDETTE
***M. officinalis* 'Aurea'** **Une variété panachée de mélisse, à admirer au printemps, quand le jeune feuillage est bien vert, et les panachures jaunes d'autant plus marquées.**

La mélisse peut être plantée en bordure d'un massif printanier comme dans un jardin d'herbes aromatiques.

Feuilles fraîches

Après la croissance printanière, les tiges ont tendance à s'étaler, le feuillage à être moins tendre. N'hésitez pas à rabattre les touffes à la cisaille en milieu d'été pour obtenir une repousse. Cette technique permet de mieux conserver les panachures de **'Aurea'** et d'éviter les semis spontanés.

MÉDECINE ET CUISINE
Les aromathérapeutes préconisent souvent l'huile essentielle de mélisse pour soulager la dépression. Elle apaiserait aussi maux de tête et nervosité. Les feuilles froissées de 'Aurea' dégagent un fort parfum citronné, précieux pour les poissons et les salades. N'utilisez que des feuilles fraîches, car elles perdent leur arôme en séchant.

Monarda

Les **monardes** déploient leur longue floraison ébouriffée dans les massifs ensoleillés ou peu ombragés. Elles font bel effet dans la plupart des associations de plantes, se plaisent au bord de l'eau et méritent de figurer au jardin d'herbes.

Le choix du spécialiste

1 *M.* **'Cambridge Scarlet'**
Des fleurs rouge vif mises en valeur par un feuillage sombre.
Écarlate • Milieu-fin d'été • *H* 1 m *E* 45 cm

2 *M.* **'Beauty of Cobham'**
Une tonalité plus douce pour cette variété à fleurs rose-mauve.
Rose-mauve • Milieu-fin d'été • *H* 1 m *E* 45 cm

3 *M.* **'Schneewittchen'**
Une forme à floraison blanche.
Blanc • Milieu-fin d'été • *H* 1 m *E* 45 cm

4 *M.* **'Loddon Crown'**
Une belle floraison rouge soutenu.
Rouge pourpré • Milieu-fin d'été • *H* 1 m *E* 45 cm

La monarde est cultivée pour ses belles fleurs, mais aussi pour son feuillage aromatique à goûter en infusion. Pour obtenir une floraison soutenue au fil des ans, déterrez les plantes tous les trois ans et éliminez le cœur ligneux de chaque touffe. Replantez les éclats de touffe à environ 45 cm de distance en début de printemps.

À savoir

Situation L'idéal est un sol frais, mais bien drainé, pas marécageux.
Plantation En automne ou au printemps, même en été pour les plantes en conteneurs.
Floraison Du milieu à la fin de l'été.
Ravageurs et maladies Surveillez limaces et escargots. Craint l'oïdium.
Bonus Attire abeilles, papillons et colibris.

PLANTE VEDETTE
***M.* 'Cambridge Scarlet'**
Une variété aux inflorescences ébouriffées écarlates, brun foncé au centre, qui fleurit à la mi-été.

Nepeta

Les **népétas**, appelés aussi **chataires** ou **menthe-des-chats**, apportent une touche de douceur en bordure de massif. Leur légère floraison bleutée, leurs tiges étalées gagnent sur l'allée ou retombent d'une potée. Le feuillage aromatique attire les chats, et les fleurs les abeilles.

PLANTE VEDETTE
***N.* x *faassenii*♀ Avec ses tiges à demi couchées débordant sur les allées, ce népéta fait un merveilleux sujet pour adoucir le tracé d'une plate-bande estivale.**

REMÈDE MÉDICINAL La vraie menthe-des-chats, *N. cataria*, peut être utilisée comme remède contre refroidissements et fièvres. Versez de l'eau bouillante sur les feuilles, laissez infuser 10 à 15 minutes, puis filtrez cette boisson riche en vitamine C et buvez chaud.

Bien connue pour ses effets narcotiques sur les chats, qui se roulent sur la plante dans un état d'hébétement, la menthe-des-chats est également une belle plante vivace qui adoucit le bord d'une allée, le tracé d'une plate-bande. Vous pouvez aussi la planter en larges touffes dans un jardin de gravier.

Rabattez sévèrement les touffes en juillet pour stimuler la formation de nouvelles pousses, qui fleuriront jusqu'en fin d'été.

Pour les abeilles
Plantez des népétas pour attirer les abeilles dans votre jardin. Si vous voulez les planter dans un coin sauvage, dégagez un carré de 75 cm de côté pour chaque pied, afin de leur épargner la concurrence des mauvaises herbes. Ils risqueront moins ainsi d'être étouffés par des plantes voisines très vigoureuses.

À savoir

Situation En règle générale, au soleil et en sol bien drainé ; mais *N. govaniana* préfère un sol plus frais, retenant l'humidité.
Plantation En début de printemps.
Floraison En milieu d'été.
Ravageurs et maladies L'oïdium peut se déclarer en période sèche.
Bonus Les népétas attirent des insectes utiles au jardin.

Le choix du spécialiste

1 *N.* x *faassenii*♀ Les fleurs lavande pâle contrastent joliment avec le feuillage gris argenté.
✿ Lavande • Milieu d'été
∅ Gris argenté • *HE* 60 cm

2 *N.* 'Six Hills Giant'
Un vigoureux népéta qui trouve sa place dans les compositions à dominante pastel.
✿ Bleu lavande • Milieu d'été
∅ Vert foncé • *H* 90 cm *E* 60 cm

3 *N. govaniana*
Une espèce à port plus dressé que les autres, à floraison jaune pâle inhabituelle, légèrement pendante, en épis lâches. Peut nécessiter une protection en situation exposée.
✿ Jaune pâle • Milieu d'été
∅ Vert foncé • *HE* 1 m

4 *N. sibirica*
Les fleurs sont un peu plus grandes et un peu plus précoces que celles des autres népétas. Elles sont bien mises en valeur par le feuillage vert foncé.
✿ Bleu lavande • Milieu d'été
∅ Vert foncé • *HE* 70 cm

***N.* 'Six Hills Giant'**

N. govaniana

Oenothera

Les **onagres** apportent une note élégante et parfumée avec leurs fleurs éphémères qui se renouvellent tout l'été. Certaines restent épanouies toute la journée, mais la plupart ne s'ouvrent qu'en soirée pour attirer les papillons de nuit pollinisateurs, puis se referment le lendemain matin.

PLANTE VEDETTE
***O. perennis* 'Sundrops'**
Si votre jardin est bien ensoleillé, offrez-vous au moins une touffe de cette onagre. Ses fleurs jaune clair s'épanouissent du matin jusqu'au soir et leur délicieux parfum attire les papillons.

Les onagres se caractérisent par des fleurs en coupe à quatre pétales, aux teintes délicates ou assez vives, classiquement jaunes, mais aussi blanches, et parfois teintées ou veinées de rose, pourpre ou brun. Elles fleurissent du début à la fin de l'été et si leurs fleurs ne durent souvent qu'une journée, elles se renouvellent continuellement.

O. speciosa 'Siskiyou' — *O. fruticosa* 'Fyrverkeri'

Des plantes de sol sec
Natives des montagnes et des déserts d'Amérique, la plupart des onagres apprécient un sol léger, même rocailleux. Évitez les sols lourds et humides, car les racines risquent d'y pourrir.

Le choix du spécialiste

1 *O. perennis* 'Sundrops'
Les grandes fleurs jaune clair à pédoncule sombre sont délicieusement parfumées.
Jaune clair • Début-milieu d'été • *H* 40 cm *E* 30 cm

2 *O. macrocarpa*♀
Une plante à port étalé, couvre-sol, à feuillage vert frais et grandes fleurs jaune vif qui se succèdent parfois jusqu'aux premières gelées.
Jaune vif • Début d'été-automne • *H* 20 cm *E* 35 cm

3 *O. speciosa* 'Rosea'
Une onagre qui gagne du terrain (parfois même envahissante), aux fleurs au parfum capiteux, épanouies toute la journée. Veinées de rose, elles ont un œil jaune central. 'Pink Petticoats' porte des pétales légèrement ondulés, tandis que 'Siskiyou' est d'un rose doux.
Blanc, rose • Début d'été-automne • *H* 40 cm *E* 50 cm

4 *O. fruticosa* 'Fyrverkeri'♀ ('Fireworks') Une onagre à port dressé, à fleurs jaune vif, tiges et boutons floraux rouges. *O. f.* ssp. *glauca*♀ offre un feuillage pourpre.
Jaune d'or • Début d'été-automne • *HE* 40 cm

À savoir

Situation Le plus possible de soleil et un sol bien drainé. Ne les laissez pas pour autant sécher en été, et veillez à arroser régulièrement pour soutenir la floraison.
Plantation En automne ou au printemps.
Floraison Tout l'été et parfois jusqu'en automne.
Ravageurs et maladies Généralement aucun.
Bonus Une plante élégante, à retenir pour tous les jardins de style assez libre et naturel.

Paeonia

Les **pivoines** figurent parmi les plus belles des plantes vivaces. Leurs grandes fleurs aux formes pleines, souvent parfumées, leur beau feuillage vert soutenu apportent une touche de romantisme dans les jardins de printemps. Elles ne présentent en outre aucune difficulté de culture.

P. 'Bowl of Beauty'

P. 'Duchesse de Nemours'

Tout jardin mérite de compter au moins une pivoine pour illuminer un massif. Le choix est vaste, avec de nouvelles variétés proposées chaque année.

Pour une plantation réussie
Pour une bonne reprise, plantez la pivoine en enterrant les yeux (bourgeons de la base) de 2 à 3 cm. Assurez-vous à l'achat que la plante (s'il s'agit d'une variété et non d'une espèce botanique) compte au moins 3 à 5 yeux.

Ne replantez pas des pivoines à un emplacement où d'autres étaient cultivées, vous éviterez ainsi les risques de transmission de maladies. Bêchez bien toute la surface de l'emplacement de plantation et enrichissez la terre en matière organique pour assurer un bon départ à la plante.

Une succession de pivoines
En choisissant bien les espèces et variétés, vous pouvez avoir des pivoines en fleurs durant plusieurs mois. Commencez par les fleurs précoces de *P. tenuifolia*, puis avec les fleurs rouges de 'America', roses de 'Bowl of Beauty'. Pour terminer, offrez-vous la floraison blanche de *P. lactiflora*. Il existe aussi des pivoines arbustives très intéressantes mais nécessitant des soins particuliers et donc moins bien adaptées aux jardins sans souci.

Le choix du spécialiste

1 *P. lactiflora* 'Sarah Bernhardt'♀ Une superbe pivoine à grandes fleurs doubles rose doux, à pétales ondulés et parfum délicieux.
✿ **Rose pâle • Début d'été • *HE* 1 m**

2 *P. lactiflora* 'Bowl of Beauty'♀ Les fleurs parfumées de cette variété japonaise très populaire forment une coupe large.
✿ **Rose à centre crème • Début d'été • *HE* 1 m**

3 *P. lactiflora* 'Duchesse de Nemours'♀ Introduite en 1856, cette pivoine aux belles fleurs chiffonnées dégage un parfum puissant.
❀ **Blanc • Début d'été • *HE* 75 cm**

4 *P. lactiflora* 'Kelway's Brilliant' Les étamines internes forment comme une petite fleur au cœur d'une large coupe rouge soutenu, brillant.
✿ **Rouge soutenu • Début d'été • *HE* 75 cm**

5 *P. lactiflora* Cette superbe pivoine est à l'origine de milliers de variétés aux grandes fleurs élégantes et parfumées, bien mises en valeur par un feuillage vert foncé.
❀ **Blanc • Début-milieu d'été • *HE* 70 cm**

6 *P.* 'America' L'une des plus belles pivoines à fleurs rouges simples, à grandes fleurs brillantes, étamines jaunes et parfum délicat.
✿ **Magenta • Début d'été • *HE* 1 m**

7 *P. tenuifolia* Variété très hâtive, plus basse et à beau feuilllage découpé.
✿ **Rouge • Fin de printemps • *H* 50 cm *E* 1 m**

8 *P. officinalis* 'China Rose' Une pivoine à tiges assez courtes, à fleurs en coupe rose saumoné soutenu, à gros bouquet d'étamines jaune orangé.
✿ **Rose saumoné • Début d'été • *HE* 45 cm**

À savoir

Situation Au soleil, en sol riche, frais mais bien drainé.
Plantation En automne, mais évitez ensuite de déplacer les pivoines.
Floraison De la mi-printemps jusqu'en juillet.
Ravageurs et maladies Oïdium.
Bonus Une fois en place, les pivoines fleurissent des années.

PLANTE VEDETTE
***P. lactiflora* 'Sarah Bernhardt'**♀ **La teinte des fleurs bien pleines, presque sphériques, est un peu plus foncée au cœur et d'un rose plus pâle au revers, parfois presque blanc sous une lumière vive. C'est une excellente fleur à bouquets.**

Papaver

Les **pavots**, aux belles grosses fleurs floues, aux contours remarquables, font bel effet dans toutes sortes d'associations de plantes, et leur floraison est d'autant plus attendue que l'éclat des pétales soyeux et chiffonnés, qui entourent les étamines centrales noires, est éphémère.

P. orientale 'Black and White'

P. orientale 'Beauty Queen'

Le choix du spécialiste

1 *P. orientale* **'Marcus Perry'** Un pavot classique, à fleurs en coupe rouge orangé de 10 cm de diamètre.
Rouge orangé • Début d'été • *H* 75 cm *E* 60 cm

2 *P. orientale* **'Black and White'** Chaque pétale blanc pur porte à sa base une tache ovale noire.
Blanc • Début d'été • *H* 75 cm *E* 60 cm

3 *P. orientale* **'John III'** Les fleurs de ce pavot rouge sont un peu plus petites que celles des autres variétés.
Écarlate • Début d'été • *H* 70 cm *E* 60 cm

4 *P. orientale* **'Mrs Perry'** Chaque pétale saumoné est marqué à la base d'une macule noirâtre.
Rose saumoné • Début d'été • *H* 75 cm *E* 60 cm

5 *P. orientale* **'Beauty Queen'** Un superbe pavot à pétales ondulés d'une teinte originale.
Abricot • Début d'été • *H* 1 m *E* 75 cm

6 *P. orientale* **'Picotée'** Une fleur inhabituelle, aux pétales blancs bordés d'orange.
Blanc à bord orange • Début d'été • *H* 75 cm *E* 60 cm

7 *P. orientale* **'May Sadler'** Les pétales brillamment colorés sont d'une teinte plus soutenue au cœur de la fleur.
Orange rose • Début d'été • *H* 75 cm *E* 60 cm

PLANTE VEDETTE
P. orientale **'Marcus Perry'**
Parfaite incarnation de l'élégance et de l'exubérance des pavots, cette variété a des tiges couvertes de soies fines, des feuilles de près de 25 cm de long. Les boutons de 5 cm de long s'épanouissent en de merveilleuses fleurs éclatantes à texture chiffonnée.

À savoir

Situation Tout sol bien drainé, au soleil ou sous une ombre légère.
Plantation Début de printemps.
Floraison À partir de fin mai si le temps est beau, mais généralement en juin et jusque début juillet.
Ravageurs et maladies Généralement aucun, mais escargots et limaces s'attaquent parfois aux jeunes plantes.
Bonus Les fleurs de pavot font sensation en bouquet. Cautérisez simplement la base des tiges en les passant sur une flamme.

Les pavots les plus faciles à cultiver sont les variétés du pavot d'Orient. Leur explosion colorée en début d'été est certes éphémère, mais si belle qu'ils méritent vraiment une place dans votre jardin.

Les pavots d'Orient forment des touffes vigoureuses de feuilles velues, vert soutenu. Les grandes fleurs soyeuses sont suivies de fruits lisses décoratifs. Les plantes se multiplient par des stolons souterrains. Choisissez une situation ensoleillée, un sol bien drainé et plantez-les tôt au printemps, en incorporant un engrais organique. Les pavots déploient leurs fleurs en juin et, bien que leur présence soit assez éphémère, vous pouvez obtenir la formation de nouvelles feuilles en rabattant les tiges défleuries.

Jardins sauvages

Les pavots d'Orient ont leur place dans les massifs, mais vous pouvez aussi les planter avec des fleurs sauvages comme *Geranium* et des graminées (voir pages 125-126).

Travail du sol

Sur sol lourd, ameublissez la terre par un bêchage et incorporez au besoin sable grossier et matière organique. Si vous arrachez des pavots d'Orient, assurez-vous que vous enlevez toutes les racines car une portion de racine peut donner naissance à une nouvelle touffe.

Persicaria

Les renouées sont des plantes vivaces très rustiques, précieuses pour les jardins naturels ou en couvre-sol. De hauteur très variable, elles se caractérisent par des épis fins et compacts de fleurs rouges, roses ou blanches, portés en fin d'été et en automne sur des tiges fines.

Plantez les renouées dans un sol qui retient bien l'humidité, au soleil de préférence, pour mieux profiter du feuillage vert vif et d'une floraison généreuse. *P. amplexicaulis* et *P. vacciniifolia* préfèrent les sols humides. Veillez à ce que la terre ne sèche jamais en profondeur. Pour prolonger la floraison, rabattez les tiges défleuries des espèces les plus hautes.

Ces plantes gagnent vite du terrain, aussi sont-elles plus indiquées dans un jardin assez sauvage et informel.

À savoir

Situation Au soleil ou sous une ombre très légère, dans un sol humide. Veillez à ce que le sol ne sèche pas en été. L'espèce couvre-sol *P. vacciniifolia* redoute particulièrement la sécheresse.
Plantation En automne ou au printemps, même en été pour les plantes vendues en conteneurs.
Floraison Généralement à partir de la mi-été et jusqu'en automne.
Ravageurs et maladies Rares.
Bonus Une plante qui ne demande vraiment aucun entretien.

P. affinis 'Donald Lowndes'

Le choix du spécialiste

1 *P. bistorta* 'Superba'♀
Les épis rose doux sont présents tout l'été.
✿ Rose • Été-automne • *H* 75 cm *E* 60 cm

2 *P. affinis* 'Superba'♀
Les épis dressés rose pâle se teintent de rouge en fin d'été et le feuillage brunit. Parmi les autres variétés, 'Darjeeling Red' a des fleurs rouge rosé et 'Donald Lowndes'♀ est un couvre-sol à fleurs d'abord rose clair, puis foncé.
✿ Rose pâle, puis rouge • Été-automne • *HE* 60 cm

P. amplexicaulis 'Inverleith'

3 *P. microcephala* 'Red Dragon'
Une espèce à petites fleurs blanches et au superbe feuillage vert et pourpre.
⌀ Vert et pourpre • Été • *HE* 60 cm

4 *P. amplexicaulis* 'Firetail'♀ Avec ses touffes vigoureuses, ses tiges fines et ses fleurs vives, ce n'est pas une plante pour les petits jardins. 'Inverleith' est beaucoup plus basse, 45 cm de hauteur environ.
✿ Cramoisi • Été-automne • *HE* 1 m

PLANTE VEDETTE
***P. bistorta* 'Superba'♀ Une belle plante pour un massif marécageux, qui se développe en hautes touffes, avec des feuilles jusqu'à 20 cm de long. Les fins épis rose pâle sont présents tout au long de l'été.**

5 *P. virginiana* 'Painter's Palette' À adopter pour son feuillage éclaboussé de vert, de brun et de doré.
⌀⌀⌀ Vert, doré, brun • Fin d'été-automne • *H* 1 m *E* 60 cm

6 *P. vacciniifolia*♀
Un superbe couvre-sol à planter par exemple en bordure de dallage ou de muret.
✿ Rose • Fin d'été-automne • *H* 20 cm *E* 60 cm

Phlox

Les **phlox** vivaces sont des plantes originaires d'Amérique du Nord. Ils existent dans une large variété de tailles, des petites plantes tapissantes aux imposantes vivaces à massifs, et le feu d'artifice de leur floraison bleue, mauve, rose, rouge ou blanche égaie le jardin en été.

Le choix du spécialiste

1 *P. paniculata* 'Brigadier'♀
Un phlox aux fleurs d'un rose lumineux, avec une touche d'orangé, à pétales larges.
Rose • Milieu-fin d'été • *H* 75 cm *E* 1 m

2 *P. maculata*
Une espèce originaire de l'est de l'Amérique du Nord, à tiges fines et à floraison odorante.
Rose, pourpre, blanc • Début-milieu d'été • *HE* 1 m

3 *P. subulata*
Le phlox mousse, à port tapissant dense, pour bordure d'allée ou jardin alpin.
Blanc, pourpre, rose lilas, rouge • Printemps-début d'été • *H* 8 cm *E* 30 cm

P. maculata

4 *P. divaricata*♀
Un phlox bleu, à port étalé et à croissance lente.
Bleu violet • Début d'été • *H* 20 cm *E* 1 m

5 *P. douglasii* 'Eva'
Un phlox à port compact, à feuilles persistantes vert foncé et à fleurs lavande, avec une touche de rose.
Lavande rosé • Début-milieu d'été • *H* 8 cm *E* 30 cm

À savoir

Situation Plein soleil et sol fertile, bien drainé.
Plantation En début de printemps ou en automne.
Floraison De la fin du printemps à la fin de l'été.
Ravageurs et maladies Sensibles à l'oïdium, parfois attaqués par les anguillules, les escargots et limaces.
Bonus De belles plantes pour les massifs du jardin.

PLANTE VEDETTE
***P. paniculata* 'Brigadier'**♀
Il existe de nombreuses belles variétés de phlox paniculés. Toutes fleurissent en juillet-août et forment de larges touffes à floraison bleue, rose, pourpre ou blanche. 'Brigadier' a des fleurs d'un rose soutenu.

La plupart des phlox demandent du soleil, un sol fertile et bien drainé pour prospérer, mais *P. paniculata*, *P. maculata* et *P. divaricata* se plaisent aussi sous une ombre légère. Soutenez les grandes variétés pour qu'elles résistent aux vents et aux pluies.

Des plantes sans souci
P. paniculata et ses hybrides allient une floraison fiable et généreuse à un entretien très limité. Égayez des plantations aux couleurs tendres de quelques touches plus colorées comme le rose vif de **'Brigadier'**.

Comme *P. paniculata* et *P. maculata* dégagent un doux parfum, ils gagnent à être plantés en groupes ou en touffes répétées dans un même massif. Leur parfum se répand en début de soirée.

Rajeunissement
Certaines touffes de phlox se dégarnissent au bout d'environ quatre ans. Si c'est le cas, arrachez l'ensemble au printemps ou en automne et divisez la touffe. Éliminez la partie centrale et replantez les éclats périphériques vigoureux dans un sol bien enrichi en matière organique.

P. subulata

Polygonatum

Le **sceau-de-Salomon** est une belle plante vivace à feuillage lustré, tiges arquées et fleurs en clochettes pendantes. Cette plante de sous-bois apprécie les endroits frais et ombragés du jardin.

Le choix du spécialiste

1 *P.* x *hybridum* ♀ **(syn. *P. multiflorum*)**
Les fleurs en clochettes blanc verdâtre, pendantes, apparaissent en avril-mai et apportent une note élégante dans les bouquets.
❀ **Blanc • Fin de printemps**
• *H* 1,20 m *E* 1 m

2 *P. odoratum* 'Variegatum'
Les feuilles sont portées par des tiges arquées, anguleuses, et les fleurs odorantes sont blanches, à fin liseré vert.
❀ **Blanc • Fin de printemps**
• *H* 60 cm *E* 30 cm

3 *P. falcatum* 'Variegatum'
P. falcatum est originaire du Japon et de la Corée. Cette variété en est une forme panachée, à petites feuilles arrondies bordées de blanc crème. Les tiges ont une légère coloration rose. Un endroit abrité lui sera bénéfique.
❀ **Blanc • Fin de printemps**
• *H* 1m *E* 45 cm

4 *P. biflorum*
Les fleurs pendantes, de 2 cm de long, sont solitaires et bien mises en valeur par les feuilles vert vif, lustrées.
❀ **Blanc • Fin de printemps**
• *H* 1 m *E* 45-75 cm

PLANTE VEDETTE

P.* x *hybridum ♀ **Le sceau-de-Salomon le plus courant dans les jardins, qui atteint 1,20 m de haut, aux tiges arquées portant des feuilles de part et d'autre, aux délicats petits bouquets de fleurs printanières pendantes, légèrement teintées de vert.**

À savoir

Situation Tout sol frais mais bien drainé, riche en humus, à l'ombre ou à la mi-ombre.
Plantation Automne ou début de printemps.
Floraison Les fleurs délicates apparaissent en fin de printemps et peuvent durer jusqu'en début d'été.
Ravageurs et maladies Rares, mais méfiez-vous des escargots, limaces et tenthrèdes, qui peuvent dévorer le feuillage.
Bonus Les formes à feuillage panaché apportent une note lumineuse dans un sous-bois.

UNE TOUCHE D'ORIGINALITÉ

P. curvistylum est une espèce présente du Népal à l'ouest de la Chine, une nouveauté qui fleurit dans nos jardins en début d'été. Elle atteint 40 à 50 cm de haut et porte des fleurs lilas ou mauves. Plantez-la parmi des arbustes bas, de telle sorte que les tiges florales émergent entre les rameaux des arbustes.

Si vous recherchez une plante élégante pour un coin ombragé du jardin, adoptez le sceau-de-Salomon.

Même si vous craignez que rien ne pousse sous l'ombre épaisse projetée par des arbres à feuillage persistant, sachez que le sceau-de-Salomon s'y plaira si le sol y est frais. C'est une plante qui forme d'élégantes touffes de feuillage, avec une floraison parfois parfumée.

Les fleurs sont généralement blanches, groupées par deux, trois ou quatre le long des tiges arquées, mais elles peuvent aussi être rosées ou lilas. Les feuilles sont joliment lustrées, dans des tons de vert doux ou vif, parfois panachées de crème.

P. odoratum 'Variegatum'

Bien préparer le sol

Le sceau-de-Salomon ne se contente pas d'être élégant, il est aussi rustique et facile à cultiver. Pour une croissance vigoureuse, creusez un large trou de plantation et enrichissez bien la terre en matière organique. Une fois en place, les plantes apprécient d'être divisées de temps à autre pour stimuler leur vigueur.

Potentilla

Les **potentilles** fleurissent tout l'été si elles sont plantées au soleil. Avec leurs petites inflorescences vives à cinq pétales, elles évoquent des fleurs miniatures d'églantier et font bel effet lorsqu'elles se faufilent entre les vivaces ou arbustes proches, dans un style très libre et naturel.

P. nepalensis 'Miss Willmott'

P. 'William Rollison'

Le choix du spécialiste

1 *P.* 'Gibson's Scarlet'♡
Une grande potentille, à fleurs écarlates et à feuilles vert vif.
✿ **Rouge vif • Début d'été • *H* 50 cm *E* 60 cm**

2 *P.* 'Yellow Queen'
Une variété remarquable, aux fleurs jaune vif semi-doubles.
✿ **Jaune • Tout l'été • *H* 45 cm *E* 60 cm**

3 *P.* 'William Rollison'♡
Les fleurs semi-doubles sont ponctuées de taches jaune vif en un ensemble éclatant.
✿ **Vermillon • Tout l'été • *H* 45 cm *E* 60 cm**

4 *P.* x *tonguei*♡
De ravissantes fleurs orangées avec une touche d'abricot, pour des associations de teintes douces.
✿ **Orangé • Fin de printemps-milieu d'été • *H* 15 cm *E* 40 cm**

5 *P. nepalensis* 'Miss Willmott'♡ Une excellente variété, qui associe feuillage décoratif et fleurs rose foncé.
✿ **Rose foncé • Tout l'été • *H* 60 cm *E* 45 cm**

6 *P. alba*
Une espèce couvre-sol, à fleurs blanches et œil jaune.
✿ **Blanc • Fin de printemps-milieu d'été • *HE* 15 cm**

PLANTE VEDETTE
***P.* 'Gibson's Scarlet'♡**
Une variété à rechercher pour ses fleurs rouge vif, qui commencent à s'épanouir en mai ou juin. Le feuillage vert vif ressemble fort à celui du fraisier et met bien les fleurs en valeur.

À savoir

Situation Un bon drainage est indispensable. Allégez les sols argileux lourds en incorporant sable grossier et matière organique en quantité.
Plantation En début de printemps.
Floraison Tout au long de l'été.
Ravageurs et maladies Rares.
Bonus Une floraison fiable qui illumine le jardin tout l'été.

On connaît surtout les formes arbustives de potentilles ; pourtant, les espèces vivaces herbacées méritent une bonne place dans les massifs du fait de leur longue floraison estivale. Petites et arrondies, leurs fleurs prennent des teintes très vives. Toutes les potentilles herbacées sont très rustiques et faciles à cultiver pourvu qu'elles soient exposées au soleil. Outre les espèces et variétés pour les plates-bandes, il en existe également qui se plairont en sol humide, au bord d'une pièce d'eau ; d'autres, au contraire, sont parfaitement adaptées aux jardins de gravier.

Plantation au bord de l'eau
Plantez une potentille en sol humide près du bassin pour apporter une touche de couleur vive. Placez-la de telle sorte que ses fleurs parviennent juste au bord de l'eau et que les grenouilles trouvent un abri sous les feuilles dans la journée. La potentille des marais, *P. palustris*, à fleurs bleu pourpré, qui pousse à l'état sauvage dans les sols marécageux atteint près de 50 cm de hauteur.

JARDINS DE ROCAILLE Deux très petites potentilles sont d'excellents sujets pour les rocailles : *P. nitida*, à fleurs rose foncé, ne dépasse pas 10 cm de hauteur, à peine plus en largeur, tandis que *P.* x *tonguei*♡, à fleurs jaune ambre, a un port un peu plus étalé.

Primula

Les **primevères** sont merveilleuses pour les scènes printanières, offrant une vaste gamme de formes et de tailles – des petites primevères à grandes fleurs aux primevères candélabres –, et une belle palette de teintes pour égayer pièces d'eau, haies et plates-bandes.

L'humidité du sol est un aspect essentiel de la culture des primevères ; veillez à les planter dans un sol qui ne sèche pas.

Éliminez graminées et mauvaises herbes avant de planter des primevères dans un coin sauvage, pour qu'elles ne souffrent pas de la concurrence des plantes voisines.

À savoir

Situation Sol riche, humide et humifère, en exposition légèrement ombragée ou ensoleillée.
Plantation En début de printemps.
Floraison Au printemps pour la plupart, mais quelques primevères fleurissent en début d'été.
Ravageurs et maladies Rares, si ce n'est parfois escargots et limaces, ou encore viroses.
Bonus Avec leur floraison gaie et colorée, les primevères illuminent à peu de frais les massifs printaniers. Laissez se former les graines sans supprimer les fleurs fanées et elles se ressèmeront.

Le choix du spécialiste

1 *P. denticulata* hybrides
Les inflorescences sphériques composées de nombreuses fleurs sont ravissantes dans les massifs printaniers.
Mauve, carmin, blanc • Milieu-fin de printemps • *H* 40 cm *E* 20 cm

2 *P. auricula*
Disponible dans une grande gamme de couleurs vives. Intéressante pour son feuillage vert luisant, épais.
Jaune, rouge, mauve • Printemps • *HE* 20 cm

3 *P. florindae*
La grande primevère du Tibet pousse en touffes de longues feuilles, à plusieurs hampes couronnées de fleurs en clochettes parfumées.
Jaune • Début-milieu d'été • *H* 80 cm *E* 30 cm

4 *P. veris*
Le coucou des sous-bois pousse aussi dans les prairies et supporte des conditions plus sèches que les autres primevères.
Jaune soutenu • Fin de printemps • *H* 25 cm *E* 20 cm

5 *P. sieboldii*
Une espèce de culture facile, à fleurs lumineuses éclairées d'un œil blanc.
Blanc, rose, pourpre, bleu • Fin de printemps • *HE* 20 cm

6 *P. vulgaris*
Elle réapparaît souvent dans des endroits inattendus au jardin.
Jaune doux, rose pâle, lilas • Printemps • *H* 15 cm *E* 25 cm

7 *P. rosea*
Une belle primevère de sol humide ou d'eau peu profonde, à fleurs de 2,5 cm de diamètre.
Rouge • Début d'été • *H* 15 cm *E* 20 cm

8 *P. vialii*
De longs épis spectaculaires et inhabituels, composés de très petites fleurs.
Lilas rouge • Début-milieu d'été • *H* 40 cm *E* 15 cm

P. auricula

UNE TOUCHE D'ORIGINALITÉ

P. 'Wanda', à feuillage vert foncé et à fleurs pourpre violacé, est l'une des nombreuses primevères hybrides proposées depuis peu, issues de croisements entre la primevère sauvage *Primula vulgaris* et une espèce du Caucase, *P. juliae*.

PLANTE VEDETTE

***P. denticulata* hybrides** **Les primevères denticulées sont aisément identifiables à leurs ombelles sphériques composées de petites fleurs à pétales crantés, à l'extrémité de tiges fines. Elles fleurissent en avril-mai dans des tons mauves, parfois blancs (var. *alba* ci-dessous) ou pourpre rougeâtre comme 'Ruby'.**

Prunella

La prunelle, ou brunelle, forme un couvre-sol robuste et original en lisière de massif. Les abeilles visitent ses fleurs bleues, violettes ou blanches, qui se succèdent tout l'été.

Avec ses verticilles denses de fleurs tubulées, la prunelle peut également composer un tapis coloré entre des arbustes ou sous les arbres. Lorsque vous choisissez des plantes à leur associer, veillez à ce qu'elles ne soient pas trop grandes car elles risqueraient de masquer les petites prunelles.

PLANTE VEDETTE
***P. grandiflora* 'Blue Loveliness'** **Avec ses 25 cm de haut pour 1 m de large, cette variété compose en été un charmant tapis de fleurs bleu lilas foncé.**

P. grandiflora est l'espèce la plus courante. Elle pousse dans les prairies et les bois clairs ; elle est donc à sa place dans des plantations printanières un peu sauvages.

Le choix du spécialiste

1 *P. grandiflora* 'Blue Loveliness'
Cette variété offre une floraison en épis denses de fleurs bleu lilas.
✿ **Bleu lilas • Été • *H* 25 cm *E* 1 m**

2 *P. vulgaris*
Elle forme un tapis fleuri de teinte soutenue.
✿ **Pourpre vif • Été • *H* 25 cm *E* 1 m**

3 *P. laciniata*
Proche de l'espèce précédente, elle se distingue par des fleurs plus pâles, parfois teintées de rose.
✿ **Crème • Été • *H* 25 cm *E* 1 m**

À savoir

Situation Une plante peu exigeante, qui se plaît en particulier en sol humide, au soleil mais en évitant le soleil brûlant.
Plantation En début de printemps.
Floraison Tout l'été.
Ravageurs et maladies Aucun.
Bonus Croissance rapide, floraison appréciée des abeilles et autres insectes pollinisateurs.

Pulmonaria

Les pulmonaires sont superbes en début de printemps avec leurs grappes de fleurs en clochettes et leur beau feuillage souvent ponctué ou bordé d'argent ou de crème. Ce sont de merveilleuses plantes pour les coins un peu ombragés du jardin, sur sol frais mais bien drainé.

S'il est tentant de planter les pulmonaires en plein soleil, en particulier celles à feuillage panaché d'argent, il devient vite évident qu'elles n'apprécient pas les situations chaudes : les feuilles épaisses et rugueuses s'affaissent et flétrissent.

Offrez-leur au contraire un coin ombragé, de préférence en sol riche et humifère, et vous bénéficierez pendant des mois de leur floraison et de leur superbe feuillage.

Emplacement bien choisi

Plantez les pulmonaires dans les massifs ombragés ou en lisière de sous-bois. Dans les plates-bandes, primevères et hostas sont des compagnes idéales pour des scènes printanières. Le feuillage très décoratif des pulmonaires gagne à être rabattu après la floraison, ce qui stimule la formation de nouvelles feuilles bien colorées.

Vertus médicinales

Cette plante a reçu le nom de pulmonaire parce que ses feuilles tachetées évoquaient l'aspect d'un poumon malade. Aux XVIIe et XVIIIe siècles, en vertu d'une théorie qui voulait que l'apparence d'une plante révèle ses propriétés médicinales, la pulmonaire était utilisée pour traiter les maladies liées aux poumons. On reconnaît aujourd'hui encore ses vertus expectorantes et diurétiques, mais une surveillance médicale s'impose.

À savoir

Situation La clé du succès est un sol riche et frais, à l'ombre. *P. officinalis* accepte mieux le soleil.
Plantation En automne ou au printemps.
Floraison Au printemps.
Ravageurs et maladies Attention à l'oïdium, qui défigure les feuilles par temps sec.
Bonus Floraison et feuillage décoratifs en font un excellent couvre-sol pour l'ombre fraîche.

P. saccharata 'Mrs. Moon'

P. saccharata 'Frühlingshimmel'

P. 'Sissinghurst White'

PLANTE VEDETTE
P. rubra **'David Ward'**
Introduite dans les années 1980, cette pulmonaire offre l'un des plus beaux feuillages qui soient : les feuilles sont vert pâle soulignées d'un liseré crème. Les fleurs rouge rosé se succèdent à la fin du printemps.

Le choix du spécialiste

1 *P. rubra* 'David Ward'

Adoptez cette pulmonaire pour son feuillage vert et crème et ses fleurs rouge rosé. 'Redstart' est une autre belle variété rouge, à feuilles d'un vert plus clair.

✿ Rouge rosé • Fin de printemps
∅ Vert bordé de crème
• *H* 45 cm *E* 60 cm

2 *P. saccharata*

Une espèce qui a donné plusieurs belles variétés, comme 'Frühlingshimmel', à fleurs bleu pâle à œil foncé et feuilles ponctuées d'argent, de près de 30 cm de long. Le groupe Argentea♀ offre des feuilles argentées à liseré vert irrégulier et des fleurs rouges. 'Pink Dawn' a des fleurs rose soutenu.

✿✿✿✿ Bleu pâle, rouge, rose, violet • Fin de printemps ∅ Vert tacheté d'argent • *H* 30 cm *E* 60 cm

3 *P. officinalis*♀

Les feuilles, d'environ 10 cm de long, sont ponctuées de petites taches blanches. Les fleurs, d'abord roses, virent au violet foncé. Il en existe de belles variétés, comme 'Sissinghurst White'♀, à boutons rosés et fleurs blanches, ou 'Bowles' Blue', bleu clair. 'Lewis Palmer'♀ est une forme plus dressée, à fleurs bleu foncé.

✿✿✿✿ Violet foncé, blanc, bleu clair, bleu foncé • Fin de printemps
∅ Vert à taches blanches
• *H* 30 cm *E* 45 cm

4 *P. saccharata* 'Mrs. Moon'

Un classique ! Ses boutons, d'abord roses, découvrent des fleurs bleues. Feuillage tacheté d'argent.

✿ Bleu • Fin de printemps
∅ Vert tacheté d'argent
• *HE* 45 cm

Ranunculus

Les petites fleurs rondes des **renoncules** apportent une touche de charme. Laissez-les se glisser entre d'autres plantes pour une composition libre et sans souci.

Le choix du spécialiste

1 *R. acris* **'Flore Pleno'**♀
Une forme très vigoureuse, à fleurs doubles d'un jaune éclatant.
✿ Jaune • Début d'été • *H* 60 cm *E* 25 cm

2 *R. aconitifolius* **'Flore Pleno'**♀ Les feuilles vert foncé sont dominées par les pompons denses des fleurs blanches.
✿ Blanc • Début d'été • *H* 75 cm *E* 45 cm

3 *R. repens* **'Pleniflorus'**
Plante rampante très efficace comme couvre-sol. Peut devenir envahissante.
Jaune double • Fin de printemps-début d'été • *HE* 40 cm

La plupart des renoncules cultivées étant issues d'espèces sauvages assez envahissantes, tenez compte de leur vigueur si vous les intégrez dans un massif.

Elles font cependant merveille dans un jardin aux floraisons généreuses, grâce à leurs couleurs gaies et toniques. Si elles deviennent trop envahissantes, arrachez tout simplement les pieds en surnombre.

À savoir

Situation Au soleil, sur sol frais de préférence.
Plantation En automne ou au printemps.
Floraison Entre printemps et été pour la plupart des renoncules.
Ravageurs et maladies Parfois pucerons ou oïdium.
Bonus Des plantes de culture facile, même sur sol mal drainé.

PLANTE VEDETTE
***R. acris* 'Flore Pleno'**♀ **Un ravissant bouton-d'or qui atteint 60 cm de haut et attire l'œil en début d'été, quand les fleurs doubles jaune d'or s'épanouissent à l'extrémité des tiges fines.**

Rudbeckia

Les **rudbeckias** sont des vivaces précieuses pour leur floraison de fin d'été en marguerites jaune vif à cône central proéminent. De quoi illuminer vos massifs en fin de saison.

Le choix du spécialiste

1 *R. nitida* **'Herbstsonne'**
Une vivace imposante et vigoureuse à fleurs à cône central vert.
✿ Jaune • Milieu d'été-début d'automne • *H* 1,80 m *E* 60 cm

2 *R. fulgida* **var.** *deamii*♀
Les pétales jaune vif entourent un cœur noir.
✿ Jaune • Milieu d'été-début d'automne • *H* 60 cm *E* 45 cm

3 *R. laciniata* **'Goldquelle'**♀
Un grand rudbeckia à fleurs doubles à cône jaune verdâtre.
✿ Jaune • Milieu d'été-début d'automne • *HE* 1 m

4 *R. maxima* Les fleurs aux pétales pointés vers le bas, à cône central noir, sont bien mises en valeur par les feuilles vert bleuté.
✿ Jaune • Milieu d'été-début d'automne • *H* 1,20 m *E* 75 cm

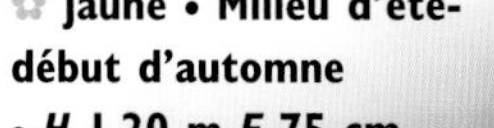

À savoir

Situation En plein soleil, mais en sol pas trop sec.
Plantation En automne ou au printemps.
Floraison Du milieu de l'été au début de l'automne.
Ravageurs et maladies Oïdium et pucerons.
Bonus Des fleurs qui attirent les papillons en grand nombre.

Année après année, les fleurs jaune vif des rudbeckias égaieront votre jardin en fin de saison. Pensez à prévoir un espace suffisant pour ces plantes très vigoureuses, sans oublier que les plus grandes variétés ont parfois besoin d'un tuteurage.

PLANTE VEDETTE
***R. nitida* 'Herbstsonne'**
L'un des plus grands rudbeckias, qui atteint 2 m, avec des fleurs de 10 à 15 cm de large, à cône vert.

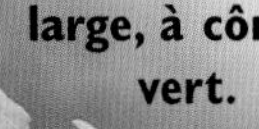

Salvia

Les **sauges** enrichissent les massifs d'été de leurs fleurs lumineuses et de leur feuillage parfois aromatique. Pour un jardin sans souci, sélectionnez les sauges vivaces les plus rustiques, aux floraisons plus subtiles, dans les tons bleu pâle à foncé, plutôt que les annuelles d'un rouge éclatant.

Salvia

S. glutinosa

Avec leurs épis colorés fleurissant à profusion, les sauges sont de précieux éléments pour les massifs d'été. Les fleurs tubulées à deux lèvres sont groupées en verticilles denses le long des tiges, dans des tons de bleu clair à foncé, violet, en passant par le rouge ou le rose vif.

Du soleil, un sol bien drainé et une situation abritée sont les exigences de la plupart des sauges. Un épais paillis protecteur sera d'ailleurs bénéfique à toutes les espèces durant les mois les plus froids.

Rabattez les tiges défleuries après la première vague de fleurs et vous bénéficierez d'une nouvelle floraison durant l'été. Pensez aussi à apporter un support aux plus grandes sauges.

PLANTE VEDETTE

***S. nemorosa* 'Ostfriesland'**♀

Cette sauge fleurit tout l'été sans faillir, en élégants épis d'un bleu soutenu. Elle se plaît en bordure de plate-bande, où elle dresse ses tiges de 45 cm de haut.

Le choix du spécialiste

1 *S. nemorosa* 'Ostfriesland'♀ (syn. 'East Friesland') De fins épis d'un bleu lumineux pour le premier plan d'un massif.
✿ **Bleu soutenu • Tout l'été • *H* 45 cm *E* 30 cm**

2 *S.* x *sylvestris* 'Mainacht'♀ (syn. 'May Night') Une sauge buissonnante de belle taille, très élégante dans une plate-bande.
✿ **Bleu • Été • *HE* 50 cm**

3 *S. verticillata* 'Purple Rain'♀ Larges feuilles basales surmontées d'épis de fleurs bleu-violet.
✿ **Bleu-violet • Été-début d'automne • *HE* 60 cm**

4 *S. glutinosa*♀
Variété haute, à floraison discrète de par sa couleur blanc crème. Pour les endroits à la mi-ombre.
❀ **Blanc crème • Milieu d'été • *H* 1 m *E* 60 cm**

À savoir

Situation Sol drainé et soleil.
Plantation Automne ou printemps pour les sauges rustiques.
Floraison En été.
Ravageurs et maladies Surveillez escargots et limaces.
Bonus Rabattez les tiges défleuries des sauges pour obtenir une seconde floraison.

Scabiosa

Les **scabieuses** attirent abeilles et papillons. Les tiges grêles sont couronnées de fleurs aux teintes délicates, arrondies en une collerette externe de larges pétales.

Ces fleurs sont très décoratives par l'association de minuscules fleurons centraux (la fleur étant en réalité une inflorescence) et d'une collerette externe de fleurons larges et soyeux. Les teintes se déploient en une palette de tons doux et subtils.

Les scabieuses se plaisent en sol léger, sec, bien drainé et demandent très peu d'entretien. Elles font particulièrement bel effet dans les compositions de plantes méditerranéennes aux tons doux. Cultivées en potées ou bien en rocaille, elles y ajoutent une touche légère en été.

Le choix du spécialiste

1 ***S. caucasica*** **'Clive Greaves'**♀ Nombreuses fleurs bleu lavande à centre crème.
✿ **Bleu lavande • Milieu-fin d'été • *HE* 60 cm**

2 ***S. columbaria*** Fleurs plus petites d'un bleu mauve. Plusieurs cultivars sont très florifères.
✿ **Bleu-mauve • Milieu-fin d'été • *H* 75 cm *E* 45 cm**

3 ***S. graminifolia*** Une petite scabieuse à planter en bordure de massif sur sol bien drainé.
✿ **Lilas • Milieu-fin d'été • *HE* 30 cm**

PLANTE VEDETTE
S. caucasica **'Clive Greaves'**♀ **Une généreuse floraison bleu lavande pour une bonne partie de l'été. Parmi les autres belles variétés, 'Alba' a des fleurs blanches, 'Nachtfalter' de grandes fleurs bleu foncé.**

À savoir

Situation Si possible, au soleil, sur sol humide, bien drainé.
Plantation Au printemps.
Floraison En été.
Ravageurs et maladies Aucun.
Bonus Une fleur gracieuse.

Scrophularia

Les **scrofulaires** sont des plantes pour les jardins sauvages. La plus courante est l'espèce aquatique, *S. auriculata*, aux feuilles finement dentées et gaufrées.

La scrofulaire aquatique ne passe pas inaperçue dans un jardin sauvage. Son feuillage panaché est remarquable, mais la floraison en grappes de petites fleurs brunes peut nuire à l'effet décoratif du feuillage. C'est pourquoi de nombreux jardiniers suppriment les inflorescences dès qu'elles se forment. D'autres éliminent les fleurs pour éviter le semis spontané, qui donne des plantes à feuillage entièrement vert.

Plantation au bord de l'eau
Installez la scrofulaire aquatique en eau peu profonde (5 à 15 cm), avec d'autres plantes qui s'enracinent dans la vase. Associez-la par exemple à une ligulaire comme *Ligularia dentata* 'Othello', à feuillage vert pourpré et à floraison orange vif.

Le choix du spécialiste

1 ***S. auriculata*** **'Variegata'** Une variété au beau feuillage panaché, qui se plaît en sol humide.
∅ **Bleu-vert et crème • Printemps-été • *HE* 1 m**

PLANTE VEDETTE
S. auriculata **'Variegata'**
Caractérisées par leur bordure crème, les feuilles sont l'atout le plus décoratif de cette plante. De curieuses fleurs brunes ou brun pourpré apparaissent en été à l'extrémité des tiges ramifiées.

À savoir

Situation La scrofulaire aquatique à feuillage panaché se plaît en sol humide, sous une ombre légère.
Plantation En automne ou au printemps.
Floraison Tout l'été.
Ravageurs et maladies Surveillez escargots et limaces.
Bonus Le feuillage panaché permet de réaliser des contrastes intéressants.

Sedum

Les **orpins** sont des plantes grasses florifères, à planter dans les rocailles, les auges ou en bordure de massif. Certains sont minuscules, d'autres atteignent près de 1 m de haut.

S. kamtschaticum 'Variegatum'

Les orpins gagnent à être plantés en grands groupes en bordure d'allée, pour une belle floraison. Le résultat sera plus remarqué si vous mêlez floraisons jaunes, roses et rouges. Pour une note fleurie en été, installez aussi les orpins au sommet d'un muret bas, où ils bénéficient d'un excellent drainage. Veillez à garnir les trous de plantation de terre riche pour une reprise vigoureuse.

Le choix du spécialiste

1 *S. spectabile* 'Brilliant' 🏆
Un orpin de taille moyenne, à floraison rose vif et à feuillage gris bleuté.
✿ Rose • Fin d'été • *HE* 50 cm

2 *S.* 'Ruby Glow' 🏆 Les fleurs rouge foncé font bel effet avec le feuillage et les tiges rougeâtres.
✿ Rouge • Fin d'été • *H* 25 cm *E* 20 cm

3 *S. telephium* ssp. *maximum* 'Atropurpureum' 🏆
Un grand orpin très décoratif avec ses feuilles et tiges pourpres, ses fleurs à œil rouge orangé.
✿ Rose • Fin d'été • *H* 60 cm *E* 30 cm

4 *S. kamtschaticum* 'Variegatum' 🏆 Fleurs jaune vif et feuillage marginé de jaune d'or.
✿ Jaune orangé • Été-début d'automne • *H* 10 cm *E* 25 cm

PLANTE VEDETTE

***S. spectabile* 'Brilliant'** 🏆 **Une des excellentes variétés à floraison rose, qui forme des touffes robustes, dominées en fin d'été par une multitude de petites fleurs étoilées. 'Iceberg' a des fleurs blanches, 'Septemberglut' des fleurs pourprées.**

À savoir

Situation Plein soleil et sol bien drainé. Supporte la mi-ombre.
Plantation Entre printemps et été.
Floraison De l'été jusqu'en début d'automne.
Ravageurs et maladies Pucerons, cochenilles farineuses, limaces.
Bonus Ne craint pas la sécheresse.

Sempervivum

Les **joubarbes**, aux rosettes de feuilles emboîtées, figurent parmi les plus décoratives des plantes grasses.

S. tectorum en fleur

Plantez les joubarbes dans une rocaille ou dans la partie haute d'un muret. Elles y trouveront des conditions de culture idéales et seront à la portée des regards.

Bouquet final
Chaque rosette vit plusieurs années avant de fleurir, puis elle meurt. Mais de nouvelles rosettes se forment chaque été et la touffe poursuit son développement.

À savoir

Situation Plein soleil et sol sec, peu profond et bien drainé sont les conditions idéales.
Plantation Au printemps ou en début d'été.
Floraison Juin-juillet.
Ravageurs et maladies Généralement aucun, mais risques de pourriture sur sol humide. La rouille peut parfois se manifester.
Bonus Des plantes intéressantes pour la culture en pots, demandant peu d'arrosages.

Le choix du spécialiste

1 *S. tectorum* 🏆
Une joubarbe à grandes feuilles qui forme de belles touffes ordonnées.
✿ Rose foncé • Milieu d'été
⌀ Bleu-vert • *H* 15 cm *E* 30 cm

2 *S.* 'Commander Hay' 🏆
Les rosettes de 20 cm de diamètre ont des feuilles rouges à pointe verte.
✿ Rose foncé • Milieu d'été
⌀⌀ Rouge et vert
• *H* 10 cm *E* 20 cm

3 *S. arachnoideum* ssp. *tomentosum* 🏆 Les feuilles portent des sortes de fines toiles d'araignées reliant leur extrémité à l'ensemble de la rosette.
✿ Rouge • Milieu d'été ⌀ Vert clair • *H* 8 cm *E* 20 cm

4 *S.* 'Glowing Embers'
La pointe des jeunes feuilles se teinte de rouge en début d'été.
✿ Rose • Milieu d'été ⌀⌀ Vert, puis rouge • *H* 10 cm *E* 25 cm

PLANTE VEDETTE

S. tectorum 🏆 **Les rosettes larges forment de belles touffes aux feuilles charnues, vert bleuté. Les longues tiges peuvent porter une centaine de fleurs. 'Red Flush' a des feuilles teintées de rouge au printemps et en été, 'Nigrum' des feuilles à pointe rouge.**

Sidalcea

Les **sidalcées** ressemblent à de petites roses trémières avec leurs tiges délicates qui portent en milieu d'été des fleurs soyeuses roses, pourpres ou blanches.

À savoir

Situation Au soleil, en sol fertile, ni trop sec ni trop humide.
Plantation En automne ou au printemps.
Floraison En milieu d'été.
Ravageurs et maladies Aucun.
Bonus Tirez parti des hampes fleuries pour jouer les contrastes avec des floraisons basses.

PLANTE VEDETTE
S. 'Elsie Heugh' L'une des plus belles variétés qui offre, au milieu de l'été, ses grandes fleurs d'un rose clair nacré exquis. Le feuillage, lui, reste limité à la base des longues tiges.

Le choix du spécialiste

1 *S.* 'Elsie Heugh' Les grandes fleurs rose pâle à bord frangé s'élèvent bien au-dessus des feuilles.
Rose pâle • Milieu d'été • *H* 1 m *E* 45 cm

2 *S.* 'William Smith'
Les fleurs rose vif présentent de légers reflets saumon.
Rose vif • Milieu d'été • *H* 80 cm *E* 45 cm

3 *S.* 'Puck' Une charmante variété, un peu plus basse.
Rose soutenu • Milieu d'été • *H* 60 cm *E* 30 cm

4 *S. candida*
La plus belle forme à fleurs crème.
Blanc • Milieu d'été • *H* 1 m *E* 45 cm

Les longues chandelles fleuries des sidalcées apportent grâce et hauteur dans les massifs. Le feuillage forme un couvre-sol efficace. Rabattez les hampes après la première vague de floraison et elles refleuriront en fin d'été.

Teintes douces
Les sidalcées sont d'excellentes candidates pour les compositions aux teintes douces. Leurs lignes verticales contrastent joliment avec la floraison blanche vaporeuse des gypsophiles. Vous pouvez aussi les planter en groupes, par exemple autour de vieux pommiers.

Sisyrinchium

Les feuilles rubanées, disposées en éventail, composent avec les petites fleurs étoilées un tableau très contrasté.

PLANTE VEDETTE
***S. striatum* 'Aunt May'** Les petits bouquets superposés de fleurs jaune pâle sont joliment mis en valeur par les feuilles effilées vertes marginées de crème.

Le choix du spécialiste

1 *S. striatum* 'Aunt May'
Le feuillage vert et crème est dominé par de longs épis de fleurs pâles.
Jaune pâle • Milieu d'été • *H* 30 cm *E* 25 cm

2 *S. angustifolium*
Fleurs bleu-violet à centre jaune. Indigène au Québec.
Bleu • Début d'été • *HE* 30 cm

3 *S. idahoense* 'Album'
Fleurs blanc pur à gorge jaune et feuillage rubané élégant.
Blanc • Début d'été • *H* 45 cm *E* 30 cm

4 *S.* 'Quaint and Queer'
Une petite variété à nombreuses fleurs pourpres à cœur jaune.
Pourpre • Début d'été • *HE* 15 cm

Les sisyrinchiums font beaucoup d'effet plantés au bord d'un bassin, leurs feuilles effilées se reflétant dans l'eau. La disposition des feuilles en éventail dessine une petite barrière de feuillage qui a beaucoup de charme.

Semis spontané
Si l'on n'y prend garde, les sisyrinchiums peuvent se ressemer et devenir rapidement envahissants. Éliminez les fleurs fanées avant que se forment les graines.

À savoir

Situation Bon drainage et plein soleil sont indispensables.
Plantation En fin de printemps ; arrosez bien jusqu'à la reprise de la croissance.
Floraison En été.
Ravageurs et maladies Aucun.
Bonus Le feuillage se distingue de celui des autres vivaces herbacées.

S. angustifolium

Solidago

Les **verges d'or** illuminent les massifs en fin d'été de leurs panaches denses de minuscules fleurs jaune d'or. Il en existe des variétés naines, d'autres géantes.

Le choix du spécialiste

1 *S.* **'Goldenmosa'**♀
Une large touffe pour un bel effet assuré.
Jaune vif • Fin d'été-début d'automne • ***H*** **75 cm** ***E*** **45 cm**

2 *S.* **'Golden Wings'**
Un géant qui prospère sur sol pauvre.
Jaune d'or • Fin d'été-début d'automne • ***H*** **1,80 m** ***E*** **1 m**

3 *S. rugosa* **'Fireworks'**
Une taille raisonnable pour égayer une plate-bande de taille moyenne.
Jaune d'or • Fin d'été-début d'automne • ***H*** **1 m** ***E*** **45 cm**

4 *S. cutleri*
Un sujet intéressant pour la rocaille.
Jaune vif • Fin d'été-début d'automne • ***H*** **45 cm** ***E*** **30 cm**

Les verges d'or animent le jardin de leurs fleurs vives. Les plus grandes font merveille en fond de massif, tandis que les variétés naines égaient la rocaille. Plantez-les à la mi-automne ou au début du printemps en tout sol frais mais bien drainé. Rabattez les tiges fanées en fin de floraison.

Associez les verges d'or à des floraisons bleues elles aussi tardives, par exemple *Perovskia atriplicifolia* 'Blue Spire' (voir page 209), qui fleurit du milieu de l'été au début de l'automne.

À savoir

Situation Au soleil ou sous une ombre légère, de préférence en sol frais, mais bien drainé.
Plantation Entre automne et printemps.
Floraison En fin d'été et début d'automne.
Ravageurs et maladies Aucun.
Bonus Agrémentent joliment les bouquets secs.

PLANTE VEDETTE

S. **'Goldenmosa'**♀ **Une variété populaire et vigoureuse, de taille moyenne, qui porte en août et septembre de nombreux plumets vaporeux, jaune d'or vif.**

Stachys

Les **bétoines**, ou **épiaires**, comptent à la fois de superbes plantes à feuillage décoratif et des formes à floraison remarquable. Les deux catégories ont peu de points communs. Quelques-unes, aimant le plein soleil et les sols bien drainés, conviennent aux jardins de style méditerranéen.

Les bétoines, ou épiaires, sont cultivées autant pour leur feuillage à texture douce que pour leur floraison colorée. Elles peuvent être plantées comme couvre-sol, en bordure de plate-bande ou dans les massifs. Elles ne demandent qu'un sol bien drainé et sont ensuite des plantes sans souci.

L'espèce la plus populaire est *S. byzantina* et ses nombreuses variétés. Comme leur feuillage laineux gris invite au toucher, plantez-les en bordure d'allée ou de plate-bande.

S. byzantina 'Cotton Ball' forme un épais tapis de feuillage avec de petites fleurs arrondies, tandis que 'Silver Carpet' fait un couvre-sol idéal et met bien en valeur des floraisons blanches ou plus colorées. 'Primrose Heron' présente des feuilles à coloration jaune inhabituelle.

Sur sol frais, *S. macrantha* développe un beau feuillage gaufré, vert vif, à bord crénelé. Si vous préférez les fleurs, adoptez cette dernière ou *S. officinalis.*

S. macrantha 'Superba'

Un petit air méditerranéen

La plupart des épiaires se plaisent au soleil et sur sol bien drainé ; elles sont parfaites pour les compositions à dominantes vert et argenté de style méditerranéen. Associez-les par exemple à l'agave *Agave filifera* (voir page 304) et à la coquelourde *Lychnis coronaria* (voir page 143), à feuillage gris et floraison estivale rouge rosé vif.

S. officinalis

Le choix du spécialiste

1 *S. byzantina* **(syn.** *S. lanata***) 'Silver Carpet'** Un magnifique couvre-sol aux feuilles caractéristiques. 'Cotton Ball' aux inflorescences en boules laineuses, 'Primrose Heron' à feuillage gris soyeux, teinté de jaune, et 'Big Ears' à feuilles de 25 cm de long, sont d'autres variétés intéressantes.
Gris argenté
• *H* 60 cm *E* 1 m

2 *S. officinalis* **(syn.** *Betonica officinalis***)**
Une espèce qui pousse sur les talus secs et se ressème aisément ; elle fleurit dans des teintes variées.
Blanc, rose, pourpre
• Milieu d'été
• *H* 60 cm *E* 30 cm

3 *S. macrantha*
Une espèce au feuillage vert foncé, à fleurs rose soutenu ou mauves, plus haute que large.
Rose soutenu, mauve Vert foncé • Début d'été-début d'automne
• *H* 60 cm *E* 30 cm

4 *S. monieri* **'Hummelo'**
Variété cultivée pour ses fleurs roses.
Rose Vert
• Début d'été-automne
• *H* 60 cm *E* 45 cm

PLANTE VEDETTE
***S. byzantina* 'Silver Carpet' Une plante souvent appelée oreille-d'ours à cause de la texture laineuse, douce et argentée de ses feuilles. Celles-ci sont d'autant mieux mises en valeur que cette variété ne fleurit pas.**

À savoir

Situation En règle générale, plein soleil et sol bien drainé, même sableux. *S. macrantha* demande un sol plus humide.
Plantation En début d'automne ou au printemps.
Floraison En été.
Ravageurs et maladies Aucun.
Bonus Les fleurs des bétoines, *S. officinalis* en particulier, attirent abeilles et papillons au jardin.

Symphytum

La **consoude** est un couvre-sol à croissance rapide pour les sols frais à humides. Elle est cultivée pour son feuillage, en grandes feuilles souvent panachées, et sa floraison colorée, dans des tons de blanc, rose, rouge ou bleu. Elle convient aux jardins sauvages comme aux massifs plus structurés.

Le choix du spécialiste

1 *S.* x *uplandicum*
Les fleurs pendantes, en bouquets légers, changent de couleur, passant du rose au bleu et au pourpre.
Rose, bleu et pourpre
• Début d'été • *H* 1 m *E* 60 cm

2 *S. officinale*
La consoude officinale est une plante sauvage et naturalisée au Québec, à fleurs jaune crème, roses ou pourpres et à feuilles velues, rugueuses.
Jaune, rose ou pourpre
• Fin de printemps-début d'été
• *H* 1,20 m *E* 1 m

3 *S.* x *uplandicum* **'Variegatum'** Les feuilles panachées sont gris-vert et irrégulièrement marginées de crème, les fleurs rose lilas.
Lilas • Début d'été
• *H* 1 m *E* 45 cm

4 *S. grandiflorum*
Un couvre-sol efficace.
Jaune • Printemps
• *H* 30 cm *E* 45 cm

5 *S.* **'Goldsmith'**
Les feuilles vert foncé sont panachées de crème et de doré.
Bleu Vert foncé, doré et crème • Fin de printemps
• *H* 45 cm *E* 60 cm

S. x *uplandicum* 'Variegatum'

S. 'Goldsmith'

Les consoudes sont des plantes à croissance rapide qui font d'excellents couvre-sol. Avec leur feuillage à texture grossière, leurs petits bouquets de fleurs en clochettes ou tubulées, de teinte vive ou douce, elles sont souvent plantées dans les jardins sauvages, mais font aussi bel effet dans les massifs. Réservez les formes les plus envahissantes aux parties sauvages du jardin, où elles ne risqueront pas d'étouffer de petites plantes délicates. Rabattez les tiges défleuries en début d'été pour bénéficier d'une seconde floraison.

À savoir

Situation Soleil ou ombre légère en sol frais à humide.
Plantation En automne ou au printemps.
Floraison Fin de printemps.
Ravageurs et maladies Rares chez cette plante très robuste.
Bonus Ne demande aucun entretien particulier.

Jardinage biologique

S. officinale fait un excellent engrais vert pour le jardin. Fauchée et incorporée au sol, elle stimule la fertilité. Vous pouvez l'utiliser comme activateur de compost.

Faites macérer les feuilles dans de l'eau de pluie. Au bout de cinq semaines, elles donnent une solution riche en potasse, excellente pour les tomates.

Autre solution : enfermez les feuilles dans un sac en plastique percé d'un trou à la base pour recueillir le jus lors de la décomposition des feuilles. C'est un bon engrais liquide.

PLANTE VEDETTE
S.* x *uplandicum
et ses multiples cultivars offrent une floraison généreuse et remarquable.

Tanacetum

Tanaisies, ou **pyrèthres**, sont des plantes à fleurs de marguerite et à feuillage argenté, souvent odorant. Elles sont tout indiquées pour les jardins d'herbes.

Le choix du spécialiste

1 *T. parthenium* 'Aureum' Un beau feuillage doré et de petites fleurs en marguerite.
❀ Blanc jaunâtre • Fin de printemps • *H* 45 cm *E* 30 cm

2 *T. coccineum* Les pyrèthres, à fleurs de marguerite à cœur jaune idéales pour les bouquets.
❀❀❀❀ Rouge, pourpre, rose ou blanc • Milieu d'été • *H* 60 cm *E* 45 cm

3 *T. vulgare* La tanaisie commune, vigoureuse, au feuillage aromatique et aux fleurs en petits pompons denses.
❀ Jaune • Milieu-fin d'été • *H* 1 m *E* 45 cm

4 *T. niveum* 'Jackpot' Nouvelle variété à feuillage gris et à fleurs blanches. Possibilité d'une deuxième floraison à l'automne.
❀ Blanc ∅ Gris • Milieu d'été • *H* 50 cm *E* 30 cm

PLANTE VEDETTE
***T. parthenium* 'Aureum'**
est une plante buissonnante qui se ressème généreusement. 'Rowallane' en est une autre variété facile à vivre.

T. coccineum 'Brenda'

À savoir

Situation Sol riche, bien drainé et plein soleil.
Plantation Au printemps.
Floraison En été.
Ravageurs et maladies Pucerons et oïdium.
Bonus La tanaisie dorée fait une belle plante à feuillage décoratif.

Avec leur feuillage dense, leur floraison généreuse, les tanaisies sont parfaites en situation ensoleillée. Les pyrèthres rouges comme *T. coccineum* 'Brenda' attirent les regards, tandis que les floraisons blanches ou jaunes sont plus discrètes. Les feuilles de tanaisie ont des vertus médicinales, utilisées pour soulager migraines ou dépression.

Tellima

Cette vivace fait un charmant couvre-sol dans un sous-bois frais. Les variétés proposées offrent un feuillage très décoratif et une floraison légère et discrète en fin de printemps.

À savoir

Situation Sous une ombre légère, hors de portée du soleil brûlant.
Plantation En début d'automne ou au printemps.
Floraison En début d'été.
Ravageurs et maladies Aucun.
Bonus Excellent couvre-sol sans être envahissant pour autant.

PLANTE VEDETTE
***T. grandiflora* 'Purpurteppich'**
Les longues grappes aux fleurs blanc rosé apparaissent en fin de printemps et début d'été.

Le choix du spécialiste

1 ***T. grandiflora* 'Purpurteppich'** Fines grappes de fleurs en clochettes et feuilles arrondies, festonnées, teintées de rose.
❀ Blanc rosé • Début d'été
• *H* 60 cm *E* 30 cm

2 ***T. grandiflora*** Les feuilles restent vertes tandis que les fleurs blanches virent au rose.
❀ Blanc • Début-milieu d'été
• *H* 60 cm *E* 30 cm

3 ***T. grandiflora* 'Perky'** Fleurs rouges et feuilles plus petites que 'Purpurteppich'.
✿ Rouge • Début-milieu d'été
• *H* 60 cm *E* 30 cm

4 ***T. grandiflora* Groupe Rubra** Ces plantes ont un beau feuillage automnal teinté de rouge.
❀ Blanc • Début-milieu d'été
• *H* 60 cm *E* 30 cm

Nombre de plantes de sous-bois sont envahissantes, étouffant leurs voisines un peu délicates. Ce n'est pas le cas des tellimas, qui offrent en outre une floraison légère en clochettes. Très faciles à cultiver, elles forment des touffes compactes, à planter par exemple au bord d'une allée. Installez-les en sol frais, à la mi-ombre de préférence, car elles sont moins florifères sous une ombre épaisse. Ce sont des plantes très rustiques, mais le feuillage peut souffrir de gelées très fortes.

Thalictrum

Les **pigamons** sont de grandes vivaces à floraison estivale vaporeuse, sur un feuillage gris bleuté découpé. Elles se plaisent aussi bien dans les massifs ensoleillés que sous une ombre légère. Leurs fleurs sont magnifiques en bouquets.

Le choix du spécialiste

1 ***T. aquilegiifolium***
Le feuillage gris-vert est dominé par des pompons roses vaporeux.
✿ Rose • Milieu d'été • *H* 1 m *E* 60 cm

2 ***T. delavayi*** ♀
Une espèce très élégante, qui fleurit en larges panicules de petites fleurs, sur un feuillage très découpé. 'Hewitt's Double' ♀ offre des fleurs doubles en pompons denses, de teinte plus foncée. 'Album' a des fleurs blanches.
✿ Lilas • Été-début d'automne
• *H* 1,20 m *E* 60 cm

3 ***T. flavum* ssp. *glaucum*** ♀
Les inflorescences très ramifiées et légères à l'extrémité des tiges complètent le feuillage vert bleuté, élégant, finement divisé, qui fait merveille dans les bouquets.
✿ Jaune verdâtre • Milieu d'été
• *H* 1,20 m *E* 60 cm

4 ***T. minus* var. *adiantifolium*** Une plante à utiliser pour son feuillage délicat, semblable à celui de la fougère *Adiantum*. Fleurs jaune-vert sans intérêt.
✿ Jaune-vert • Été
• *H* 50 cm *E* 35 cm

5 ***T. rochebrunianum***
Une espèce qui dessine de belles touffes très ramifiées.
✿❀ Lavande, blanc • Milieu d'été
• *H* 1,80 m *E* 75 cm

À savoir

Situation Sols riches et frais, au soleil ou à la mi-ombre. Enrichissez le sol en terreau de feuilles.
Plantation En automne ou au printemps.
Floraison Été.
Ravageurs et maladies Parfois limaces.
Bonus Une merveilleuse floraison vaporeuse.

FLEURS COUPÉES Utilisez les pigamons dans vos bouquets, pour accompagner des roses rouges par exemple. Même après la floraison, le feuillage divisé met bien en valeur d'autres fleurs du jardin.

T. minus var. *adiantifolium*

Les pigamons sont des vivaces assez peu connues, et pourtant leur floraison vaporeuse fait merveille dans les plates-bandes, voire en rocaille.

Quelques suggestions
Les pigamons sont des sujets intéressants à planter en bordure de massif. La légèreté du feuillage et de la floraison n'arrête pas les regards, ce qui permet d'apercevoir l'arrière-plan. Pour qu'elles ne passent pas inaperçues pour autant, plantez-les par groupes de trois ou cinq.

Certaines espèces ou variétés, comme ***T. delavayi***, demandent parfois à être tuteurées, mais vous pouvez aussi faire grimper des capucines rouge orangé sur les tuteurs pour un contraste éclatant.

PLANTE VEDETTE
T. aquilegiifolium **Les bouquets légers de fleurs roses en petits pompons sont portés par de hautes tiges. C'est une plante qui pousse à l'état sauvage dans les prairies humides et les ravins.**

Thymus

Les **thyms** sont de belles plantes pour un jardin d'herbes, un massif d'inspiration méditerranéenne, ou encore plantés entre des dalles ou en bordure d'allée. Leurs petites touffes fleuries attirent les abeilles, et leur feuillage aromatique fait merveille en cuisine.

Le choix du spécialiste

1 *T. serpyllum*
Excellent couvre-sol et très odorant. Il se mêle aussi très bien aux graminées à gazon. Utilisez aussi la variété à fleurs blanches, var. *albus*.
Mauve, blanc • Début d'été • *H* 15 cm *E* 40 cm

2 *T. vulgaris* 'Silver Posie'
Un très joli thym à fines feuilles bordées de blanc, bien parfumé aussi pour la cuisine.
Rose, blanc • Début d'été • *H* 25 cm *E* 40 cm

3 *T.* x *citriodorus*
Le thym-citron dessine une jolie touffe arrondie. Ses plus belles variétés sont 'Bertram Anderson'♈ (syn. 'Anderson's Gold'), à feuilles panachées de jaune d'or, ainsi que 'Silver Queen'♈, panaché de crème, et 'Golden Dwarf', à feuillage vert doré.
Rose • Milieu d'été • *HE* 15 cm

4 *T. serpyllum* 'Coccineus'♈
Un thym rampant, à port prostré et floraison cramoisie. Associez-le dans un dallage à la variété *albus*, à fleurs blanches, pour un beau contraste.
Cramoisi-rose • Milieu d'été • *H* 5 cm *E* 30 cm

5 *T. pseudolanuginosus*
Le thym laineux pousse en tapis ras. Son feuillage duveteux est gris argenté. Superbe entre dalles ou pavés, ou dans une rocaille.
Rose • Milieu d'été • *H* 2 cm *E* 20 cm

PLANTE VEDETTE
T. serpyllum* var. *albus
Un thym à feuilles relativement grandes, qui pousse en dôme dense, couvert en été d'épis de fleurs mauves ou blanches.

T. citriodorus 'Bertram Anderson'

T. x citriodorus

T. x citriodorus 'Silver Queen'

Pour obtenir de beaux thyms, offrez-leur impérativement un sol léger, bien drainé. Comme ils demandent des conditions particulières, le mieux est souvent de les regrouper, en juxtaposant touffes basses et coussinets denses, en un ensemble très décoratif, surtout en période de floraison.

Un jardin d'herbes

Plantez au moins deux ou trois formes différentes de thym pour vos cueillettes. Les variétés panachées assurent un intérêt décoratif hors période de floraison. Un groupe de thyms buissonnants peut être entouré de thyms tapissants, à glisser également dans les anfractuosités des dallages. *T. pseudolanuginosus* est un excellent choix pour cet usage.

Commencez à prélever des boutures au printemps pour stimuler le buissonnement. Taillez les touffes pour obtenir de belles formes denses et ne les laissez pas s'étaler aux dépens des plantes voisines.

Dans la rocaille et les jardins de gravier

Les thyms se plaisent dans le sol bien drainé d'une rocaille, et en bordure d'un jardin de gravier. Les formes tapissantes s'étalent entre les pierres, les recouvrent, donnant un aspect très naturel à l'ensemble. Ils bénéficient ainsi de la chaleur emmagasinée par les pierres.

À savoir

Situation Les thyms demandent un sol bien drainé et une bonne luminosité. Un sol lourd et humide assurerait leur perte.
Plantation Au printemps ou en début d'été.
Floraison Été.
Ravageurs et maladies Rares.
Bonus Les thyms sont également très décoratifs cultivés en pots.

Tiarella

Les **tiarelles** offrent au printemps leurs inflorescences blanches mousseuses sur un feuillage vert vif, excellent couvre-sol pour les zones ombragées.

Le choix du spécialiste

1 *T. cordifolia* ♀
Une espèce qui s'étale en tapis dense de feuilles à lobes pointus, à floraison printanière blanche.
❀ Blanc • Printemps-début d'été • *H* 25 cm *E* 30 cm

2 *T. wherryi* ♀
Les feuilles, qui évoquent celles du lierre, sont ombrées de brun foncé à rouge profond. Les fleurs blanc crème apparaissent en début d'été, parfois à nouveau plus tard en saison.
❀ Blanc crème • Début d'été • *HE* 30 cm

3 *T. trifoliata*
Une espèce plus grande, dont les épis floraux de 25 cm de long dominent largement le feuillage.
❀ Blanc • Fin de printemps-début d'été • *H* 45 cm *E* 30 cm

PLANTE VEDETTE

***T. cordifolia* ♀ Elle forme de grands groupes tapissants, un véritable spectacle au printemps lorsque les plantes déploient leurs grappes blanches légères. Les feuilles cordiformes, à lobes pointus, se teintent de bronze par temps froid.**

Un peu délicates, les tiarelles peuvent flétrir et disparaître si vous ne leur assurez pas un sol frais sous une ombre légère. Bien placées, elles sont superbes au printemps avec leur floraison blanche vaporeuse ; leur feuillage, semblable à celui de l'érable, est un couvre-sol efficace.

Jardins de tourbière

C'est le type d'emplacement idéal pour les tiarelles. Associez-les à des primevères, comme l'originale *Primula vialii*, aux inflorescences rouge foncé et lilas.

À savoir

Situation Dans un coin d'ombre légère, en sol frais et humide.
Plantation En début d'automne ou au printemps.
Floraison En fin de printemps et début d'été.
Ravageurs et maladies Les limaces peuvent s'attaquer aux jeunes pousses.
Bonus Couvre-sol efficace.

Tolmiea

La **tolmiée** fait un bon couvre-sol pour les coins d'ombre humide. Elle s'orne en fin de printemps et en début d'été de petites fleurs brun verdâtre.

PLANTE VEDETTE
T. menziesii **'Taff's Gold'**♀
Les feuilles vertes sont tachées de jaune et de crème. Des plantules peuvent se former au point de jonction entre le limbe et le pétiole de la feuille.

La tolmiée habille joliment un coin ombragé de son beau feuillage vert. Elle est efficace pour contrer les mauvaises herbes, et les panachures dorées de la variété 'Taff's Gold' seront bien mises en valeur sous une ombre légère.

Vous pouvez aussi la cultiver en pots, pour garnir par exemple un appui de fenêtre orienté au nord, ne recevant jamais le soleil direct. On la retrouve dans les rayons des plantes d'intérieur !

À savoir

Situation Ombre légère, en sol riche et humide.
Plantation En automne ou en début de printemps.
Ravageurs et maladies Aucun.
Bonus Une plante intéressante pour garnir un panier suspendu.

Le choix du spécialiste

1 *T. menziesii* **'Taff's Gold'**♀
Feuilles ponctuées de jaune et de crème, de près de 10 cm de large, et petites fleurs parfumées au printemps.
∅ Vert panaché de jaune et de crème • Fin de printemps • *HE* 40 cm

2 *T. menziesii*♀
Très similaire par son aspect à la variété 'Taff's Gold', mais sans les panachures.
∅ Vert pâle • Fin de printemps • *HE* 40 cm

Tradescantia

Les **éphémères de Virginie**, moins connues que leurs cousines cultivées comme plantes d'intérieur, les misères, comptent de belles variétés à longue saison de floraison.

T. x andersoniana 'Iris Prichard'

Ces éphémères sont vigoureuses et faciles à cultiver. Les variétés horticoles rustiques ont un port dressé. Les hybrides du groupe *T. x andersoniana* offrent une incroyable palette de teintes, en fleurs triangulaires qui se succèdent pendant des semaines. Rabattez les tiges défleuries en milieu d'été pour stimuler la floraison. Le contact du feuillage peut provoquer des réactions cutanées.

Le choix du spécialiste

1 *T. x andersoniana* **'Purple Dome'** Longue succession de fleurs solitaires, éphémères.
✿ Pourpre • Début d'été-début d'automne • *HE* 60 cm
Parmi les autres variétés intéressantes, dans des coloris variés :
'Iris Prichard' ✿ **Blanc à reflets bleutés ;**
'Isis'♀ ✿ **Bleu foncé ;**
'Red Grape' ✿ **Rouge cerise ;**
'Pauline' ✿ **Lilas rosé ;**
'Innocence' ✿ **Blanc ;**
'Zwanenburg Blue' ✿ **Bleu soutenu ;**
'J.C. Weguelin'♀ ✿ **Bleu pâle ;**
'Karminglut' ✿ **Rouge vif.**

PLANTE VEDETTE
T. x andersoniana **'Purple Dome'** **Les feuilles sont souvent teintées de pourpre, tandis que les fleurs à 3 pétales offrent une nuance pourpre violacé soutenu.**

À savoir

Situation Soleil et sol bien drainé.
Plantation En automne ou au printemps.
Floraison Tout l'été.
Ravageurs et maladies Aucun.
Bonus Une plante sans souci.

Trifolium

Méconnu, le **trèfle** forme pourtant des tapis à floraison odorante, égayant une prairie de fleurs sauvages de ses inflorescences rondes et de ses feuilles caractéristiques.

Le choix du spécialiste

1 *T. repens* **'Green Ice'**
Apprécié pour ses grandes fleurs et ses folioles soulignées de vert clair.
Blanc crème • Début d'été
Deux tons de vert • Été
• *H* 15 cm *E* 60 cm

2 *T. repens* **'Purpurascens Quadrifolium'** Une forme basse, à feuillage décoratif, brun pourpré ourlé de vert.
Blanc • Été Brun pourpré et vert • *H* 10 cm *E* 60 cm

3 *T. pratense* **'Susan Smith'**
Les nervures des feuilles sont dorées et les fleurs rose foncé.
Rose foncé • Début d'été
• *H* 15 cm *E* 45 cm

S'il vous reste un coin nu dans le potager que vous ne souhaitez pas voir envahi par les mauvaises herbes, essayez de le transformer en une petite prairie fleurie.

Le trèfle peut y apporter une touche colorée, en particulier *T. repens* 'Purpurascens Quadrifolium', aux belles feuilles pourprées bordées de vert, ou bien *T. pratense* 'Susan Smith', pour ses fleurs rose foncé.

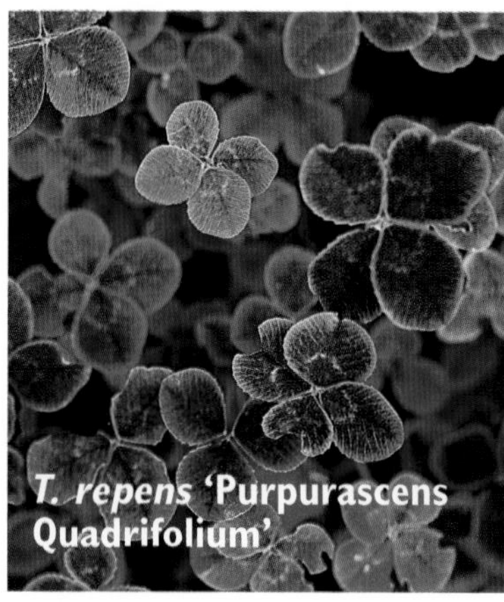
T. repens 'Purpurascens Quadrifolium'

PLANTE VEDETTE
T. repens **'Green Ice'**
Ce trèfle à feuillage semi-persistant prend un aspect tapissant en situation ensoleillée.

À savoir

Situation Au soleil, pour ainsi dire en tout type de sol, qu'il soit bien drainé, lourd et humide, ou encore très calcaire.
Plantation En automne ou au printemps.
Floraison Généralement en début d'été.
Ravageurs et maladies Aucun.
Bonus Mêlé aux graminées à gazon, il enrichit le sol en azote et est très résistant à la sécheresse.

Trollius

Les **trolles** illuminent de leur floraison un massif en sol marécageux ou toute zone de sol humide. Très rustiques, ce sont des plantes sans souci. Leurs fleurs rondes aux teintes vives décrivent toute la palette des jaunes, certaines avec une pointe d'orangé, d'autres plus proches de la couleur crème.

T. europaeus

Tout jardin qui compte un endroit marécageux sera transformé si vous y plantez des trolles. Ces plantes originaires d'Europe, d'Amérique du Nord ou d'Asie aiment des conditions humides et illuminent le jardin. Leurs fleurs en coupe ou globuleuses prennent des tons jaunes, du jaune crème à l'orangé, se prêtant ainsi à des mélanges et des dégradés de teintes. Selon les espèces, la saison de floraison va de la fin du printemps au milieu de l'été.

Pour mieux retenir l'humidité
Si leur habitat naturel est marécageux, les trolles peuvent aussi être plantés en sol plus drainé en bordure d'un cours d'eau ou d'un bassin.

Si vous désirez cultiver des trolles dans une plate-bande de vivaces, il sera indispensable de veiller à ce que le sol ne sèche pas en été. Arrosez copieusement les plantes, puis étalez un épais paillis organique qui contribuera à retenir l'humidité dans le sol. Ensuite, arrosez très régulièrement.

Le choix du spécialiste

1 *T. chinensis* **'Golden Queen'**♀ Une fleur orangée à pétales internes dressés, fins, au cœur de la fleur.
Jaune orangé • Début d'été
• *H* 75 cm *E* 45 cm

2 *T.* x *cultorum* **'Earliest of All'** Grosses fleurs globuleuses jaune vif, comme des boutons d'or géants, dominant un feuillage vert brillant.
Jaune • Fin de printemps
• *H* 75 cm *E* 45 cm

3 *T. europaeus*
L'espèce européenne, qui ne manque pas de charme avec ses fleurs jaune citron. 'Superbus'♀ en est une variété encore plus florifère, à recommander.
Jaune • Début-milieu d'été
• *H* 75 cm *E* 45 cm

4 *T.* x *cultorum* **'Orange Princess'**♀ Intéressante par sa coloration orangée.
Jaune orangé • Début d'été
• *H* 60 cm *E* 40 cm

À savoir

Situation Demandent un sol riche et humide, même marécageux, au soleil ou à la mi-ombre.
Plantation En automne ou au printemps, en évitant le gel.
Floraison Au printemps et en début d'été. Si vous supprimez les fleurs fanées, vous bénéficierez peut-être d'une seconde floraison.
Ravageurs et maladies Rares ; les rongeurs s'attaquent parfois aux boutons floraux.
Bonus Le feuillage constitue un couvre-sol efficace.

PLANTE VEDETTE

***T. chinensis* 'Golden Queen'** ♀ **Une fleur de trolle éclatante en été : portées sur de longues tiges, les inflorescences orangées, très pleines, sont superbes dans les bouquets.**

Veronica

Les **véroniques** se déclinent aussi bien en petites espèces pour rocailles ou gazons fleuris qu'en grands sujets demandant à être tuteurés dans les massifs exposés au vent.

Les plus petites des véroniques, comme *V. prostrata*, sont d'excellentes plantes pour les jardins d'éboulis, où elles colonisent le sol rocailleux. Les plus grandes variétés, comme *V. spicata* 'Icicle', forment des touffes denses et colorées dans les plates-bandes au sol bien drainé.

UNE TOUCHE D'ORIGINALITÉ

***V. peduncularis* 'Georgia Blue'** Toutes les véroniques ont un port assez étalé, mais celle-ci forme vraiment un tapis dense, ras, couvert en été de fleurs bleu soutenu.

Le choix du spécialiste

1 *V. gentianoides* ♀
Plantez cette vivace à fleurs bleu pâle en bordure de plate-bande.
✿ **Bleu • Été • *HE* 40 cm**

2 *V. austriaca* ssp. *teucrium* 'Crater Lake Blue' ♀ Des fleurs bleu cobalt intense.
✿ **Bleu vif • Milieu d'été • *H* 30 cm *E* 40 cm**

3 *V. prostrata* 'Rosea'
Cette plante de rocaille se couvre d'épis denses en début d'été.
✿ **Lilas rose • Début d'été • *H* 10 cm *E* 45 cm**

4 *V. spicata* 'Icicle'
Les longs épis blancs contrastent avec le feuillage sombre.
✿ **Blanc • Milieu d'été • *HE* 45 cm**

À savoir

Situation En sol léger, généralement humide, en situation ensoleillée et abritée.
Plantation Tuteurez les grandes véroniques exposées au vent. Supprimez les fleurs fanées et divisez les touffes tous les 3-4 ans.
Floraison En été.
Ravageurs et maladies Le principal problème est l'oïdium.
Bonus Certaines espèces ne craignent pas les sols pauvres et secs.

PLANTE VEDETTE

V. gentianoides ♀ **Les longs épis de petites fleurs bleu pâle donnent à cette véronique une allure très élégante.**

PLANTE VEDETTE
V. minor 'Multiplex'
Le feuillage est parfait pour couvrir un talus ou le sol nu sous les arbres.

Vinca

La **pervenche** est une plante rampante vigoureuse. Poussant à l'ombre, elle est précieuse pour garnir le pied des arbres et arbustes.

À savoir

Situation Dans tout sol bien drainé, au soleil ou à l'ombre.
Plantation En automne ou au printemps ; paillez au printemps.
Floraison Printemps et été.
Taille Aucune, sauf pour contrôler la végétation.
Ravageurs et maladies Aucun.
Bonus Peut être palissée sur un treillage.

À condition que le sol ne soit pas trop sec, les pervenches sont très faciles à cultiver. Elles couvrent largement le sol, prospèrent au soleil ou à l'ombre et produisent au printemps et en été des masses de jolies fleurs dans des tons de bleu, pourpre et blanc. Elles s'étalent indéfiniment grâce à leurs rameaux rampants qui s'enracinent, mais les variétés plus petites, comme '**Atropurpurea**', sont moins envahissantes et peuvent être plantées en massif.

Le choix du spécialiste

1 *V. minor*
Petites fleurs printanières bleu-mauve. 'Alba'♀ est à fleurs blanches, 'Multiplex' à fleurs pourpres.
✿ **Bleu-mauve • Printemps-début d'été • *H* 20 cm *E* 30 cm**

2 *V. minor* **'Dart's Blue'**
Plante vigoureuse à feuillage très lustré.
✿ **Bleu foncé • Printemps-début d'été • *H* 20 cm *E* 30 cm**

3 *V. minor* **'Albo Variegata'**
Petite persistante à feuillage jaunâtre. 'Argenteovariegata'♀ et 'Variegata' sont aussi panachées.
✿ **Bleu pâle • Printemps-début d'été • *H* 20 cm *E* illimité**

4 *V. minor* **'Atropurpurea'**♀
Autre petite forme à feuilles vert foncé et à tiges rouges.
✿ **Pourpre • Printemps-début d'été • *H* 20 cm *E* illimité**

5 *V. minor* **'Emily Joy'**
Abondante floraison blanche.
❀ **Blanc • Printemps-début d'été • *H* 20 cm *E* 30 cm**

Viola

Indispensables dans les jardins, les **violettes**, ou violas, offrent une incroyable palette, des teintes les plus sobres et délicates aux contrastes les plus saisissants. Plantez-les en tapis fleuri ou associez-les aux rosiers arbustes pour égayer le pied des tiges souvent dénudé.

Le choix du spécialiste

1 *V. sororia* **'Freckles'**
Une petite violette vigoureuse, à fleurs ponctuées, sur de courtes tiges.
❀ **Blanc et pourpre • Fin de printemps et été • *H* 10 cm *E* 20 cm**

2 *V. cornuta*♀
Il existe de nombreuses variétés de cette violette cornue, toutes à fleurs parfumées. Celles du groupe Alba♀ ont des fleurs blanches.
✿❀ **Lilas ou blanc • Tout l'été • *H* 15 cm *E* 30 cm**

3 *V. odorata*
La violette odorante se prête bien à la naturalisation.
✿❀ **Bleu ou blanc • Fin de printemps-début d'été • *H* 20 cm *E* 15 cm**

4 *V.* **'Maggie Mott'**♀
Une variété ancienne au parfum subtil.
✿ **Mauve argenté • Printemps-été • *H* 8 cm *E* 15 cm**

5 *V.* **'Huntercombe Purple'**♀
Une forme à port compact, très rustique.
✿ **Pourpre foncé • Printemps-été • *HE* 15 cm**

6 *V.* **'Jackanapes'**♀
Une variété qui s'étale en touffes, à fleurs bicolores remarquables.
✿✿ **Jaune et pourpre foncé • Été • *H* 10 cm *E* 25 cm**

V. tricolor

7 *V. tricolor*
La violette tricolore a des fleurs éphémères mais aux teintes exquises.
❀✿✿ **Blanc, jaune et pourpre • Tout l'été • *HE* 15 cm**

Les violettes apportent une petite touche colorée au pied des arbustes ou des grandes plantes vivaces dans une plate-bande. Le genre botanique compte aussi les pensées et bien d'autres espèces de « vraies » violettes. Plantez les violas dans un massif surélevé pour profiter de leur parfum et mettre en valeur leurs petites fleurs.

De nombreuses violettes sont considérées comme des annuelles (voir pages 269-271), mais celles présentées ici sont des plantes rustiques qui fleurissent pendant plusieurs années.

PLANTE VEDETTE

***V. sororia* 'Freckles' Une merveilleuse variété qui se ressème spontanément, aux fleurs délicieusement éclaboussées de pourpre.**

V. cornuta

V. 'Jackanapes'

À savoir

Situation Les violas se plaisent entre mi-ombre et soleil (non brûlant), en évitant les sols secs.
Plantation Supprimez les fleurs fanées pour stimuler la floraison.
Floraison Elle commence au printemps. Si vous rabattez les touffes à 8 cm en milieu d'été, elles reprendront une bonne croissance et refleuriront en automne.
Ravageurs et maladies Surveillez escargots et limaces.
Bonus Nombre de variétés sont délicieusement odorantes.

Waldsteinia

Cette vivace à floraison printanière jaune vif pousse à l'état naturel dans les sous-bois. C'est une plante méconnue dans les jardins, alors que sa culture est des plus faciles.

Le choix du spécialiste

1 *W. ternata*
Une vigoureuse vivace couvre-sol qui s'étale rapidement et éclaire les zones d'ombre de ses fleurs jaune d'or.
Jaune • Fin de printemps-été • *H* 15 cm *E* 60 cm

Vigoureuse et facile à vivre, cette plante vivace a des fleurs en coupe qui ressemblent à celles des potentilles (voir page 212). Elle fait un excellent couvre-sol, en particulier à la mi-ombre, en sol fertile, dans des conditions proches de son habitat naturel des sous-bois.

Elle gagne du terrain grâce à ses rhizomes proches de la surface du sol, aussi est-elle facile à diviser si elle s'étale trop. Vous pouvez aussi prélever des pousses enracinées et les mettre en pots.

À savoir

Situation Cette vivace pousse dans la plupart des sols, mais se plaît mieux dans une terre assez riche. Une ombre légère est préférable au plein soleil en été.
Plantation Divisez les grandes touffes en début de printemps, avant la floraison.
Floraison À la fin du printemps jusqu'au tout début de l'été.
Ravageurs et maladies Aucun.
Bonus Sous une ombre légère, cette plante s'étale en joli couvre-sol à feuillage semi-persistant.

PLANTE VEDETTE

***W. ternata* Les innombrables fleurs jaunes, en coupe, adoucissent en début d'été les contours du feuillage étalé, à bord déchiqueté.**

grimpantes, arbustes, sous-arbrisseaux et conifères

Les arbustes font partie des plantes les plus faciles à cultiver et les moins exigeantes en entretien. Ils forment un groupe varié et précieux, offrant structure, couleur et texture à tous les types de plantations.

Les arbustes sont des plantes ligneuses, généralement buissonnantes ou grimpantes, à feuillage caduc ou persistant. Les sous-arbrisseaux ne sont ligneux qu'à la base et ressemblent plus à des vivaces herbacées.

Persistants ou caducs, les arbustes donnent au jardin un air de pérennité, tout en constituant un fond sur lequel placer des éléments plus éphémères comme des annuelles. Pour cette raison, prenez vraiment le temps de choisir les bonnes espèces, en tenant compte à la fois des exigences individuelles et de l'aspect général que vous souhaitez obtenir.

Le travail du sol

Il est important de bien préparer le terrain avant toute plantation, afin de donner aux plantes un bon démarrage et toutes les chances de s'établir au plus vite. Rares sont les arbustes qui apprécient les sols constamment détrempés, à part les **saules** (*Salix*), mais la plupart s'accommodent de tout sol moyennement fertile, ni trop humide ni trop sec. Cependant, beaucoup de **rhododendrons** et d'**azalées** (*Rhododendron*), de **bruyères** (*Erica,*

Calluna) et d'**airelles** (*Vaccinium*) préfèrent les terres acides et ne peuvent pas s'implanter en sol calcaire.

La plupart des arbustes poussent au soleil ou à la mi-ombre. Quelques-uns – **lavande** (*Lavandula*), **tamaris** (*Tamarix*) et **lilas** (*Syringa*) – ont besoin d'un fort ensoleillement, tandis que d'autres, comme les **mahonias** (*Mahonia*) et nombre de **rhododendrons** (*Rhododendron*), préfèrent une ombre légère.

Mise en place

Les arbustes se déplacent généralement sans problème, même bien établis. Mais c'est un travail pénible et il est préférable d'avoir en tête le schéma de plantation avant de commencer à planter les végétaux.

L'idéal est d'aboutir à un bon équilibre entre les persistants et les arbustes caducs à floraison saisonnière. Les feuillages verts ou panachés des persistants s'apprécient particulièrement en hiver, mais beaucoup d'entre eux, surtout les conifères, offrent un aspect un peu lourd en été.

À l'opposé, bon nombre d'arbustes caducs ont plusieurs atouts : floraison au printemps ou en été, puis baies ou feuilles prenant de belles teintes à l'automne. Pour accentuer l'intérêt, variez les hauteurs, les formes, et la taille et la texture des feuilles.

Les plantes grimpantes, souvent superbes en fleurs, sont inestimables. Même dans un jardinet de ville, il est possible de trouver une espèce grimpante à palisser pour cacher un mur ou orner une petite arche ou une souche d'arbre. Certaines se plaisent aussi très bien en pots.

Les arbustes poussent bien dans des sols variés, mais un minimum de préparation et d'entretien les aidera à s'enraciner plus rapidement.

Eau et nourriture

- Avant la plantation, enfouissez du fumier ou du compost décomposé, ce qui permet au sol de conserver l'humidité tout en apportant des nutriments aux jeunes plantes.
- Arrosez bien, tout particulièrement la première année.
- Épandez tous les ans une couche de compost, en automne ou au début du printemps, quand le sol est humide.

Tuteurage

- En situation venteuse, il peut être nécessaire de tuteurer les arbustes buissonnants, surtout les jeunes sujets.
- Veillez à fournir un support aux plantes grimpantes. Plantez les espèces qui s'attachent elles-mêmes au pied d'une structure solide et haute, comme un mur ou un arbre.
- Palissez les espèces à tiges volubiles ou vrilles sur un grillage, ou un treillage pour les plus petites, ou sur une clôture robuste ou des fils de fer solidement fixés sur un mur pour les plus grandes.

Taille

- Coupez les branches vieilles ou malades tous les deux ou trois ans pour maintenir une végétation saine et vigoureuse.
- Conservez des arbustes bien équilibrés en rabattant tous ceux qui empiètent sur d'autres plantes ou débordent de l'emplacement qui leur a été alloué.
- En dehors des topiaires et des haies, évitez la taille qui laisse un résultat lisse et très artificiel. Utilisez un sécateur plutôt que des cisailles, pour une forme naturelle irrégulière.
- La plupart des arbustes caducs se taillent après la floraison ou en début de printemps (voir pages 16-17), et les persistants au printemps.
- Taillez les conifères légèrement et régulièrement. Peu d'entre eux produisent de nouvelles pousses s'ils sont trop rabattus sur le vieux bois.

Attacher une liane sur son support est une sécurité de plus.

Abies

Rustiques et peu exigeants, les **sapins** donnent au jardin un air de maturité. Faciles à entretenir, ces variétés naines sont idéales pour les rocailles et les petits jardins.

A. koreana 'Silberlocke'

A. balsamea 'Nana'

A. nordmanniana 'Golden Spreader'

Le choix du spécialiste

1 ***A. lasiocarpa* var. *arizonica* 'Compacta'**♀ Ce petit arbre est parfait pour égayer un coin sombre et humide.
⌀ **Vert argenté • *H* 60 cm *E* 45 cm à 10 ans ; atteint 3-5 x 2 m à 30 ans**

2 ***A. koreana* 'Prostrate Beauty'** Ce joli sapin développe une silhouette étalée. Il présente des aiguilles lustrées à revers argenté et des cônes pourpre bleuâtre.
⌀ **Vert • *HE* 2 m à 30 ans**

3 ***A. koreana* 'Silberlocke'**♀ C'est, parmi ces sapins, le plus lent à pousser. Le revers gris pâle de ses aiguilles est visible, ce qui lui donne un aspect argenté.
⌀ **Vert argenté • *H* 3 m *E* 1,50 m**

4 ***A. concolor* 'Compacta'**♀ Un sapin au port arrondi et aux jeunes pousses bleutées.
⌀ **Vert bleuté • *HE* 3 m**

5 ***A. nordmanniana* 'Golden Spreader'**♀ Un sapin nain buissonnant à port étalé et feuillage doré. À protéger du gel et du soleil direct.
⌀ **Jaune doré • *H* 1 m *E* 1,50 m à 15 ans**

6 ***A. balsamea* 'Nana'** Ce sapin baumier nain aux aiguilles très denses forme un buisson compact et arrondi.
⌀ **Vert foncé • *H* 80 cm *E* 1 m à 20-30 ans**

PLANTE VEDETTE
***A. lasiocarpa* var. *arizonica* 'Compacta'**♀ **Ce sapin à croissance lente ressemble à un petit arbre de Noël avec des aiguilles bleu argenté. Il se plaît dans un sol frais et humide.**

Avec leurs branches étalées et leurs troncs argentés, ces conifères persistants conviennent à tous les types de jardins. Certaines variétés produisent en outre un feuillage argenté ou des cônes colorés.

Les sapins peuvent pousser très haut – 100 m pour certaines espèces – mais ceux présentés ici sont des arbres nains. Les variétés à croissance lente, comme **'Compacta'**, conviennent aux jardins de taille moyenne. **'Silberlocke'** est une variété à croissance très lente, colorée, parfaite pour un petit jardin, tandis que les variétés naines compactes, comme **'Nana'**, sont tout à fait adaptées aux rocailles.

Planter et oublier

Amateurs de fraîcheur et d'humidité, les sapins préfèrent les sols acides. Ils ne conviennent pas aux zones urbaines ou industrielles car ils détestent les atmosphères polluées. Plantez les variétés à feuillage gris ou doré à la mi-ombre car le soleil risque de brûler les feuilles.

Une fois plantés, ces sapins demandent peu d'entretien, hormis la suppression des branches mal orientées. Les variétés dorées produisent parfois une pousse verte que vous devrez couper.

À savoir

Situation Sol profond, frais et acide, argileux plutôt que calcaire. Craignent la pollution. Les sapins apprécient une protection contre les vents dominants.

Plantation Plantez les jeunes arbres en automne ou à la fin du printemps, sans perturber la motte racinaire.

Floraison Au printemps, cônes rouges, pourpres, bleus, blancs ou verts. La plupart ne fructifient pas avant vingt ans. *A. koreana* produit des cônes bleus au bout de cinq à dix ans.

Taille Inutile. Ôtez les branches indésirables en hiver et supprimez sans tarder les pousses vertes sur les variétés à feuillage doré.

Ravageurs et maladies Aucun, sauf de rares attaques de pucerons.

Bonus Arbres à feuillage persistant et cônes colorés, décoratifs toute l'année.

Amelanchier

L'**amélanchier** offre un spectacle magnifique avec ses bouquets de fleurs blanches et son feuillage cuivré.

Le choix du spécialiste

1 *A. canadensis*
Cet arbuste drageonnant aux feuilles colorées pousse bien en situation humide.
Blanc • Printemps Cuivré • Automne • *H* 1,20 m à 5 ans; 7 m à terme

2 *A. lamarckii*
C'est l'espèce la plus grande. Fleurs blanches et brillantes au printemps, teintes automnales jaunes et rouges.
Blanc • Printemps Rouge • Automne • *H* 1,50 m *E* 1,20 m à 5 ans; 7 m à terme

3 *A.* x **'Ballerina'**
Les jeunes feuilles sont bronze; elles virent au rouge et brun en automne.
Blanc • Printemps Rouge-brun • Automne • *H* 1 m à 5 ans; 4 m à terme

Si vous avez un endroit dégagé à remplir, plantez cet arbuste buissonnant qui reste décoratif du printemps à l'automne. Les fleurs blanches printanières sont suivies de baies, rouges en été, virant au noir ensuite. **'Ballerina'** convient mieux aux jardins de taille moyenne. C'est un arbuste peu exigeant; la taille n'est nécessaire que pour ralentir son développement. Il est sujet à des attaques de rouille: évitez de le planter à proximité des genévriers, qui peuvent lui transmettre la maladie.

PLANTE VEDETTE
A. canadensis **Cet arbuste ramifié porte des fleurs blanches au printemps et un feuillage cuivré en automne.**

À savoir

Situation Plein soleil ou mi-ombre, dans un sol frais.
Plantation En automne ou tôt au printemps, pendant la dormance des sujets à racines nues.
Floraison Au printemps.
Ravageurs et maladies Rouille du genévrier et botrytis du fruit si l'été est pluvieux.
Bonus Abondante floraison printanière, belles teintes d'automne. Fruits qui attirent les oiseaux.

A. lamarckii

Berberis

Cet arbuste adaptable et facile à cultiver peut remplir bien des fonctions: en rocaille, en couvre-sol, en sujets décoratifs isolés ou en haie défensive.

Le choix du spécialiste

1 *B. thunbergii* **'Atropurpurea Nana'** Arbuste nain à feuillage caduc idéal pour la rocaille.
B. thunbergii 'Atropurpurea', similaire, a des feuilles pourpre-rouge foncé virant au rouge vif en automne.
Pourpre-rouge • Automne Rouge vif • Automne • *HE* 1,20 m

2 *B. thunbergii* **'Golden Nugget'** Un buisson bas de feuillage jaune doré virant à l'orangé en automne.
Jaune • Été Orangé • Automne • *H* 30 cm *E* 50 cm

3 *B. thunbergii* **'Emerald Carousel'** Tiges arquées à feuillage vert virant au rouge-pourpre l'été.
Jaune • Printemps Rouge • Automne • *HE* 1,20 m

4 *B. thunbergii* **'Royal Burgundy'** Feuillage rouge vin, devenant presque noir en automne.
Rouge vin • Été Pourpre • Automne • *H* 60 cm *E* 90 cm

5 *B. thunbergii* **'Royal Cloak'** Feuillage rouge foncé porté par des tiges érigées et arquées à leur extrémité.
Rouge clair • *HE* 1,20 m

6 *B. thunbergii* **'Sunsation'** Feuillage jaune doré, devenant rouge en automne.
Jaune • Printemps-été • *HE* 1 m

Fleurs, fruits et feuillage rendent les berbéris intéressants en toute saison.

7 *B. thunbergii* **'Ruby Carousel'** Les jeunes pousses rouges deviennent violacées à maturité.
Rouge • Printemps Violet • Été • *HE* 1 m

Berberis spp.

Feuilles, fleurs et baies colorées font des berbéris des arbustes variés très intéressants. Leur feuillage estival vert brillant ou de diverses teintes pourprées donne de belles colorations automnales. Les fruits, persistants en hiver, rendent cet arbuste très particulier tout au long de l'année.

La haie idéale
Hormis 'Atropurpurea Nana', tous sont pourvus d'épines. Les plus grands, comme *B. thunbergii* 'Royal Cloak' et *B. thunbergii* 'Emerald Carousel', font des haies attrayantes et denses.

8 *B. thunbergii* 'Rose Glow'♀ À mesure qu'elles croissent, les feuilles développent une panachure blanche ou rose.
Rouge-pourpre • Printemps-été • *HE* 1,50 m

9 *B. thunbergii* 'Cherry Bomb' Feuillage rouge cramoisi virant à l'orangé en automne. Floraison jaune et fruits persistants.
Jaune • Printemps • Rouge • Automne-hiver • *HE* 80 cm

PLANTE VEDETTE
***B. thunbergii* 'Atropurpurea Nana'**♀
Les baies et feuilles colorées sont remarquables en automne. Presque inerme, ce berbéris constitue une haie basse facile à entretenir.

À savoir

Situation Au soleil ou à l'ombre légère, particulièrement pour les cultivars à feuillage jaune.
Plantation En automne ou au printemps.
Floraison Au printemps.
Ravageurs et maladies Aucun.
Bonus Branches épineuses pour des haies défensives.

Buddleja

Le **buddléia**, ou **arbuste aux papillons**, tire sa popularité de sa floraison prolongée. Le parfum et les couleurs de ses fleurs attirent les papillons, les abeilles et les colibris. Avec un sol parfaitement drainé, une bonne couche de neige pour le protéger l'hiver et une taille sévère au printemps, vous pourrez profiter de cet arbuste exotique même sous notre climat nordique.

Le buddléia pousse dans n'importe quelle situation ensoleillée, bien que sa floraison soit plus abondante dans une terre franche et profonde. Disponible dans toute une gamme de coloris, c'est un arbuste vigoureux qui a besoin de place.

La taille
Rabattez au sol *B. alternifolia* après la floraison. Toutes les autres espèces disponibles au Québec nécessitent un rabattage printanier à environ 10 cm du sol. En effet, peu rustique, la partie aérienne meurt en hiver, mais se regénère rapidement à partir de la souche.

B. davidii 'White Profusion'

Le choix du spécialiste

1 *B. davidii* 'Nanho Blue'♀
Les grands épis parfumés de cet arbuste à croissance rapide offrent un beau spectacle estival dans n'importe quel endroit ensoleillé. Pour varier les couleurs, mélangez avec 'Nanho Purple'♀.
Bleu pâle • Milieu d'été-début d'automne • Vert pâle • *HE* 1,20 m

2 *B. davidii* 'White Profusion'♀ Le meilleur des buddléias blancs. Il produit en abondance durant tout l'été des

B. x *weyeriana*

B. davidii 'Royal Red'

épis denses de fleurs blanches à œil jaune, au parfum sucré.
❀ Blanc • Milieu d'été-début d'automne ∅ Vert pâle • *HE* 2 m

3 *B. davidii* 'Royal Red'
Plantez ce bel arbuste en évidence, au soleil et il vous offrira de superbes inflorescences pourpre-rouge pouvant atteindre 50 cm de long.
✿ Pourpre-rouge • Milieu d'été-début d'automne ∅ Vert pâle • *HE* 2 m

4 *B. alternifolia*
Les gracieuses tiges arquées de cet arbuste se couvrent en mai et juin de bouquets de fleurs lilas parfumées. Taillez après la floraison car cette espèce fleurit sur le bois de l'année précédente.
✿ Lilas • Début d'été ∅ Vert mat • *HE* 2 m

5 *B.* 'Pink Delight' Les fleurs roses en épis longs et étroits apparaissent en août et septembre.
✿ Rose pâle • Fin d'été ∅ Vert pâle • *HE* 1,50 m

6 *B.* x *weyeriana* 'Honeycomb' Nouveau cultivar qui porte des bouquets arrondis de fleurs jaune au centre orange foncé.
✿ Jaune • Milieu-fin d'été ∅ Vert argenté • *HE* 1,50 m

À savoir

Situation Dans tout sol bien drainé, si possible au soleil.
Plantation Au printemps.
Floraison Généralement du milieu de l'été au début de l'automne.
Taille Rabattez à 10 cm du sol, tôt chaque printemps.
Ravageurs et maladies Aucun.
Bonus Les insectes attirés par le nectar aident à polliniser d'autres plantes.

UN « AIMANT » À INSECTES Les fleurs de buddléia, riches en nectar, attirent un grand nombre de papillons aux couleurs vives.

PLANTE VEDETTE

***B. davidii* 'Nanho Blue'** **Les fleurs parfumées bleu pâle s'ouvrent du milieu de l'été au début de l'automne, attirant papillons et abeilles avides de nectar.**

B. 'Pink Delight'

Buxus

Cultivé pour ses feuilles brillantes, vert foncé et persistantes – la floraison est insignifiante –, le **buis** est un choix classique pour les haies taillées ou les formes topiaires.

Poussant lentement et supportant des tailles sans fin, le buis est très facile à façonner. C'est l'arbuste idéal pour l'art topiaire ou pour des haies basses et denses. Les formes plus petites se cultivent très bien en pots.

Une silhouette bien nette
Pour encourager une végétation dense, taillez sévèrement les haies et formes topiaires quand elles sont jeunes. Une fois adultes, elles n'auront besoin que de deux ou trois tailles dans l'année.

TOPIAIRE
La majorité des buis se prête bien aux tailles répétées. Laissez aller votre imagination.

À savoir

Situation Tout sol bien drainé, au soleil ou à la mi-ombre, à l'abri des vents dominants.
Plantation Au printemps ou en automne.
Taille Pour la forme voulue, quand c'est nécessaire.
Ravageurs et maladies Des insectes peuvent abîmer les feuilles.
Bonus Feuillage persistant.

Le choix du spécialiste

1 *B. sinica insularis* 'Winter Gem' Cet arbuste arrondi et régulier aux feuilles brillantes vert foncé fait d'excellentes haies basses.
Vert foncé • *HE* 1 m

2 *B. sinica insularis* 'Pincushion' Intéressant pour son feuillage vert foncé devenant bronze l'automne et l'hiver.
Vert • Été Bronze • Automne-hiver • *HE* 60 cm

3 *B.* x 'Green Mountain'
Variété à port érigé pyramidal. À utiliser comme sujet isolé ou dans les jardins à l'anglaise.
Vert • *HE* 1 m

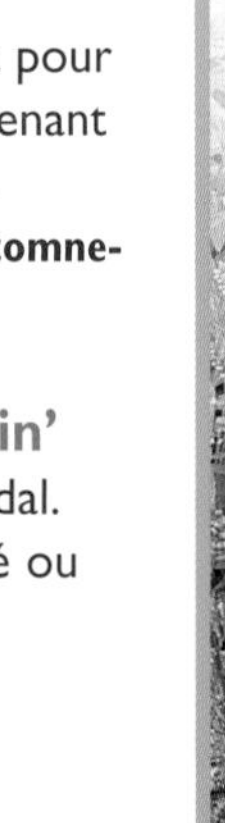

Caryopteris

Les *Caryopteris* sont idéaux à l'avant d'une bordure. Ces petits arbustes compacts produisent une masse de minuscules fleurs bleues en fin d'été.

Vous pouvez cultiver ces arbustes en pots ou à l'avant d'une bordure. Ils sont également attrayants dans une rocaille ou sur un muret. Dans nos régions, les tiges sont souvent détruites lors des hivers très rigoureux ; protégez les racines avec un paillis de feuilles et de nouvelles pousses apparaîtront au printemps.

Le choix du spécialiste

1 *C.* x *clandonensis* 'Dark Night' Cette plante vaut pour ses petites fleurs parfumées pourpre foncé.
Pourpre foncé • Fin d'été • *HE* 60 cm

2 *C.* x *clandonensis* 'Longwood Blue' Les petits bouquets de fleurs bleu-mauve odorantes attirent les papillons. Excellent en petite haie.
Bleu-mauve • Fin d'été • *HE* 60 cm

PLANTE VEDETTE
***C.* x *clandonensis* 'Dark Night'** **Un feuillage gris-vert aromatique s'ajoute aux fleurs violettes de ce bel arbuste.**

UNE TOUCHE D'ORIGINALITÉ
***C.* x *clandonensis* 'Worcester Gold'** Feuilles jaune doré allongées et fleurs bleues résistant à la sécheresse.

À savoir

Situation Tout sol bien drainé, au soleil.
Plantation En automne ou au printemps.
Floraison En fin d'été.
Taille Rabattez à 10 cm du sol chaque printemps.
Ravageurs et maladies Aucun.
Bonus Ces arbustes poussent même en sol crayeux.

Celastrus

Le **célastre**, ou **bourreau des bois**, est une belle plante grimpante. Ses baies jaunes s'ouvrent en automne pour révéler des graines écarlates.

PLANTE VEDETTE
C. scandens **Ce célastre à feuillage caduc pousse vite, finissant par atteindre 9 m de haut. Les nombreux bouquets de fruits lustrés jaune orangé, de la taille d'un pois, apparaissent en automne, s'ouvrant pour révéler des graines brillantes rouge vif.**

À savoir

Situation Dans un sol riche, frais, au soleil ou à la mi-ombre. Peu exigeante, *C. scandens* supporte même la sécheresse.
Plantation Du printemps au début de l'automne.
Floraison Insignifiante.
Taille En hiver ou au début du printemps, après la chute des fruits.
Ravageurs et maladies Aucun.
Bonus En automne, feuilles et baies colorées ; celles-ci sont délaissées par les oiseaux.

1 *C. scandens*
Espèce volubile à feuilles vertes caduques et floraison insignifiante. Elle ne fructifie généralement que si des pieds mâles et femelles sont plantés ensemble.
Vert • Jaune orangé • Automne • *H* 2,50 m à 5 ans ; 9 m à terme

2 *C. orbiculatus*
L'atout de cette espèce rustique à feuilles caduques est le contraste entre le feuillage automnal jaune vif et les graines écarlates délaissées par les oiseaux. Les plants sont bisexués.
Jaune • Automne • Rouge • Automne • *H* 3 m à 5 ans ; 12 m à terme

C. orbiculatus

Chaenomeles

Les **cognassiers à fleurs** ont une floraison précoce et lumineuse appréciable au sortir de l'hiver.

Les cognassiers à fleurs sont des plantes faciles à palisser contre un mur. Fixez simplement des fils de fer horizontaux espacés de 30 cm environ, puis attachez les branches sélectionnées à mesure que la plante grandit. Le mur se couvrira de fleurs roses, rouges, orange ou blanches au début du printemps. Une fois défleuri, un tel arbuste peut servir de support naturel à des plantes grimpantes.

Un conseil pour réussir
Arrosez bien les jeunes plantes les deux premières années.

PLANTE VEDETTE
C. speciosa **'Toyo-Nishiki'**
Particulier pour ses bouquets de fleurs teintées de blanc, de rose et de rouge.

Le choix du spécialiste

1 *C. speciosa* 'Toyo-Nishiki'
Fleurs de différentes couleurs sur le même plant.
Rose, blanc et rouge • Printemps • *H* 1 m *E* 1,50 m

2 *C. speciosa* 'Geisha Girl' 🏆
Cet arbuste semble toujours impeccable.
Abricot • Printemps • *HE* 1 m

3 *C.* x *superba* 'Crimson & Gold' 🏆 Un bon choix pour les petits espaces.
Rouge à centre doré • Printemps • *H* 1 m *E* 1,50 m

4 *C.* x *superba* 'Texas Scarlet' Une plante basse avec une abondante floraison rouge.
Rouge vif • Printemps • *H* 1 m *E* 1,50 m

À savoir

Situation De préférence dans un sol bien drainé, au soleil.
Floraison Au début du printemps.
Taille En mai, rabattez les rameaux qui ont fleuri.
Ravageurs et maladies Sensible aux pucerons.
Bonus Adultes, ils produisent des coings aromatiques en automne.

C. x *superba*

Chamaecyparis

Les **faux cyprès** sont des persistants très populaires et faciles à cultiver. En général, leur croissance est lente et ils doivent être placés à l'abri des vents dominants. Il existe des formes pour toutes les situations : buissons nains, spécimens à isoler, arbres d'ornement et de haie.

Le choix du spécialiste

1 *C. pisifera* 'Filifera' Cette variété à forme conique large porte sur ses branches étalées des rameaux filiformes, ce qui lui donne une allure plumeuse.
Vert • *H* 3 m à terme *E* 1,50 m

2 *C. obtusa* 'Fernspray Gold' Bel arbuste conique au feuillage jaune citron semblable à celui de la fougère.
Jaune citron tout l'été
• *H* 2 m à terme *E* 1 m

3 *C. obtusa* 'Nana Gracilis' Ce conifère à croissance lente et au port globulaire irrégulier atteint sa taille adulte à 40 ans.
Vert foncé
• *HE* 1 m à terme

4 *C. nootkatensis* 'Pendula' Conifère qui se distingue par son port pleureur d'aspect fantomatique.
Vert • *H* 4 m à terme *E* 2 m

5 *C. nootkatensis* 'Glauca' Arbuste au port pyramidal large et à l'épais feuillage retombant vert bleuté. Impressionnant !
Vert bleuté
• *H* 2 m à terme *E* 1,20 m

6 *C. pisifera* 'Boulevard' Sa forme conique et son feuillage en font un conifère très décoratif.
Bleu argenté
• *H* 1,50 m à terme *E* 90 cm

C. nootkatensis 'Pendula'

C. obtusa 'Nana Gracilis'

7 *C. thyoides* 'Heatherbun' Ce faux cyprès au port arrondi est intéressant pour la couleur pourpre de son feuillage en automne.
Bleu-vert • Été
Pourpre • Automne
• *H* 1,20 m *E* 1 m

PLANTE VEDETTE
***C. pisifera* 'Filifera'**
Un conifère qui contraste bien avec les feuillus, qui forme un écran efficace et donne de la structure aux aménagements.

La diversité de hauteur – du grand arbre à l'arbuste nain de rocaille – et de coloris – du bleu argenté au jaune d'or – justifie la popularité de ces conifères, s'accommodant de presque toutes les situations.

Le secret de la réussite réside dans le choix d'un emplacement à l'abri des vents dominants. Les variétés naines ou à croissance lente comme 'Nana Gracilis' sont parfaites pour un petit jardin. Pour constituer une haie ou un écran, essayez des arbres comme *C. nootkatensis* 'Glauca'. Vous pouvez les planter groupés, ou isolément pour mettre une variété en valeur.

À savoir

Situation Dans un sol légèrement acide, bien drainé, au soleil.
Plantation Au printemps ; arrosez bien jusqu'au bon établissement des plants.
Taille Aucune, hormis les tailles régulières d'entretien.
Ravageurs et maladies Pucerons et araignées rouges.
Bonus Les hivers froids peuvent donner les meilleures couleurs.

Clematis

Peu de plantes sont aussi peu exigeantes que ces grimpantes à la popularité sans faille. Avec un choix judicieux et une plantation soignée, les **clématites** s'établissent aisément, poussent rapidement et dévoilent sans tarder leurs superbes atouts.

C. 'Henryi'

C. 'Jackmanii'

Il existe des centaines de sortes de clématites. Parfumées ou non, certaines ont des fleurs immenses et d'autres des petites clochettes. La palette des couleurs s'étend du blanc intense à des rouges et pourpre-bleu soyeux, et certaines plantes produisent de spectaculaires fructifications argentées. Les clématites à grandes fleurs sont d'excellents sujets pour garnir murs, clôtures, treillages, arches, pergolas et tonnelles. La plupart sont saines, et celles présentées ici sont parmi les plus faciles à cultiver et à entretenir.

Une plantation soignée

Quand vous plantez une clématite, veillez à ce que la base de la tige se trouve à environ 15 cm sous la surface du sol. Cela favorise la formation de pousses sur la partie enterrée, surtout en cas de dommages sur la partie aérienne ou de flétrissement.

Arrosez bien les jeunes plants, en particulier le premier été. Si vous laissez trop sécher une clématite, elle finira par dépérir. Paillez après l'arrosage pour maintenir l'humidité dans le sol. Fertilisez chaque printemps avec un engrais riche en potassium, type engrais à rosiers, et, de la fin du printemps à la fin de l'été, faites un apport hebdomadaire avec un engrais à tomate.

Palisser une clématite

Sur un mur ou une clôture, utilisez des fils de fer horizontaux. Sur un pilier ou une pergola, aidez les tiges à s'enrouler autour du support à mesure qu'elles croissent. Plantée au pied d'un arbre, guidez-la vers le tronc à l'aide d'un tuteur jusqu'à ce qu'elle atteigne les premières branches basses. Par la suite, elle se débrouille seule, même si elle apprécie un peu de taille (voir à droite).

Vous pouvez aussi faire pousser une clématite sur un arbuste ou l'entremêler à une autre grimpante, comme une **glycine** (*Wisteria*), un **chèvrefeuille** (*Lonicera*) ou un **rosier grimpant** (*Rosa*), à condition que ses racines soient au frais. Laissez les formes herbacées et les variétés de rocaille couvrir les talus et obstacles bas.

Simple à tailler

Il n'est pas nécessaire de tailler régulièrement les clématites, mais elles finissent par développer un fouillis de branches qu'il peut être préférable de rabattre. L'intervention dépend de l'époque de floraison (voir **Taille**, à droite).

Le flétrissement

C'est une maladie qui peut atteindre les jeunes plants, surtout chez les clématites à grandes fleurs. Si le problème survient, rabattez la tige sur la partie saine, en ôtant tous les tissus infectés. Puis, une fois par mois, arrosez avec un fongicide autour de la plante. Fertilisez régulièrement pour stimuler les repousses.

UNE TOUCHE D'ORIGINALITÉ

***C. heracleifolia* 'Wyevale'** n'est pas une grimpante. Haute de 1 m, vous pouvez la laisser s'étaler sur ses voisines ou la tuteurer sur des cannes de bambous.

Le choix du spécialiste

Floraison précoce

1 *C. montana* 'Rubens'
Cultivar vigoureux, au feuillage légèrement pourpre et à l'abondante floraison rose clair.
✿ Rose • Fin de printemps • *H* 7 m *E* 4 m

2 *C. paniculata* Espèce très vigoureuse, aux fleurs blanches et odorantes, qui peut bénéficier d'une protection hivernale.
❀ Blanc • Début d'été et automne • *H* 6 m *E* 3 m

Floraison de mi-saison

1 C. 'Henryi' ♀
Étonnantes fleurs en étoile de 20 cm de large, avec des anthères chocolat au centre.
❀ Blanc • Début-fin d'été • *H* 3 m *E* 1 m

2 C. 'Jackmanii' ♀ Une multitude de grandes fleurs mauves pour cette plante à croissance vigoureuse. Elle peut être taillée comme une variété à floraison tardive.
✿ Mauve foncé • Début-fin d'été • *H* 3 m *E* 1 m

C. 'Ville de Lyon'
C. tangutica

Floraison tardive

1 C. 'Gipsy Queen' ♡ Cette vigoureuse variété est appréciée au mois d'août pour ses grosses fleurs mauves, veloutées.
✿ Violet-pourpre • Fin d'été-début d'automne • *H* 3 m *E* 1 m

2 C. 'Ville de Lyon' Une clématite d'une exceptionnelle beauté, avec une masse de fleurs richement colorées de 10 cm de large.
✿ Rouge carmin • Milieu d'été-début d'automne • *H* 3 m *E* 1,50 m

3 C. *macropetala* 'Markhamii' Clématite très rustique, à belle floraison printanière rose lavande. Peut être taillée comme une espèce de mi-saison.
✿ Rose lavande • Fin de printemps • *H* 3 m *E* 1 m

4 C. *tangutica*
Petites fleurs pendantes en forme de clochettes, de l'été à l'automne. Elles sont suivies de beaux fruits plumeux argentés.
✿ Jaune • Milieu d'été • *H* 4 m *E* 3 m

À savoir

Situation Dans un sol riche, frais mais bien drainé, avec la base de la tige et les racines à l'ombre et les tiges au soleil.
Plantation Au printemps. Fixez le support, puis plantez profondément pour favoriser la formation d'une belle motte racinaire. Fertilisez et arrosez.
Floraison Du début du printemps à la fin de l'automne, en fonction du type. Faites une sélection de façon à toujours avoir une clématite en fleurs entre mai et octobre.
Taille Supprimez les tiges en surnombre ou mal orientées. Au besoin, taillez les ***variétés à floraison précoce*** après la floraison. Taillez les ***variétés de mi-saison*** tard en automne ou au printemps. Les bourgeons donnent des tiges secondaires qui porteront des pousses latérales fleurissant entre mai et juillet ; une deuxième floraison a lieu en fin d'été. Rabattez les ***variétés à floraison tardive*** tard en automne ou au printemps, à environ 30 cm du sol.
Ravageurs et maladies Flétrissement de la fleur et oïdium sur les variétés à grandes fleurs tardives.
Bonus Excellentes pour cacher un mur, une clôture ou un abri.

PLANTE VEDETTE

C. 'Gipsy Queen' ♡ **Pour une scène éclatante autour d'une porte ou sur une pergola, plantez cette grimpante au charme campagnard. Elle atteint plus de 2 m en une saison, fleurissant de la fin de l'été à l'automne.**

Cornus

Le **cornouiller** est un arbuste rustique qui apporte au jardin de superbes couleurs toute l'année. Les fleurs estivales vert jaunâtre sont entourées de grandes bractées, le feuillage d'automne offre une myriade de nuances ardentes et les rameaux dénudés se parent souvent de teintes vives en hiver.

Planter un cornouiller est un moyen facile de colorer le jardin tout au long de l'année. La couleur des rameaux va du rose corail au rouge foncé, tandis que les variétés **'Bud's Yellow'** ou **'Flaviramea'** ont des tiges vert jaunâtre.

Certains cornouillers sont de grands arbres produisant de jolies fleurs estivales et des fruits très colorés. Ils sont cependant plus exigeants que les variétés présentées ici, que l'on cultive pour la teinte vive de leurs rameaux en hiver. **'Sibirica Variegata'** développe aussi un beau feuillage d'automne.

Les cornouillers poussent facilement au soleil ou à l'ombre ; les variétés à fleurs décoratives préfèrent un sol neutre à acide. Ils s'accommodent des terrains humides et se plaisent particulièrement au bord d'un bassin.

La taille

Vous devez rabattre sévèrement au printemps les cornouillers cultivés pour leurs rameaux d'hiver.

Ne taillez pas l'année qui suit la plantation, mais, au printemps suivant, coupez toutes les tiges au ras du sol. Puis, chaque printemps subséquent, rabattez à deux bourgeons des pousses de l'année précédente. Ne taillez les formes à fleurs que pour restreindre leurs dimensions.

UNE TOUCHE D'ORIGINALITÉ

***C. sanguinea* 'Midwinter Fire'** se dévoile en hiver. Ses rameaux de couleur jaune, orange et rouge réchauffent le jardin glacé. Plantez-les en groupe pour obtenir un plus bel effet.

PLANTE VEDETTE

***C. alba* 'Sibirica Variegata'**

Le feuillage panaché de crème met en valeur les bouquets de petits fruits verts en automne, puis tombe pour révéler de superbes rameaux rouge foncé en hiver.

Le choix du spécialiste

1 *C. alba* 'Sibirica Variegata'

Le feuillage panaché vire au cramoisi. 'Sibirica', non panaché, a des tiges rouge corail.

Cramoisi • Automne Tiges rouge foncé • Hiver • *HE* 2,50 m

2 *C. alba* 'Bud's Yellow'

Cette variété est recherchée pour ses tiges jaunes.

Rouge • Automne • *HE* 1,50 m

3 *C. alba* 'Gouchaultii'

Variété colorée, avec des feuilles panachées de jaune et de rose, des baies bleues et des tiges rouge foncé en hiver.

Bleu • Automne Tiges rouges • Hiver • *HE* 2 m

4 *C. sericea* 'Kelseyi'

Ce cultivar à port bas est parfois dénommé 'Kelsey's Dwarf'.

Tiges rouge orangé • Automne • *HE* 75 cm

5 *C. sericea* 'Flaviramea'

Ce cornouiller a de superbes tiges vert-jaune vif en hiver.

Rouge ou orange • Automne • *HE* 2,50 m

6 *C. alba* 'Ivory Halo' (syn. *C. alba* 'Bailhalo')

Tiges rouges en hiver et feuillage panaché au printemps et en été pour un bel effet coloré.

Panaché • Été Tiges rouges • Hiver • *HE* 1,50 m

À savoir

Situation Toute terre de jardin, au soleil ou sous une ombre légère.
Plantation En automne ou au printemps.
Taille Rabattez sévèrement au printemps pour obtenir de belles tiges colorées en hiver (ci-dessus).
Ravageurs et maladies Aucun.
Bonus Le coloris intense des tiges illumine le jardin en hiver. Beaucoup ont de belles teintes automnales.

Corylus

Les **noisetiers** sont des arbustes et petits arbres vigoureux appréciés pour leurs chatons – un des signes avant-coureurs du printemps – et leurs fruits comestibles, les noisettes.

Ces noisetiers se cultivent aussi comme arbustes d'ornement, en particulier **'Aurea'** et **'Purpurea'**, les formes à feuillage jaune et pourpre, tandis que **'Contorta'**, avec ses curieuses branches tordues, fait un beau spécimen à isoler dans un pot ou sur une pelouse.

Ces arbustes s'accommodent de presque tous les types de sol. Étant naturellement des plantes de sous-bois, ils tolèrent l'ombre légère, bien que la production de noisettes soit plus abondante en plein soleil.

PLANTE VEDETTE
***C. avellana* 'Aurea' C'est l'un des plus jolis noisetiers. Ses feuilles jaune pâle virent au vert quand l'été touche à sa fin.**

Le choix du spécialiste

1 *C. avellana* 'Aurea'
Variété à feuillage jaune lime au printemps et doré en automne.
Jaune lime • Printemps Noisette • Automne • *H* 3 m *E* 2 m

2 *C. maxima* 'Purpurea'
Très décoratif par son feuillage pourpre au printemps. Doit être planté dans un endroit protégé.
Chatons pourprés • Début de printemps Pourpre • *HE* 6 m

3 *C. americana*
Espèce à port plus érigé. Son feuillage devient jaune orangé en automne.
Jaune • Automne Noisette • Automne • *H* 3 m *E* 1,50 m

4 *C. avellana* 'Contorta'
Les tiges tortueuses sont saisissantes en hiver.
Chatons jaunes • Début de printemps • *HE* 3 m

À savoir

Situation Dans tout sol, au soleil ou sous une ombre légère.
Plantation En fin d'été.
Taille Pour supprimer les vieilles branches seulement.
Ravageurs et maladies Parfois la brûlure hivernale. Protéger du vent.
Bonus Culture facile, avec des chatons attrayants et des noisettes comestibles.

Cotinus

Aussi larges que hauts, les **cotinus**, aussi appelés « arbres à perruque », sont des arbustes massifs et particuliers, tant par leur feuillage que par leur floraison.

Les cotinus sont appréciés pour leurs inflorescences et les infructescences plumeuses qui suivent ainsi que pour la belle coloration pourpre du feuillage de certains cultivars. Mais les sujets à feuillage vert méritent tout autant l'attention. Les feuilles ovales, presque rondes, très plates et lisses sont d'un beau vert bleuté chez *C. coggygria*. Ce type de feuilles, souvent rencontré chez les espèces tropicales, contraste bien avec les autres espèces de climat tempéré de nos jardins.

Bien qu'ils ne nécessitent aucun soin particulier, il est essentiel de planter les cotinus dans un endroit à l'abri des vents dominants pour protéger les bourgeons floraux. Et surtout ne les fertilisez pas : ils fleuriront davantage et leurs couleurs seront plus vives.

Le choix du spécialiste

1 *C. coggygria*
Feuillage bleu-vert, devenant rouge-pourpre en automne. Inflorescences changeant du vert au rose et au blanc. Plus rustique que les autres.
Blanc rosé • Été Bleu-vert • Été Rouge • Automne • *HE* 4 m

2 *C. coggygria* 'Royal Purple'
Gros buisson arrondi, populaire pour son feuillage pourpre foncé tout l'été.
Rose-violet • Été Pourpre foncé • Été • *H* 2,50 m *E* 2 m

3 *C. coggygria* 'Young Lady'
De plus petite dimension, ce nouveau cultivar fleurit beaucoup, même sur un jeune sujet.
Rose • Été • Rouge orangé • Automne • *HE* 2 m

4 *C. coggygria* 'Grace' Arbuste vigoureux aux jeunes pousses rouge vin tournant au bronze en été puis au rouge en automne.
Rose-violet Rouge vin, bronze puis rouge • *HE* 3 m

5 *C. coggygria* 'Golden Spirit' Nouveauté à feuillage jaune doré, changeant à l'orangé, au corail et au pourpre en automne.
Verdâtre • Été Jaune doré • Été • *H* 3 m *E* 2,50 m

Cotinus spp.

À savoir

Situation Soleil, abrité des vents hivernaux.
Plantation Au printemps ou en automne, dans un sol pauvre de préférence.
Taille Après la floraison, si désiré.
Ravageurs et maladies Peu fréquents.
Bonus Texture intéressante du feuillage.

PLANTE VEDETTE
C. coggygria
Gagne à être cultivé davantage. Son feuillage dense et lisse prend de belles teintes automnales et ses plumeaux changeants persistent tout l'été.

Cotoneaster

Ces arbustes produisent des baies colorées et offrent de belles teintes d'automne.

Cet arbuste attrayant offre des formes si nombreuses qu'il peut être planté à peu près partout dans le jardin : persistants pour haies et écrans, et formes rampantes en couvre-sol ou sur muret bas.

Le choix du spécialiste

1 *C. apiculatus* Persistant et bas avec des tiges arquées et étalées en tous sens.
Rose • Été Rouge • Automne • *H* 1 m *E* 1,50 m

2 *C. adpressus* var. *praecox* Arbuste étalé, aux tiges arquées, courtes et rigides. Fleurs et fruits plus hâtifs que les autres.
Rose • Printemps Rouge orangé • Fin d'été • *H* 75 cm *E* 1 m

3 *C. dammeri* 'Coral Beauty' Cultivez ce conifère en couvre-sol ou sur un muret.
Blanc • Été Orange • Automne • *H* 60 cm *E* 1,50 m

4 *C. acutifolius* Forme de belles haies à baies et fleurs décoratives. Feuillage d'automne rouge orangé.
Blanc rosâtre Noir puis rouge • Milieu d'été-automne • *H* 2 m *E* 1 m

5 *C. adpressus* Arbuste rampant à feuillage caduc, écarlate en automne.
Blanc rosâtre • Été Rouge • Automne • *H* 30 cm *E* 1,50 m

PLANTE VEDETTE
C. apiculatus
Les fleurs rosées sont suivies de baies rouge vif sur ce persistant prostré.

6 *C. horizontalis* Parfait pour cacher un muret. Les feuilles virent au rouge en automne.
Blanc rosâtre • Fin de printemps Rouge • Automne • *H* 1 m *E* 1,50 m

7 *C. dammeri* Persistant prostré et vigoureux si la neige le recouvre en hiver.
Blanc • Début d'été Rouge • Automne • *H* 20 cm *E* 2 m

À savoir

Situation Dans la plupart des sols.
Plantation Au printemps ou en automne.
Taille Pour limiter la croissance et enlever le bois mort ou vieux.
Ravageurs et maladies Pucerons et brûlure hivernale.
Bonus Teintes vives en automne.

Cytisus

Le **genêt** fleurit à profusion à la fin du printemps, et souvent au début de l'été. Peu exigeant, il pousse à peu près partout et se décline en plusieurs tailles, depuis les arbustes bas jusqu'aux petits arbres.

Le choix du spécialiste

1 *C.* x *praecox* Gros bouquets de fleurs jaune pâle sur des branches arquées. Plantation en groupe pour un bel effet de masse.
✿ Jaune pâle • Fin de printemps • *H* 1 m *E* 1,20 m

2 *C. decumbens* Variété basse pour rocaille ou petit jardin.
✿ Jaune brillant • Printemps • *H* 20 cm *E* 40 cm

3 *C. nigricans* Petit buisson à feuille trifoliée vert sombre. Fleurs jaune brillant en été.
✿ Jaune brillant • Été • *H* 60 cm *E* 40 cm

4 *C. purpureus*♀ (syn. *Chamaecytisus purpureus*) Cet arbuste bas et étalé produit des masses de fleurs lilas pourpre.
✿ Lilas pourpre • Fin de printemps • *H* 50 cm *E* 1 m

5 *C.* x *praecox* 'Hollandia' Les branches arquées de cet arbuste haut et étalé se couvrent au printemps de belles fleurs rose saumon.
✿ Rose saumon • Fin de printemps • *HE* 1,20 m

À savoir

Situation Au soleil, dans tout sol bien drainé mais pas trop riche.
Plantation En automne ou au printemps.
Floraison À la fin du printemps et au début de l'été.
Taille Juste après la floraison.
Ravageurs et maladies Aucun.
Bonus Prospère même dans le plus pauvre des sols.

Fleurs panachées

C. x *praecox* 'Hollandia'

Arbuste gracieux et léger, le genêt produit sa floraison brillamment colorée – jaune, crème, orange ou rouge – à la fin du printemps et au début de l'été. Cette plante très facile à cultiver pousse au soleil dans n'importe quel sol bien drainé. Cependant, dans les sols riches, plus humides et à la mi-ombre, choisissez *C. purpureus*, une espèce à floraison pourprée.

Il existe des formes prostrées et à croissance lente pour la rocaille, des arbustes pour les massifs. Il existe aussi de grands spécimens, mais ils ne sont pas adaptés à nos climats. Vous apprécierez la végétation basse de *C. decumbens* dans une rocaille ou sur un talus. Pour renforcer l'effet de l'abondante floraison de *C.* x *praecox*, créez un massif avec plusieurs plants. Vous obtiendrez assez rapidement un massif très dense puisque les branches arquées s'enracinent au contact du sol. 'Hollandia' est aussi impressionnant dans un jardin plus grand.

PLANTE VEDETTE
***C.* x *praecox* À planter dans une bordure, où ses abondantes fleurs jaunes égaieront le jardin au printemps.**

Taille

Taillez après la floraison pour maintenir une végétation touffue.

La durée de vie de ces plantes assez éphémères n'excède guère dix ans. Coupez les fleurs dès qu'elles fanent car la production de graines affaiblit l'arbuste. Vous pourrez aussi éliminer les branches endommagées par l'hiver.

Daphne

Le **daphné** a de quoi vous plaire : une floraison spectaculaire, un parfum sublime ; un feuillage délicat, persistant ou caduc selon l'espèce ; un port dense et étalé. Il fait merveille en massif, rocaille, ou en association avec des conifères. Difficile de lui résister.

La floraison du daphné explose, au printemps, par bouquets de petites fleurs en trompette. Celles-ci dégagent un parfum prononcé qui embaume l'air frais de tout le jardin. Le daphné odorant (***D. cneorum***) est le seul à feuillage persistant qui convient à nos climats. Tous ses cultivars sont bien rustiques et prospèrent dans des sols moyennement pauvres et bien drainés. Les autres espèces offertes sont à feuillage caduc (***D. caucasica*** et ***D. mezereum***) ou semi-persistant (***D.*** x ***burkwoodii***). Un sol plus riche leur convient. Les daphnés préfèrent les sols neutres à légèrement acides mais ***D. mezereum*** se plaît en sol légèrement alcalin.

Achetez des plants en pots. Le système racinaire des daphnés, fragile et superficiel, n'aime pas être manipulé. Évitez donc de déplacer un arbuste déjà établi. Vous pouvez, par contre, en prélever des boutures. Elles s'enracinent aisément sur un sol frais. Aussi, assurez-vous de toujours garder les racines du daphné dans un sol frais. Elles ne survivent pas à la sécheresse. Un bon paillis ou le voisinage de vivaces à feuillage dense sauront garder une bonne humidité au pied de vos arbustes. En suivant ces simples indications, vos daphnés ne vous décevront pas.

À savoir

Situation Soleil ou mi-ombre.
Plantation Automne ou printemps, après la floraison. Préfère les sols bien drainés et frais.
Taille Après la floraison, seulement si nécessaire.
Ravageurs et maladies Rares.
Bonus Délicieux parfum. Refleurit légèrement en été.

Le choix du spécialiste

1 *D.* x *burkwoodii* 'Carol Mackie' Arbuste compact, à feuillage semi-persistant, marginé de blanc crème. Fleurs rose pâle à la fin du printemps.
Rose pâle • Fin de printemps
Vert moyen à bordure crème • *HE* 80 cm

2 *D. cneorum*
Arbuste bas, à port étalé et à feuillage persistant. Fleurs rose moyen au parfum savoureux. 'Ruby Glow' est très populaire pour ses fleurs rose foncé.
Rose • Printemps
• *H* 20 cm *E* 90 cm

3 *D. caucasica*
De plus haute dimension, cet arbuste a besoin d'une protection hivernale. Feuillage caduc.
Blanche • Printemps Vert jaunâtre, caduc • *HE* 1,20 m

4 *D. mezereum*
Port érigé et floraison très hâtive, avant la feuillaison. Les petits fruits rouges qui apparaissent dès juin sont toxiques.
Rose pourpré • Printemps
Rouge • Été • *H* 90 cm *E* 80 cm

PLANTE VEDETTE
***D.* x *burkwoodii* 'Carol Mackie'** **En plus de sa floraison printanière remarquable, ce cultivar est intéressant pour son feuillage bicolore.**

***D. mezereum* 'Alba'**
Détail de feuilles

D. cneorum

Deutzia

Originaire de Chine et d'Himalaya, cet arbuste élégant convient à tous les types de jardins. Les nombreuses fleurs étoilées aux teintes douces offrent un fabuleux spectacle en début d'été.

Le choix du spécialiste

1 *D.* x *hybrida* 'Magicien'
Les bouquets floraux atteignent 5 à 8 cm de diamètre. 'Mont Rose'♀ a des fleurs rose foncé sur des tiges arquées.
Blanc et rose • Fin de printemps • *HE* 1,20 m

2 *D.* x *rosea* 'Carminea'
Les branches légèrement retombantes se couvrent de fleurs parfumées, roses teintées de carmin, en début d'été.
Rose et carmin • Fin de printemps • *H* 1 m *E* 1,80 m

3 *D. gracilis* 'Chardonnay Pearls' Une nouveauté à feuillage lumineux jaune lime.
Blanc • Fin de printemps • *H* 80 cm *E* 1 m

4 *D. gracilis*
Un élégant arbuste à tiges arquées et à fleurs blanches.
Blanc • Fin de printemps • *H* 80 cm *E* 90 cm

5 *D.* x *rosea*
Les fleurs roses campanulées forment des bouquets arrondis.
Rose • Fin de printemps • *HE* 1 m

6 *D.* x *hybrida* 'Pink-A-Boo'
Les fleurs rose foncé sont marginées de blanc crème.
Rose foncé et blanc • Fin de printemps • *H* 1 m *E* 1,50 m

Le deutzia est un arbuste rustique plein de charme. Mais les boutons floraux, eux, ont de la difficulté à traverser nos hivers. L'arbuste doit être situé dans un emplacement protégé si vous voulez profiter de ses beaux bouquets de fleurs pourpre rosé ou blanches au début de l'été. Avec ses tiges dressées, ou parfois arquées, il produit un bel effet planté à côté de persistants. La plupart sont faciles à cultiver, même s'il arrive que le gel abîme les jeunes pousses.

Plantez ces arbustes au soleil ou à la mi-ombre, en évitant l'exposition au nord ou les situations froides et venteuses. Paillez avec du fumier ou du compost au printemps. Pour prolonger la floraison, ombragez aux heures chaudes de la journée.

Des plantes pour tous les endroits

Un certain nombre de deutzias conviennent pour les petits jardins ou les potées. *D.* x *rosea* est une variété compacte idéale pour un petit massif alors que *D. gracilis* 'Chardonnay Pearls' se prête bien à la culture en pot. Les variétés plus grandes, aux élégantes branches arquées, sont de beaux spécimens à isoler. Mais n'oubliez pas que les vents d'hiver détruisent les boutons floraux.

PLANTE VEDETTE
***D.* x *hybrida* 'Magicien'**
Offrez-lui un emplacement ensoleillé et abrité pour profiter de ses belles fleurs étoilées.

D. x *rosea*

Un entretien minimal

Cet arbuste a peu d'exigences, mais pour stimuler la végétation, rabattez après la floraison les rameaux défleuris sur une jeune pousse vigoureuse.

UNE TOUCHE D'ORIGINALITÉ

***D. gracilis* 'Nikko'** est un deutzia nain de 40 cm, idéal en couvre-sol. Avec ses fleurs blanches brillantes, il est aussi très beau en potée ou sur un muret.

À savoir

Situation Tout sol bien drainé, au soleil ou à la mi-ombre ; pas d'exposition au nord.
Plantation À l'automne ou au début du printemps.
Floraison En début d'été.
Taille Après la floraison, rabattez les rameaux qui ont fleuri.
Ravageurs et maladies Peu fréquents.
Bonus Certains, comme *D. gracilis* 'Nikko' et *D. gracilis* 'Chardonnay Pearls', sont parfumés.

Elaeagnus

Ces jolis arbustes se plaisent à peu près partout, y compris au bord de la mer ou dans les zones industrielles, formant des haies et des brise-vent très appréciés.

Le choix du spécialiste

1 *E. commutata*
Arbuste entièrement couvert d'écailles argentées. Petites fleurs jaunes discrètes mais parfumées.
Argenté • *HE* 3 m

2 *E.* 'Quicksilver'
Les feuilles argentées sont intensément brillantes et apportent beaucoup de lumière au jardin.
Argenté • *HE* 3 m

3 *E. angustifolia*
Espèce à grand développement avec des feuilles argentées étroites, des fruits jaune argenté et des branches épineuses.
Vert argenté • Jaune argenté • Automne • *HE* 6 m

4 *E. multiflora*
Feuilles vert foncé dessus, argentées dessous. Fruits rouge brique en été.
Vert et argent • Rouge brique • Été • *HE* 2 m

À savoir

Situation Dans tout sol bien drainé, sauf calcaire et peu profond, de préférence au soleil.
Plantation Au printemps ou en début d'automne.
Taille Pour contrôler l'étalement. Peu nécessaire.
Ravageurs et maladies Aucun.
Bonus Fleurs parfumées bien que petites et insignifiantes.

Excellent pour constituer un écran, en particulier en bord de mer, l'*Elaeagnus* est l'un des arbustes les moins exigeants. Il est très sain et ne nécessite ni taille ni soin spécial. Le feuillage lustré est très attrayant. Les petits fruits attirent les oiseaux.

PLANTE VEDETTE
E. commutata
Résistant aux vents chargés d'embruns et aux sels de déglaçage, il est idéal pour un jardin de bord de mer ou en bordure de route. Indigène au Québec.

Euonymus

Les **fusains** sont des arbustes aux atouts multiples, avec des formes naines, hautes, étalées ou grimpantes. Choisissez les caducs pour leurs fruits colorés et leurs teintes automnales, et les persistants en couvre-sol ou pour créer des haies denses.

PLANTE VEDETTE
***E. fortunei* 'Blondy'**
Le beau feuillage panaché de cette variété naine illuminera un muret ou une rocaille.

Les fusains poussent presque partout. Une fois bien établis, ils requièrent vraiment peu d'attention. La plupart des espèces sont rustiques, bien que les persistants préfèrent être abrités des vents froids.

Le choix du spécialiste

1 *E. fortunei* 'Blondy'
Ce persistant nain convient aux rocailles et terrasses. Tiges jaunes.
Jaune doré et vert • *H* 50 cm *E* 1 m

2 *E. fortunei* 'Country Gold' Petit arbuste à feuillage panaché. Les feuilles de 'Emerald Gaiety' ont un bord crème qui vire au bronze en hiver.
Vert foncé et doré • *HE* 1 m

3 *E. fortunei* 'Emerald 'n' Gold' Feuillage éclatant, rosé en hiver. De même, 'Coloratus', vert foncé, devient rouge-pourpre.
Vert et doré • Printemps
Rosé • Hiver • *H* 1 m *E* 2 m

4 *E. europaeus* 'Red Cascade'
Un magnifique spectacle automnal multicolore.
Rouge verdâtre • Rose, orange • Automne • *HE* 3 m

5 *E. alatus*
S'embrase de rouge et de pourpre en automne. Tiges à ailes subéreuses.
Rouge verdâtre • Pourpre rougeâtre • Automne • *HE* 2,50 m

6 *E. alatus* 'Compactus'
Arbuste dense et compact, idéal pour un petit espace.
Rouge vif • Automne • *HE* 1,20 m

À savoir

Situation Dans tout sol bien drainé ; soleil ou ombre légère. Les persistants tolèrent l'ombre si elle n'est pas trop épaisse.
Plantation En automne ou au printemps ; à 45-60 cm de distance pour une haie.
Taille Taillez les haies, et pour réduire la végétation et pour maintenir la silhouette. Coupez les pousses vertes qui apparaissent sur les formes panachées.
Ravageurs et maladies Généralement aucun ; parfois des pucerons.
Bonus Feuillage décoratif.

E. europaeus 'Red Cascade'

E. fortunei 'Emerald 'n' Gold'

E. alatus

Spectacle automnal
Les fusains caducs, comme *E. alatus* et 'Red Cascade', sont prisés pour leur feuillage décoratif et leurs fruits d'automne. Rouges ou roses, les quatre lobes s'ouvrent en laissant apparaître des graines rouges ou orange. Les feuilles prennent en automne des teintes variées, du jaune au rouge foncé, rouge feu ou pourpre.

Vous pouvez cultiver les persistants en massif bas ou en couvre-sol, tandis que les formes caduques sont idéales en sujet isolé ou en haie. *E. alatus* 'Compactus' est intéressant dans des massifs d'arbustes, en association avec des conifères.

Exochorda

Plantez cet élégant arbuste au soleil. Au printemps, vous apprécierez ses éclatantes fleurs blanches qui ressemblent à des roses sauvages.

Comme l'*Exochorda* ne fleurit qu'une semaine environ, il est préférable de le planter en compagnie d'arbustes offrant une succession de floraisons. Associez-le à des plantes à base de blanc et de vert. Il est peu rustique généralement et il bénéficiera d'un emplacement protégé. Il tolère la plupart des sols, mais évitez de planter *E. racemosa* en sol calcaire.

PLANTE VEDETTE
***E.* x *macrantha* 'The Bride'** ♡ **Choisissez-lui un endroit au soleil et à l'abri du vent. Il se couvre de fleurs blanches au mois de mai.**

À savoir

Situation Dans un sol bien drainé ; soleil ou ombre très légère.
Plantation En automne.
Floraison À la fin du printemps.
Taille Légère après la floraison, pour réparer les dommages de l'hiver.
Ravageurs et maladies Aucun.
Bonus Floraison blanc pur très intéressante en bordure mélangée.

E. racemosa

Le choix du spécialiste

1 *E.* x *macrantha* 'The Bride' ♡ Ce buisson compact aux branches arquées, à croissance lente, se couvre de fleurs blanches au printemps.
❀ Blanc • Fin de printemps • *HE* 1,20 m

2 *E. racemosa*
Arbuste dressé aux branches étalées, parfait à condition que le sol ne soit pas calcaire. Ses fleurs sont blanc pur.
❀ Blanc • Fin de printemps • *HE* 3 m

3 *E. serratifolia* 'Northern Pearls' Encore peu courant dans nos pépinières, il serait plus rustique que les autres. Demandez-le.
❀ Blanc • *H* 2 m *E* 1,50 m

Forsythia

La floraison jaune du **forsythia** annonce le printemps. Rustique et facile à cultiver, il comprend des grandes et petites variétés à planter en haie ou à palisser contre un mur.

Le choix du spécialiste

1 *F.* **'Fiesta'**
Sur des tiges rouges, de belles feuilles panachées succèdent aux fleurs jaune vif.
☆ **Jaune • Début de printemps**
∅ **Vert et jaune • Fin de printemps • *HE* 1,80 m**

2 *F. ovata* **'Ottawa'**
Peut être utilisé en haie, avec des tiges dressées et arquées.
☆ **Jaune • Début de printemps**
∅ **Vert foncé • Fin de printemps • *H* 1,50 m *E* 2 m**

3 *F.* **'Northern Gold'**
Plantez cet arbuste à port ovoïde en isolé pour ses fleurs jaune doré.
☆ **Jaune doré • Début de printemps**
∅ **Vert foncé • Fin de printemps • *H* 2 m *E* 1 m**

PLANTE VEDETTE
F. **'Fiesta' Sa floraison jaune est un réel plaisir, tout comme son feuillage vivement panaché de tons vert et or.**

Fleurs de *Forsythia*

Avec ses teintes vives, le forsythia est un arbuste superbe seul, en haie ou palissé sur un mur ou un treillage.

Il lui faut un peu d'attention pour éviter qu'il se dégarnisse à la base et devienne moins florifère. Rabattez les pousses qui ont fleuri à deux bourgeons du vieux bois. Supprimez une ou deux vieilles branches à la base. Après plantation d'une haie, raccourcissez les tiges d'un tiers. Quand les pousses atteignent 15 cm, pincez-les pour favoriser la ramification.

À savoir

Situation Dans un sol bien drainé, au soleil ou à la mi-ombre.
Plantation Plantez à 60 cm de distance pour une haie abritée.
Floraison Au début du printemps.
Taille Chaque année après la floraison, éliminez les vieilles branches.
Ravageurs et maladies Peu fréquents.
Bonus Une taille sévère limite le volume sans endommager l'arbuste.

Genista

Le **genêt** se plaît en sol pauvre, comme celui des landes, où il pousse à l'état spontané. Offrez-lui le soleil et il vous récompensera par une masse de fleurs jaune d'or.

G. pilosa 'Vancouver Gold'

Avec leurs tiges fines et leur abondante floraison jaune d'or, les genêts sont des arbustes décoratifs particulièrement intéressants pour les endroits difficiles, car ils fleurissent mieux en sol pauvre. Laissez les formes basses comme *G. lydia* tomber en cascade sur un muret ou un talus. *G. tinctoria*, en forme prostrée, convient pour une rocaille ou pour combler des vides dans une bordure.

À savoir

Situation De préférence dans un sol pauvre, bien drainé, au soleil.
Plantation En début d'automne ou au printemps.
Floraison Au début de l'été.
Taille Après la floraison, au besoin. Au printemps, enlevez les branches abîmées par l'hiver.
Ravageurs et maladies Aucun.
Bonus Couleur vive pour les jardins difficiles.

Le choix du spécialiste

1 *G. lydia*
Arbuste étalé à branches arquées et fleurs en bouquets.
☆ **Jaune d'or • Fin de printemps-début d'été • *H* 40 cm *E* 60 cm**

2 *G. pilosa* **'Vancouver Gold'** Variété rampante très prostrée, idéale pour la rocaille.
☆ **Jaune d'or • Début d'été • *H* 30 cm *E* 80 cm**

3 *G. pilosa* **'Gold Flash'**
Bon couvre-sol à croissance rapide, ce genêt porte des feuilles plus grandes que les autres espèces.
☆ **Jaune d'or • Début d'été • *H* 30 cm *E* 1 m**

4 *G. tinctoria*
Les fleurs du genêt des teinturiers, arbuste dressé ou prostré, donnent une teinture jaune d'or.
☆ **Jaune d'or • Été • *HE* 80 cm**

PLANTE VEDETTE
G. lydia **Les fleurs sont petites, mais si abondantes que l'effet produit par ce genêt fleuri est saisissant.**

bruyères

De la couleur toute l'année

Les **bruyères** et les **callunes** sont idéales pour un jardin sans souci, car elles sont peu exigeantes une fois bien établies. En botanique, les bruyères appartiennent au genre ***Erica*** et les callunes au genre ***Calluna***; mais le terme « bruyère » est souvent utilisé pour les deux groupes. Dans un sol approprié, ces plantes offrent de la diversité dans les tailles, les couleurs et les ports, ainsi que des fleurs estivales et printanières, contribuant efficacement au décor du jardin.

Des plants d'Erica soulignés par un givre printanier créent un tapis délicatement coloré dans un jardin de bruyères.

Les bruyères sont faciles à cultiver tant qu'elles bénéficient de la terre adéquate et de suffisamment de soleil. La plupart préfèrent un sol acide, mais il existe aussi un grand nombre de variétés s'accommodant du calcaire. Les fleurs en clochette vont du blanc, rose ou lilas au cramoisi et pourpre, tandis que les feuillages affichent des tons de vert, jaune, orange et rouge, et bronze.

Aucun souci

Les bruyères ne posent aucun problème si elles sont plantées dans une terre acide. Si votre sol est alcalin, choisissez une variété qui ne soit pas sensible au calcaire.

Taillez les *Callunas* à floraison estivale au début du printemps à la base des fleurs fanées. Taillez les Ericas à floraison printanière après la floraison. Dans les deux cas, la taille a pour but de conserver une forme dense.

Bordures mélangées

Plantez des bruyères dans une bordure mélangée. Les variétés *Erica* x *darleyensis*, comme **'Arthur Johnson'** ou **'Kramer's Rote'**, sont particulièrement intéressantes pour étouffer les mauvaises herbes. Utilisez les formes compactes et prostrées comme couvre-sol entre les arbustes à l'avant d'un massif, ou dans une rocaille.

À grande échelle

Pour une vaste étendue, créez un effet de patchwork en mêlant différentes couleurs et époques de floraison. Amenez de la hauteur en intégrant des rhododendrons ou des conifères, comme le mélèze, qui bénéficient aussi d'un sol acide. Ajoutez quelques graminées en massif et vous aurez un aménagement intéressant toute l'année.

FOUGÈRES MINIATURES

Il existe des variétés naines ou prostrées idéales pour les jardins alpins ou les rocailles. Essayez *Calluna vulgaris* 'Nana Compacta' ou 'Sister Anne'♈ avec des fleurs magenta et un feuillage gris-vert virant au bronze en hiver et qui n'atteint que 10 cm de haut, tandis que *C. vulgaris* 'White Lawn'♈, délicate et rampante, n'excède pas 5 cm.

Le choix du spécialiste

Sols acides

Choisissez ces bruyères si votre sol est acide. Pour un minimum d'entretien, plantez-les dans une situation très ensoleillée, protégée des vents d'hiver.

1 *Calluna vulgaris* 'Beoley Crimson' Longues tiges florales, intéressante pour faire des bouquets. 'Darkness'♕, également cramoisie, a des tiges plus courtes.
✿ Cramoisi • Été ∅ Vert foncé • *H* 30 cm *E* 45 cm

2 *C. vulgaris* 'Gold Haze'♕ Cette bruyère jaune pâle produit des fleurs blanches en toutes saisons.
✿ Blanc • Été ∅ Jaune pâle • *H* 30 cm *E* 45 cm

3 *C. vulgaris* 'Elsie Purnell'♕ Longs épis de fleurs doubles roses sur un feuillage gris-vert.
✿ Rose • Été ∅ Gris-vert • *H* 30 cm *E* 45 cm

4 *C. vulgaris* 'Blazeaway' Floraison estivale mauve lilas avec un beau feuillage doré au printemps, tournant au rouge vif à l'automne.
✿ Mauve lilas • Été • *H* 45 cm *E* 60 cm

5 *C. vulgaris* 'Boskoop' Très populaire pour son feuillage rouge orangé en automne et jaune or en été.
✿ Rose lilas • Été • *H* 30 cm *E* 45 cm

6 *C. vulgaris* 'Jan Dekker' Feuillage vert argenté sur lequel se déploient des fleurs mauves.
✿ Mauve • Été • *H* 15 cm *E* 30 cm

E. carnea spp.

E. carnea spp.

C. vulgaris 'Elsie Purnell'

Sols calcaires

Ces bruyères tolèrent les sols calcaires et déploient leurs attraits au début du printemps.

1 *Erica carnea* 'Myretoun Ruby'♕ Une des plus belles bruyères roses à floraison printanière.
✿ Rose • Début de printemps ∅ Vert • *H* 15 cm *E* 45 cm

2 *E.* x *darleyensis* 'Kramer's Rote'♕ Une bruyère d'hiver à floraison magenta.
✿ Magenta • Début de printemps ∅ Vert bronze • *H* 45 cm *E* 60 cm

3 *E.* x *darleyensis* 'Arthur Johnson'♕ Longs épis parfumés sur un feuillage teinté de crème.
✿ Rose • Début de printemps ∅ Vert • *H* 60 cm *E* 75 cm

4 *E.* x *darleyensis* 'Margaret Porter' Compacte et arrondie, excellente en couvre-sol.
✿ Lilas • Printemps ∅ Vert clair • *H* 20 cm *E* 45 cm

PLANTE VEDETTE

***Erica carnea* 'Myretoun Ruby'♕**

Des bouquets denses de fleurs roses égaient le jardin au printemps.

À savoir

Situation Dans un sol acide, sauf pour les variétés printanières, moins sensibles au calcaire, de préférence au soleil. L'emplacement choisi devrait recevoir une bonne couche de neige et être protégé du vent durant l'hiver.
Plantation Printemps ou automne, à distance des arbres caducs – les feuilles mortes peuvent provoquer des pourritures.
Floraison Du printemps jusqu'au début de l'automne.
Ravageurs et maladies Généralement aucun.
Bonus Créent des étendues tapissantes et colorées.

Hamamelis

Cet arbuste est connu depuis longtemps pour l'essence de ses feuilles et de ses fleurs utilisée en cosmétique. Outre son parfum suave, vous y trouverez, au jardin, un intérêt non négligeable : une floraison particulière, qui s'épanouit alors que l'arbuste n'a pas encore ses feuilles ou les a déjà perdues.

Allant du jaune au rouge cuivré, les fleurs d'hamamélis apparaissent après la chute des feuilles (*H. virginiana*) ou très tôt au printemps (*H.* x *intermedia*, *H. mollis*) alors que la neige n'est, souvent, pas tout à fait disparue. Cette floraison odorante, mise en valeur par l'absence de feuilles, donne un clin d'œil aux jardins endormis. Mais les fleurs aux pétales frangés ne sont pas le seul attrait de l'arbuste : plusieurs cultivars offrent aussi un feuillage d'automne très coloré.

Les hamamélis se plaisent bien au soleil ou sous une ombre légère. Ils préfèrent les sols frais, humifères et légèrement acides. Taillez après la floraison si vous désirez contrôler l'étalement.

Le choix du spécialiste

1 *H.* x *intermedia* 'Diane'♀ Fleurs rouge bronzé et feuillage d'automne jaune à rouge.
✿ Rouge • Printemps ⌀ Jaune-rouge • Automne • *HE* 3 m

2 *H.* x *intermedia* 'Arnold Promise'♀ Grosses fleurs jaunes parfumées. Floraison prolongée.
✿ Jaune • Printemps • *HE* 3 m

3 *H. mollis*♀ Port évasé et floraison printanière très parfumée, jaune et rouge. Feuillage d'automne jaune orangé.
✿ Jaune et rouge • Printemps ⌀ Jaune orangé • Automne • *HE* 3 m

4 *H. virginiana* Floraison prolongée, en automne, et parfumée. Port évasé et feuillage d'automne jaune doré. Indigène au Québec.
✿ Jaune • Fin d'automne ⌀ Jaune doré • Automne • *HE* 4 m

5 *H. vernalis* Floraison moins spectaculaire. Belle forme d'urne. Indigène en Amérique du Nord.
✿ Abricot • Printemps ⌀ Jaune, pourpre et rouge • Automne • *HE* 2 m

PLANTE VEDETTE

***H.* x *intermedia* 'Diane'♀ Plantez ce cultivar près d'une fenêtre de la maison. Protégé des vents dominants, il vous fera profiter au maximum du parfum de ses fleurs printanières.**

À savoir

Situation Soleil ou mi-ombre. Protégez des vents dominants.
Plantation Automne ou printemps, après la floraison, dans un sol frais, humifère et légèrement acide.
Floraison Au printemps ou en automne, selon les variétés.
Taille Peu nécessaire.
Ravageurs et maladies Peu fréquents.
Bonus Belles couleurs automnales et parfum exquis.

Hamamelis

H. vernalis

H. x *intermedia* 'Arnold Promise'

Hedera

Le lierre couvre clôtures, treillages et murets et peut même s'étaler comme un couvre-sol. S'il bénéficie d'un bon manteau de neige ou d'un paillis de feuilles l'hiver, vous en profiterez facilement du printemps jusqu'aux gels.

Les lierres ont des usages multiples. Ils font de superbes haies en habillant rapidement des treillages si le besoin de s'isoler du voisinage se fait sentir.

Pour ajouter un élément architectural à votre jardin, faites grimper du lierre sur des piliers de 3 m de haut placés à l'arrière d'un massif ou autour d'un bassin. Utilisez-le pour couvrir des zones dégarnies entre les arbres ; le lierre est un couvre-sol persistant et efficace qui vous épargnera beaucoup de désherbage.

À savoir

Situation Dans tout sol, même pauvre. Les lierres panachés ont besoin de soleil sinon la panachure s'estompe ; les sols très fertiles provoquent parfois le même effet.
Plantation Au début de l'automne ou du printemps.
Floraison En automne, mais rare.
Taille Pour contrôler la croissance : au printemps, si la taille doit être sévère.
Ravageurs et maladies Aucun.

PLANTE VEDETTE
***H. helix* 'Bulgaria' Superbe en couvre-sol ou pour habiller un muret. Sa croissance est rapide.**

Le choix du spécialiste

1 *H. helix* 'Bulgaria'
Les feuilles vertes luisantes ont des nervures apparentes.
Vert • *H* 20 cm *E* 3 m

2 *H. helix* 'Battica'
Excellent couvre-sol, avec des feuilles plus petites.
Vert • *H* 20 cm *E* 2 m

3 *H. helix* 'Rumania'
Très semblable à 'Bulgaria' ; rustique et tolérant bien la sécheresse.
Vert • *H* 20 cm *E* 2 m

Hibiscus

L'hibiscus est un arbuste exotique aux grandes fleurs délicates. Peu rustique, il faut le protéger en hiver.

Les hibiscus sont peu rustiques. On peut toutefois les cultiver en zone 5 s'ils disposent d'une situation ensoleillée et abritée. Ils fleurissent tard en saison quand beaucoup d'autres floraisons sont passées. Les fleurs sont éphémères mais s'épanouissent sans discontinuer de juillet à octobre. La palette s'étend du blanc et rose aux tons de rouge, orange, bleu et pourpre.

Le choix du spécialiste

1 *H. syriacus* 'Oiseau Bleu'
À planter dans un massif abrité ou au pied d'un mur. Superbes fleurs bleu lilas à œil rouge foncé.
Lilas • Milieu d'été-automne • *H* 2 m *E* 1,80 m

2 *H. syriacus* 'Woodbridge' Grandes fleurs rose vif à œil rose foncé, contrastant bien avec le feuillage vert.
Rose vif • Milieu d'été-automne • *H* 2 m *E* 1,80 m

3 *H. syriacus* 'Diana'
Fleurs blanches aux pétales délicats, ondulés sur le bord.
Blanc • Milieu d'été-automne • *H* 2 m *E* 1,80 m

4 *H. syriacus* 'Red Heart'
Les fleurs blanches portent au centre un œil rouge éclatant.
Blanc et rouge • Milieu d'été-automne • *H* 2 m *E* 1,80 m

PLANTE VEDETTE
***H. syriacus* 'Oiseau Bleu' Offrez à cet arbuste une place de choix et profitez de sa belle floraison tard en été.**

À savoir

Situation Tout sol bien drainé, au soleil. Plantez au pied d'un mur exposé au sud, à l'abri des vents froids.
Plantation Au début du printemps.
Floraison De la fin de l'été au début de l'automne.
Taille Supprimez les fleurs fanées. Taillez tôt au printemps.
Ravageurs et maladies Généralement aucun ; parfois des pucerons.
Bonus Floraison tardive.

Humulus

Le houblon est une vivace grimpante à croissance rapide, prisée pour ses grandes feuilles vert tendre. Il peut constituer un écran temporaire et animer une haie terne.

Le meilleur moyen de tirer parti du feuillage lumineux du houblon est de le disposer sur un fond sombre. Les haies de hêtres pourpres (*Fagus sylvatica* Groupe Purpurea) sont pour cela idéales. En automne, les fleurs femelles, utilisées en brasserie, donnent des fructifications décoratives.

Pour orner une pergola

Vous pouvez aussi cultiver le houblon sur une pergola, où ses feuilles prodigueront une ombre bienvenue en été. Si vous plantez d'autres grimpantes, choisissez-les robustes et maintenez-les à l'opposé de la structure pour limiter la compétition pour l'eau et la lumière.

Le choix du spécialiste

1 *H. lupulus* 'Aureus'♀
Les feuilles vert-jaune vif couvrent cette variété à croissance rapide tout l'été.
Jaune verdâtre • Fin d'été
Vert-jaune • Été • *H* 4 m *E* 2 m

2 *H. lupulus*
Cette plante plus rampante a des feuilles plus foncées que 'Aureus'.
Vert pâle • Fin d'été
Vert vif • Été • *H* 4 m *E* 2 m

À savoir

Situation Sol fertile, bien drainé, au soleil.
Plantation Du printemps à l'automne.
Floraison En été.
Taille Rabattez à la base en fin d'automne ; le pied repartira au printemps.
Ravageurs et maladies Aucun.
Bonus Les tiges séchées de houblon peuvent orner une poutre ou être utilisées en bouquet.

PLANTE VEDETTE
***H. lupulus* 'Aureus'**♀ **Les tiges volubiles s'enroulent sur tout support vertical et le feuillage lumineux éclaire les recoins sombres.**

Hydrangea

Rustiques pour la plupart, les hortensias, ou hydrangées, offrent une grande diversité de tailles et de formes. Les inflorescences rondes et pleines ou plates et délicates offrent une variété pour presque toutes les situations. Les hydrangées grimpantes sont intéressantes sur un mur.

Faciles à cultiver, les hydrangées présentées ici sont rustiques. Elles sont précieuses dans un massif car elles fleurissent en fin d'été et au début de l'automne, alors que bien d'autres floraisons sont passées. On distingue les fleurs à tête plate et à tête ronde. Les inflorescences à tête plate, comme **'Bluebird'**, évoquent la dentelle et comportent quelques fleurs stériles plus grandes à la périphérie. Les classiques à tête ronde, comme ***H. macrophylla***, se composent entièrement de fleurs stériles. D'autres hydrangées possèdent des inflorescences coniques, comme **'Grandiflora'**.

Acide pour bleu, alcalin pour rose

La couleur des fleurs est souvent conditionnée par le sol. Une plante à fleurs bleues en sol acide peut en avoir des roses en sol neutre ou alcalin, tandis que les fleurs rouges en sol alcalin peuvent virer au bleu pâle en sol acide. Si vous souhaitez des fleurs bleues en sol alcalin, ajoutez une couche de compost ou de fumier au printemps et appliquez du sulfate d'aluminium pendant la période de croissance. Pour cultiver des variétés rouges en sol acide, épandez du calcaire.

De la diversité

Les hydrangées présentent toute une gamme de tailles et de ports. Il existe de nombreux arbustes pour jardin moyen, comme **'Bluebird'** ou **'Alpenglühen'**. Les variétés de ***H. paniculata*** peuvent former de petits arbres.

Il existe aussi des hydrangées grimpantes, la plus rustique étant ***H. anomala* ssp. *petiolaris***, aux belles fleurs blanches à tête plate.

H. arborescens 'Annabelle'

H. macrophylla

Le choix du spécialiste

Hydrangées arbustives

1 ***H. paniculata*** **'Grandiflora'**♀ Très spectaculaire, elle produit des inflorescences coniques pouvant atteindre 30 cm de long et 15 cm de large à la base. Elles virent du blanc au rose pourpré avec l'été. On la trouve aussi sous la forme d'un petit arbre.
❀ Blanc crème
• Fin d'été-début d'automne
• *H* 3 m *E* 1,50 m

2 ***H. serrata*** **'Bluebird'**♀ Parfaite pour un petit jardin. Les inflorescences à tête plate, de 15 à 20 cm de diamètre, sont bleu moyen au centre et bleu clair à la périphérie. Le feuillage est rouge cuivré en automne.
✿ Bleu • Début d'été-milieu d'automne • *H* 1 m *E* 70 cm

3 ***H. arborescens*** **'Annabelle'**♀ Variété buissonnante avec des fleurs regroupées en grosses corymbes blanches ; idéale en massif.
❀ Blanc • Milieu-fin d'été
• *HE* 1,50 m

4 ***H. macrophylla*** **'Alpenglühen' (syn. 'Alpenglow')** Inflorescences à tête ronde cramoisies (pourpres en sol acide), jusqu'à 23 cm de diamètre, et feuilles ovales vert foncé.
✿ Cramoisi • Milieu-fin d'été
• *HE* 1 m

5 ***H. macrophylla*** **'Nikko Blue'** Variété à grandes inflorescences bleues en sol acide.
✿ Bleu • Milieu-fin d'été
• *HE* 1 m

Hydrangées grimpantes

1 ***H. anomala*** **ssp. *petiolaris***♀ Rustique et vigoureuse, elle s'accroche au moyen de crampons. Belles inflorescences à tête plate blanc crème, jusqu'à 20 cm de diamètre. Ne pas planter sur un mur ou une clôture au sud.
❀ Blanc crème • Été • *H* 5 m *E* 3 m

PLANTE VEDETTE
H. paniculata **'Grandiflora'**♀ **Plantez cet arbuste magnifique pour le spectacle inégalé de ses inflorescences blanc crème.**

PLANTE VEDETTE
H. anomala **ssp. *petiolaris***♀
Couverte de délicates fleurs blanches en été, cette plante produit des racines aériennes qui se cramponnent sur n'importe quelle surface. Il lui faut à peu près cinq ans pour atteindre le deuxième étage d'une maison.

À savoir

Situation Dans un sol frais, bien drainé, enrichi de fumier ou de compost, de préférence à la mi-ombre. En région froide, choisissez un emplacement abrité au pied d'un mur. Évitez l'exposition à l'est : le gel peut abîmer les jeunes pousses.
Plantation En automne ou au printemps. Fertilisez en début de printemps et arrosez bien en été.
Floraison Entre le début de l'été et l'automne, selon l'espèce.
Taille Laissez les fleurs desséchées jusqu'au printemps suivant comme protection contre le gel. Ôtez les tiges faibles ou éparses et rabattez les rameaux qui ont fleuri de 30 cm, sur des bourgeons vigoureux. *H. macrophylla* doit être taillée après la floraison.

Les formes grimpantes se contentent d'une taille de nettoyage au printemps.
Ravageurs et maladies Généralement aucun ; parfois des pucerons.
Bonus Résistante, facile et des fleurs qui durent longtemps, à utiliser en bouquet séché.

Hypericum

Prisé pour sa floraison estivale jaune vif, le **millepertuis** est un buisson dense, qui étouffe vite les mauvaises herbes. Il peut être planté dans un massif ou isolément.

Rustiques et vigoureux, les millepertuis fleurissent tout l'été. Ils font d'attrayants spécimens et peuvent même être utilisés en haie libre. Poussant très rapidement, ils atteignent leur taille définitive au bout de cinq ans.

Couvre-sol

Si vous voulez des plants denses qui étouffent les mauvaises herbes, choisissez ***H. kalmianum***; il fleurit sur le bois de l'année, ce qui vous permet de le rabattre au sol le printemps venu. Vous obtiendrez alors des buissons bas et touffus qui produisent beaucoup de fleurs. Les formes plus hautes font de splendides arbustes de massif, en particulier la variété très florifère *H. frondosum* 'Sunburst'.

Un entretien réduit

Les millepertuis sont peu exigeants : taillez juste pour limiter la croissance ou pour garder une forme arrondie.

Une exception quand même pour ***H. kalmianum,*** qui peut être rabattu à la base au printemps.

PLANTE VEDETTE

H. kalmianum **Plantez-le dans un massif pour profiter du merveilleux spectacle de sa floraison de juillet à septembre.**

H. prolificum

Le choix du spécialiste

1 *H. kalmianum*

Arbuste buissonnant, indigène au Québec. Floraison abondante.

Jaune brillant • Milieu d'été ⌀ Vert • *HE* 1 m

2 *H. prolificum*

Capsules fructifères abondantes qui attirent les oiseaux.

Jaune d'or • Milieu d'été • *HE* 1 m

3 *H. frondosum*

Cette variété plus haute produit des fleurs jaune orangé.

Jaune orangé • Été ⌀ Bleu-vert • *HE* 1,20 m

4 *H. frondosum* 'Sunburst'

Plus petit que l'espèce, mais très florifère.

Jaune • Tout l'été ⌀ Bleu-vert • *HE* 80 cm

5 *H. androsaemum* 'Albury Purple'

Les fleurs jaunes sont suivies de fruits coniques. Les jeunes feuilles pourpres deviennent vertes à maturité. Nécessite une bonne couche de neige pour résister à nos hivers.

Jaune vif • Été ⌀ Vert Cerise • *HE* 60 cm

À savoir

Situation Dans la plupart des sols bien drainés, au soleil ou à l'ombre légère.
Plantation En automne ou au printemps.
Floraison De juin à septembre.
Taille Tôt au printemps pour *H. kalmianum* et *H. prolificum* ; après la floraison pour *H. frondosum.*
Ravageurs et maladies Peu fréquents.
Bonus De nombreuses variétés portent des baies décoratives en automne.

Ilex

Avec ses baies vives et ses feuilles sculpturales, brillantes et souvent épineuses, le **houx** est l'une des plantes les moins exigeantes. Il pousse presque partout, résiste à la pollution et aux vents forts. Il donne des petits buissons et des arbustes décoratifs toute l'année.

Plantez le houx sous forme de buisson ou de haie, même dans les situations les moins engageantes. Il nécessite peu d'entretien, hormis les haies à tailler.

Les baies rouges se forment sur les pieds femelles, d'où la nécessité de planter des plants mâles à proximité.

I. verticillata, le houx indigène de l'Amérique du Nord, se distingue du « houx de Noël » (*I. aquifolium*♡, zone 7) par son feuillage caduc à marge légèrement dentée. Sa fructification abondante et persistante le rend particulièrement intéressant dans les jardins d'oiseaux ou comme élément d'attrait dans les jardins d'hiver. D'autres variétés possèdent des feuilles persistantes, vertes lustrées et à marge piquante, tels les cultivars issus de l'hybride *I.* x *meserveae.*

UNE NÉCESSITÉ

***I. verticillata* 'Jim Dandy'**
Pour assurer la pollinisation des plants femelles de *I. verticillata,* voilà un mâle capable d'en satisfaire plus d'une ! Il offre un magnifique feuillage d'automne jaune pourpré.

Le choix du spécialiste

1 *I. verticillata* 'After Glow'
Bonne rusticité. Fruits rouge orangé abondants.
Rouge orangé
• Automne-hiver
• *H* 2 m *E* 1 m

2 *I. verticillata* 'Winter Red' Une multitude de baies rouge vif. Les fruits de 'Winter Gold' sont jaunes teintés de rose.
Rouge vif • Automne-hiver • *HE* 2 m

3 *I. meserveae* 'Mesgolg' Variété à fruits jaunes.
Jaune doré • Automne-hiver • *HE* 1,20 m

4 *I.* x *meserveae* 'Blue Princess' et 'Blue Prince'
Feuillage persistant, denté et luisant sur des tiges pourpres très décoratives.
Rouge clair • Automne-hiver
• *HE* 1,20 m

5 *I.* x *meserveae* 'Honey Maid' Feuillage vert bordé de jaune crème. Fruits rouges.
Vert et jaune crème
Rouge • Automne-hiver
• *HE* 1,20 m

À savoir

Situation Dans tout sol, au soleil ou à l'ombre.
Plantation Pieds mâles et femelles, en automne ou au printemps.
Taille Supprimez les pousses vertes sur les formes panachées.
Ravageurs et maladies Aucun.
Bonus Décoratif toute l'année.

I. x *meserveae* 'Blue Princess'

PLANTE VEDETTE
***I. verticillata* 'After Glow'** **Garnis de baies rouges persistantes, les rameaux peuvent servir à la confection de vos décorations du temps des Fêtes.**

Juniperus

Même si certains poussent lentement, tous les **genévriers** s'établissent sans problème, même en sol pauvre. Faciles à cultiver et rustiques, ce sont des plantes idéales pour les jardins ensoleillés et très chauds. De forme et de taille très variées, ils offrent un grand éventail de choix.

Les genévriers sont appréciés pour la couleur de leur feuillage persistant, variant du vert, doré et jaune au gris et bleu. Se plaisant dans presque tous les types de jardins, sauf en sol détrempé, ils sont plus résistants à la sécheresse que la plupart des conifères. Certains forment d'élégantes colonnes, tandis que d'autres sont parfaits en couvre-sol.

Des sculptures vivantes

Pour briser la monotonie d'une pelouse, plantez **'Blue Heaven'** ou **'Skyrocket'**; tous deux dresseront leur silhouette bleutée, lentement mais sûrement, vers le ciel. Pour une croissance plus rapide, choisissez *J. chinensis* 'Pfitzeriana', qui offre une végétation étagée de longues branches légèrement retombantes.

Une végétation basse

'Nana' est parfait pour un couvre-sol. Il pousse très lentement mais peut finir par atteindre 3 m. Dans une rocaille, essayez **'Repanda'**, un beau genévrier rampant, ou **'Blue Chip'** au feuillage dense, bleu argenté.

PLANTE VEDETTE

***J. scopulorum* 'Skyrocket'**

Cette colonne étroite gris-bleu dresse sa silhouette affirmée avec élégance sur une pelouse ou au milieu d'un massif.

Le choix du spécialiste

1 *J. scopulorum* 'Skyrocket'
Un des conifères les plus étroits, en colonne haute et pointue; bon spécimen à isoler sur une pelouse.
Gris-bleu • *H* 7 m *E* 30 cm

2 *J. communis* 'Compressa'
Idéal quand l'espace est très restreint, il forme une petite colonne étroite d'aiguilles vert clair.
Vert clair • *H* 1 m *E* 20 cm

3 *J. communis* 'Repanda'
Forme un tapis dense de feuillage gris-vert, virant parfois au bronze en hiver.
Gris-vert • *H* 30 cm *E* 2 m

4 *J. chinensis* 'Gold Lace'
Port étalé, parfait pour mettre une tache de couleur sur un talus ou une pelouse.
Jaune doré • *H* 60 cm *E* 1,20 m

5 *J. procumbens* 'Nana'
Un couvre-sol dense et compact, idéal en rocaille ou pour habiller un muret de plate-bande.
Vert tendre et bleuté • *H* 30 cm *E* 3 m

6 *J. horizontalis* 'Blue Chip'
Se développe en étoile et se couvre d'une masse de feuilles en écailles bleu argenté, pourpré en automne.
Bleu argenté • *H* 30 cm *E* 1,50 m

J. chinensis

J. horizontalis 'Blue Chip'

À savoir

Situation De préférence en sol sec, au soleil ou sous une ombre légère.
Plantation En automne ou au printemps.
Taille Pour la silhouette; au printemps ou en automne, si nécessaire.
Ravageurs et maladies Rouille et pourriture des racines en sol marécageux.
Bonus La plupart sont lents à pousser et faciles à contrôler.

Kerria

Le **corête du Japon** est un arbuste très facile. Il vous suffit de le planter et vous profiterez chaque printemps de sa floraison colorée.

Le corête du Japon vous garantit un spectacle haut en couleur. Il pousse presque partout, sauf dans les terrains très ouverts et balayés par les vents. En région particulièrement froide, essayez de le planter au pied d'un mur exposé au sud. Les grandes branches peuvent aussi se palisser contre un treillage ou une clôture.

PLANTE VEDETTE

***K. japonica* 'Picta'** **Prisé pour son feuillage panaché gris-vert et crème, cet arbuste rustique se couvre de délicates fleurs jaune d'or au début de l'été.**

K. japonica 'Pleniflora'

Le choix du spécialiste

1 *K. japonica* 'Picta'
Variété moins haute et étalée, au beau feuillage panaché.
Jaune d'or • Fin de printemps-début d'été Gris-vert et crème • *H* 1 m *E* 1,20 m

2 *K. japonica* 'Pleniflora'
En avril et mai, ses hautes tiges arquées se couvrent de fleurs jaune d'or doubles en pompons.
Jaune d'or • Début d'été • *H* 2,50 m *E* 2 m

3 *K. japonica* 'Golden Guinea' Cet arbuste produit de grandes fleurs simples aplaties.
Jaune d'or • Fin de printemps-début d'été • *H* 1,20 m *E* 1,50 m

À savoir

Situation Ensoleillée ou un peu ombragée, à l'abri du vent.
Plantation Au printemps ou en automne.
Floraison Au printemps.
Taille Tôt au printemps, pour éliminer les vieilles branches abîmées par l'hiver ; après la floraison, pour limiter la croissance.
Ravageurs et maladies Aucun.
Bonus Floraison jaune brillant.

Kolkwitzia

Cet arbuste caduc produit de longues branches arquées qui se couvrent de superbes fleurs roses au printemps et au début de l'été.

De la même famille que le chèvrefeuille, le *Kolkwitzia* est originaire de Chine. Ses délicates fleurs roses, qui ressemblent à des digitales, sont groupées en bouquets serrés.

Il est très facile à cultiver mais, pour un meilleur résultat, offrez-lui un emplacement très ensoleillé. Laissez-lui de la place : il s'étale autant en hauteur qu'en largeur.

À savoir

Situation Dans tous les sols, sauf très humides.
Plantation Printemps ou automne.
Floraison De la fin du printemps au début de l'été.
Taille Après la floraison, pour limiter la croissance ou aérer.
Ravageurs et maladies Aucun.
Bonus Floraison abondante.

PLANTE VEDETTE

***K. amabilis* 'Pink Cloud'** **Vous pouvez vous fier à cette variété plus petite, qui produit une masse de fleurs tous les ans.**

Le choix du spécialiste

1 *K. amabilis* 'Pink Cloud'
Plantez-le en arbuste isolé ou à l'arrière d'un massif et regardez-le fleurir à profusion, sans effort, année après année.
Rose • Début d'été • *HE* 2 m

2 *K. amabilis*
Cet arbuste haut et arrondi produit une multitude de bouquets de petites fleurs sur ses longues branches.
Rose tendre • Fin de printemps-début d'été • *HE* 3 m

Lavandula

La **lavande** est une classique du jardin. Elle est cultivée depuis des siècles en haie basse pour border allées et massifs, et dans les jardins d'herbes pour ses propriétés médicinales et aromatiques. Vigoureuse et facile à cultiver, sa seule exigence est d'être plantée en situation ensoleillée.

La lavande est appréciée pour ses fleurs odorantes et son feuillage persistant aromatique. Les variétés proposées ici pousseront sans souci dans la plupart des terrains bien drainés et ensoleillés, même en bord de mer pourvu qu'elles soient bien protégées par une bonne épaisseur de neige pendant l'hiver. Elles seront cependant encore plus heureuses dans un sol pauvre, caillouteux. L'espèce la plus populaire est *L. angustifolia*, la lavande vraie, avec des variétés au coloris plus intense, comme 'Hidcote' ou 'Miss Katherine'.

Lavande séchée

La lavande séchée sert à la confection de sachets parfumés ou de pots-pourris. Récoltez les tiges au moment où les fleurs s'ouvrent et suspendez-les dans un endroit ventilé ou posez-les sur des clayettes ajourées.

PLANTE VEDETTE

L. angustifolia 'Hidcote'♀

Ses grands épis floraux effilés exhalent leur riche fragrance tout l'été.

UNE TOUCHE D'ORIGINALITÉ

Aromatique et très décorative, la lavande est une excellente plante de bordure. Utilisez-la près de la terrasse pour profiter de tous ses coloris et de ses parfums.

Le choix du spécialiste

1 *L. angustifolia* **'Hidcote'**♀
Ses épis bleu foncé créent un contraste saisissant lorsqu'en début d'été, ils commencent à s'ouvrir sur le feuillage argenté.
✿ **Bleu foncé • Début-milieu d'été**
∅ **Gris argenté • *HE* 45 cm**

2 *L. angustifolia* **'Twickel Purple'** Plantée sur un talus ou dans un massif, elle offre tout l'été sa floraison parfumée, pourpre foncé.
✿ **Pourpre • Milieu d'été** ∅ **Gris-vert • *H* 60 cm *E* 45 cm**

3 *L. angustifolia* **'Miss Katherine'**♀ Le riche coloris rose foncé des fleurs se détache à merveille sur le feuillage vert vif.
✿ **Rose foncé • Début-milieu d'été**
∅ **Vert vif • *HE* 75 cm**

4 *L. angustifolia* **'Miss Muffet'**♀ Ce buisson nain et compact de feuillage argenté se pare de lilas de mai à juillet. Il est idéal en haie basse, dans une petite bordure ou une rocaille.
✿ **Lilas bleu • Début-milieu d'été**
∅ **Gris argenté • *HE* 30 cm**

5 *L. angustifolia* **'Little Lady'**
Convient pour les espaces confinés ou la culture en pots.
✿ **Lavande • Début-milieu d'été**
∅ **Vert argenté • *H* 45 cm *E* 30 cm**

6 *L. angustifolia* **'Munstead'**
Plant compact, à floraison bleu-mauve.
✿ **Bleu-mauve • Début-milieu d'été,**
∅ **Gris-vert • *H* 40 cm *E* 30 cm**

À savoir

Situation Ensoleillée, dans tout sol bien drainé, mais de préférence pauvre et caillouteux.
Plantation Au printemps.
Floraison De la fin du printemps à la fin de l'été. Refloraison en automne pour certaines.
Taille Légère en automne après la floraison, puis de nouveau en mai pour favoriser le démarrage de jeunes pousses à la base.
Ravageurs et maladies Peu nombreux, mais parfois taches foliaires, ou cercopes.
Bonus Le feuillage persistant continue à embaumer le jardin bien après la défloraison.

Ligustrum

Le **troène** est un classique des haies ; il pousse vite et supporte bien les tailles courtes. Pensez aussi aux variétés à feuillage doré ou panaché.

Le troène est un arbuste populaire par son feuillage et sa résistance à la pollution. La plupart sont utilisés en haie mais ils peuvent aussi être plantés isolés. Par contre, assurez-vous de le planter dans un site protégé du vent.

L. x *vicaryi*

PLANTE VEDETTE
***L. ovalifolium* 'Aureum'**
Les variétés à feuillage doré doivent être plantées au soleil pour conserver leur couleur.

Le choix du spécialiste

1 *L. ovalifolium* 'Aureum'
Feuillage jaune panaché pour des haies basses et denses.
Jaune panaché • *HE* 1,20 m

2 *L.* x *vicaryi* Feuillage jaune ; floraison parfumée à la mi-été.
Jaune • *HE* 80 cm

3 *L.* x *vicaryi* 'Hillside'
Feuillage panaché et port dressé.
Vert bordé de jaune • *HE* 80 cm

4 *L. vulgaris* 'Cheyenne'
S'utilise bien en haie.
Vert lustré • *H* 2 m *E* 1 m

À savoir

Situation Sol bien drainé.
Plantation Au printemps ou en automne, à 30 cm de distance pour les haies.
Taille Rabattez les haies après plantation, puis de moitié tous les ans jusqu'à l'obtention de la hauteur souhaitée.
Ravageurs et maladies Thrips et taches foliaires.
Bonus Fleurs parfumées en été.

Lonicera

Les **chèvrefeuilles** peuvent partir à l'assaut de vieux arbres solides, de murs ou de pergolas. Il existe aussi des formes buissonnantes hautement décoratives, souvent utilisées pour réaliser des haies faciles à entretenir. La plupart sont merveilleusement parfumés.

Le choix du spécialiste

Formes arbustives

Plusieurs variétés buissonnantes sont très parfumées.

1 *L. korolkowii* 'Honey Rose'
Un arbuste gracieux aux fleurs très odorantes.
Rouge rosé • Fin de printemps-début d'été Bleuté • *HE* 3 m

2 *L. caerulea*
Feuillage légèrement bleuté et fleurs jaunâtres suivies de baies bleu foncé.
Blanc crème • Fin de printemps • *HE* 1,50 m

3 *L. involucrata* Buisson dense à baies pourpres dès la mi-été.
Jaune et rouge • Début d'été
Vert luisant • *HE* 1,50 m

4 *L. maximowiczii sachalinensis* Variété excellente en haie, pour son port dense et fourni. Fleurs rouges, abondantes.
Rouge • Fin de printemps • *HE* 2,50 m

5 *L. xylosteoides* 'Clavey's Dwarf'
Arbuste bas et dense à feuillage vert bleuté et fleurs crème.
Blanc • Fin de printemps
Vert bleuté • *HE* 1 m

Les chèvrefeuilles grimpants produisent certes une masse pas toujours ordonnée de tiges entremêlées, mais si vous disposez d'un coin un peu sauvage, vous apprécierez leur floraison et leur parfum enivrant.

Plantez-les en disposant les racines côté nord pour un ombrage immédiat, et faites grimper les jeunes pousses côté sud, où elles pourront profiter du soleil. Arrosez bien le premier été pour assurer leur bon établissement.

Formes arbustives
Certains chèvrefeuilles font de splendides arbustes à isoler, faciles à entretenir, mais on les utilise aussi beaucoup pour former des haies denses classiques. Les variétés proposées ici sont plus résistantes aux attaques de pucerons.

PLANTE VEDETTE
***L. korolkowii* 'Honey Rose'**
Ce chèvrefeuille buissonnant développe une gracieuse silhouette avec ses branches aux extrémités retombantes.

PLANTE VEDETTE

***L. x brownii* 'Dropmore Scarlet' Ce grimpant est tout sauf ordinaire. Il porte des fleurs rouges délicieusement parfumées. Il en existe de nombreuses variétés performantes, toutes aussi décoratives et vigoureuses.**

Formes grimpantes

Arbres solides, de taille moyenne et pourvus d'une ramure simple, ils sont parfaits pour héberger un chèvrefeuille.

1 *L.* x *brownii* 'Dropmore Scarlet' Très beau chèvrefeuille grimpant, à feuillage vert bleuté et aux magnifiques fleurs rouge orangé recherchées des colibris.

✿ Rouge orangé • Été • *H* 2,50 m

L. periclymenum 'Belgica'

2 *L. japonica* 'Halliana'♡ La végétation épaisse et entremêlée exhale la forte odeur fruitée des fleurs blanches virant au jaune.

✿ Blanc • Début d'été • *H* 3 m

3 *L. periclymenum* 'Harlequin' Une variété à feuillage vert, panaché de crème et de rose. Fleurs roses bordées de jaune. 'Belgica'♡ a des fleurs rayées de rouge.

✿ Rose • Milieu de printemps-milieu d'été • *H* 2,50 m

4 *L.* x *heckrotti* 'Goldflame' Semi-persistant aux fleurs jaunes et roses très parfumées.

✿✿ Jaune, rose • Été • *H* 3 m à maturité

À savoir

Situation Dans tout sol bien drainé, avec les racines à l'ombre et les tiges au soleil.
Plantation Du printemps à l'automne.
Floraison Tout l'été, jusqu'en début d'automne.
Taille Après la floraison. Supprimez les branches malades ou éparses, et réduisez la hauteur.
Ravageurs et maladies Pucerons et oïdium.
Bonus Belles fleurs, baies colorées et parfum capiteux.

Magnolia

Très robustes malgré la beauté fragile de leurs fleurs, les **magnolias** sont faciles à cultiver et à entretenir s'ils sont protégés des vents froids et des gelées tardives.

Le choix du spécialiste

1 M. 'Jane'♀
Fleurit dès sa première année ; boutons rose foncé s'ouvrant sur des fleurs en coupe.
✿ **Rose foncé • Milieu-fin de printemps • *H* 4 m *E* 3 m**

2 M. *liliiflora* 'Nigra'♀
Les grosses fleurs pourpre foncé à l'extérieur sont pâles à l'intérieur. À protéger des vents.
✿ **Pourpre foncé • Printemps-début d'été • *HE* 3 m**

3 M. *stellata*♀
Idéal pour les petits jardins, avec des masses de fleurs doubles étoilées, parfumées.
❀ **Blanc • Milieu de printemps • *HE* 3 m**

4 M. x *loebneri* 'Leonard Messel'♀
Fleurs légèrement parfumées. À protéger des vents.
✿ **Rose lilas • Milieu de printemps • *HE* 5 m**

5 M. x *soulangeana* 'Rustica Rubra'♀
Arbre au port étalé, avec des fleurs en gobelet.
✿ **Pourpre rougeâtre • Milieu-fin de printemps • *H* 5 m *E* 4 m**

À savoir

Situation Sol riche, frais, bien drainé ; soleil ou ombre légère.
Plantation En automne ou au printemps.
Floraison Au printemps ou au début de l'été, selon l'espèce.
Taille Si besoin, taillez légèrement après la floraison.
Ravageurs et maladies Aucun.
Bonus Floraison abondante.

PLANTE VEDETTE
***M.* 'Jane'♀ Superbe au printemps lorsque les fleurs roses s'ouvrent avant les feuilles.**

Le magnolia est l'une des premières plantes à fleurir au printemps, avant le déploiement des feuilles. Les fleurs, en forme de coupe, de gobelet ou d'étoile, vont du blanc et rose au pourpre. Les magnolias se présentent sous forme d'arbrisseau ou de petit arbre.

Les magnolias sont à protéger des vents froids, et le gel peut endommager les boutons floraux des variétés très précoces. Certains magnolias mettant plusieurs années avant de fleurir, il est préférable d'acheter un sujet déjà âgé de 5 ans.

M. stellata

M. x *loebneri* 'Leonard Messel'

Entretenir les magnolias

Le plus important est de choisir un emplacement raisonnablement protégé. S'il est très sec, paillez pour conserver l'humidité. Évitez de biner ou de planter au pied d'un magnolia afin de préserver les racines. La taille est généralement inutile, hormis pour nettoyer, au printemps, les branches endommagées par le gel ou, après la floraison, pour favoriser une croissance plus dense.

Si l'espace manque

L'espèce idéale pour les petits jardins est *M. stellata* (magnolia étoilé). Touffu et lent à pousser, il fleurit souvent dès la première année.

PLANTE VEDETTE
M. repens **Plantez ce beau persistant en vue, de manière à profiter pleinement de sa floraison jaune printanière.**

Mahonia

Un feuillage sculptural et une floraison colorée font des **mahonias** des arbustes pleins d'attraits pour le jardin, en particulier en hiver et au printemps.

Ces persistants rustiques égaient les massifs de leur floraison printanière jaune vif, parfois parfumée. *M. aquifolium* est souvent cultivé en couvre-sol ou en haie basse. Les feuilles de certaines variétés, comme 'Compacta', sont teintées de bronze en hiver.

Après la floraison, le mahonia produit des grappes de baies noir bleuté, persistantes chez certains, jusqu'au début de l'hiver.

Le mahonia est un arbuste facile à cultiver, sain, qui pousse presque partout s'il est protégé du froid. Il est inutile de le tailler, sauf pour nettoyer les dommages hivernaux.

À savoir

Situation Dans la plupart des sols, au soleil ou sous une ombre légère.
Plantation Au printemps.
Floraison Fin de printemps, selon le type.
Ravageurs et maladies Aucun.
Bonus Feuillage persistant.

Le choix du spécialiste

1 *M. repens*
Arbuste étalé à tiges dressées et aux épis denses, érigés de fleurs parfumées.
Jaune • Fin de printemps
Vert foncé • *H* 30 cm *E* 1,50 m

2 *M. aquifolium*
Les grappes légèrement parfumées de fleurs jaune citron émergent en rayonnant.
Jaune citron • Printemps
Vert foncé brillant • *HE* 1,20 m

3 *M. aquifolium* 'Compacta'
Arbuste nain à feuillage bronze durant l'hiver.
Jaune d'or • Fin de printemps
Bronze • Hiver • *HE* 60 cm

4 *M. aquifolium* 'Smarag'
Arbuste bas, étalé, à coloration automnale rouge pourpré. Fleurs jaunes en larges grappes.
Jaune • Printemps
Rouge pourpré • Automne-hiver • *H* 60 cm *E* 90 cm

Parthenocissus

Les **vignes vierges** sont cultivées pour leur superbe feuillage d'automne qui se pare d'un flamboiement de rouges, puis d'orange et de jaunes avant de tomber.

On utilise souvent la vigne vierge pour habiller un grand mur qu'elle couvre d'une végétation dense tout l'été avant son magnifique spectacle automnal. Mais elle peut aussi orner de vieux arbres solides, créant un effet surprenant quand elle enflamme les branches de son rouge incandescent.

Plantez-la dans un grand trou à 60 cm environ de la base. Elle escalade rapidement tout support, aussi prenez soin de la maintenir loin des toits et des gouttières.

À savoir

Situation Pratiquement toutes.
Plantation Du printemps à l'automne. Incorporez beaucoup de matière organique.
Floraison Fleurs verdâtres insignifiantes en été.
Taille Éclaircissez et éliminez les pousses indésirables en été.
Ravageurs et maladies Généralement aucun, mais parfois des pucerons.
Bonus Croissance rapide avec de belles teintes automnales.

Le choix du spécialiste

1 *P. tricuspidata* 'Veitchii'
En automne, le feuillage se pare d'un rouge-pourpre intense et incandescent.
Rouge-pourpre • Automne • *H* 12 m *E* 5 m

2 *P. quinquefolia* 'Star Showers' Feuillage panaché de blanc, devenant rose à l'automne.
Panaché de blanc • Automne • *H* 9 m *E* 5 m

3 *P. quinquefolia* La vigne vierge vraie prend de fantastiques nuances cramoisies en automne.
Cramoisi • Automne • *H* 15 m *E* 5 m

PLANTE VEDETTE
***P. tricuspidata* 'Veitchii'**
Ce superbe lierre de Boston couvre rapidement les murs et les troncs au moyen de ses minuscules ventouses.

Perovskia

Avec ses tiges dressées qui se parent au printemps d'un feuillage gris-vert aromatique, et en été d'une masse d'épis floraux bleu foncé, voici un bel arbuste.

Cet arbuste robuste et vraiment sans souci est aussi très décoratif. Son port vigoureux et dressé en fait un sujet de choix en massif ou en bordure. Planté en plein soleil, il fleurira durant tout l'été.

Les feuilles velues, grisâtres, sont aromatiques; leur parfum rappelle celui de la sauge.

À savoir

Situation En plein soleil, dans tout sol bien drainé, idéalement sableux.
Plantation Au printemps.
Floraison Du milieu de l'été au début de l'automne.
Taille Rabattez les pousses de l'année passée au printemps.
Ravageurs et maladies Aucun.
Bonus Feuillage aromatique.

Le choix du spécialiste

1 *P.* 'Blue Spire'♀
Les épis floraux de cette variété à croissance rapide sont d'un beau bleu lavande.
✿ **Bleu lavande • Milieu d'été-début d'automne • *H* 1,20 m *E* 1 m**

2 *P. atriplicifolia*
Variété 'Filigran', à feuilles très finement découpées.
✿ **Bleu lavande • Milieu d'été-début d'automne • *H* 1 m *E* 75 cm**

PLANTE VEDETTE
***P.* 'Blue Spire'**♀
Plantez cet arbuste aromatique dans un massif pour son abondante floraison bleue et son feuillage argenté tout l'été.

Philadelphus

Le **seringat** est un arbuste sans souci, cultivé pour ses fleurs estivales en coupe au puissant parfum de fleur d'oranger.

PLANTE VEDETTE
P.* x *lemoinei **Offrez à cet arbuste une place de choix dans un massif où il prodiguera sa floraison parfumée.**

La popularité de cet arbuste à feuillage caduc est justifiée. Ses fleurs blanches ou crème exhalent un parfum musqué qui embaume le jardin au début de l'été. Offrez-lui un emplacement ensoleillé et il prospérera même en sol pauvre et en atmosphère polluée.

Il présente peu d'intérêt après sa spectaculaire floraison, mais vous pouvez lui redonner une seconde valeur en l'utilisant en haie libre ou taillée. Mais ne taillez surtout pas à l'automne ou au printemps car vous élimineriez sa floraison. Attendez après celle-ci pour égaliser vos plants ou pour nettoyer les sujets plus âgés. Encore mieux, si vos seringats se dégarnissent, rabattez-les à 30 cm du sol; leur croissance est assez vigoureuse pour leur permettre de refleurir l'année suivante.

Le choix du spécialiste

1 *P.* x *lemoinei*
Arbuste large et étalé. 'Erectus' a un port plus compact.
❀ **Blanc • Début d'été • *HE* 1,80 m**

2 *P.* 'Avalanche'
Rameaux fins de fleurs parfumées.
❀ **Blanc • Début d'été • *H* 1,50 m *E* 75 cm**

3 *P. coronarius* 'Variegatus'♀ Fleurs semi-doubles et feuilles bordées de crème.
❀ **Blanc • Début d'été • *H* 1,50 m *E* 1 m**

P. coronarius

P. coronarius 'Aureus'

4 P. x 'Innocence'
Seringat à feuillage marginé de blanc crème et à fleurs semi-doubles des plus parfumées.
❀ Blanc • Début d'été ∅ Marginé de blanc crème • *HE* 2 m

5 P. *coronarius* 'Aureus'♀
Intéressant pour ses jeunes feuilles jaune vif.
❀ Blanc • Début d'été • *H* 1,50 m *E* 1,25 m

P. x 'Innocence'

6 P. x 'Snowbelle'
Feuillage jaunâtre et fleurs doubles, très abondantes.
❀ Blanc • Début d'été • *HE* 1,20 m

7 P. x 'Minnesota Snowflake'
Croissance plus rapide. Intéressant en haie. Fleurs doubles.
❀ Blanc • Début d'été • *H* 1,50 m *E* 1,20 m

À savoir

Situation Ensoleillée.
Plantation En automne ou au printemps.
Floraison En été.
Taille Après la floraison.
Ravageurs et maladies Taches foliaires et pucerons.
Bonus Pousse bien dans les jardins bordant une route fréquentée.

Picea

Les **épinettes**, ou **épicéas**, sont généralement trop grandes pour un jardin de taille moyenne. Cependant, les conifères rustiques recommandés ici sont petits et compacts : idéaux pour apporter, avec un minimum d'effort, couleur et attrait dans un espace restreint.

Le choix du spécialiste

1 P. *glauca* var. *albertiana* 'Conica' Croissance lente et forme conique parfaite.
∅ Aiguilles vert vif virant au gris-vert avec l'âge • *H* 1,80 m *E* 1 m

2 P. *abies* 'Repens'
Épinette à port rampant et étalé, avec de jeunes pousses dressées. À utiliser commme couvre-sol ou dans les rocailles.
∅ Aiguilles vert foncé • *H* 50 cm *E* 2 m

3 P. *pungens* 'Glauca Globosa'♀ Variété bleue en dôme pour une rocaille.
∅ Aiguilles bleu vif • *H* 1 m *E* 1,50 m

4 P. *pungens* 'Montgomery'
Beau spécimen à isoler, avec une forme conique, large à la base.
∅ Aiguilles bleu argenté • *H* 3 m *E* 2 m

Ces conifères persistants et rustiques s'accommodent de la plupart des conditions même s'ils préfèrent un emplacement ensoleillé à l'abri des vents froids. Pour un arbre de taille moyenne, essayez **'Montgomery'**. Les épinettes naines sont souvent plantées en bac ou dans la rocaille. **'Glauca Globosa'** (ou **'Globosa'**♀) est l'une des plus belles. Un endroit chaud permet au feuillage d'exhaler son parfum aromatique.

À savoir

Situation Ensoleillée, abritée, en sol frais, neutre ou acide.
Plantation Début de printemps.
Taille La taille enlaidit la plupart des épinettes.
Ravageurs et maladies Araignées rouges sur les variétés naines.
Bonus Feuillage aromatique.

Un entretien minimal
Les épinettes sont très peu exigeantes et n'ont pas besoin de taille – en fait elle aurait plutôt tendance à les enlaidir. Contentez-vous de supprimer les tiges grêles, les branches vertes sur les formes à feuillage coloré ou les indésirables. Faites-le à l'automne pour limiter l'écoulement de résine et l'apparition de maladies.

***P. pungens* spp.**

***P. pungens* 'Glauca Globosa'**

PLANTE VEDETTE
***P. glauca* var. *albertiana* 'Conica'**
Ce petit arbre paraît grand dans une bordure. Les jeunes aiguilles sont vert jaunâtre vif, puis elles prennent une teinte douce gris-vert avec l'âge.

Pinus

Il existe des **pins** à croissance lente et des variétés naines parfaits pour les jardins de taille moyenne, et qui font d'excellents arbustes d'ornement ou couvre-sols.

Tout à fait rustiques, les pins préfèrent certes un sol acide et une bonne luminosité, mais ils peuvent pousser presque partout. Leur feuillage persistant et aromatique se décline en une large palette de nuances attrayantes. L'entretien se résume à supprimer de temps en temps les branches mal placées ou chétives pour conserver une belle silhouette.

Les arbustes portent des cônes mâles et femelles, ces derniers prenant chez de nombreuses espèces un aspect décoratif. Leur couleur évolue sur deux ou trois ans, à mesure qu'ils mûrissent.

À savoir

Situation Ensoleillée, en sol neutre ou acide.
Plantation Du milieu à la fin de l'automne.
Taille Uniquement pour conserver une belle silhouette.
Ravageurs et maladies Généralement aucun ; parfois des chenilles.
Bonus Feuillage aromatique.

Le choix du spécialiste

1 *P. mugo*
Les cônes femelles sont rouges quand ils apparaissent à l'extrémité des branches. 'Gnom' est un cultivar nain d'à peine 1 m.
∅ Vert foncé • Cônes brun-noir, brun-jaune à maturité • *H* 5 m *E* 8 m

2 *P. sylvestris* 'Globosa Viridis'
Un pin nain à port compact et aux aiguilles légèrement tordues. Très intéressant. 'Fastigiata' est à port colonnaire, étroit (H 7 m, E 1 m).
∅ Vert foncé • *H* 1 m *E* 1,20 m

3 *P. strobus* 'Nana'
Pin à croissance très lente, avec des aiguilles vert bleuté.
∅ Vert bleuté • Cônes vert-jaune • *H* 60 cm-2 m *E* 1-3 m

PLANTE VEDETTE
P. mugo **Ce conifère buissonnant gagne plus à être plus utilisé dans l'aménagement de grands jardins.**

Potentilla

Arbustes rustiques, les **potentilles** ont une longue floraison estivale colorée, précieuse dans un massif ou une rocaille. Il existe des centaines de variétés, toutes aussi faciles d'entretien du moment qu'elles bénéficient d'un emplacement ensoleillé.

Les fleurs de potentille ressemblent à des petites roses sauvages, dans des tons de jaune, orange, rouge, rose ou blanc. Plantez quelques variétés différentes dans les endroits ensoleillés de votre jardin, et vous profiterez sans effort d'une abondance de coloris vifs du début de l'été jusqu'en octobre.

Les variétés proposées ici sont des arbustes rustiques qu'il suffit de tailler de temps en temps pour leur conserver une belle silhouette. Ils ne demandent rien d'autre, hormis peut-être un paillage au printemps avec du fumier ou du compost.

Sachez qu'il existe aussi des vivaces herbacées chez les potentilles (voir page 154).

PLANTE VEDETTE
P. fruticosa 'Goldfinger'
Les grandes fleurs jaunes créent un beau contraste avec le feuillage bleu-vert. Plantez cet arbuste dans un massif et profitez du spectacle tout l'été.

À savoir

Situation Tout sol moyennement fertile, bien drainé, en plein soleil.
Plantation En automne ou au printemps.
Floraison Du début à la fin de l'été.
Taille Légère pour maintenir la silhouette du buisson. Rabattre au sol pour rajeunir les vieux sujets, en automne.
Ravageurs et maladies Aucun.
Bonus Floraison abondante.

Le choix du spécialiste

1 *P. fruticosa* 'Goldfinger'
Arbuste buissonnant, idéal pour un décor estival.
✿ **Jaune vif • Été** ∅ **Bleu-vert • *HE* 1 m**

2 *P. fruticosa* 'Red Ace'
Variété basse aux superbes fleurs rouge vif. Pour sites légèrement ombragés.
✿ **Rouge vif à centre jaune • Été** ∅ **Vert vif • *H* 75 cm *E* 1 m**

3 *P. fruticosa* 'Abbotswood'♀ Beau contraste entre le feuillage foncé et les fleurs blanches.
✿ **Blanc • Été** ∅ **Vert foncé • *HE* 80 cm**

4 *P. fruticosa* 'Manchu'
La floraison blanche et délicate dure longtemps.
✿ **Blanc • Été** ∅ **Gris-vert • *HE* 75 cm**

5 *P. fruticosa* 'Elizabeth'
Buisson bas et arrondi portant une masse de grandes fleurs jaune vif.
✿ **Jaune canari • Été** ∅ **Vert moyen • *H* 50 cm *E* 1 m**

6 *P. fruticosa* 'Princess'
Les fleurs rose pâle virent au blanc en plein soleil.
✿ **Rose pâle • Été** ∅ **Vert foncé • *H* 60 cm *E* 80 cm**

P. fruticosa 'Red Ace'

Prunus

Les formes naines de ces arbres fruitiers font de très beaux arbustes ornementaux, prisés pour leur belle floraison printanière ou leurs teintes d'automne flamboyantes.

Le choix du spécialiste

1 *P. tenella* 'Fire Hill'
La floraison vermeil de cet amandier nain de Russie offre un spectacle étonnant.
✿ **Rouge rosé • Milieu de printemps**
∅ **Vert foncé • *HE* 1 m**

2 *P. tomentosa*
Plantez ce cerisier pour profiter de sa floraison printanière parfumée.
✿ **Blanc rosé • Milieu de printemps**
∅ **Vert foncé • *H* 2,50 m *E* 3 m**

3 *P.* x *cistena*♀
Ce prunier d'ornement fait une haie dense. Feuilles lustrées rouges prenant progressivement un ton cuivré foncé.
✿ **Blanc • Fin de printemps**
∅ **Rouge • *H* 2 m *E* 1,50 m**

4 *P.* x *cistena* 'Crimson Dwarf'♀ Prisé pour ses belles feuilles rouges et son abondante floraison blanche.
✿ **Blanc • Début-fin de printemps**
∅ **Rouge • *HE* 1,50 m**

5 *P. besseyi*
Les branches se couvrent de fleurs blanches au printemps, puis de cerises noires qui attirent les oiseaux.
✿ **Blanc • Milieu de printemps**
∅ **Vert grisâtre • *HE* 1,50 m**

PLANTE VEDETTE

***P. tenella* 'Fire Hill'** **Admirez la somptueuse floraison de ce cerisier d'ornement au milieu du printemps, avant le déploiement des feuilles. Celles-ci prennent des teintes orangées à l'automne.**

P. tenella

Ces arbres nains sont peu exigeants, mais nécessitent parfois une taille de nettoyage. Ils produisent une abondante floraison légèrement odorante au printemps. Certains ont un feuillage vivement coloré, et des fruits comestibles en automne.

À savoir

Situation Ensoleillée dans tout sol bien drainé sauf crayeux.
Plantation De la fin de l'automne au milieu du printemps.
Floraison Au printemps.
Taille Régulière pour les haies classiques, après la floraison.
Ravageurs et maladies Rares ; parfois chenilles, chancre, brûlure bactérienne.
Bonus Floraison printanière.

Ribes

Les **groseilliers à fleurs** associent une floraison printanière aux tons soutenus et un attrayant feuillage d'automne. Feuilles et fleurs sont souvent parfumées.

Le choix du spécialiste

1 *R. odoratum* Fleurs à odeur de clou de girofle, suivies d'un feuillage d'automne coloré.
Jaune • Printemps ∅ Pourpre • Automne • *HE* 2 m

2 *R. sanguineum* 'King Edward VII' Une variété à fleurs rouges. À protéger des vents d'hiver.
Rouge rosé • Fin de printemps • *HE* 1 m

3 *R. aureum*
Un autre groseillier dont la floraison jaune dégage un parfum d'épices.
Jaune • Printemps ∅ Rouge orangé • Automne • *HE* 1,50 m

4 *R. alpinum* 'Smithii'
Arbuste à port globulaire, dense, à utiliser en haie. Floraison sans intérêt.
∅ Vert brillant • Été
∅ Jaune • Automne • *HE* 1,50 m

À savoir

Situation Tout sol bien drainé ; soleil ou ombre légère.
Plantation En automne ou au printemps.
Floraison Au printemps.
Ravageurs et maladies Attention : hôte intermédiaire de la rouille vésiculeuse du pin blanc. À ne pas planter à proximité de ce conifère.
Bonus Deux périodes décoratives pour certains.

Les groseilliers à fleurs sont des arbustes faciles à cultiver, appréciés pour leur floraison printanière, mais aussi pour leurs teintes automnales. Les fleurs sont réunies en grappes denses, dans une palette allant du blanc au rouge foncé. Vous pouvez les planter en sujets isolés ou dans une haie libre. Pour maintenir une belle silhouette, rabattez les pousses qui ont fleuri après la floraison et coupez quelques vieilles tiges à la base.

PLANTE VEDETTE

R. odoratum **Un arbuste à privilégier pour sa floraison, son parfum, ses fruits et sa coloration automnale.**

Les rhododendrons offrent une variété de tailles, de feuilles et de couleurs de fleurs. Assurez-vous de protéger les boutons floraux, formés en automne pour le printemps suivant, des vents desséchants de l'hiver.

PLANTE VEDETTE

***R.* 'Crete'♀ Plantez cette variété dans un jardin froid, au nord, et vous vous réjouirez de la voir fleurir au printemps.**

Rhododendron

Avec leur allure un peu exotique, ces beaux arbustes à fleurs ont souvent la réputation d'être difficiles à cultiver. Il n'en est rien si vous les plantez dans un sol acide. Ils offrent une immense diversité. Choisissez la couleur et la taille, en veillant aux dimensions de votre jardin.

Les rhododendrons – un groupe qui comprend les azalées – vont des grands spécimens de la taille d'un petit arbre jusqu'aux formes naines à cultiver en pots ou dans une rocaille.

La plupart sont des persistants, certains avec un feuillage très décoratif. Mais ils sont principalement cultivés pour leurs fleurs spectaculaires qui apparaissent le plus souvent en abondance au printemps et en début d'été, dans des coloris divers et souvent vifs. Quelques-uns sont en outre très parfumés.

Beautés robustes

Les hybrides Yakushimanum ont tous un port compact et un feuillage dense, persistant, qui emprisonne la neige. De ce fait, ils sont plus rustiques et mieux adaptés aux jardins établis en zone froide. Ces hybrides peuvent être davantage exposés au soleil et supportent mieux les vents. Par contre, leur croissance est très lente ; armez-vous de patience si vous désirez voir votre «**Yak**» atteindre ses 2 m de haut !

Réservez les arbustes plus grands, comme ***R. brachycarpum*** et **'Roseum Elegans'**, aux terrains suffisamment vastes.

L'automne est la meilleure époque de plantation car il laisse le temps aux plantes de s'établir avant la reprise de végétation. Plantez dans un sol bien travaillé et enrichi en compost. Les soins après la plantation sont peu nombreux ; veillez à ce que le sol ne sèche pas par temps sec, surtout pendant la première saison. Paillez avec du compost ou du terreau de feuilles pour maintenir l'humidité.

Le choix du spécialiste

Hybrides Yakushimanum

1 *R.* 'Crete'♀
Une abondance de fleurs blanches teintées de rose couvre cet arbuste touffu au printemps.
✿ **Blanc rosé • Printemps • *H* 1-2 m *E* 1-3 m**

2 *R.* 'Koichiro Wada'♀
La floraison printanière donne des touffes de fleurs rouges, roses et blanches.
✿✿✿ **Rouge, rose et blanc • Printemps • *H* 1-2 m *E* 1-3 m**

3 *R.* 'Fantastika'♀
Des fleurs rouge rosé s'ouvrent au milieu des feuilles coriaces vert brillant entre mai et juin.
✿ **Rouge rosé • Printemps • *H* 1-2 m *E* 1-3 m**

4 *R.* 'Mist Maiden'
Boutons rose vif s'ouvrant en fleurs rose pâle. Très rustique.
✿ **Rose • Printemps • *H* 1-2 m *E* 1-3 m**

Rhododendrons botaniques

1 *R. catawbiense* **'Bourseault'** Arbuste buissonnant, à grandes feuilles et à gros bouquets de fleurs rose lilas.
Rose lilas • Fin de printemps • *HE* 1,50 m

2 *R. brachycarpum*
Très beau feuillage persistant et coriace, de grande taille. Les fleurs varient de blanc à rose pâle.
Blanc, rose • Début d'été • *H* 1,60 m *E* 1,20 m

Hybrides à petites feuilles (lépidotes)

1 *R.* **'PJM Aglo'**
Ce buisson bas et dense est idéal pour les petits jardins. Il se couvre de fleurs rose corail en avril et mai.
Rose corail • Fin de printemps • *H* 1,20 m *E* 1,50 m

2 *R.* **'Ramapo'**
Exceptionnellement rustique, avec des feuilles gris-bleu et des fleurs violet pâle très décoratives.
Violet pâle • Fin de printemps
Gris-bleu • *H* 60 cm *E* 1 m

Hybrides à grandes feuilles (élépidotes)

1 *R.* **'Roseum Elegans'**
Arbuste large à croissance vigoureuse. Floraison printanière rose fuchsia.
Rose fuchsia • Printemps • *H* 1,80 m *E* 2,20 m

2 *R.* **'Peter Tigerstedt'**
Hybride développé en Finlande. Très rustique, à fleurs blanches ponctuées de violet.
Blanc • Fin de printemps • *HE* 1,75 m

Azalées

1 *R.* **'Lollipop'**
Azalée à floraison rose clair très odoriférante ; le feuillage devient rouge orangé à l'automne.
Rose clair • Début d'été
Rouge orangé • Automne • *H* 1,50 m *E* 1 m

2 *R.* **'Mandarin Lights'**
Hybride très florifère et rustique. Très belles teintes de fleurs.
Orange rougeâtre • Fin de printemps • *HE* 1,20 m

À savoir

Situation Uniquement dans un sol acide (voir page 8), frais mais bien drainé, sous un soleil tamisé ou une ombre légère.
Plantation Tôt en automne, en recouvrant la motte racinaire de 2 à 3 cm de terre. Une trop grande profondeur peut tuer la plante ou stopper sa croissance.
Taille Coupez le bois mort et les pousses faibles en fin d'hiver, ou juste après la floraison. Supprimez les fleurs fanées pour stimuler la végétation et la floraison.
Ravageurs et maladies Peu de problèmes ; parfois chancres, brûlures.
Bonus Floraison spectaculaire et colorée pratiquement garantie. Certains rhododendrons sont en plus parfumés.

Rosa

Les rosiers sont incomparables pour leur diversité de tailles, de formes et de couleurs, ainsi que pour leur parfum somptueux. Les hybrides modernes, sélectionnés pour leur vigueur, posent peu de problèmes. Ceux présentés ici sont tous rustiques et résistants aux maladies.

Jouissant d'une popularité sans faille, les rosiers se déclinent en une multitude de variétés. Ceux présentés ici, tous rustiques, s'adaptent à tous les types de sols, même si certains sont plus exigeants sur leurs conditions de culture.

La plupart préfèrent un sol lourd et fertile, riche en matière organique. Ils apprécient des paillages réguliers avec du compost ou du fumier. Les sols détrempés, le sable pur et la craie ne leur conviennent pas.

PARFUM Les rosiers anciens, tels ceux de Damas ou de Bourbon, étaient généralement parfumés, mais les hybrides modernes sont maintenant aussi sélectionnés pour leur fragrance. Ainsi, 'Gertrude Jekyll', 'Graham Thomas', 'Roseraie de l'Haÿ' et 'Iceberg' sont puissamment parfumés.

Les rosiers élevés en conteneurs se plantent en toute saison, mais ceux à racines nues doivent être plantés au printemps. Choisissez des plantes avec trois, ou mieux, quatre tiges saines et des bourgeons vigoureux. Attendez que le sol soit facile à travailler, qu'il ait rendu son humidité, avant de planter, et assurez-vous de conserver les racines humides jusqu'à la plantation.

R. 'John Cabot'

Les différents rosiers

Que vous souhaitiez un rosier grimpant romantique, un buisson classique plus strict ou un rosier compact pour orner une terrasse, soyez sûr que la bonne variété existe. Les rosiers se classent généralement dans les catégories suivantes : hybrides de thé (rosiers-buissons à grosses fleurs), floribundas (rosiers-buissons à fleurs en bouquets), rosiers botaniques, rosiers arbustes, rosiers miniatures, rosiers grimpants et sarmenteux, et rosiers couvre-sols.

Rosiers hybrides de thé et floribundas

Les hybrides de thé ont des grandes fleurs souvent très parfumées. Leur port dressé et leur hauteur uniforme en font des sujets de choix pour les plates-bandes classiques.

Les rosiers floribundas, comme **'Fascination'**, ont un port et une taille similaires à ceux des hybrides de thé, mais leurs fleurs plus petites sont groupées en bouquets – qui en comptent parfois jusqu'à 20. Les floribundas supportent mieux le temps humide que les hybrides de thé et leurs boutons ne s'ouvrent pas tous en même temps, d'où une floraison parfois plus longue.

Rosiers botaniques

Tous les hybrides modernes dérivent de rosiers botaniques sauvages. Fleurissant généralement une fois au printemps ou en début d'été, ils produisent des fleurs simples à cinq pétales et des fruits décoratifs en automne.

Rosiers arbustes

La plupart des rosiers arbustes modernes sont remontants. Certains, comme **'Marguerite Hilling'**, font de beaux spécimens à isoler, d'autres, comme

PLANTE VEDETTE
R. 'Singin' in the Rain'
Ce splendide floribunda dressé, aux fleurs saumon ou abricot pâlissant progressivement, vous ravira tout l'été.

'Fred Loads', conviennent pour les haies.

La série Explorateurs, développée par Agriculture Canada, compte de nombreux rosiers arbustifs (et des grimpants) qui peuvent atteindre 2 m pour 'Martin Frobisher' et 3 m pour 'John Cabot'.

Les rosiers arbustes anciens sont moins fréquents dans les jardins. Il s'agit le plus souvent d'hybrides obtenus au XIXe siècle, avec des fleurs très doubles et agréablement parfumées.

Rosiers-buissons nains et rosiers miniatures
Les rosiers-buissons nains modernes comme 'Top Marks' sont plus grands que les rosiers miniatures, mais plus petits que les floribundas. Ils ont un port dressé et une longue période de floraison. La culture en bac ou en jardinière leur convient à condition de les fertiliser régulièrement.

Rosiers grimpants et sarmenteux
Ces rosiers sont un ravissement du jardin en été. Utilisez-les pour couvrir pergolas, murs et tonnelles.

Pour habiller un mur, palissez les tiges du rosier le long d'un fil tendu à l'horizontale. Cela favorise l'émission de nombreuses pousses latérales qui seront par la suite palissées vers le haut. Si vous le laissez croître en hauteur, les fleurs s'ouvriront trop haut pour être pleinement appréciées.

Conseils pour la taille
Les rosiers régulièrement taillés sont plus vigoureux. La taille favorise l'émission de jeunes pousses à la base du buisson. Elle permet aussi de supprimer le bois mort et améliore la circulation de l'air.

Taillez les hybrides de thé et les floribundas tard en automne. Rabattez à 30 cm du sol, buttez et installez une protection hivernale. Au printemps suivant, supprimez les vieilles tiges et les extrémités noircies par l'hiver.

Les rosiers botaniques et les buissons modernes rustiques se taillent tard en automne ou au printemps. On peut rabattre de moitié les tiges principales et éliminer complètement le vieux bois pour aérer la base du plant.

Les couvre-sols et les grimpants se taillent au printemps. Éliminez le bois mort, les branches âgées, celles qui se chevauchent ou qui poussent vers l'intérieur pour permettre une bonne aération du plant et réduire les risques de maladie. (Pour en savoir plus sur la taille des rosiers, voir page 17.)

Ni les grimpants ni les sarmenteux ne produisent de vrilles ou de ventouses. Vous devez les fixer à leur support après la taille printanière et, selon leur rusticité, les coucher au sol pour les protéger de l'hiver.

Le choix du spécialiste

Rosiers hybrides de thé et floribundas

Les hybrides de thé portent des grandes fleurs solitaires ou en petits bouquets. Les floribundas ont des fleurs plus petites mais beaucoup plus nombreuses par bouquet (jusqu'à 20). Certains sont très parfumés. Les rosiers de ces deux catégories ont besoin d'une protection hivernale.

1 *R.* 'Singin' in the Rain'
Floribunda dressé, très parfumé, avec de grandes fleurs abricot.
Abricot • Tout l'été • *HE* 1 m

2 *R.* 'Fascination' Plantez ce floribunda dans une bordure mélangée pour apprécier ses gros bouquets de fleurs rose crevette.
Rose crevette • Tout l'été • *HE* 45 cm

3 *R.* 'Neptune'
Hybride de thé avec de grandes fleurs lavande inhabituelles.
Lavande • Tout l'été • *H* 1 m *E* 60 cm

4 *R.* 'Jean-Pierre Ferland'
Hybride de thé aux fleurs rondes et jaunes.
Jaune vif • Tout l'été • *H* 75 cm *E* 60 cm

R. 'Silver Jubilee'

5 *R.* 'Silver Jubilee'
Cet hybride de thé à grandes fleurs rose foncé fleurit continuellement.
Rose foncé • Tout l'été • *H* 1 m *E* 60 cm

À savoir

Situation Dans un sol légèrement acide, bien drainé, frais, en plein soleil ou à la mi-ombre.
Plantation Plantez fermement, avec le bourrelet de greffe entre 5 et 8 cm au-dessous du niveau du sol. Tôt au printemps pour les plants à racines nues ; jusqu'en automne pour les plants en pot.
Floraison La plupart des rosiers sont maintenant remontants.
Taille Voir texte ci-contre.
Ravageurs et maladies Maladie des taches noires, oïdium, chancre, rouille, pucerons et chenilles.
Bonus Belle forme, coloris intenses et parfum enivrant.

R. glauca

R. 'Geranium'

Rosiers botaniques

Issus des rosiers sauvages, ces espèces rustiques et leurs hybrides portent des fleurs simples tout le long de leurs élégantes tiges arquées. Beaucoup sont parfumés.

1 *R.* **'Geranium'🏆 (syn. *R. moyesii* 'Geranium')**
Grand buisson au port arqué, avec de belles fleurs cramoisies suivies à l'automne de fruits orangés en forme de fiasque.
✿ **Rouge vif • Début d'été**
• *H* 2,50 m *E* 2 m

2 *R.* **'Paulii'**
Buisson large et étalé, avec des fleurs simples blanches, jusqu'à 10 cm de diamètre, et des feuilles gris-vert à nervures saillantes.
❀ **Blanc • Début d'été**
• *H* 1,20 m *E* 1,50 m

3 ***R. sericea* ssp. *omeiensis* f. *pteracantha***
Rosier à floraison printanière, dévoilant des épines saillantes rouges en hiver.
❀ **Blanc • Fin de printemps**
• *HE* 2,50 m

4 ***R. rubiginosa* (syn. *R. eglanteria*)** L'églantier est un arbuste épineux avec des fleurs simples, roses à centre blanc, et des feuilles odorantes.
✿ **Rose • Milieu d'été**
• *HE* jusqu'à 2,50 m

5 *R.* **'Stanwell Perpetual'** Ce rosier pimprenelle compact et remontant produit des fleurs rose pâle, très doubles.
✿ **Rose pâle • Milieu d'été**
• *H* 1 m *E* 1,20 m

6 ***R. pimpinellifolia* (syn. *R. spinosissima*)**
Le rosier pimprenelle est un arbuste bas, dense et épineux, aux fleurs blanches simples.
❀ **Blanc • Début d'été**
• *H* 1 m *E* 1,20 m

7 ***R. glauca*🏆 (syn. *R. rubrifolia*)**
Les bouquets éphémères de cet arbuste à feuillage bleuté sont suivis de fruits rouges.
✿ **Rose • Début d'été**
• *H* 2 m *E* 1,80 m

8 ***R. rugosa* 'Alba'🏆**
Fleurs simples, en coupe, blanches et parfumées. En automne, gros fruits ressemblant à des petites tomates rouge orangé.
❀ **Blanc • Tout l'été Rouge orangé**
• Automne • *HE* 1-2,50 m

9 *R.* **'Max Graf'**
Rosier rugosa étalé formant une masse de feuillage brillant. Fleurs simples à odeur de pomme.
✿ **Rose • Tout l'été**
• *H* 1,20 m *E* 2,50 m

10 *R.* **'Scarlet Fire'🏆**
Rosier rugosa vigoureux, à tiges arquées. Une alternative colorée à *R. rugosa* 'Alba'. Fleurs à étamines jaunes saillantes. Gros fruits rouges en automne.
✿ **Rouge • Tout l'été**
• *HE* 1,80 m

PLANTE VEDETTE
R. **'Heritage'** **Les fleurs très structurées sont composées de nombreux pétales relativement petits qui s'imbriquent les uns dans les autres pour donner une forme presque sphérique.**

R. 'Fred Loads'

R. 'Graham Thomas'

R. 'Nevada'

R. 'Prosperity'

Rosiers arbustes

Florifères et faciles à cultiver, les rosiers arbustes ont un port souple et attrayant.

1 *R.* 'Heritage' Les pétales serrés et parfumés forment de grosses fleurs arrondies.
✿ **Rose pâle • Tout l'été**
• *HE* 1,20 m

2 *R.* 'Ballerina' Arbuste florifère pour petit jardin, avec des fleurs simples roses foisonnantes.
✿ **Rose pâle • Tout l'été • *HE* 1 m**

3 *R.* 'Fred Loads'
Des touffes de grandes fleurs à cinq pétales, légèrement odorantes, alourdissent cet arbuste dressé.
✿ **Rouge orangé • Tout l'été**
• *H* 1,80 m *E* 1 m

4 *R.* 'Frühlingsmorgen'
Fleurs simples rose vif, avec un centre jaune pâle et un bouquet d'étamines ambrées, offrant un superbe spectacle au printemps.
✿ **Rose • Fin de printemps**
• *HE* 1,80 m

5 *R.* 'Frühlingsgold'
Grandes fleurs parfumées en début d'été.
✿ **Jaune pâle • Début d'été**
• *H* 2 m *E* 1,50 m

6 *R.* 'Graham Thomas'
Un rosier anglais parfumé aux abondantes fleurs jaune d'or de 10 cm de diamètre.
✿ **Jaune d'or • Tout l'été**
• *H* 1,50 m *E* 1,20 m

7 *R.* 'Marguerite Hilling'
Cet arbuste touffu et étalé est magnifique en début d'été quand il se couvre de fleurs roses parfumées.
✿ **Rose • Tout l'été • *HE* 2 m**

8 *R.* 'Nevada'
Grand et étalé, parfait dans un massif. Ses immenses fleurs blanc crème sont légèrement parfumées.
✿ **Blanc crème • Tout l'été • *HE* 2 m**

9 *R.* 'Prosperity'
Un hybride musqué pour massif, avec un parfum prononcé et des fleurs semi-doubles.
✿ **Blanc crème • Tout l'été**
• *H* 1 m *E* 1,20 m

10 *R.* 'John Cabot'
Très rustique. Idéal pour les jardins au Québec : sans entretien.
✿ **Rouge moyen • Tout l'été**
• *H* 3 m *E* 2 m

11 *R.* 'Roseraie de l'Haÿ'
Un hybride de rugosa ; il est superbe en massif. Ses grandes fleurs doubles veloutées, pourpres, sont parfumées. Il convient aux jardins venteux ou en bord de mer.
✿ **Pourpre rougeâtre • Tout l'été**
• *HE* 1,80 m

R. 'Sweet Dream'

R. 'Maigold'

R. 'Top Marks'

Rosiers-buissons nains

De stature réduite mais dotés d'une forte personnalité, ces rosiers se cultivent en conteneurs sur une terrasse.

1 *R.* 'Sweet Dream'

Un des rosiers modernes compacts fleurissant tout l'été. Celui-ci a des fleurs en coupe rose pêche très pleines.

✿ **Rose pêche • Tout l'été**
• *HE* 45 cm

2 *R.* 'Top Marks'

Égayez votre terrasse avec ce rosier nain qui produit en continu des masses de fleurs rouge orangé vif.

✿ **Rouge orangé • Tout l'été**
• *H* 60 cm *E* 45 cm

Rosiers grimpants et sarmenteux

La plupart des rosiers grimpants produisent de longues tiges couvertes de petits bouquets de fleurs remontantes relativement grandes. Les rosiers sarmenteux portent des bouquets plus gros de fleurs plus petites et ne fleurissent généralement qu'une fois dans la saison.

1 *R.* 'Compassion' 🏆

Ce rosier aux fleurs rose saumoné bordées d'un rose plus soutenu fleurit plusieurs mois d'affilée.

✿ **Rose saumoné • Tout l'été • *HE* 3 m**

2 *R.* 'Alberic Barbier' 🏆

Ce vigoureux rosier sarmenteux porte des petits bouquets de boutons orange tendre s'ouvrant sur de belles fleurs doubles crème.

✿ **Blanc crème • Début d'été**
• *HE* 4,50 m

3 *R.* 'Albertine' 🏆

Les fleurs doubles, grandes pour un rosier sarmenteux et bien parfumées, s'épanouissent largement.

✿ **Rose saumoné clair • Début d'été**
• *HE* 4,50 m

4 *R.* 'Danse du Feu'

Les fleurs doubles, arrondies et écarlates, s'ouvrent à profusion de l'été jusqu'à l'automne.

✿ **Écarlate • Tout l'été**
• *HE* 2,50 m

5 *R.* 'Dublin Bay'

Ce grimpant produit en abondance de grandes fleurs d'un rouge intense et un feuillage brillant.

✿ **Rouge intense • Tout l'été**
• *HE* 2,50 m

6 *R.* 'Gloire de Dijon'

Un rosier grimpant de belle taille, superbe avec ses grandes fleurs au parfum puissant.

✿ **Jaune chamois • Tout l'été**
• *HE* 5 m

UNE TOUCHE D'ORIGINALITÉ

***R.* 'Penny Lane'** est un délicieux rosier de 2,50 m de haut, sain et vigoureux, avec de grandes fleurs d'un léger ton miel virant progressivement au rose clair en s'épanouissant.

7 *R.* **'Golden Showers'**
Très décoratif palissé sur un pilier, ce rosier porte de grandes fleurs doubles très parfumées, d'abord jaune vif puis assez rapidement crème.
Jaune vif • Tout l'été • *HE* 2,50 m

8 *R.* **'Maigold'**
La première floraison, la plus abondante, survient au début du printemps. Après, le buisson continue de fleurir mais sporadiquement. Fleurs doubles orange doré sur de longues tiges plus ou moins sarmenteuses.
Orange doré • Tout l'été • *HE* 2,50 m

9 *R.* **'Madame Alfred Carrière'** Créé en 1879, ce rosier reste l'un des meilleurs rosiers grimpants à ce jour. Résistant aux maladies et très vigoureux, même en terrain difficile, il couvre un mur au nord avec des masses de fleurs teintées de rose agréablement parfumées, de l'été jusqu'à l'automne.
Blanc • Tout l'été • *HE* 4,50 m

10 *R.* **'New Dawn'**
Fleurissant tout l'été, ce rosier grimpant est une merveille. Son feuillage vert et sain en fait un sujet de choix pour une haie fleurie. Plantez-le de manière à profiter de son parfum frais et fruité.
Rose nacré pâle • Tout l'été • *HE* 3 m

PLANTE VEDETTE
***R.* 'Compassion'**
Ce rosier au feuillage vert foncé atteint 3 m de haut et fleurit tout l'été. Les boutons plein d'élégance s'ouvrent sur des fleurs délicatement parfumées, d'un rose saumoné exceptionnel.

R. 'New Dawn'

Rosiers couvre-sols et paysagers

Ces arbustes à port étalé ou dressé, généralement remontants, portent des bouquets denses. Plantés en groupe, ils sont superbes dans un massif ou sur un talus.

1 *R.* **'Flower Carpet'**
Belles fleurs doubles à profusion tout l'été, sur un feuillage sain et brillant. 'Fuchsia Meillandécor' a des fleurs semi-doubles roses, éclairées de blanc au centre.
Rose vif • Tout l'été • *H* 1 m *E* 1,20 m

2 *R.* **'Opalia'** Également dénommé 'Noaschnee', ce rosier offre une abondante floraison, remontante et parfumée.
Blanc teinté de jaune pâle • Tout l'été • *H* 60 cm *E* 70 cm

R. 'Flower Carpet'

Salix

La première image que l'on a du **saule** est un grand arbre pleureur (voir page 240), cependant il existe des saules nains à planter en massif ou en pots, ainsi que des formes basses.

Le choix du spécialiste

1 ***S. purpurea*** **'Gracilis'**
Tiges pourpres et feuillage bleuté.
Feuilles bleutées • Été
Tiges pourpres • Automne
• *HE* 3 m

2 ***S. repens*** **var.** ***argentea***
Arbuste bas et étalé, à tiges arquées et feuillage argenté.
Chatons argentés • Printemps
Gris argenté
• *H* 75 cm *E* 1,20 m

3 ***S. cinerea*** Les branches et les feuilles du saule gris sont couvertes de poils gris argenté.
Tiges et feuilles grises
• *H* 1,50 m *E* 2,50 m

4 ***S. gracilistyla*** Buisson étalé prisé pour ses bourgeons soyeux et les chatons rosés qui leur succèdent.
Chatons rosés
• Début de printemps
• *HE* 2 m

5 ***S. integra*** **'Hakuro-Nishiki'** Cet arbuste gracieux peut être conduit sur tige.
Panaché de rose et blanc • Fin de printemps-automne • *HE* 1,50 m

À savoir

Situation Sol lourd, humide, au soleil ou sous une ombre légère.
Plantation Au printemps.
Taille Pour des rameaux colorés, rabattez les tiges à 2 ou 3 bourgeons de la base au départ de la végétation.
Ravageurs et maladies Aucun.
Bonus Rameaux et chatons s'utilisent en art floral.

Les petits saules sont cultivés pour leurs chatons laineux ou leurs rameaux colorés. Les bourgeons gonflent en fin d'hiver ou en début de printemps, pour donner des chatons mâles, généralement longs et jaunes, ou des chatons femelles argentés.

PLANTE VEDETTE
S. purpurea **'Gracilis'** Comme son nom l'indique, cet arbuste est très gracieux. Il supporte bien la taille et peut être utilisé en haie.

Sambucus

Le **sureau** pousse à l'état spontané, mais il existe des variétés cultivées tout aussi faciles d'entretien et plus colorées, pourpre foncé ou dorées.

S. racemosa 'Plumosa Aurea'

S. nigra 'Marginata'

Si vous souhaitez un effet coloré immédiat dans un espace nu, optez pour le sureau du Canada ; il remplira son rôle avec son feuillage vert et ses inflorescences blanches. Mais il existe également des variétés plus colorées, décoratives à la fois par leur feuillage et leur floraison, comme **'Black Beauty'** ou **'Guincho Purple'**, un peu moins rustiques mais tout aussi faciles à cultiver que l'espèce sauvage.

Le sureau produit des baies comestibles en automne ; elles sont noires chez *S. nigra*, rouges chez *S. racemosa* et d'un noir pourpré chez *S. canadensis*.

Taille d'entretien

Une taille sévère permet de contrôler la croissance des sureaux et d'améliorer la qualité de leur feuillage. En automne ou au printemps, rabattez la moitié des branches au ras du sol et raccourcissez les autres.

Le choix du spécialiste

1 ***S. nigra*** **'Black Beauty'**
Une nouvelle variété captivante avec des feuilles d'un pourpre intense. À planter au soleil.
Rose • Début d'été
Pourpre foncé • *HE* 3 m

2 ***S. racemosa*** **'Sutherland Gold'** À planter à la mi-ombre pour protéger son feuillage doré et dentelé de la décoloration.
Blanc crème • Début d'été
Doré • *H* 1,50 m *E* 1 m

3 ***S. nigra*** **'Guincho Purple'**
Le jeune feuillage noir pourpré verdit en été, puis vire au rouge en automne.
Rosâtre • Début d'été
Noir pourpré • Printemps Vert pourpré • Été Rouge • Automne
• *H* 3 m *E* 1,50 m

4 ***S. canadensis*** **'Aurea'**
Une situation mi-ensoleillée est importante pour obtenir une meilleure coloration du feuillage doré.

❀ **Blanc • Début d'été**
Doré • Printemps **Vert lime • Été • *H* 3 m *E* 2 m**

5 *S. racemosa* 'Plumosa Aurea' Une autre variété à feuillage doré, avec une floraison jaune.
Jaune • Début d'été **Doré • *HE* 2 m**

6 *S. nigra* 'Marginata'
Petit sureau à feuilles dentelées bordées de crème.
❀ **Blanc crème • Début d'été** **Vert bordé de crème • *H* 1,20 m *E* 1,50 m**

À savoir

Situation Dans un sol bien drainé, au soleil ou sous une ombre légère. Le soleil améliore la coloration du feuillage pourpre.
Plantation Au printemps.
Floraison En début d'été.
Taille Peut être rabattu au niveau du sol en automne et au printemps.
Ravageurs et maladies Pucerons, virus de la mosaïque.
Bonus Fleurs et baies peuvent servir à la confection de vins et de boissons apéritives.

PLANTE VEDETTE
***S. nigra* 'Black Beauty'**
Plantez cette nouvelle variété en évidence pour son feuillage pourpre sombre et ses fleurs roses.

PLANTE VEDETTE
S. tomentosa* var. *angustifolia
Cet arbuste mérite une place de choix pour sa belle floraison du milieu à la fin de l'été. Les tiges de cette nouvelle variété sont rouges.

Sorbaria

Ces grands arbustes à croissance rapide sont prisés pour leur beau feuillage découpé et leurs longues inflorescences blanches, l'été.

Ces arbustes rustiques sont parfaits dans un grand jardin. Leur port légèrement retombant, leur feuillage élégant et leurs grands bouquets floraux produisent un bel effet en été. Ils sont intéressants pour habiller un talus ou pour les sites de naturalisation.

Pour améliorer le coup d'œil, vous pouvez éliminer les fleurs fanées sur vos spécimens. Mais celles-ci ne nuisent en rien à la vigueur des plants. Alors, ne vous découragez pas devant une colonie de sorbarias. Les fleurs sèchent joliment sur les plants, en gardant leur forme, et persistent souvent jusqu'en automne.

À savoir

Situation Dans la plupart des sols frais, bien drainés, de préférence au soleil.
Plantation À l'automne ou au printemps.
Floraison En milieu et fin d'été.
Taille Début de printemps.
Ravageurs et maladies Aucun.
Bonus Arbuste traçant, formant rapidement un bosquet.

Le choix du spécialiste

1 *S. tomentosa* var. *angustifolia* Des tiges rouges portent les longues feuilles pennées et les fleurs.
❀ **Blanc • Milieu-fin d'été • *HE* 2 m**

2 *S. sorbifolia*
Plus petit, avec des inflorescences dressées. Peut coloniser rapidement un espace.
❀ **Blanc • Milieu-fin d'été • *HE* 1,80 m**

Spiraea

Les **spirées** sont des arbustes aux atouts variés, prisés pour leur croissance rapide et leur culture facile. Utilisables en couvre-sol ou en haie, ils se couvrent de masses de petites fleurs dans des tons blancs, roses, jaunes et pourpres, réunies en boules ou en bouquets lâches.

S. x arguta

Sans souci et rustiques, les spirées forment deux groupes : les espèces à floraison précoce, fleurissant au printemps et en début d'été, et les espèces à floraison tardive, fleurissant à partir de la mi-été. Certaines, grandes et avec des branches joliment arquées, font de beaux sujets à isoler.

Il existe aussi des spirées plus petites, idéales pour une bordure ou un petit jardin et souvent pourvues d'un feuillage coloré. Toutes forment rapidement un buisson ou une haie dense.

Taille

Pour les espèces précoces, rabattez juste après la floraison les tiges défleuries sur des bourgeons vigoureux et supprimez les pousses grêles. Coupez chaque année quelques-unes des vieilles branches à la base. Pour les espèces tardives, rabattez sévèrement toutes les tiges au début du printemps. Taillez les formes naines après la floraison pour maintenir une belle silhouette.

PLANTE VEDETTE

S.* x *vanhouttei

Idéale en haie, cette spirée buissonnante et vigoureuse porte des bouquets denses de fleurs globuleuses sur de gracieuses pousses arquées.

Le choix du spécialiste

1 *S.* x *vanhouttei* Floraison précoce, avec des fleurs blanches à centre jaune et étamines crème.
Blanc • Début d'été
Vert foncé • *HE* 1,80 m

2 *S.* x *bumalda* 'Goldflame' Floraison tardive, avec un feuillage orangé au printemps et à l'automne, et vert jaunâtre en été.
Rose foncé • Milieu-fin d'été
Orange rougeâtre • Printemps-automne • *HE* 80 cm

S. x *bumalda* 'Goldflame'

3 ***S. thunbergii*** **'Mount Fuji'** Les feuilles sont vert rosâtre au printemps, puis vert tendre bordé de crème, et enfin orange en automne.
❀ Blanc • Début de printemps
Ø Panaché • *HE* 1 m

4 ***S.* x *bumalda*** **'Candlelight'** Les fleurs roses se détachent sur un fond de feuillage jaune. 'Anthony Waterer' est rouge.
✿ Rose • Milieu-fin d'été
Ø Jaune • *HE* 80 cm

5 ***S.* x *arguta*** ♀ Des bouquets de fleurs sur des tiges arquées.
❀ Blanc • Milieu de printemps
Ø Vert vif • *HE* 1,80 m

6 ***S.* x *billardii*** **'Triumphans'** À cultiver pour ses bouquets plumeux, mais pas en sol crayeux.
✿ Rose pourpré • Milieu-fin d'été
Ø Vert moyen • *HE* 1,80 m

7 ***S.* x *bumalda*** **'Crispa'** Feuillage vert foncé, découpé et légèrement recourbé.
✿ Rose foncé • Milieu d'été
Ø Vert moyen • *H* 80 cm *E* 1 m

8 ***S. japonica*** **'Albiflora'** Port compact, à fleurs blanches et au beau feuillage vert bleuté.
❀ Blanc • Milieu d'été • *HE* 60 cm

À savoir

Situation Dans tout sol raisonnablement fertile, au soleil ou à la mi-ombre.
Floraison Avec un mélange d'espèces, de mai à septembre.
Taille Une taille annuelle est nécessaire pour maintenir une belle silhouette et une floraison abondante. Taillez les espèces précoces après la floraison, celles tardives au début du printemps.
Ravageurs et maladies Aucun.
Bonus S'accommodent d'une grande diversité de conditions de culture.

UNE TOUCHE D'ORIGINALITÉ

S. japonica **'Nana'** ♀ **(syn. 'Alpina')** est l'une des nombreuses variétés compactes de *S. japonica*. Elle forme un buisson arrondi de 40 cm de haut et 1 m de diamètre, avec des fleurs roses et des feuilles vert pâle virant au rouge cuivré en automne. D'autres variétés attrayantes comprennent 'Bullata', à fleurs rouge rosé, et 'Magic Carpet', avec un feuillage doré.

S. japonica 'Nana'

Stephanandra

Arbustes par excellence pour créer une haie basse impénétrable, les **stéphanandras** offrent bien plus, malgré une allure presque ordinaire.

Parfaitement rustique et résistant à la plupart des maladies et des insectes, le stéphanandra peut faire office de couvre-sol ou de haie basse libre, recouvrir les murets disgracieux, habiller les pentes et en retenir le sol. Tout cela ne requiert rien de plus qu'un sol bien drainé et légèrement acide.

Ni les fleurs ni les fruits ne méritent une mention, mais c'est à son feuillage léger, trilobé, à ses branches fines et arquées, à son port semi-pleureur et à sa facilité de culture qu'il doit sa popularité. Il comble les vides sans être en concurrence avec d'autres espèces, peut-être plus extraordinaires.

PLANTE VEDETTE

S. incisa **'Crispa'**
Merveilleux en haie basse libre, cet arbuste est très facile à cultiver.

Le choix du spécialiste

1 ***S. incisa*** **'Crispa'** L'espèce la plus intéressante pour son feuillage fin et son port semi-pleureur.
Ø Vert vif • Été Ø Jaune orangé à pourpre • Automne • *H* 80 cm *E* 1,50 m

2 ***S. tanakae*** Feuillage beaucoup plus gros que celui de *S. incisa* 'Crispa'. Coloration automnale rouge orangé vif. Difficile à trouver.
Ø Rouge orangé • Automne • *H* 1,50 m *E* 3 m

À savoir

Situation Dans tout sol bien drainé et légèrement acide.
Plantation Du printemps à l'automne ; les branches arquées s'enracinent naturellement au contact du sol.
Floraison Sans intérêt.
Taille Peu nécessaire. Pour nettoyer les dommages hivernaux.
Ravageurs et maladies Peu fréquents.

Syringa

PLANTE VEDETTE
***S. vulgaris* 'Charles Joly'**
Plantez ce gand arbuste au soleil près de la maison pour profiter du magnifique spectacle de ses fleurs doubles richement colorées et de leur parfum puissant.

Les **lilas** sont faciles à cultiver au soleil. Ces arbustes caducs produisent de superbes inflorescences parfumées à la fin du printemps et au début de l'été. Ils résistent à la pollution urbaine et sont d'excellents sujets à planter isolément ou dans un massif dans tout jardin de ville.

Les lilas sont prisés pour leur floraison printanière parfumée. Rustiques et peu exigeants, ils demandent seulement du soleil pour une meilleure floraison.

Les grandes variétés comme 'Charles Joly' et 'Congo' sont superbes, mais il existe des petits arbustes adaptés aux espaces restreints, comme le lilas 'Palibin', rose et très odorant. Une taille de nettoyage suffit. Mais vous pouvez recéper les sujets âgés en rabattant les tiges à 60 cm du sol tôt au printemps. Les nouvelles pousses mettront deux ou trois ans avant de fleurir. Coupez les drageons émis près des racines.

À savoir

Situation Dans tout sol bien drainé, même crayeux, au soleil.
Plantation En automne pour les plants à racines nues ; du printemps à l'automne pour ceux en conteneur.
Floraison Printemps.
Taille Ôtez les drageons en tout temps. Recépez les vieux sujets tôt au printemps ; faites une taille de nettoyage pour éliminer les branches trop hautes ou les fleurs fanées juste après la floraison.
Ravageurs et maladies Cochenilles, perceurs.
Bonus Il suffit d'un rameau fleuri pour embaumer toute une pièce.

S. vulgaris 'Madame Lemoine'

S. microphylla 'Superba'

Le choix du spécialiste

1 *S. vulgaris* 'Charles Joly' Grand arbuste à fleurs doubles.
✿ Rouge pourpré foncé • Fin de printemps • *H* 3 m *E* 2,50 m

2 *S. vulgaris* 'Madame Lemoine' Grappes serrées très parfumées.
✿ Blanc pur • Fin de printemps • *HE* 3 m

3 *S. vulgaris* 'Congo' Arbuste très florifère.
✿ Rose magenta • Fin de printemps-début d'été • *H* 5 m *E* 3 m

4 *S. meyeri* 'Palibin' Arbuste à petites feuilles et au développement restreint. Ne pas exposer aux grands vents.
✿ Rose-violet • Milieu de printemps et fin d'été • *HE* 1 m

5 *S.* x *prestoniae* 'Miss Canada' Très florifère, à croissance vigoureuse.
✿ Rose foncé • Fin de printemps-début d'été • *H* 2,50 m *E* 2 m

6 *S. microphylla* 'Superba' Refleurit souvent une deuxième fois en fin d'été.
✿ Rose • Milieu de printemps ; souvent encore en fin d'été • *HE* 1,80 m

Tamarix

Avec ses grappes vaporeuses, le **tamaris** est un arbuste à l'aspect délicat, mais plus robuste qu'il n'y paraît : ses branches fines ploient sous les bourrasques sans se briser.

Une rangée de tamaris constitue un brise-vent décoratif dans les jardins venteux. Ils se plaisent particulièrement en région côtière, où ils résistent aussi bien aux embruns qu'aux coups de vent.

Les tamaris n'aiment pas les sols lourds, mais si l'endroit leur convient, ils poussent vite et répondent bien à une taille régulière.

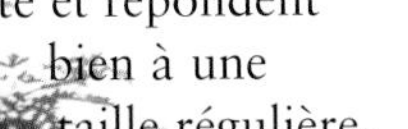

PLANTE VEDETTE
***T. ramosissima* 'Pink Cascade'**
Lorsqu'il est en fleurs, en été, ce buisson disparaît sous une brume rose pâle. Par la suite, il reste décoratif par ses branches arquées garnies de minuscules feuilles vert pâle.

Le choix du spécialiste

1 *T. ramosissima* 'Pink Cascade' La masse spectaculaire de fleurs roses vaporeuses peut cacher tout le feuillage vert en fin d'été.
Rose • Été • *HE* 2 m

2 *T. ramosissima* 'Rubra' Colorée même en dehors de la période de floraison, cette variété à croissance rapide a des branches brun-rouge et un feuillage gris-vert pâle. Fleurs rose foncé en fin d'été.
Rose foncé • Fin d'été • *H* 2,50 m *E* 2 m

3 *T. parviflora* Buisson ouvert et léger avec des branches arquées. Fleurs roses en grappes vaporeuses. À protéger des vents.
Rose pâle • Printemps-début d'été • *H* 2,5 m *E* 2 m

À savoir

Situation Tout sol léger bien drainé, de préférence au soleil.
Plantation En automne ou en début de printemps.
Floraison Du printemps à la fin de l'été, selon l'espèce.
Taille Juste après la floraison pour les plantes à floraison printanière, au printemps pour celles à floraison estivale.
Ravageurs et maladies Aucun.
Bonus Joli brise-vent décoratif peu commun.

Taxus

Vieil arbre imposant ou arbuste bas et étalé, l'**if** est accommodant. Les variétés citées ici conviennent toutes à des petits jardins.

PLANTE VEDETTE
***T. cuspidata* 'Capitata'**
Cet if érigé est très décoratif lorsque fraîchement taillé.

Doté d'une croissance lente et d'une longue durée de vie, l'if est vraiment peu exigeant. Il s'accommode de tous les terrains, sauf détrempés. Les arbres n'ont pas besoin de taille. Les arbustes utilisés en haie peuvent être taillés dans les pousses de l'année.

Attention : toutes les parties de l'if, y compris les feuilles et les baies, sont très toxiques.

***T.* x *media* spp.**

Le choix du spécialiste

1 *T. cuspidata* 'Capitata' Avec son port pyramidal dense, il fait un bon spécimen isolé.
Vert • *H* 4 m *E* 2 m

2 *T.* x *media* 'Densiformis' Petit buisson aux jeunes pousses vert clair.
Vert clair • *H* 1 m *E* 2 m

3 *T.* x *media* 'Fairview' If à port étalé, rampant. Feuillage vert-pourpre en automne.
Vert foncé • *H* 1 m *E* 1,50 m

À savoir

Situation Dans tout sol bien drainé, au soleil ou à l'ombre.
Plantation Avec les racines juste au-dessous du niveau du sol.
Taille Inutile, mais la supporte très bien ; taillez dans les pousses de l'année.
Ravageurs et maladies Pourriture des racines et dépérissement.
Bonus Convient pour l'art topiaire.

Thuja

Avec leur feuillage doux, persistant et coloré, les **thuyas** offrent couleur et intérêt toute l'année, sans effort pour le jardinier. Les grands arbres coniques conviennent à un grand terrain ou une haie, tandis que les formes naines sont parfaites pour un petit jardin, une rocaille ou en pots.

T. occidentalis 'Hetz Midget'

Le choix du spécialiste

1 *T. occidentalis* **'Smaragd'** ♀ En poussant, ce thuya forme une élégante colonne vert olive très décorative au milieu d'une pelouse.
Vert olive • *H* 2,50 m *E* 50 cm à 10 ans

2 *T. occidentalis* **'Rheingold'** ♀ Forme avec l'âge un buisson conique bien net. Le feuillage vert doré se teinte de bronze par temps froid.
Vert doré • *H* 2 m *E* 1,50 m au bout de 15 à 20 ans

3 *T. occidentalis* **'Holmstrup'** ♀ Colonne vert intense avec une flèche pointue ; bon spécimen à isoler.
Vert foncé • *H* 3 m *E* 1 m à 20 ans

4 *T. occidentalis* **'Fastigiata'** Finit par former une colonne très décorative. À protéger des vents desséchants.
Vert foncé • *H* 8 m *E* 1,50 m

5 *T. occidentalis* **'Wareana'** Parfait pour former une haie dense, facile à contrôler ; sinon, forme à terme un bel arbre conique.
Vert foncé brillant • *H* 5 m *E* 2 m à 20 ans

6 *T. occidentalis* **'Hetz Midget'** Thuya nain et arrondi formant une boule compacte ; idéal pour la rocaille ou la culture en bacs.
Vert vif • *HE* 90 cm

À savoir

Situation Dans un sol frais, bien drainé, au soleil ou sous une ombre légère.
Plantation En automne ou en début de printemps.
Taille Requise uniquement pour les haies, au début de l'été.
Ravageurs et maladies Pourridié et chancre des racines. Coupez le feuillage qui paraît atteint.
Bonus Le feuillage est aromatique quand on le froisse.

Conifères rustiques et faciles, les thuyas s'accommodent de presque toutes les situations, bien qu'ils préfèrent un sol frais et bien drainé. Ils supportent l'ombre légère ; dans ce cas, le feuillage des formes colorées est cependant moins vif.

Les variétés comme **'Holmstrup'** et **'Smaragd'** sont de beaux arbustes à isoler, tandis que **'Wareana'** peut constituer une haie haute et épaisse.

Les formes naines comme **'Hetz Midget'** sont aussi parfaites pour orner une rocaille ou une terrasse.

Des conifères sans souci
Pour former une haie persistante, plantez à 1 m de distance et taillez une fois par an. Coupez et éliminez tout rameau qui prend une teinte brune suspecte.

PLANTE VEDETTE
***T. occidentalis* 'Smaragd'** ♀ **Cet arbuste en colonne ne peut pas être plus simple à cultiver : offrez-lui une place de choix et laissez-le pousser.**

Vaccinium

Bleuets, airelles et **myrtilles** sont des petits arbustes idéaux pour la plupart des sols acides. Plusieurs espèces produisent en outre des baies comestibles.

Les arbustes de cette famille aiment les terres acides, s'accommodant même des sols tourbeux ou sablonneux. Les feuillages caducs prennent de belles teintes d'automne avant de tomber. Les baies, nature ou cuisinées, sont le régal de l'été.

À savoir

Situation Dans un sol acide, riche et frais, sous une ombre légère.
Plantation En automne ou au printemps. Protégez *V. corymbosum* des grands vents de l'hiver.
Taille Nettoyez au printemps, au besoin.
Ravageurs et maladies Rares.
Bonus Les baies attirent les oiseaux.

PLANTE VEDETTE
***V. vitis-idaea* 'Koralle'**
Colorée toute l'année, l'airelle des montagnes est très intéressante pour un petit jardin.

Le choix du spécialiste

1 ***V. vitis-idaea* 'Koralle'**
Airelle rampante à feuillage persistant. Excellent couvre-sol.
Rouge, comestible • Fin d'été • *H* 30 cm *E* 50 cm

2 ***V. corymbosum*** Bleuet en corymbe ou myrtille d'Amérique : le meilleur en sol humide.
Orange Noir bleuté, comestible • Automne • *HE* 1,50 m

3 ***V. angustifolium***
Arbuste indigène au Québec, au feuillage vert lustré devenant rouge orangé à l'automne. Fleurs en clochettes et fruits comestibles.
Blanc rosé • Milieu de printemps Bleu-noir • Milieu d'été • *HE* 60 cm

4 ***V. myrtilloides*** Arbuste indigène, à port irrégulier et à feuillage légèrement pubescent.
Blanc-vert • Milieu de printemps Bleu • Milieu d'été • *H* 50 cm *E* 1 m

V. dentatum *V. opulus*

Viburnum

Les **viornes** sont des arbustes rustiques, faciles à cultiver et s'adaptant à presque toutes les situations. Dans une bordure, sur une pelouse, en haie ou en couvre-sol, elles offrent de l'intérêt toute l'année : beaucoup de variétés ont un beau feuillage d'automne et des baies colorées.

Le choix du spécialiste

1 ***V. opulus* 'Compactum'**
Arbuste dense à grosses inflorescences, avec des feuilles et des baies colorées.
Blanc • Début d'été Rouge vif • Fin d'été-automne Rouge • Automne • *HE* 1 m

2 ***V. cassinoides*** Belle coloration d'automne et fruits passant du blanc-vert au rose, au rouge, au bleu puis au noir.
Blanc • Fin de printemps Du blanc au noir • Automne Rouge-orange-pourpre • Automne • *H* 1,50 m *E* 1,20 m

3 ***V. dentatum* 'Chicago Lustre'** Arbuste très florifère, au feuillage denté.
Blanc • Fin de printemps Bleu puis noir • Automne • *HE* 3 m

4 ***V. lantana***
La viorne cotonneuse a des fleurs blanches et des baies noires.
Blanc • Fin de printemps-début d'été Noir • Automne • *H* 4 m *E* 3 m

5 ***V. sargentii* 'Onondaga'**
Inflorescence composée de fleurs blanches et de fleurs roses. Feuilles trilobées, fruits rouges.
Blanc et rose • Fin de printemps Rouge • Automne • *H* 2,50 m *E* 2 m

6 ***V. trilobum*** Buisson à feuillage trilobé et à fructification abondante. C'est cette viorne que l'on appelle pimbina au Québec.
Blanc • Fin de printemps Rouge • Automne • *H* 4 m *E* 3 m

Avec leur diversité de feuillages, de fleurs et de baies, les viornes sont intéressantes toute l'année. Rustiques et d'entretien facile, elles sont caduques sous notre climat. Plantez-les en arbuste isolé, dans un massif ou une haie. Certaines variétés, comme **'Compactum'**, offrent en outre un beau feuillage d'automne.

Un des meilleurs arbustes pour égayer les sombres journées d'automne est *V. trilobum*, une espèce indigène au Québec, qui porte des fruits rouge écarlate comestibles. Ils se cuisinent en gelée (la gelée de pimbina), mais il faut attendre qu'ils aient subi le gel avant de les cueillir. Enfin, ils font le bonheur des oiseaux.

V. opulus 'Compactum'

À savoir

Situation Dans la plupart des sols, sauf ceux superficiels ou très humides.
Plantation En automne ou au printemps.
Floraison En fin de printemps.
Taille Après la floraison.
Ravageurs et maladies Surveillez les pucerons.
Bonus Certaines variétés ont des fruits persistants.

PLANTE VEDETTE
***V. opulus* 'Compactum'** 🏆
Cette variété de viorne obier est superbe dans une bordure. Aux belles fleurs blanches succèdent des baies rouge vif.

Weigela

Les **weigélias** font partie des arbustes à floraison estivale les plus populaires. Rustiques, ils portent de longues fleurs en entonnoir et poussent à peu près partout.

Le weigélia doit sa popularité à sa grande facilité de culture. Laissez de la place aux tiges arquées pour exposer les fleurs en entonnoir, ou choisissez une variété naine, comme 'Nana Variegata'. Peu exigeant, cet arbuste apprécie cependant un paillage par temps sec. Comme il fleurit sur le bois de l'année précédente, il faut le tailler après la floraison pour préparer la saison suivante.

Le choix du spécialiste

1 *W. florida* 'Victoria'
Feuilles teintées de pourpre et beaux bouquets floraux.
✿ **Rouge • Été • *HE* 1 m ; 1,80 m à terme**

2 *W.* 'Bristol Ruby'
Branches dressées, non arquées. 'Bristol Snowflake' a des fleurs blanches ; 'Olympiade' a des feuilles jaunes et des fleurs rouges.
✿ **Cramoisi • Été • *HE* 1,80 m**

3 *W.* 'Florida Variegata' 🏆
Belles feuilles bordées de crème.
✿ **Rose pâle • Été • *HE* 1,80 m**

4 *W. florida* 'Nana Variegata'
Weigélia nain aux feuilles peu communes, bordées de jaune.
✿ **Rose • Été • *H* 90 cm *E* 60 cm**

À savoir

Situation Dans un sol bien drainé, au soleil ou sous une ombre légère.
Plantation Plantez puis paillez.
Floraison En été.
Taille Coupez les rameaux défleuris juste après la floraison.
Ravageurs et maladies Aucun.
Bonus Pousse partout.

PLANTE VEDETTE
***W. florida* 'Victoria'** **Avec ses fleurs rouges et ses feuilles teintées de pourpre, cet arbuste est très décoratif dans un petit jardin.**

Yucca

Ces grandes plantes épineuses sont cultivées pour leur feuillage ensiforme et leurs hauts épis floraux. Celles citées ici sont toutes rustiques malgré leur aspect exotique. Plantez votre **yucca** au soleil, puis oubliez-le ; c'est une plante réellement sans souci.

Le choix du spécialiste

1 *Y. filamentosa* 'Bright Edge'
Les feuilles vertes érigées sont bordées de jaune. Celles de 'Variegata' sont rayées de crème et rosâtres à leur extrémité.
❀ **Blanc crème • Milieu d'été**
∅ **Vert émeraude bordé de jaune • *HE* 80 cm**

2 *Y. glauca*
Forme une touffe de feuilles raides et piquantes d'un vert bleuté.
❀ **Blanc verdâtre • Milieu d'été**
∅ **Vert bleuté • *H* 80 cm *E* 1 m**

3 *Y. gloriosa*
Cette variété haute porte des feuilles très piquantes. Les fleurs sont blanches, mais la plante peut mettre cinq ans à fleurir.
❀ **Blanc • Milieu d'été**
∅ **Vert foncé • *HE* 1,50 m**

4 *Y. flaccida* 'Golden Sword' Une variété plus petite, avec des feuilles rayées de jaune pâle.
❀ **Blanc crème • Milieu d'été**
∅ **Vert rayé de jaune • *HE* 75 cm**

5 *Y. filamentora* 'Ivory Tower'
Feuilles bleu-vert et épis de fleurs blanc ivoire.
❀ **Crème • Milieu d'été**
∅ **Bleu-vert • *HE* 1 m**

Y. flaccida 'Golden Sword'

Y. gloriosa

À savoir

Situation Dans tout sol bien drainé, en plein soleil.
Plantation Au printemps.
Floraison En fin d'été.
Taille Inutile.
Ravageurs et maladies Rares ; parfois taches foliaires.
Bonus Rustique, en dépit de son allure exotique.

Beaucoup de soleil et un sol bien drainé, c'est tout ce que demande un yucca pour pousser. La plupart sont rustiques, s'ils sont bien protégés par la neige en hiver, et ils supportent la pollution urbaine. Originaires d'Amérique centrale, ces arbustes persistants sont surtout cultivés pour leur impressionnant feuillage, mais les fleurs, lorsqu'elles apparaissent, sont un atout supplémentaire. De hautes tiges florales à l'aspect exotique, couvertes de fleurs campanulées blanc crème, jaillissent des rosettes de feuilles. Certaines variétés mettent plusieurs années à fleurir.

Les petits yuccas, comme 'Bright Edge' et 'Golden Sword', conviennent à des jardins de taille moyenne, où ils font de superbes sujets à isoler. Mais n'oubliez pas, en les plantant, que les tiges florales peuvent atteindre 1,50 m.

Les variétés plus grandes conviennent mieux aux jardins plus vastes. Les tiges florales de *Y. gloriosa* atteignent parfois une hauteur de 1,80 m, offrant un spectacle saisissant, mais la floraison ne survient parfois pas avant cinq ans ou plus.

La taille est inutile. Il suffit de couper la tige florale après la floraison, aussi près que possible du centre de la rosette de feuilles.

PLANTE VEDETTE

***Y. filamentosa* 'Bright Edge'** **Offrez à cette plante impressionnante une place de choix en plein soleil, et admirez son superbe feuillage, décoratif toute l'année, et ses hautes tiges florales en fin d'été.**

arbres

Les arbres apportent au jardin une dimension dans le temps. Leur longévité en fait le point central de tout projet de plantation. De plus, certaines espèces, dont la croissance reste modeste, peuvent être utilisées dans un petit espace pour lui ajouter de la hauteur.

Difficiles à transplanter une fois adultes, les arbres doivent être placés en premier dans tout projet de plantation. Il faut tenir compte de leur vitesse de croissance et des dimensions qu'ils atteindront au bout de dix ans et à terme.

Choisir le bon arbre pour le bon emplacement est important car une taille sévère contribue rarement à en embellir la silhouette. Si les grandes espèces forestières ne conviennent guère aux jardins moyens, il existe bon nombre d'arbres de taille plus modeste tout à fait décoratifs.

Relations de voisinage

D'autres éléments sont à considérer lorsque vous plantez un arbre. L'ombre portée, liée à ses dimensions, peut restreindre le choix des espèces à planter alentour.

Certains arbres possèdent des racines superficielles susceptibles d'inhiber la croissance des végétaux situés à proximité. Quand vous faites le plan de votre jardin, gardez à l'esprit que l'étendue des racines de la plupart des arbres est bien plus large que celle de leurs branches à l'âge adulte.

L'aspect décoratif

L'arbre est l'un des éléments les plus visibles du jardin, d'où l'intérêt de choisir une espèce décorative toute l'année. Mais cela ne signifie pas que vous deviez ne planter que des persistants.

Garder son feuillage en hiver est certes un atout, mais la nature changeante des arbres à feuillage caduc ne manque pas de charme. L'idéal est de mélanger les deux types : des caducs pour marquer les saisons, et des persistants pour la continuité.

Des espèces aux talents divers

Essayez de privilégier les espèces dont l'attrait varie au long de l'année, comme de nombreux **cerisiers à fleurs** (*Prunus*) et certains **érables** (*Acer*). Le feuillage du **frêne d'Amérique** (*Fraxinus americana*) prend certes des teintes intéressantes à l'automne, mais il est plutôt terne le reste du temps.

Les arbres cultivés pour leurs fruits ou leurs teintes automnales déploient leurs charmes sur une plus longue période. Chez certains, comme les **pommiers d'ornement** (*Malus*) et les **sorbiers** (*Sorbus*), les effets saisonniers se succèdent : floraison abondante au printemps, fruits colorés et teintes chaudes du feuillage à l'automne.

La plupart des arbres sont faciles à cultiver

mais un choix réfléchi est toujours payant.

Choisir un arbre

- Vous trouverez en pépinière des arbres presque adultes, au prix fort. Mais, à moins de vouloir un résultat immédiat, la dépense est rarement justifiée. Les sujets plus jeunes s'établissent plus vite et atteignent rapidement une bonne taille.
- Les arbres élevés en conteneurs se plantent en toute saison – si le sol n'est ni trop sec ni gelé –, mais la meilleure période reste le printemps.
- Certaines pépinières vendent des sujets à racines nues, à planter tôt au début du printemps.

Quelques précisions

- La plupart des arbres ayant besoin d'espace, la proximité de grands arbres ou d'un mur haut provoque une croissance dissymétrique.
- Même dans un jardin abrité, tuteurez les arbres récemment plantés (voir page 17) pour les protéger du vent.

Problèmes racinaires

- Les sols argileux se contractent par temps sec, pouvant causer des dégâts sur les bâtiments qui y sont implantés. Ce problème est aggravé par les racines qui pompent l'eau du sol. Sur ce type de terrain, laissez entre arbre et bâtiment une distance égale à deux fois et demie la hauteur de l'arbre à l'âge adulte.
- Pour éviter les dégâts dus aux racines superficielles, ne plantez pas un arbre potentiellement grand à proximité d'un bâtiment ou de tuyaux de drainage.

Plantez à la bonne profondeur

Acer

Les érables sont pourvus d'un fin feuillage aux teintes multiples, souvent éclatantes en automne. Plusieurs espèces ont une écorce très attrayante en hiver. Ces arbres au feuillage caduc se déclinent dans toutes les tailles et conviennent même au plus petit des jardins.

Les érables sont décoratifs et faciles à cultiver. Les plus petits apprécient un emplacement ombragé et abrité, à l'écart des vents hivernaux. C'est surtout vrai pour le bel érable du Japon, *A. palmatum*, prisé pour ses spectaculaires teintes automnales et son aspect délicat. Il préfère aussi un sol neutre ou légèrement acide.

Les érables font de superbes sujets à isoler, comme 'Aconitifolium' et le Groupe Dissectum♀. De croissance lente, ils ne dépassent pas 2,50 m sous notre climat.

Un certain nombre d'érables offrent une écorce colorée ou marquée de motifs, très appréciable en hiver. Celle de *A. pensylvanicum*♀ est rayée, tandis que le tronc de *A. p.* 'Erythrocladum' vire au rouge rosé en hiver.

PLANTE VEDETTE
***A. platanoides* 'Princeton Gold'**
Le feuillage printanier jaune doré de cet arbre ne passe pas inaperçu.

Le choix du spécialiste

1 *A. platanoides* 'Princeton Gold' Érable exigeant le plein soleil ; jeunes feuilles jaune doré lumineux ; port ovoïde.
Jaune doré • Printemps • *H* 12 m *E* 10 m

2 *A. rubrum* 'Armstrong' Variété à port colonnaire ; croissance rapide.
Rouge, orange et jaune • Automne • *H* 15 m *E* 6 m

3 *A. pensylvanicum* 'Erythrocladum' L'érable jaspé présente une écorce rayée de blanc virant au rouge rosé.
Jaune vif • Automne • *H* 5 m *E* 3 m

4 *A. campestre*♀ Érable de petites dimensions ; port arrondi ; écorce rappelant le liège.
Jaune orangé • Automne • *HE* 8 m

5 *A. platanoides* 'Drummondii' L'érable harlequin a des petites feuilles vert brillant bordées de blanc.
Panaché • Printemps et été • *H* 10 m *E* 5 m

6 *A. negundo* 'Flamingo' Bel arbre à feuilles bordées de rose et blanc.
Panaché • Printemps et été • *H* 6 m *E* 4 m

7 *A. platanoides* 'Royal Red' Feuilles rouge foncé luisant toute la saison ; port oblong.
Rouge foncé • Printemps, été et automne • *H* 12 m *E* 10 m

8 *A. palmatum* Érable à troncs multiples ; feuilles délicates à cinq à sept folioles ; mi-ombre.
Rouge cramoisi • Automne • *H* 4,50 m *E* 6 m

***A. platanoides* 'Drummondii'**

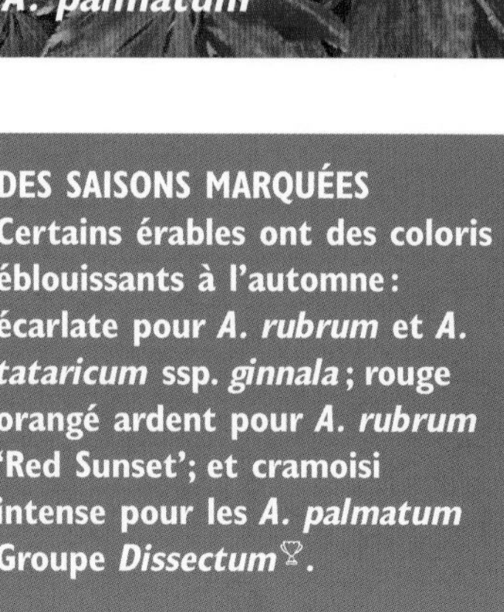

A. palmatum

DES SAISONS MARQUÉES
Certains érables ont des coloris éblouissants à l'automne : écarlate pour *A. rubrum* et *A. tataricum* ssp. *ginnala* ; rouge orangé ardent pour *A. rubrum* 'Red Sunset' ; et cramoisi intense pour les *A. palmatum* Groupe *Dissectum*♀.

À savoir

Situation Dans un sol riche, frais mais bien drainé.
Plantation Au printemps ou en début d'automne.
Ravageurs et maladies Aucun ; attention quand même au pourridié.
Bonus Jolis arbres aux dimensions variées, décoratifs toute l'année.

Betula

Rustiques et sans souci, les **bouleaux** sont des arbres élégants et gracieux, prisés pour leur écorce blanc argenté, leurs chatons jaune verdâtre et leur feuillage d'automne.

Les bouleaux sont décoratifs toute l'année : en hiver, avec leur écorce – aux tons gris, or, roses ou bruns ; au printemps, avec leur couronne dense de feuilles vert vif ; et de nouveau en automne avec leurs belles teintes vives jaunes et dorées. Ce sont des arbres intéressants pour les espaces plus ou moins clos car ils ne se développent pas trop en largeur et leurs racines ne sont pas envahissantes. Étant donné leur ombre portée peu importante, il est possible de cultiver, à leur base, du gazon et un certain nombre de plantes herbacées.

À savoir

Situation Ensoleillée, dans tout sol bien drainé. *B. nigra* préfère les terrains humides.
Plantation En toute saison pour les sujets élevés en conteneurs.
Ravageurs et maladies Agrile du bouleau, mineuse.
Bonus Les chatons attirent dès le printemps des insectes utiles.

Le choix du spécialiste

1 *B. utilis* var. *jacquemontii* ♀
Le bouleau de l'Himalaya est celui dont l'écorce est la plus blanche.
Jaune • Automne • *H* 12 m *E* 10 m

2 *B. nigra* Plus heureux en sol humide, le bouleau noir présente une écorce gris foncé qui s'exfolie.
Jaune • Automne • *H* 15 m *E* 10 m

3 *B. pendula* ♀
Le bouleau blanc d'Europe a un port gracieux légèrement pleureur.
Jaune • Automne • *H* 14 m *E* 10 m à 20 ans ; 20 m à terme

PLANTE VEDETTE

B. utilis* var. *jacquemontii ♀ **Si vous avez de la place, plantez un groupe de ces bouleaux à l'écorce remarquable.**

Caragana

L'**acacia jaune** présente une silhouette légère et de délicates fleurs. Originaire d'Asie centrale et très rustique, c'est un bel arbre à isoler.

L'acacia jaune est un arbre qui n'est pas ordinaire. Mais si vous recherchez un sujet rustique pour un petit jardin, c'est l'espèce qu'il vous faut.

Un arbre très endurant
Habitués à l'environnement rude de l'Asie centrale – chaleur sèche et brûlante de l'été, froid mordant et sec de l'hiver –, ces arbres font preuve d'une grande résistance. Ils préfèrent en fait les sols plutôt secs. Le climat doux et humide des régions côtières a tendance à limiter la profusion du feuillage et des fleurs.

C. arborescens est l'espèce la plus commune. Cet arbre, qui dépasse rarement 3 m de haut, existe en variétés érigées et pleureuses.

PLANTE VEDETTE

***C. arborescens* 'Walker'**
Les branches délicatement retombantes portent de minuscules fleurs jaune pâle en fin de printemps et en été.

Le choix du spécialiste

1 *C. arborescens* 'Walker'
Élégante variété pleureuse au feuillage léger, idéale dans un petit jardin. L'espèce *C. arborescens* a un port dressé.
Vert • Printemps et été
Jaune • Fin de printemps-été
• *H* 1,50 m *E* 1,20 m

À savoir

Situation Dans tout sol bien drainé, en plein soleil.
Taille Inutile, sauf pour éliminer le bois mort.
Ravageurs et maladies Aucun.
Bonus Leur petite taille convient à la plupart des jardins.

Crataegus

Plante aux fleurs et aux fruits spectaculaires, l'**aubépine** existe en arbre. Plantez-en un et regardez les oiseaux se précipiter dans votre jardin l'automne, attirés par les baies.

Le choix du spécialiste

1 *C. laevigata* **'Paul's Scarlet'**♀ Petit arbre attrayant, aux magnifiques fleurs doubles rouges contrastant joliment avec le feuillage vert foncé brillant. Produit des baies rouges, mais rarement. 'Rosea Flore Pleno'♀ se couvre de fleurs doubles rose vif au printemps.
Rouge • Printemps Vert foncé • *HE* 5 m

2 *C. crus-galli* **'Inermis'** Cultivar sans épines ; nombreuses baies et feuillage écarlate et orange à l'automne.
Blanc • Début d'été Vert foncé Rouge foncé • Automne • *HE* 7 m

3 *C. phaenopyrum* Vaut pour ses baies et la teinte riche de son feuillage d'automne.
Blanc • Début d'été Vert foncé Rouge vif • Automne • *HE* 7 m

PLANTE VEDETTE
C. laevigata **'Paul's Scarlet'**♀
Ses fleurs doubles rouges offrent un magnifique spectacle au printemps.

À savoir

Situation Dans tout sol, au soleil.
Plantation Au début du printemps ou au début de l'automne.
Floraison Au printemps et en début d'été.
Taille Inutile ; sauf la taille des haies après la chute des feuilles.
Ravageurs et maladies Rouille et feu bactérien.
Bonus Fleurs parfumées.

Floraison parfumée, baies colorées et feuillage d'automne souvent doré font de l'aubépine un arbre de choix dans les jardins, rustique et sans souci. Seuls les sujets plantés en haie ont besoin de temps à autre d'un coup de cisailles.

Gleditsia

Les **féviers** sont cultivés pour leurs feuilles pennées très décoratives. Les fleurs insignifiantes sont suivies de gousses pendantes, persistantes en hiver.

Le choix du spécialiste

1 *G. triacanthos inermis* **'Sunburst'**♀ Jeunes feuilles d'un jaune vif éblouissant ; elles virent progressivement au vert pâle avant de tomber en fin d'automne.
Jaune vif • Printemps-automne • *H* 12 m *E* 10 m

2 *G. triacanthos inermis* **'Rubylace'** Arbre plus compact, à feuilles rouge bronze foncé au printemps, pâlissant par la suite.
Rouge bronze • Printemps-automne • *HE* 10 m

3 *G. triacanthos inermis* **'Skyline'** Variété à port érigé, avec des feuilles virant au jaune doré en automne.
Vert puis doré • Printemps-automne • *H* 14 m *E* 10 m

À savoir

Situation Tout sol bien drainé, au soleil ou sous une ombre légère.
Plantation Au début du printemps ou au début de l'automne.
Taille Coupez le bois mort au printemps.
Ravageurs et maladies Cécidomyie.
Bonus Feuillage coloré.

Plantez cet arbre pour le spectacle de ses feuilles pennées aux coloris vifs, qui changent de ton à la fin de l'automne. Très peu exigeant, il ne nécessite qu'une taille de nettoyage.

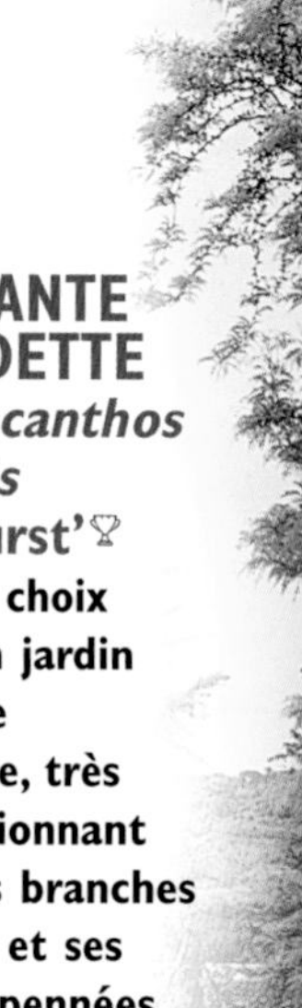

PLANTE VEDETTE
G. triacanthos inermis **'Sunburst'**♀
Un bon choix pour un jardin de taille moyenne, très impressionnant avec ses branches étagées et ses feuilles pennées jaunes.

Malus

Les **pommetiers d'ornement** sont très décoratifs : au printemps avec leurs fleurs roses, et en automne avec leurs fruits colorés. Rustiques, faciles à vivre et peu encombrants, ils conviennent aux jardins moyens.

Fleurs de *Malus*

Le choix du spécialiste

1 *M.* x *schiedeckeri* 'Red Jade' Élégant petit arbre à fines branches pleureuses.
Blanc • Printemps Vert vif Rouge • Automne • *H* 4 m *E* 3 m

2 *M.* x 'Rudolph'
Un arbre étonnant à feuilles, à fleurs et à fruits très colorés.
Rouge rosé • Printemps Rouge bronze Rouge clair • Automne • *H* 6 m *E* 4 m

3 *M.* 'Dolgo'
Les fruits de cet arbre donnent une excellente gelée de pommettes.
Blanc ; odorant • Printemps Rouge vif • Fin d'été • *H* 6 m *E* 4 m

4 *M.* 'Makamik'
Fruits rouges persistant bien durant l'hiver. Feuilles pourpres puis vert bronze.
Rouge foncé • Printemps Rouge • Automne • *HE* 9 m

5 *M.* 'Radiant'
Feuilles vert bronze, fleurs roses et fruits rouge vif.
Rose • Printemps Vert bronze Rouge vif • Fin d'été • *HE* 6 m

6 *M. baccata* 'Erecta'
Arbre à port conique érigé, très joli en automne.
Blanc • Printemps Vert foncé Jaune et rouge vif • *H* 8 m *E* 3,50 m

7 *M.* 'Harvest Gold'
Les fruits très colorés offrent un spectacle saisissant en automne.
Blanc • Printemps Jaune doré • Automne • *H* 5 m *E* 4 m

8 *M. floribunda*
Profusion de fleurs rose pâle, cramoisies en boutons.
Rose pâle • Printemps Jaune • Automne • *H* 5 m *E* 7 m

Fruits de *Malus*

À savoir

Situation Dans tout sol, sauf très sec ou détrempé.
Plantation Au début du printemps.
Floraison Au printemps.
Taille Coupez le bois mort ou abîmé en hiver.
Ravageurs et maladies Feu bactérien, blanc, tavelure.
Bonus Décoratif toute l'année.

Avec leur floraison printanière et leurs fruits d'automne, les pommetiers possèdent de réelles qualités ornementales. Ce sont aussi des arbres très faciles à cultiver.

Les fleurs vont du blanc au rouge foncé, tandis que les fruits, qui arrivent à maturité en début d'automne, se colorent en jaune, rouge ou vert, lavés de rouge ou de pourpre. Les hauteurs varient de 3 à 9 m, ce qui peut convenir même aux petits jardins. L'élégant pommetier pleureur **'Red Jade'** et des variétés naines sont parfaits dans un jardin de style oriental.

M. baccata et **'Harvest Gold'**, à fruits jaune doré, sont remarquables en automne.

Entretien des pommiers
La taille se limite au strict minimum. Supprimez le bois mort ou abîmé en fin d'hiver. En cas d'attaque de feu bactérien, ôtez et brûlez les pousses atteintes, en coupant à 30 cm au moins en dessous de la zone infectée. Si l'arbre succombe à une attaque de pourridié, arrachez-le et détruisez-le.

PLANTE VEDETTE
***M.* x *schiedeckeri* 'Red Jade'**
Cet arbre élégant, au raffinement tout japonais, vous offrira une splendide floraison rosée, puis des fruits rouges de la taille d'une cerise.

Prunus

Les **cerisiers**, **pruniers** et **amandiers à fleurs** sont prisés pour leur superbe floraison printanière, légère et abondante, dont la teinte varie du blanc pur ou rose au rouge foncé. Les arbres présentés ici sont faciles à cultiver et tous rustiques.

Le spectacle de ces arbres couverts de fleurs est l'un des délices du printemps. Il existe une multitude de variétés, à silhouettes étalées, pleureuses ou bien dressées.

Les dimensions sont données pour un sujet âgé de dix ans, mais certaines espèces peuvent atteindre ou dépasser 6 m à pleine maturité. Dans un petit jardin, choisissez des variétés compactes, comme **'Alba Plena'**, ou une forme arbustive de la page 212.

Ces beaux arbres sont peu exigeants. Si nécessaire, taillez après la floraison (en juillet dans les régions où sévit la maladie du plomb).

Le choix du spécialiste

1 *P. virginiana* 'Canada Red'
Petit cerisier aux feuilles vertes virant au pourpre en saison.
Blanc • Fin de printemps
Vert puis pourpre • *H* 8 m *E* 6 m

2 *P. cerasifera* 'Hessei'
Cerisier à fleurs blanches ; feuilles rougeâtres à marge jaune.
Blanc • Printemps Pourpre • *HE* 4 m

3 *P. maackii*
Petit arbre à écorce ambre s'exfoliant en bandes.
Blanc • Printemps Vert • *H* 7 m *E* 5 m

4 *P. padus* 'Skimmer's Red'
Avalanche de petites fleurs blanches et feuilles pourpre foncé.
Blanc • Début de printemps
Pourpre foncé • *H* 8 m *E* 4 m

5 *P. tenella*
L'amandier nain de Russie est en fait un arbuste mais c'est un bon choix pour les petits jardins.
Rose vif • Milieu de printemps
Vert cuivré • *HE* 1 m

À savoir

Situation De préférence dégagée et ensoleillée, dans tout sol bien drainé, sauf très sec.
Plantation Au printemps ou en début d'automne.
Floraison Au printemps.
Taille Minimale.
Ravageurs et maladies Généralement aucun ; parfois feu bactérien et nodule noir.
Bonus Beaucoup possèdent en outre un beau feuillage d'automne.

P. tenella

P. virginiana 'Canada Red'

PLANTE VEDETTE
***P. virginiana* 'Canada Red'**
Arbre produisant des grappes de fleurs blanches (ci-dessus) et arborant un superbe feuillage pourpre à l'automne.

UNE TOUCHE D'ORIGINALITÉ

Certains cerisiers sont cultivés pour leur écorce lustrée ou dorée, très décorative.

Pyrus

Peu courants, les **poiriers d'ornement** sont intéressants pour leur floraison blanche, leur jeune feuillage duveteux et leurs silhouettes attrayantes.

Le poirier d'ornement est cultivé pour son feuillage et sa floraison (les fruits ne sont pas comestibles). Il est très décoratif au printemps lorsqu'il se couvre de fleurs blanc crème. Le feuillage ne manque pas d'attrait : les jeunes feuilles de 'Pendula' sont feutrées de blanc au printemps, tandis que le feuillage de 'Chanticleer' et de *P. ussuriensis* vire au rouge en automne.

Le choix du spécialiste

1 *P. salicifolia* 'Pendula' 🏆
Ce bel arbre pleureur se couvre de fleurs au printemps.
❀ Blanc crème • Milieu de printemps • *H* 4 m *E* 2,50 m

2 *P. calleryana* 'Chanticleer' 🏆 Arbre pyramidal étroit, avec un beau feuillage rouge en automne.
❀ Blanc crème • Milieu de printemps ∅ Vert virant au rouge en automne • *H* 5 m *E* 2,50 m

3 *P. ussuriensis*
Feuilles vert foncé luisantes ; port pyramidal.
❀ Rose pâle virant au blanc • Fin de printemps ∅ Vert en été ; rouge en automne • *H* 8 m *E* 6 m

À savoir

Situation Dans tout sol bien drainé, sauf très sec, au soleil ou à mi-ombre.
Plantation Du milieu de l'automne au début du printemps.
Floraison Au printemps.
Taille Après la floraison, pour réduire la végétation ou éliminer les branches indésirables.
Ravageurs et maladies Aucun.
Bonus Arbres particulièrement rustiques, qui résistent aussi à la pollution urbaine.

PLANTE VEDETTE
***P. salicifolia* 'Pendula'** 🏆
Ce bel arbre à branches pleureuses et floraison blanc crème convient pour les jardins assez grands.

Robinia

Le **faux acacia** ou **robinier** se remarque par son feuillage léger et ses grappes de fleurs pendantes.

PLANTE VEDETTE
***R. pseudoacacia* 'Frisia'** 🏆 **Plantez cet arbre dans un endroit dégagé et ensoleillé et regardez-le virer du jaune doré à l'orangé en automne.**

Le choix du spécialiste

1 *R. pseudoacacia* 'Frisia' 🏆
Le feuillage jaune doré devient orangé en automne. 'Bessoniana' et 'Coluteoides' ont des feuilles vertes et des fleurs plus petites.
❀ Blanc • Fin de printemps ∅ Jaune doré • *H* 9 m *E* 8 m

2 *R. pseudoacacia* 'Tortuosa' Il présente des branches et des feuilles tortueuses.
❀ Blanc • Fin de printemps ∅ Vert tilleul • *H* 2,50 m *E* 1,50 m

3 *R. pseudoacacia* 'Purple Crown' Majestueux arbre à longues grappes de fleurs pourpres et parfumées.
✿ Pourpre • Début d'été ∅ Vert • *H* 9 m *E* 5 m

Ces arbres élégants sont faciles à cultiver. Évitez cependant les sites venteux car le bois est cassant.

Vous pouvez aussi planter 'Tortuosa' en arbuste bas et le maintenir en dessous de 1,20 m.

À savoir

Situation Dans tout sol bien drainé, au soleil ou à mi-ombre.
Plantation Au printemps.
Floraison Au printemps.
Taille Généralement inutile ; si l'espace est limité, rabattez-les pour les cultiver en arbustes.
Ravageurs et maladies Cyllène du robinier.
Bonus Le feuillage contraste bien avec celui des autres arbres et arbustes ornementaux.

***R. pseudoacacia* 'Bessoniana'**

Salix

Les **saules** sont des arbres rustiques, le plus souvent caducs. Outre le saule pleureur classique, il existe de nombreuses formes dressées. On les apprécie pour leurs branches fines, leurs rameaux colorés, leurs chatons soyeux ou leur feuillage décoratif.

Le choix du spécialiste

1 ***S. pentendra***
Espèce très rustique, son feuillage vert luisant, odorant, rappelle celui du laurier.
✿ Chatons jaunes • Début de printemps • *HE* 10 m

2 ***S. alba* var. *vitellina* 'Britzensis'♀** Cultivé pour ses rameaux rouge orangé obtenus en rabattant les tiges tous les deux ans.
∅ Rameaux rouge orangé • Fin d'automne à fin de printemps • *HE* 3 m, si rabattu fréquemment

3 ***S. caprea* 'Kilmarnock' syn. *S. caprea pendula***
Saule pleureur compact, à croissance lente, pour un petit jardin.
✿ Chatons jaune verdâtre • Début de printemps • *HE* 2 m, si rabattu

4 ***S. matsudana* 'Tortuosa'** Arbre à croissance rapide, prisé pour ses branches tortueuses.
✿ Chatons jaune verdâtre • Début de printemps • *H* 8 m *E* 5 m

5 ***S.* x *pendulina* var. *elegantissima*** Le feuillage vert vif en cascade est spectaculaire quand il se reflète dans un bassin.
∅ Vert vif • Printemps-été • *H* 8 m *E* 6 m

6 ***S. alba* 'Tristis'** Arbre à grand déploiement. Port pleureur, très majestueux.
∅ Vert ; rameaux jaunes • Été • *HE* 15 m

S. alba var. *vitellina* 'Britzensis'

S. caprea 'Kilmarnock'

Ces arbres faciles à vivre et rustiques sont soit mâles soit femelles – les mâles portent des chatons plus beaux et plus grands.

Certaines formes pleureuses ont besoin de place pour se développer à leur aise, mais les variétés plus petites, comme **'Kilmarnock'**, conviennent aux petits jardins.

Pour obtenir une forme évasée en ombrelle, coupez environ la moitié des branches tous les ans et raccourcissez le reste. Des variétés comme **'Britzensis'** sont cultivées pour leurs jeunes rameaux colorés. Il faut rabattre régulièrement l'arbre près de la base pour favoriser l'émission de jeunes tiges. Opérez en début de printemps, en ne coupant que la moitié des tiges ; vous continuerez ainsi à obtenir des chatons qui se formeront sur le bois de l'année précédente.

À savoir

Situation Sol lourd et humide, au soleil ou sous une ombre légère.
Plantation Au printemps ou en automne.
Taille Taillez, si nécessaire, après la floraison ou tôt au printemps pour stimuler la production de rameaux chez les espèces colorées.
Ravageurs et maladies Sensibilité aux chancres, pucerons, chenilles, charançons, phytoptes et chrysomèles.
Bonus Arbres colorés par les chatons, les rameaux ou le feuillage.

PLANTE VEDETTE
S. pentendra **Son feuillage brillant, virant au jaune à l'automne, en fait un beau spécimen à planter en isolé, comme arbre d'alignement ou pour faire un écran. Le chaton est ravissant avec ses anthères jaune et blanc.**

Sorbus

Les **sorbiers** sont des arbres élégants, à feuillage caduc, offrant de belles teintes d'automne et des bouquets denses de baies colorées.

Le choix du spécialiste

1 *S. aucuparia* 'Cardinal Royal'
Arbre aux abondantes fleurs blanches suivies de baies rouge orangé. 'Sheerwater Seedling'♀, similaire, est plus haut.
❀ Blanc • Fin de printemps
Rouge orangé • Automne
• *H* 8 m *E* 3 m

2 *S. koehneana*♀
Fleurs blanches suivies de baies blanches en automne.
❀ Blanc • Printemps
Blanc • Automne • *H* 2 m *E* 1 m

Sorbier en fruits

3 *S. alnifolia*
Arbre au port érigé produisant une profusion de fruits rouge vif.
∅ Rouge orange • Automne
Rouge vif • Automne
• *H* 10 m *E* 6 m

4 *S. decora*
Au printemps, rameaux rougeâtres garnis de feuilles blanches réunies en corymbes.
∅ Rouge pourpre • Automne
Rouge orangé • Automne
• *H* 8 m *E* 5 m

5 *S. aucuparia* 'Pendula'
Sorbier au port pleureur produisant des fruits rouge vif persistants.
❀ Blanc • Printemps ∅ Rouge, orange et jaune Rouge vif • Automne • *HE* 4 m

6 *S.* x *thuringiaca* 'Fastigiata' Arbre au port colonnaire et au feuillage rouge écarlate en automne.
∅ Rouge écarlate • Automne
Rouge • Automne • *H* 8 m *E* 3 m

À savoir

Situation Dans tout sol bien drainé, au soleil ou à mi-ombre.
Plantation Au printemps.
Taille Aucune.
Ravageurs et maladies Généralement aucun ; parfois feu bactérien.
Bonus Vraiment sans souci et rustiques, même en zone polluée.

De l'arbuste nain à l'arbre imposant, ces beaux végétaux rustiques peuvent être cultivés dans presque tous les jardins. Le feuillage prend souvent de belles teintes à l'automne, se panachant de rouge, d'orange et de jaune, et s'accompagne de bouquets de baies orange, roses, écarlates, jaunes ou blanches.

Choisir la bonne taille
De dimensions très diverses, les sorbiers peuvent convenir à tous les jardins. Si l'espace est limité, choisissez *S. aucuparia* 'Pendula' ou l'étroit *S.* x *thuringiaca* 'Fastigiata'. Les arbres de taille moyenne incluent le conique *S. alnifolia*, le coloré *S. decora* ou une variété de sorbier des oiseleurs comme *S. aucuparia* 'Cardinal Royal'.

Si vous avez la chance de posséder un grand terrain, plantez

S. x *thuringiaca* 'Fastigiata'

S. aucuparia. Cet arbre imposant porte non seulement de gros fruits rouge vif en hiver, mais aussi un éclatant feuillage d'automne rouge orangé.

PLANTE VEDETTE
***S. aucuparia* 'Cardinal Royal' Cet élégant sorbier est idéal dans un jardin de ville où l'espace est limité. Il résiste à la pollution atmosphérique.**

annuelles, bisannuelles, plantes à massif et plantes pour potées

Avec leurs coloris variés et souvent éclatants, leur abondante floraison et leur facilité de culture, les annuelles sont résolument populaires. Les bisannuelles, qui fleurissent l'année suivant le semis, sont aussi des plantes de choix.

Les plantes à massif et pour potées que l'on trouve en jardinerie sont essentiellement des annuelles ou des vivaces craignant le gel. Vous pouvez élever ces plantes dans une serre à partir de semis ou de boutures prélevées en début d'automne, ou tout simplement acheter tous les ans une nouvelle sélection.

Décor gai et bon marché

Le caractère éphémère de ces plantes permet le changement. Réservez-leur un massif en propre ou dispersez-les au milieu des vivaces. Utilisez-les aussi pour combler des vides entre des vivaces ou des arbustes récemment plantés et qui n'ont pas encore atteint leur maturité.

Pour que les couleurs des annuelles se marient harmonieusement avec celles des vivaces rustiques, privilégiez les espèces à petites fleurs et aux teintes plus douces, telles que

Argyranthemum, *Bidens*, *Brachyscome*, *Limnanthes*, bacopas (*Sutera*) et verveines (*Verbena*).

Plantées en masse, les annuelles peuvent produire un bel effet de couleur. Vous pouvez les utiliser en mélange – attention cependant à l'harmonie des teintes –, mais une variété unique plantée en nombre peut avoir un effet saisissant.

Les graines et les jeunes plants sont généralement proposés en coloris unique ou en mélange. Faites votre choix en fonction de l'effet que vous désirez produire. Les annuelles compactes sont idéales pour border un massif ou agrémenter un motif classique. Plantez-les au milieu de bulbes qui fleurissent à la fin du printemps.

Jardinières colorées

Beaucoup des petites annuelles, bisannuelles et plantes à massif sont idéales pour la culture en pots, en jardinières et en suspensions. Des espèces buissonnantes compactes entourées de plantes à tiges retombantes offrent un décor parfait pour tout l'été.

Pour des petits contenants, choisissez des plantes telles que **bacopas** (***Sutera***), **pétunias à petites fleurs, *Brachyscome*, *Diascia*, *Felicia*, *Lobelia*** et ***Scaevola***. Sinon, créez un décor imposant sur votre terrasse en plantant une grande jarre avec un ***Argyranthemum*** accompagné de ***Bidens* 'Golden Goddess'** et peut-être de quelques **pétunias Surfinia** ou **Million Bells** pourpres ou violets.

Planter les annuelles

en situation ensoleillée et dans un sol bien drainé pour une plus belle floraison.

Annuelles pour sites exposés

- Dans un jardin venteux ou en bord de mer, choisissez des espèces basses.

Améliorer le sol

- Incorporez de la matière organique dans les sols lourds en automne ou tôt au printemps, avant la plantation.
- N'abusez pas du fumier ou des engrais riches en azote, qui donnent des plantes effilées.
- Fertilisez avec un engrais riche en phosphore, de type 15-30-15.

Le semis

- Semez les annuelles rustiques en place, en début d'automne ou début de printemps.
- Semez dans des sillons parallèles, distants de 10 à 20 cm, afin de mieux distinguer les jeunes plantules des mauvaises herbes.
- Éclaircissez les jeunes plantules si elles sont trop serrées.
- Semez les annuelles non rustiques en serre et plantez-les une fois le risque de gelées écarté.
- Semez les bisannuelles en début d'été et plantez-les en automne pour une floraison le printemps suivant.

Entretien

- Plusieurs annuelles se ressemant spontanément, ôtez les fleurs fanées une fois par semaine ; les plantes mettront ainsi toute leur énergie à donner de nouvelles fleurs.
- Par temps sec, arrosez copieusement, surtout les jardinières. Les gels rétenteurs d'eau sont un complément précieux pour les substrats de rempotage, surtout dans les paniers suspendus.
- Fertilisez les plantes en pots une fois par mois à partir du milieu de l'été.

Oser l'innovation

- Comme le décor des annuelles et des plantes à massif se renouvelle tous les ans, il est facile d'essayer des combinaisons différentes d'une année à l'autre.
- La plupart des annuelles fleurissent de la fin du printemps à l'automne ; profitez de l'hiver pour consulter les catalogues ou les sites Internet, et imaginer vos futurs massifs.

Ôter les fleurs fanées prolonge la période de floraison

Argyranthemum

Ces plantes, qui ressemblent aux marguerites, produisent de belles fleurs aux teintes douces et un feuillage joliment découpé. Elles fleurissent de l'été à l'automne.

Couramment plantés dans les massifs estivaux, les *Argyranthemum* sont en fait des vivaces gélives. Leur port compact, leur beau feuillage et leur abondante floraison aux tons variés en font des plantes de choix. Elles conviennent aussi pour les grands contenants.

A. 'Jamaica Primrose'

Le choix du spécialiste

1 ***A.* 'Qinta White'**♀
Des fleurs doubles agrémentent cette variété.
❀ Blanc • Début d'été-automne • *H* 50 cm *E* 60 cm

PLANTE VEDETTE
***A.* 'Qinta White'**♀ **Cette variété à fleurs doubles aime se gorger du soleil estival.**

2 ***A.* 'Vancouver'**♀
Les fleurs doubles roses virent au rose chamois en se fanant.
✿ Rose • Début d'été-automne • *H* 1 m *E* 80 cm

3 ***A. gracile* 'Chelsea Girl'**♀
Les fleurs simples se détachent sur le feuillage léger gris-vert.
❀ Blanc à centre jaune • Début d'été-automne • *HE* 60 cm

4 ***A.* 'Jamaica Primrose'**♀
Les tiges hautes sont couronnées de fleurs jaune primevère.
✿ Jaune • Début d'été-automne • *HE* 1 m

À savoir

Situation Ensoleillée, sol drainé.
Plantation En début d'été.
Floraison De l'été à l'automne.
Taille Une ou deux fois durant l'été, pour éliminer les fleurs fanées et stimuler une croissance dense.
Ravageurs et maladies Pucerons et mineuse des feuilles.

Begonia

Avec une floraison longue et généreuse, les **bégonias** sont un réel atout pour les plantations estivales. Contrairement à bien d'autres plantes à massif, ils supportent un peu d'ombre et réussissent aussi bien dans les parterres qu'en pots.

Le choix du spécialiste

1 ***B.* 'Dragon Wings'**
Ce bégonia porte des bouquets de fleurs colorées sur de très grandes feuilles vert clair dissymétriques. Bel effet en massif ou dans un pot.
✿ Écarlate • Été • *HE* 30-35 cm

2 ***B.* Série Olympia**
Des bégonias compacts particulièrement résistants aux intempéries, avec un centre jaune vif et des feuilles vertes ou bronze.
✿❀ Rose, blanc • Été • *HE* 20 cm

3 ***B.* Série Ambassador**
Des bégonias à feuillage vert, avec des fleurs aux teintes pâles ou vives.
❀✿✿ Blanc, rose, rouge • Été • *HE* 20 cm

B. Olympia 'Salmon Scarlet'

4 ***B.* Série Cocktail**♀
Les feuilles arrondies bronze de ces petits bégonias contrastent avec les différents coloris de fleurs.
❀✿✿ Blanc, rose, rouge • Été • *HE* 15-20 cm

5 *B.* Série Organdy
Les intempéries ne posent aucun problème aux fleurs simples de ces bégonias nains.
Blanc, rose, écarlate • Été • *HE* 15 cm

Les bégonias à massif sont des plantes idéales pour orner les plantations d'été. Les fleurs, petites à moyennes, émergent au-dessus de la masse des feuilles arrondies, souvent teintées de bronze.

Pourvus de racines fibreuses, ils poussent bien au soleil et à mi-ombre, dans un sol riche en humus, neutre ou légèrement acide. Il n'est pas facile d'obtenir des beaux plants à partir de semis, et la plupart des jardiniers préfèrent acheter, à la fin du printemps, des jeunes plants à mettre en place après les gelées.

Arrosez copieusement les bégonias pendant les périodes de sécheresse. Supprimez les fleurs fanées pour favoriser une nouvelle floraison.

Vous découvrirez chaque année de nouvelles variétés en jardinerie ou sur les catalogues. Celles présentées ici ont toutes des fleurs simples, mais il existe aussi quelques variétés à fleurs doubles.

Les bégonias craignent les attaques de pucerons et sont parfois atteints d'oïdium et, par temps humide, de pourriture grise.

À savoir

Situation Dans un sol bien drainé, au soleil ou à mi-ombre.
Plantation Plantez les jeunes plants après les dernières gelées.
Floraison Pendant tout l'été, jusqu'aux gelées.
Taille Supprimez régulièrement les fleurs fanées.
Ravageurs et maladies Pucerons, pourriture grise (*Botrytis*) et oïdium.
Bonus Tolère l'ombre, contrairement à beaucoup de plantes à massif.

PLANTE VEDETTE

***B.* 'Dragon Wings'** **Avec son feuillage inhabituel et ses fleurs d'un rouge éclatant, cette variété produit un effet saisissant. S'accommodant des périodes de sécheresse, elle constitue un sujet de choix pour la culture en pots.**

Bidens

Avec leurs fleurs jaune d'or et leur feuillage fin, ces plantes vigoureuses et florifères sont idéales pour les bordures ou les grands contenants.

Le choix du spécialiste

1 *B. ferulifolia* 'Golden Goddess' Variété à grandes fleurs formant une touffe large et légère fleurissant longtemps. L'espèce est aussi attrayante, mais avec des fleurs plus petites.
Jaune d'or • Été-automne • *H* 40 cm *E* 1 m

2 *B. aurea*
Les nombreuses fleurs étoilées se détachent du feuillage très découpé. Les plantes sont étalées ou rampantes.
Jaune • Début d'été-automne • *H* 45 cm *E* 1 m

PLANTE VEDETTE

***B. ferulifolia* 'Golden Goddess'** **Des fleurs colorées et un feuillage finement divisé font de cette plante une vedette dans les potées et les massifs.**

Ces plantes florifères forment de larges touffes de feuillage dentelé surmonté de fleurs jaune d'or en capitules étoilés. Plantez-les de préférence dans un panier suspendu ou un pot de grande taille en laissant leurs tiges retomber. Ce sont des vivaces gélives à cultiver comme des annuelles semi-rustiques.

Les *Bidens* se plaisent au soleil, dans un sol assez bien drainé. Vous pouvez les semer en serre chaude au début du printemps, mais on trouve facilement des jeunes plants en jardinerie. Plantez-les une fois le risque de gelées écarté. La floraison démarre entre le début et le milieu de l'été et se poursuit jusqu'aux premières gelées.

À savoir

Situation À planter dans la plupart des sols, en plein soleil.
Plantation Au printemps, après les dernières gelées.
Floraison Ces plantes se parsèment de fleurs jaune vif du début de l'été à l'automne.
Ravageurs et maladies Pucerons et limaces.
Bonus Une couleur jaune intéressante pour les suspensions, qui offre une variante aux lobélias ou au lierre à port retombant.

Brachyscome

Ces plantes, qui produisent une profusion de petites fleurs en capitules sur un feuillage fin et compact, sont idéales à l'avant d'un massif ou en potée.

PLANTE VEDETTE
***B.* Série Bravo** **De petits capitules vifs sur un coussinet de feuillage léger apportent, en été, une tache de couleur aux massifs.**

Le choix du spécialiste

1 *B.* Série Bravo
Une abondance de fleurs à centre foncé, dans un mélange de coloris blancs, bleu violacé ou pourpres.
Blanc, bleu ou pourpre
• Milieu d'été-milieu d'automne
• *H* 25 cm *E* 30 cm

2 *B.* Série Splendour
Plantes compactes à fleurs blanches, roses ou pourpres, à centre foncé ou jaune.
Blanc, rose ou pourpre
• Milieu d'été-milieu d'automne
• *H* 20 cm *E* 25 cm

3 *B.* 'Blue Star'
Le centre jaune foncé crée un contraste saisissant avec le bleu pourpré intense des pétales.
Bleu • Milieu d'été-milieu d'automne • *H* 30 cm *E* 40 cm

À savoir

Situation De préférence ensoleillée, dans la plupart des sols bien drainés.
Plantation En pleine terre ou en pots, après les dernières gelées.
Floraison Du milieu de l'été jusqu'aux gelées.
Taille Supprimez les fleurs fanées et pincez les jeunes plantes.
Ravageurs et maladies Aucun.
Bonus Les annuelles citées ici sont délicatement parfumées.

La popularité des *Brachyscome* tient à une floraison abondante aux coloris variés, une silhouette nette et compacte et un feuillage finement divisé. Ils sont également parfaits en pots.

On trouve des jeunes plants en jardinerie, à planter après les dernières gelées, mais il est tout aussi facile d'effectuer un semis au début du printemps en serre froide.

Diascia

Les *Diascia* offrent presque toutes les nuances de rose. Ce sont des plantes de choix pour les massifs et les potées.

Les *Diascia* colorent le jardin de rose corail et de saumon tout l'été. Elles sont idéales pour garnir les massifs estivaux.

Elles se plaisent en situation ensoleillée, dans un sol bien drainé, riche en humus, frais. La plupart s'achètent en jardinerie ou se multiplient par bouturage. À l'automne, prélevez les boutures et faites-les hiverner hors gel. Si vous en trouvez, démarrez-les à partir de semences. C'est facile !

À savoir

Situation Ensoleillée, abritée et assez humide.
Plantation En fin de printemps.
Floraison Tout l'été.
Taille Supprimez les fleurs fanées, à deux reprises durant la saison.
Ravageurs et maladies Limaces.

D. 'Coral Belle'

Le choix du spécialiste

1 *D. barberae* 'Ruby Field'♀
Plantez cette annuelle en masse pour apprécier pleinement sa floraison rose intense.
Rose intense • Été
• *H* 25-35 cm *E* 40 cm

2 *D.* 'Coral Belle'
Fleurs à deux éperons, délicates, sur des tiges élégantes.
Rose saumoné foncé • Été
• *H* 25-35 cm *E* 40 cm

3 *D.* 'Iceberg'
Plantée avec d'autres *Diascia* roses, cette variété blanche crée un contraste saisissant.
Blanc • Été • *H* 25-35 cm *E* 40 cm

4 *D. rigescens*♀
Les grappes serrées se dressent au-dessus du feuillage foncé tapissant.
Rose • Été • *H* 50 cm *E* 40 cm

PLANTE VEDETTE
***D. barberae* 'Ruby Field'♀** **Des grappes serrées de fleurs rose intense s'épanouissent tout l'été sur des tiges fines.**

Eschscholzia

Les **pavots de Californie** produisent une succession de fleurs éclatantes durant l'été. Ils ne demandent qu'un sol pauvre mais beaucoup de soleil.

Les pavots de Californie sont des annuelles faciles qui exigent peu en regard de ce qu'ils offrent tout l'été. Ils se contentent d'un sol pauvre, bien drainé et d'un emplacement ensoleillé.

Semez finement en place, au début du printemps ou en automne. Ils se multiplient spontanément.

PLANTE VEDETTE
***E. californica* 'Dali'** Des fleurs écarlates sur un fin feuillage gris pour mettre en valeur un coin ensoleillé du jardin.

Le choix du spécialiste

1 ***E. californica* 'Dali'**
Variété compacte en un seul coloris.
Écarlate • Été • *H* 25 cm *E* 20 cm

E. californica 'Mission Bells'

2 ***E. californica* 'Mission Bells'** Variété à fleurs semi-doubles ou doubles, dans une large palette de coloris.
Crème, jaune, orange ou rose • Été • *H* 25-30 cm *E* 15 cm

3 ***E. californica* 'Buttermilk'**
Variété compacte à pétales joliment striés.
Jaune crème • Été • *H* 20-25 cm *E* 15 cm

4 ***E. californica* 'Thai Silk'**
Mélange de teintes exotiques.
Orange, rose ou rouge • Été • *H* 25-30 cm *E* 15 cm

À savoir

Situation Dans un sol pauvre, bien drainé, en plein soleil.
Plantation Semez en place, au printemps ou en automne.
Floraison Tout l'été.
Ravageurs et maladies Aucun.
Bonus Excellentes fleurs à couper.

Felicia

Originaires d'Afrique du Sud, les **marguerites du Cap** fleurissent tout l'été et jusqu'en automne. Peu exigeantes, elles affectionnent les terrains secs.

Le choix du spécialiste

1 ***F. amelloides* 'Read's Blue'** Pétales d'un bleu éclatant rehaussés par un centre jaune vif.
Bleu-violet • Été-début d'automne • *H* 15-30 cm *E* 25 cm

2 ***F. amelloides* 'Santa Anita Variegated'**
Les feuilles panachées de vert et de crème offrent un fond superbe aux grandes fleurs de cette variété vigoureuse.
Bleu-violet • Été-début d'automne • *H* 30 cm *E* 25 cm

3 ***F. bergeriana***
Une espèce adaptée à la culture en jardinières ou autres petits contenants.
Bleu vif • Été-début d'automne • *H* 15-20 cm *E* 25 cm

PLANTE VEDETTE
***F. amelloides* 'Read's Blue'** De grandes fleurs et un port compact font de cette variété un sujet de choix pour les potées.

À savoir

Situation Ensoleillée et abritée, dans un sol bien drainé.
Plantation Après les dernières gelées.
Floraison Du début de l'été à l'automne.
Taille Supprimez les fleurs fanées ou rabattez du tiers vers la fin de l'été, quand la plante perd de sa vigueur.
Ravageurs et maladies Aucun.
Bonus Dans les endroits secs, ces plantes faciles d'entretien n'ont pas besoin d'arrosage même par temps très chaud.

Ces plantes sont des vivaces tendres et des annuelles semi-rustiques, très faciles à cultiver tant que l'on respecte leurs quelques exigences.

Un sol bien drainé, pas trop riche, et une situation ensoleillée – les fleurs se ferment à l'ombre – sont importants. Un emplacement abrité évite que les tiges se cassent sous les assauts du vent.

Semez les graines en pots au début du printemps, dans une serre fraîche, ou achetez les jeunes plants. Supprimez les fleurs fanées pour favoriser la formation de nouveaux boutons.

Vous pouvez multiplier des variétés de *F. amelloides* comme 'Read's Blue' et 'Santa Anita Variegated' en prélevant les boutures en fin d'été et en les maintenant en serre hors gel durant l'hiver.

Fuchsia

Très populaires, les **fuchsias** produisent de délicates fleurs pendantes dans des coloris allant du blanc le plus pur aux nuances les plus éclatantes de pourpre et de rose. Il existe des formes étalées pour suspensions, potées et massifs surélevés, et des formes dressées pour plates-bandes.

Le succès des fuchsias se comprend facilement : combinant facilité de culture, silhouette élégante et longue floraison, ils sont difficiles à battre. Les variétés retombantes sont idéales en paniers suspendus alors que les variétés érigées conviennent aux plantations en pots, en bacs ou en pleine terre, pour agrémenter une plate-bande. Les fuchsias peuvent être utilisés dans les massifs estivaux mais aussi comme arbustes, que vous prendrez soin de rentrer l'automne venu. Quand vient le temps de les installer à l'intérieur, réservez-leur un endroit frais et surveillez les attaques d'aleurodes.

F. 'Winston Churchill'

Le choix du spécialiste

1 *F.* 'Eva Boerg'

Cette variété basse convient aux potées. Fleurs à sépales rose pâle et pétales pourpre rosé.

✿✿ Rose pâle et pourpre
• Été-automne • *HE* 75 cm

2 *F.* 'Golden Marinka'♀

Variété à port étalé, très florifère, avec des feuilles panachées de jaune.

✿ Cramoisi • Été-automne
• *H* 30-45 cm *E* 50 cm

3 *F.* 'South Gate'

Variété buissonnante portant de somptueuses fleurs doubles.

✿ Rose clair • Été-automne
• *HE* 45 cm

4 *F.* 'Heidi Ann'♀

Grandes fleurs doubles à sépales cramoisis et pétales lilas sur une plante compacte et buissonnante.

✿✿ Cramoisi et lilas
• Été-automne
• *H* 45 cm *E* 30 cm

5 *F.* 'Winston Churchill'♀

Variété compacte, avec des fleurs à sépales roses et pétales bleu-violet virant progressivement au pourpre.

✿✿ Rose et bleu-violet
• Été-automne • *HE* 45 m

PLANTE VEDETTE

F. 'Eva Boerg' Avec son port étalé et l'assurance d'une longue période de floraison, ce fuchsia est l'un des plus faciles à cultiver dans les massifs ou en potée.

UNE TOUCHE D'ORIGINALITÉ

F. 'Thalia'♀ Les bouquets de fleurs étroites se détachent sur les grandes feuilles ovales. Pouvant atteindre 1 m de haut, cette variété demande un emplacement assez grand au jardin et gagne à être placée à l'intérieur pour l'hiver.

À savoir

Situation Dans presque tous les sols, sous une ombre légère.
Plantation Après les dernières gelées.
Floraison De l'été jusqu'aux gelées.
Taille Aucune.
Ravageurs et maladies Aleurodes sur les sujets gardés à l'intérieur.
Bonus Conservés à l'intérieur pendant l'hiver, les fuchsias font de belles plantes en pots.

annuelles rustiques

Fleurs de l'été

Les annuelles rustiques produisent un bel effet. Faciles à cultiver, elles se plaisent dans les sols pauvres et restent l'un des meilleurs moyens pour créer une profusion de couleurs en un temps record. Ne nécessitant qu'une légère préparation du sol, elles sont précieuses pour les jardiniers qui viennent d'emménager et veulent un spectacle coloré en peu de temps et avec un minimum d'effort.

PLANTE VEDETTE

***Calendula* 'Fiesta Gitana'** ♡ **Les fleurs compactes jaune soleil ou orange éclatant de ce souci à port bas illuminent n'importe quel massif estival.**

Les annuelles sont des plantes qui germent, fleurissent et meurent la même année. La plupart sont exubérantes et florifères, et rares sont les jardins pouvant prétendre se passer de leur contribution colorée pendant les mois d'été.

Des beautés sauvages

La grande majorité des annuelles provient de prairies ou d'espaces ouverts de même nature, ce qui éclaire sur leurs exigences culturales. Beaucoup préfèrent les sols pauvres, à condition qu'ils soient bien drainés, et le plein soleil.

Le semis

La plupart des annuelles rustiques se sèment directement au jardin, en place. Dès le printemps, répandez les graines aux endroits choisis. Il est aussi possible de semer en automne pour une floraison au printemps et en début d'été, mais cela implique des pertes éventuelles durant l'hiver.

Semez en lignes de manière à mieux distinguer les jeunes plantules des mauvaises herbes. Si nécessaire, éclaircissez les rangs avant que les plantes ne prennent trop d'ampleur.

Tuteurer les plantes hautes

La plupart des grandes annuelles nécessitent un tuteurage. Disposez des branches rameuses de 30 à 45 cm de long au milieu des plantules (les rames de bouleau sont idéales). Les plantes poussent au travers des ramilles, qu'elles finissent par cacher une fois leur taille définitive atteinte.

***Centaurea cyanus* 'Blue Diadem'**

Récolter les graines

Beaucoup d'annuelles se ressèment spontanément. D'autres produisent des graines qui peuvent être récoltées et stockées pendant l'hiver puis semées au printemps. Sachez cependant qu'avec ce type de collecte, les variétés sélectionnées, en particulier les hybrides F1, redonnent rarement la même plante l'année suivante. Mais vous avez peu à perdre, du moment que vous acceptez cette part de hasard.

À savoir

Situation La plupart des annuelles rustiques s'accommodent de terrains divers, en particulier les sols pauvres, mais au soleil.
Plantation Semis en place au début du printemps.
Floraison Avec un choix judicieux, succession de floraisons de la fin du printemps à l'automne.
Ravageurs et maladies Généralement aucun.
Bonus Idéales pour initier les enfants au jardinage.

Papaver rhoeas Série Shirley

Consolida ajacis Série Dwarf Rocket

Limnanthes douglasii

Ipomoea tricolor 'Royal Ensign'

Le choix du spécialiste

Les meilleures

Une sélection sûre pour le plus facile de tous les jardins d'été.

1 *Calendula* **'Fiesta Gitana'** Souci compact à grosses fleurs doubles jaunes ou orange, fleurissant longtemps.
Jaune, orange • Fin de printemps-fin d'été • ***HE*** **30 cm**

2 *Iberis amara* **'Pinnacle'** Un thlaspi blanc parfumé, à floraison très dense.
Blanc • Été • ***HE*** **30 cm**

3 *Ipomoea tricolor* **'Royal Ensign'** Belle variété rampante, excellente en massif ou en potée.
Violet à centre blanc et jaune • Été • ***HE*** **15-50 cm**

4 *Consolida ajacis* **Série Dwarf Rocket** Ces pieds-d'alouette nains plantés en masse dégagent un charme original.
Bleu, rose, blanc, lavande • Été • ***H*** **45 cm** ***E*** **20 cm**

5 *Lavatera trimestris* **'Silver Cup'** Une plante compacte aux grandes fleurs joliment veinées.
Rose vif • Été-automne • ***H*** **60 cm** ***E*** **50 cm**

6 *Helianthus annuus* **'Teddy Bear'** Soleil nain à fleurs très doubles, également dénommé 'Sungold'.
Jaune à centre vert • Été • ***H*** **40-60 cm**

7 *Clarkia unguiculata* **Série Royal Bouquet** Fleurs doubles semblables à des œillets.
Rose, mauve, rouge • Été • ***H*** **60 cm** ***E*** **25 cm**

8 *Phacelia campanularia* Annuelle buissonnante de teinte vive, attirant les abeilles.
Bleu • Fin de printemps-été • ***HE*** **15 cm**

9 *Papaver rhoeas* **Série Shirley** Ces coquelicots produisent des fleurs simples dans une large gamme de coloris.
Blanc, rose, lilas, cramoisi • Été • ***H*** **60 cm**

10 *Centaurea cyanus* **'Blue Diadem'** Les centaurées sont attrayantes en massif et superbes en bouquet.
Violet • Été • ***H*** **75 cm**

11 *Limnanthes douglasii* Évoquant un œuf au plat, cette plante est magnifique en bordure.
Blanc, centre jaune • Été-automne • ***H*** **20 cm**

12 *Nigella* **Série Pierres Persanes** La nigelle a un feuillage léger et des capsules fructifères décoratives.
Blanc, rose, lilas, cramoisi • Été • ***H*** **25-40 cm**

Graminées annuelles

Le feuillage en forme de lames, les fleurs en plumets ou en cascades de bijoux ondulent au moindre souffle de vent dans un très joli bruit de froissement délicat.

On peut planter les graminées décoratives en haie ou en écran, en faire des masses dans une plate-bande de vivaces, ajouter de la hauteur dans une potée. Les tiges coupées sont superbes dans les bouquets.

Les plantes ci-dessous ont l'avantage de pousser très vite à partir des semis, mais il leur faut un sol bien drainé.

Pennisetum villosum

Le choix du spécialiste

1 *Pennisetum setaceum* 'Rubrum'♀
Feuilles très étroites, de couleur bourgogne; fleurs en plumets rosés. Pourra être l'attrait central d'un arrangement en pots.
Ø Bourgogne ✿ Rose • *H* 1 m *E* 80 cm

2 *Pennisetum villosum*♀
Feuilles très étroites, retombantes, fleurs en forme de plumets blanc crème au milieu de l'été.
Ø Vert moyen ✿ Blanc • *H* 60 cm *E* 45 cm

3 *Hordeum jubatum*
Feuillage vert pâle, épis de même couleur ornés de longs poils voyants teintés de rouge ou de pourpre et devenant beige, très décoratifs.
Ø Vert pâle • *HE* 30 cm

PLANTE VEDETTE
***Pennisetum setaceum* 'Rubrum'**♀ **Les élégantes tiges au feuillage bourgogne se distinguent à l'arrière-plan de toutes les plates-bandes.**

À savoir

Situation Soleil, sol fertile et bien drainé.
Plantation Semis huit semaines avant les dernières gelées.
Floraison Superbes épis, suivis de gousses de graines décoratives.
Taille Aucune.
Ravageurs Aucun, mais les graminées attirent les chevreuils.
Bonus Feuilles, fleurs et gousses sont très décoratives.

Helichrysum

Le feuillage feutré et grisâtre de cette espèce offre un arrière-plan contrasté à d'autres plantes à massif plus colorées.

H. petiolare 'Limelight'

Le feuillage superbe et luxuriant de *H. petiolare* et de ses variétés offre un fond idéal aux annuelles et aux plantes à massif colorées.

Comme la plupart des plantes à feuilles grises et laineuses, l'*Helichrysum* a besoin de soleil et d'un sol bien drainé. Ses tiges semi-rampantes en font une plante de choix pour les jardinières.

Faites hiverner des boutures prélevées en fin d'été dans une serre à l'abri du gel. Plantez-les au printemps après les dernières gelées.

Le choix du spécialiste

1 *H. petiolare*♀
Plante vigoureuse formant un dôme de feuillage gris argenté.
Ø Vert feutré de gris • *H* 50 cm *E* 1 m

2 *H. petiolare* 'Limelight'♀
Variété prisée pour ses feuilles duveteuses vert tilleul.
Ø Vert tilleul • *H* 50 cm *E* 1 m

3 *H. petiolare* 'Variegatum'♀ Feuilles bordées de crème.
Ø Vert bordé de crème • *H* 50 cm *E* 1 m

À savoir

Situation Soleil et sol léger.
Plantation Après les dernières gelées.
Floraison Insignifiante, en été et en automne.
Taille Supprimez les fleurs si vous le souhaitez.
Ravageurs et maladies Aucun.
Bonus Supporte bien la taille, la chaleur et la sécheresse.

PLANTE VEDETTE
H. petiolare♀ **Les longues tiges au feuillage feutré de gris offrent un arrière-plan à beaucoup d'annuelles et plantes à massif colorées.**

Impatiens

Les impatientes fleurissent en abondance tout l'été. Très précieuses pour égayer un recoin sombre du jardin, elles continuent de fleurir jusqu'à l'automne.

Peu de plantes à massif donnent autant de couleurs au mètre carré que les impatientes. Elles se plaisent aussi bien au soleil qu'à mi-ombre, dans un sol fertile, bien drainé qui ne se dessèche pas trop en été. Avec leur port net et compact, elles produisent un effet spectaculaire lorsqu'elles sont plantées en groupe, soit dans un même coloris, soit en mélange, mais elles conviennent aussi pour les potées.

Les caissettes de jeunes plantes apparaissent dans les jardineries en début d'été, prêtes à planter. Vous pouvez aussi acheter des plantules au début du printemps. Elles sont moins chères mais requièrent plus d'attention. Vous devrez les repiquer dans des pots plus grands, les cultiver en serre puis les planter au jardin une fois écartés les risques de gelée.

I. Série Carousel

De nouvelles variétés et séries sont introduites chaque année, d'où l'intérêt de consulter les catalogues de semences pour s'informer des dernières nouveautés.

Le choix du spécialiste

1 *I.* Série Super Elfin♀

Ces plantes sont parfaites pour créer une masse colorée compacte. Les couleurs de leurs fleurs se déploient en une palette de tons pastel roses, rouges, orange ou violets, avec des pétales souvent bordés d'un fin liseré.

Rose, rouge, orange ou violet • Été-début d'automne • *HE* 25 cm

2 *I.* 'Mega Orange Star'

Variété plus compacte, avec de grandes fleurs orange, au centre marqué d'une tache blanche en étoile.

Orange à centre blanc • Été-début d'automne • *HE* 20 cm

3 *I.* Série Carousel

Fleurs doubles évoquant des roses miniatures, dans des tons de blanc, rose ou rouge.

Blanc, rose ou rouge • Été-début d'automne • *HE* 25 cm

4 *I.* 'Stardust'

Ces plantes se reconnaissent à leurs fleurs roses ou rouges, toutes marquées de blanc au centre.

Rose ou rouge à centre blanc • Été-début d'automne • *HE* 25 cm

5 *I.* Série Tempo♀

Cette série offre une large palette de coloris, avec des formes bicolores et à liseré contrasté.

Blanc, rose, orange, rouge ou violet • Été-début d'automne • *HE* 20-25 cm

6 *I.* Série Blitz 2000

Plantes assez hautes, avec un feuillage foncé qui met joliment en valeur les fleurs aux coloris vifs et variés.

Blanc, rose, orange, rouge ou pourpre • Été-début d'automne • *HE* 35 cm

PLANTE VEDETTE

I. Série Super Elfin♀

Un port compact et des fleurs bicolores ou à liseré contrasté dans une large palette de coloris font de ces impatientes des plantes de choix pour les potées.

À savoir

Situation Dans la plupart des sols fertiles, bien drainés, idéalement à la mi-ombre.
Plantation Après les dernières gelées.
Floraison De l'été au milieu de l'automne.
Taille Supprimez régulièrement les fleurs fanées.
Ravageurs et maladies Peu fréquents.
Bonus Idéal pour un jardin à l'ombre.

Lobelia

Avec leur port délicat et leur floraison longue et abondante, les **lobélies** font partie des plantes les plus utilisées dans les massifs, mais aussi dans les jardinières et les suspensions.

PLANTE VEDETTE
***L. erinus pendula* 'Sapphire'**
Une plante idéale en suspension, très florifère.

Les lobélies sont des vivaces éphémères généralement cultivées en annuelles. Les fleurs sont petites mais apparaissent à profusion du début ou milieu de l'été jusqu'à la fin de l'automne.

Laissez retomber les variétés rampantes sur un muret de soutènement pour mettre en valeur leur silhouette élégante.

Plantez les formes buissonnantes au pied d'arbustes ou d'annuelles plus hautes. Disponibles en coloris séparés ou en mélange, les lobélies se plaisent au soleil, dans un sol frais, modérément fertile. Arrosez-les pendant les périodes de sécheresse.

L. erinus 'Kathleen Mallard'

L. erinus 'White Lady'

Le choix du spécialiste

1 *L. erinus pendula* 'Sapphire' Une espèce retombante idéale pour les paniers suspendus, les boîtes à fleurs et les rocailles.
✿ Bleu à gorge blanche • Été-automne • *HE* 10-30 cm

2 *L. erinus* Série Cascade♡ Variétés nettement retombantes, plus décoratives en potées.
✿✿✿✿ Rouge, rose, blanc ou bleu • Été-automne • *H* 15 cm *E* 30 cm

3 *L. erinus* 'Kathleen Mallard' Variété compacte, dressée, à grandes fleurs doubles.
✿ Violet • Été-automne • *HE* 10-20 cm

4 *L. erinus* 'White Lady' Variété blanche buissonnante, non retombante.
✿ Blanc • Été-automne • *HE* 10-15 cm

5 *L. erinus* 'Crystal Palace'♡ Forme un dôme compact. Idéal pour border un massif.
✿ Bleu foncé • Été-automne • *HE* 10-15 cm

À savoir

Situation Dans un sol frais, fertile, idéalement à la mi-ombre.
Plantation En fin de printemps, après les dernières gelées.
Floraison Du début de l'été à la fin de l'automne.
Ravageurs et maladies Surveillez les limaces.
Bonus Bien arrosées, les lobélies rampantes fleurissent longtemps.

Lobularia

Plante à massif classique des jardins informels, l'**alysse odorante** produit tout l'été une profusion de fleurs au parfum de miel, dans une palette toujours plus étendue.

Le choix du spécialiste

1 *L. maritima* 'Snow Crystals' Une des variétés en dôme la plus haute.
❀ Blanc • Tout l'été • *HE* 25 cm

2 *L. maritima* Série Aphrodite Longue floraison dans une large gamme de beaux coloris. 'Pastel Carpet', un peu plus haute, offre de délicates nuances de blanc et de rose.
❀✿✿ Blanc, rose et rouge • Tout l'été • *HE* 10-15 cm

3 *L. maritima* 'Oriental Night' Une variété particulièrement odorante.
✿ Pourpre intense • Tout l'été • *HE* 10-25 cm

PLANTE VEDETTE
***L. maritima* 'Snow Crystals' Cette variété forme un coussin dense de minuscules fleurs blanc neigeux durant tout l'été.**

Avec sa profusion de fleurs et sa longue période de floraison, l'alysse odorante est depuis longtemps une annuelle rustique très appréciée. Son port bas et compact en fait une plante de choix pour border les massifs, mais elle est tout aussi décorative en potée, dans une rocaille ou nichée dans un muret.

Facile à cultiver, elle se plaît en plein soleil, dans un sol relativement bien drainé.

À savoir

Situation Dans tout sol bien drainé, au soleil ou à mi-ombre.
Plantation À la fin du printemps ; ou semis en place tôt au printemps.
Floraison Durant tout l'été.
Ravageurs et maladies Altises sur les jeunes plants.
Bonus L'alysse odorante se plaît en bord de mer.

Lysimachia

Les **lysimaques** étalent leurs tiges au feuillage brillant, ponctuées de petites fleurs jaune vif, partout où elles le peuvent.

Les lysimaques sont des vivaces rampantes, mais les espèces recommandées ici sont superbes lorsqu'elles sont traitées comme des annuelles, illuminant potées ou massifs même à l'ombre. Les variétés panachées, comme **'Outback Sunset'**, sont plus colorées au soleil.

Le choix du spécialiste

1 *L. nummularia* Avec son feuillage brillant, cette vigoureuse plante tapisse le sol aux endroits ombragés. 'Aurea'♀ a un feuillage doré du printemps à l'automne.
✿ Jaune • Début d'été • *H* 3 cm *E* 1 m

2 *L. congestiflora* Cette vivace peu rustique forme des tapis d'où émergent des tiges se terminant par un bouquet de fleurs.
✿ Jaune à centre rougeâtre • Début d'été-début d'automne • *H* 10 cm *E* 45 cm

PLANTE VEDETTE
***L. nummularia* Un tapis de feuillage vif et brillant, parsemé de fleurs jaunes, pour illuminer un coin de rocaille ou une potée. Aussi utilisée comme vivace.**

UNE TOUCHE D'ORIGINALITÉ

***L. congestiflora* 'Outback Sunset'** Cette nouvelle variété forme un luxuriant tapis de feuilles panachées, surmonté de bouquets de fleurs jaunes à centre rougeâtre.

À savoir

Situation Dans un sol frais riche en humus, au soleil ou à mi-ombre.
Plantation En automne ou au printemps.
Floraison En été.
Ravageurs et maladies Aucun.
Bonus Bon complément pour les compositions en panier suspendu.

Matthiola

Les giroflées d'été, ou matthioles, ont longtemps été associées aux jardins de campagne. Colorées et parfumées, ce sont aussi des fleurs à bouquet. La plupart des variétés produisent des fleurs doubles en grappes serrées et érigées, dans une large palette de teintes vives ou pastel.

Les matthioles sont intéressantes aussi bien pour leur parfum que pour leur floraison – beaucoup de variétés modernes se prêtent en fait à des usages variés. Les formes à grandes fleurs, dérivées de *M. incana*, sont principalement cultivées pour leurs fleurs doubles et leur longue floraison ; elles font de superbes bouquets.

M. longipetala est une espèce différente, très odorante le soir.

Les matthioles sont des plantes faciles à cultiver dans un sol fertile et plutôt frais, au soleil ou à mi-ombre. Faites un semis clair, en place, à la fin du printemps. Ou bien achetez les jeunes plants et installez-les au jardin, également à la fin du printemps. Ces plantes détestant la sécheresse, arrosez-les copieusement par temps sec.

PLANTE VEDETTE
***M. incana* 'Apple Blossom'**
Cette belle variété compacte à fleurs doubles blanches et roses peut fleurir jusqu'au début de l'automne.

***M. incana* Mélange Ten Week**

M. longipetala

Le choix du spécialiste

1 *M. incana* 'Apple Blossom' Variété à fleurs doubles très parfumées.
Rose et blanc
• Été-début d'automne • *HE* 30 cm

2 *M. incana* 'Tudor Tapestry' Cette variété naine à fleurs doubles est parfaite pour les massifs.
Rose, pourpre, mauve ou rouge
• Été • *H* 25 cm *E* 30 cm

3 *M. incana* Mélange Ten Week Plantes à longues grappes de fleurs généralement doubles, dans une large palette de coloris, idéales pour les massifs estivaux.
Rouge, pourpre, rose ou blanc • Été • *HE* 30 cm

4 *M. incana* Série Excelsior Mammoth Column Variétés à fleurs doubles, parfaites pour donner du relief à un massif ou en bouquet.
Rouge, lilas, rose ou blanc
• Été • *H* 75 cm *E* 30 cm

5 *M. longipetala* (syn. *M. bicornis*) Cette matthiole à la floraison relativement discrète emplira votre jardin de son merveilleux parfum à la tombée de la nuit.
Rose, mauve ou pourpre
• Milieu-fin d'été • *H* 30 cm *E* 25 cm

À savoir

Situation Dans tout sol frais, fertile, au soleil ou sous une ombre légère.
Plantation Semis au printemps pour *M. longipetala*. Plantation après les gelées.
Floraison Tout l'été.
Ravageurs et maladies Généralement aucun ; surveillez les attaques de pucerons, la pourriture grise, l'oïdium et la hernie du chou.
Bonus Les grappes dressées des matthioles emplissent le jardin de parfums et de couleurs tout l'été et se prêtent bien à l'art floral, surtout les variétés à fleurs doubles.

Mimulus

Les **mimulus** produisent tout l'été des fleurs semblables à des gueules-de-loup, souvent tachetées.

Traditionnellement associées aux terrains marécageux, les mimulus ont donné naissance à des variétés de plantes à massif très faciles à cultiver. Celles-ci se plaisent dans la plupart des sols fertiles, du moment qu'ils restent frais en été.

Plantez-les au jardin en fin de printemps. Divisez et replantez les plantes les plus robustes en automne pour en faire des potées d'intérieur.

PLANTE VEDETTE
***M.* Série Magic** **Les fleurs vives et lumineuses des plantes de ce groupe produisent un effet saisissant.**

Le choix du spécialiste

1 *M.* Série Magic
Belles variétés à petites fleurs, souvent vivement colorées.
Crème, jaune, orange ou rouge • Été • *H* 20 cm *E* 30 cm

2 *M.* Série Calypso
Fleurs aux coloris éclatants, souvent bicolores.
Jaune, rouge ou bicolore • Été • *HE* 15-25 cm

3 *M.* Mélange Shade Loving
Large palette de teintes chaudes, idéales pour aviver un massif à dominante plus froide.
Jaune, orange ou écarlate, parfois moucheté • Été • *H* 25-30 cm *E* 40 cm

4 *M. naiandinus*
(syn. *M.* 'Andean Nymph')
Variété intéressante pour les terrains humides.
Rose et crème, tacheté de rouge • Été • *H* 20 cm *E* 30 cm

À savoir

Situation Dans un sol riche, frais, plutôt légèrement acide, au soleil ou sous une ombre légère.
Plantation Au printemps.
Floraison En été.
Ravageurs et maladies Généralement aucun ; parfois limaces et pucerons.
Bonus Les fleurs attirent les abeilles.

Myosotis

Les **myosotis** sont des bisannuelles rustiques et sans souci qui produisent au printemps une brume de fleurs bleu ciel au soleil ou sous une ombre légère.

Le choix du spécialiste

1 *M.* 'Blue Ball'
Port arrondi avec une profusion de fleurs au coloris vif.
Bleu vif • Fin de printemps-début d'été • *HE* 15 cm

2 *M. sylvatica* 'Royal Blue'
Variété plus haute, fleurs bleu foncé.
Bleu foncé • Fin de printemps-début d'été • *HE* 30 cm

3 *M.* 'Rosylva'
Variété compacte, à belle floraison rose clair.
Rose clair • Fin de printemps-début d'été • *HE* 15 cm

4 *M. sylvatica* 'Snowball'
Autre variété compacte, idéale pour massifs et potées.
Blanc • Fin de printemps-début d'été • *HE* 15 cm

PLANTE VEDETTE
***M.* 'Blue Ball'** **Cette variété au port compact et arrondi est parfaite pour border un massif ou garnir une potée.**

À savoir

Situation Dans tout sol bien drainé, au soleil ou sous une ombre légère.
Plantation Semis en été ou plantation en automne.
Floraison De la fin du printemps au début de l'été.
Ravageurs et maladies Généralement aucun, hormis l'oïdium par temps sec.
Bonus Les variétés de *M. sylvatica* ont des fleurs parfumées.

Le myosotis est une plante bisannuelle : il fleurit au printemps de l'année qui suit celle du semis. Il s'accommode de la plupart des sols et se plaît au soleil, et encore plus à mi-ombre. Vous pouvez semer les graines en place en automne.

Les attaques d'oïdium peuvent survenir par temps sec, mais le problème est moins fréquent en sol frais ou légèrement ombragé. Généralement, les plantes sont arrachées après la floraison, mais si on les laisse monter en graines, elles se ressèment spontanément.

Nemesia

Adoptez les **némésies** pour leur floraison généreuse en petites trompettes colorées qui se succèdent du début de l'été jusque tard en automne. Elles supportent mal les gelées sévères et les canicules. La fleur de la némésie est généralement de couleur très vive, unie ou bicolore.

N. 'Innocence'

Nemesia spp.

Originaires d'Afrique du Sud, les némésies apprécient un sol humide mais bien drainé et un climat ensoleillé sans chaleur extrême. Ces plantes assurent une très longue floraison en bordure de plate-bande ou bien en potée, à condition de les cultiver dans un endroit frais du jardin. Les fleurs à deux lèvres lobées, parfois à bord frangé, font également de jolis bouquets.

Le bon emplacement
Choisissez une situation ensoleillée, abritée du vent et des températures extrêmes, sur sol bien drainé. Procurez-vous les némésies en caissette et plantez-les au jardin lorsque tout risque de gel est écarté. Vous pouvez aussi les semer, directement sur le sol encore frais au printemps.

Le choix du spécialiste

1 *N. denticulata* ♀
Une vivace non rustique, à floraison légèrement odorante, rose pourpré à œil jaune. À utiliser en potée.
✿ **Rose • Été • *H* 30 cm *E* 75 cm**

2 *N. strumosa*
Une annuelle à fleurs vivement colorées. 'Prince of Orange' porte des fleurs orange.
✿✿✿✿✿ **Blanc, jaune, bleu, rouge, orange • Été-début d'automne • *HE* 30 cm**

3 *N. strumosa* 'Red and White'
Une variété à floraison bicolore.
✿ **Rouge et blanc • Été-début d'automne • *HE* 30 cm**

4 *N.* 'Innocence' ♀
Une touffe basse fleurie tout l'été de petites fleurs blanc pur à œil jaune.
✿ **Blanc • Été-début d'automne • *H* 30 cm *E* 50 cm**

À savoir

Situation Plein soleil et sol bien drainé, de préférence en situation chaude et abritée.
Plantation En fin de printemps, quand tout risque de gel est écarté.
Floraison Généreuse tout au long de l'été.
Ravageurs et maladies Rares.
Bonus Les tiges étalées retombent joliment des jardinières et des paniers suspendus.

PLANTE VEDETTE

N. denticulata ♀
Parfois proposée sous le nom de *N. denticulata* 'Confetti', cette espèce a des fleurs légèrement odorantes, d'un rose soutenu éclairé par une touche de jaune au centre.

Nicotiana

Les **tabacs d'ornement** fleurissent de l'été à l'automne. Certains ne s'ouvrent que pour libérer leur intense parfum le soir ; d'autres, ouverts toute la journée, exhalent une fragrance moins prononcée. Ces plantes aux coloris variés et harmonieux conviennent parfaitement aux massifs d'été.

Les fleurs longuement tubulées des tabacs d'ornement s'ouvrent en bouquets légers au-dessus de grandes feuilles. La palette ignore les teintes criardes si bien que ces plantes se prêtent aussi bien aux associations de couleurs qu'aux massifs monochromes. Cependant, elles s'harmonisent mieux avec les vivaces qu'avec leurs compagnes annuelles, généralement plus vives.

Les tabacs d'ornement préfèrent un sol raisonnablement fertile, frais mais bien drainé, et poussent en plein soleil ou à mi-ombre.

Les variétés hautes peuvent nécessiter un tuteurage ; les variétés naines résistent bien aux intempéries.

Leur parfum étant plus intense le soir, plantez les tabacs d'ornement à proximité d'un banc ou d'un coin repas.

UNE TOUCHE D'ORIGINALITÉ

N. 'Avalon Bright Pink'
Avec un port compact ne dépassant pas 25 cm de haut et une bonne résistance à la chaleur, cette variété à fleurs étoilées est idéale pour orner une terrasse plein sud.

Le choix du spécialiste

1 *N.* x *sanderae* Série Domino Plantes buissonnantes compactes aux coloris variés, pour massifs et potées.
Blanc, vert tilleul, rose et rose saumoné, rouge, pourpre • Début d'été-automne • *HE* 30 cm

2 *N.* x *sanderae* Série Nicki Variétés naines idéales pour les potées et résistant bien aux intempéries.
Blanc, rose, rouge ou mauve • Début d'été-automne • *HE* 30 cm

3 *N.* x *sanderae* Série Sensation Variétés parfumées, plus hautes que la moyenne.
Rouge, rose ou blanc • Début d'été-automne • *H* 60-75 cm *E* 30 cm

4 *N. alata* 'Lime Green' Variété classique résistant aux intempéries, appréciée pour la teinte inhabituelle de ses fleurs.
Vert tilleul • Été-automne • *H* 75 cm *E* 40 cm

ATTENTION
Toutes les parties de la plante sont toxiques.

N. alata 'Lime Green'

PLANTE VEDETTE
***N.* x *sanderae* Série Domino**
Ces plantes compactes ornées de fleurs tournées vers le ciel sont superbes en potées.

À savoir

Situation Dans un sol fertile, plutôt frais, au soleil ou sous une ombre légère.
Plantation Après les gelées.
Floraison Du début de l'été au milieu de l'automne.
Ravageurs et maladies Limaces et pucerons sur les jeunes plantes.
Bonus Les variétés de *N. alata* sont très parfumées le soir.

Osteospermum

Les grands capitules colorés, qui s'épanouissent de la fin du printemps à l'automne, ont assuré aux **dimorphotécas** une popularité qui ne surprend pas. Il leur faut une situation ensoleillée et un sol bien drainé. Durant les étés frais, ils fleuriront sans répit jusqu'à l'automne.

Le choix du spécialiste

1 O. Série Springstar
Chacun des grands capitules de ces plantes buissonnantes affiche un œil central bleu foncé.
Rose, pourpre ou blanc, avec un œil central bleu foncé
• Fin de printemps-automne
• *HE* 45 cm

2 O. Série Symphony
Les plantes compactes portent des fleurs à centre jaune.
Jaune citron, orange ou crème à centre jaune
• Fin de printemps-automne
• *HE* 50 cm

3 O. 'Starlight Vega'
Cette variété compacte est particulièrement adaptée aux potées et aux jardinières.
Pourpre à centre plus foncé
• Fin de printemps-fin d'été
• *HE* 45 cm

4 O. 'Silver Sparkler' ♀
Cette variété se distingue par ses feuilles panachées de vert et de crème.
Blanc à centre pourpre
• Fin de printemps-fin d'été
• *HE* 60 cm

UNE TOUCHE D'ORIGINALITÉ

O. Série Starshine Il est souvent préférable d'acheter des jeunes plants de dimorphotécas en jardinerie pour les planter aussitôt. Mais si vous souhaitez les produire vous-même, choisissez les variétés roses, rouges ou blanches de la série Starshine, plus belles lorsqu'elles sont issues de semis.

À savoir

Situation Dans un sol léger, bien drainé, au soleil.
Plantation À la fin du printemps.
Floraison Sans discontinuer, du début de l'été à l'automne.
Taille Supprimez régulièrement les fleurs fanées.
Ravageurs et maladies Pucerons et mildiou.
Bonus Il existe des coloris pour tous les schémas de plantation.

PLANTE VEDETTE

***O.* Série Springstar** **Avec leur port compact et buissonnant, leurs fleurs bien dessinées et leurs coloris variés, ces variétés sont idéales dans une rocaille ou un massif ensoleillés.**

Chaque année apparaissent de nouvelles variétés de dimorphotécas, mais celles présentées ici sont les plus résistantes. Elles produisent un bel effet de masse plantées en massif, dans une rocaille ou en jardinière.

Le port des dimorphotécas varie de buissonnant et dressé à arrondi et étalé. La floraison s'étend de la fin du printemps ou début de l'été jusqu'aux premières gelées, pour autant que vous les plantiez dans un endroit frais du jardin.

Ces plantes se plaisent dans tout sol bien drainé. Elles supportent un peu d'ombre mais sont plus florifères au soleil. Sous une ombre épaisse ou par temps gris, les fleurs ont tendance à rester fermées, mais cela les protège de la pluie.

Plantez les jeunes plants issus de jardinerie en fin de printemps. Supprimez régulièrement les fleurs fanées pour favoriser la formation de nouveaux boutons floraux.

Pelargonium

Les géraniums sont d'excellentes plantes pour les massifs et les potées. Très résistants à la sécheresse – ce qui est appréciable pour les cultiver en jardinière –, ils offrent toute une gamme de coloris, de ports et de feuillages.

PLANTE VEDETTE

***P.* Série Maverick** **Ces variétés à grandes fleurs colorées fleurissent tout l'été et jusqu'aux premières gelées.**

En jardinière ou en massif, les géraniums déploient leur profusion de fleurs du début à la fin de l'été, et parfois jusqu'en automne. Ces plantes robustes conviennent aux jardiniers qui ont peu de temps à consacrer à leur jardin et oublient parfois d'arroser.

Malgré leur nom commun, les géraniums ne sont que des parents éloignés du genre ***Geranium***, qui se compose en majorité de vivaces rustiques. Les ***Pelargonium*** vivaces sont gélifs et plutôt arbustifs une fois adultes. Vous pouvez les cultiver comme plantes d'intérieur.

Une infinie diversité

Les hybrideurs ont créé un grand nombre de variétés, qui sont classées en plusieurs groupes. Les groupes *zonale* et lierre sont les plus intéressants pour les massifs et aussi les plus faciles à cultiver. Les feuilles minces, arrondies et légèrement velues des **géraniums *zonale*** (ou ***P.* x *hortorum***) sont généralement marquées de zones colorées contrastées. La plupart présentent une bande pourprée, mais quelques-unes offrent de superbes panachures de vert, crème, jaune, rouge ou marron.

Avec leur port dressé buissonnant, les géraniums *zonale* se plantent dans les massifs, groupés pour former une tache colorée ou isolés pour combler des vides, ou bien en jardinière.

Des formes retombantes

Les **géraniums lierres** ont des feuilles fortement lobées, lisses et légèrement charnues. Ces variétés au port plutôt rampant se prêtent bien à la culture en suspensions et en jardinières.

P. 'Fantasia'

Vous pouvez obtenir des géraniums par bouturage ou acheter au printemps des jeunes plants prêts à planter. Tous se plaisent dans un sol moyennement fertile, bien drainé, de préférence neutre ou légèrement alcalin. Ils sont plus heureux au soleil, mais les *zonale* supportent un peu d'ombre. Supprimez régulièrement les fleurs fanées et les feuilles jaunies.

En début d'automne, vous pouvez arracher les plantes pour les stocker pendant l'hiver dans un endroit sec, hors gel. Au début du printemps, rempotez-les après les avoir rabattues de moitié pour faire redémarrer la végétation. Les boutures prélevées en milieu d'été s'enracinent facilement pour donner de nouvelles plantes l'année suivante.

FEUILLAGE ODORANT

Certains géraniums sont prisés pour leur feuillage odorant. Les feuilles duveteuses de *P. tomentosum* sentent la menthe, tandis que celles de *P. graveolens*, qui fournit une huile essentielle, dégagent une fraîche odeur de citron. Plantez ces variétés aromatiques dans des pots disposés sur la terrasse ou le long des allées : elles dégageront leur parfum à chaque fois que vous les frôlerez.

À savoir

Situation Dans un sol fertile bien drainé, au soleil ou à mi-ombre.
Plantation À la fin du printemps, après les dernières gelées.
Floraison En été et en automne.
Taille Supprimez régulièrement les fleurs fanées.
Ravageurs et maladies Généralement aucun ; parfois attaques de rouille.
Bonus Pour des plantes souvent utilisées en jardinière, leur résistance à la sécheresse est un atout supplémentaire.

Le choix du spécialiste

1 *P.* Série Maverick
Les fleurs de ces géraniums *zonale* s'épanouissent plus tôt que beaucoup d'autres et durent aussi longtemps.
Blanc, rose, orange, rouge ou violet • Été • *HE* 30 cm

2 *P. tomentosum*
Le géranium mentholé offre des grandes feuilles à odeur de menthe et des petites fleurs blanches. Les longues tiges emmêlées peuvent se palisser sur un pilier ou un mur, de préférence à mi-ombre.
Blanc • Été • *H* 1 m *E* 60 cm

3 *P.* Série Decora
Beaux géraniums lierres pour jardinières et suspensions, avec des fleurs délicates.
Blanc, rose, lilas ou rouge • Été • *H* 30 cm *E* 50 cm

4 *P.* Série Orbit
Géraniums *zonale* buissonnants aux feuilles arrondies et finement zonées.
Blanc, rose, orange ou rouge • Été • *H* 35 cm *E* 30 cm

5 *P.* Série Pulsar
Groupe de géraniums *zonale* aux feuilles particulièrement zonées.
Blanc, rose, rouge ou bicolore • Été • *HE* 30 cm

6 *P. graveolens*
Feuilles profondément lobées, à odeur citronnée, sur des tiges robustes. Fleurs étoilées roses avec des marques plus foncées.
Rose • Été • *H* 1 m *E* 60 cm

7 *P.* Série Cascade
Géraniums lierres produisant des fleurs simples sur des tiges rampantes compactes, parfaits pour les jardinières estivales.
Rose, lilas ou rouge • Été • *H* 30 cm *E* 50 cm

8 *P.* 'Fantasia'
Fleurs semi-doubles dans des tons de rouge ou rose, rehaussées par le feuillage vert foncé. Ce géranium *zonale* a un port dressé.
Rouge ou rosé • Été • *HE* 25 cm

UNE TOUCHE D'ORIGINALITÉ

***P.* 'Evka'** Les fleurs rouge vif de ce géranium lierre sont remarquables dans des paniers suspendus. Les feuilles sont en outre joliment bordées de blanc.

P. Série Orbit

P. Série Pulsar

P. Série Decora

Petunia

Des coloris nombreux et variés, du blanc classique aux roses fluorescents, associés à un port gracieux font des **pétunias** des plantes difficiles à égaler. Les nouvelles variétés à petites fleurs résistent mieux aux intempéries et continuent de fleurir jusqu'à l'automne.

Le choix du jardinier n'est pas facile devant la gamme toujours plus large des pétunias, aux coloris, tailles et ports variés. Avec un nombre croissant de variétés résistant aux intempéries, il est difficile d'ignorer l'existence de ces plantes éclatantes.

Des silhouettes variées

Les pétunias sont divisés en trois groupes. Les **Grandiflora** regroupent les variétés traditionnelles à grandes fleurs, maintenant disponibles dans des tons de jaune. Sensibles au vent et à la pluie, ces plantes demandent à être cultivées en situation abritée, surtout les formes à fleurs doubles. Les fleurs dépassent 10 cm de diamètre et le port de ces plantes varie de buissonnant à peu étalé.

Les **Multiflora** sont des plantes à fleurs plus petites mais plus abondantes, d'environ 5 cm de diamètre, avec un port buissonnant à vigoureusement étalé. La plupart conviennent à la culture en jardinière ou panier suspendu.

Le groupe des **Milliflora**, dont la série **Million Bells** est typique, est plus récent. Les plantes portent des petites fleurs d'environ 3 cm de diamètre. Le port généralement rampant est plus adapté à une utilisation en pot ou comme couvre-sol. Les pétunias Multiflora et Milliflora sont plus résistants aux intempéries que les variétés à grandes fleurs.

Obtenir des plantes

Les pétunias sont des vivaces, mais seulement semi-rustiques, donc cultivées en annuelles. Ils préfèrent les sols pauvres, bien drainés, et le plein soleil ; ils sont heureux dans les jardins de bord de mer.

Si les pétunias Grandiflora sont faciles à obtenir à partir de semis, il est plus simple d'acheter des jeunes plants de Multiflora et Milliflora dans une jardinerie.

La suppression régulière des fleurs fanées permet de prolonger la floraison. Si nécessaire, raccourcissez les tiges pour redonner du volume au centre.

UNE TOUCHE D'ORIGINALITÉ

***P.* 'Burgundy Star'** produit un plus bel effet planté en masse. Ses grandes fleurs bordeaux au centre marqué d'une étoile blanche éclosent à profusion.

PLANTE VEDETTE

***P.* Série Surfinia**

Ces pétunias ont fait leurs preuves sous les intempéries. Ils produisent des masses de fleurs, au soleil comme sous la pluie.

À savoir

Situation Le plein soleil et un sol pauvre, bien drainé mais pas sec, assurent une floraison abondante.
Plantation Après les gelées.
Floraison Tout l'été et jusqu'en automne.
Taille Supprimez régulièrement les fleurs fanées.
Ravageurs et maladies Pucerons verts, limaces et diverses maladies virales.
Bonus Beaucoup de pétunias exhalent un parfum agréable le soir.

Le choix du spécialiste

Groupe Multiflora

1 *P.* Série Surfinia
Plantes à port retombant, très résistantes aux intempéries, à fleurs souvent veinées.
Blanc, rose, rouge, rouge violacé • Été-automne • *H* 30 cm *E* 50 cm

2 *P.* Série Cascadia
Pétunias à port retombant, idéaux pour les paniers suspendus.
Jaune, lavande ou rose • Été-automne • *H* 30 cm *E* 50 cm

3 *P.* 'Surfinia Pink Ice'
Variété retombante à feuilles fortement panachées de jaune-crème. Fleurs roses veinées de rose foncé.
Rose • Eté-automne • *H* 20-40 cm *E* 50 cm

4 *P.* Série Duo♀
Plantes plus insolites, à fleurs doubles ou semi-doubles.
Divers • Été-automne • *H* 30-60 cm *E* 50 cm

Groupe Milliflora

1 *P.* 'Million Bells Cherry'
Une profusion de petites fleurs rouge cerise à œil jaune.
Rouge • Été-automne • *H* 15-40 cm *E* 30 cm

2 *P.* 'Million Bells Terra Cotta' Un pétunia à petites fleurs retombant joliment, parfait pour un panier suspendu ou une jardinière.
Jaune et rouge • Été-automne • *H* 15-40 cm *E* 30 cm

P. 'Supercascade Lilac'

P. Série Duo

3 *P.* 'Prism Candy'
Cette variété à grandes fleurs est facile à obtenir par semis.
Jaune, rose, rouge violacé • Été-automne • *HE* 30 cm

4 *P.* 'Moonshine'
Beau contraste entre le feuillage panaché de crème et les fleurs pourpre foncé.
Pourpre foncé • Été-automne • *HE* 30 cm

5 *P.* Série Frenzy
Très florifères et résistants aux intempéries. Certains ont des pétales veinés.
Divers • Été-automne • *H* 30 cm *E* 50 cm

Groupe Grandiflora

1 *P.* Série Supercascade
Faciles à cultiver, s'étalent pour former un couvre-sol inhabituel.
Divers • Été-automne • *H* 30 cm *E* 50 cm

P. Série Frenzy 'Lavender Vein'

P. 'Million Bells Cherry'

P. 'Million Bells Terra Cotta'

Plectranthus

Cultivez ces vivaces gélives dans un panier suspendu pour leurs longues tiges rampantes et leurs belles feuilles cordiformes en complément d'autres espèces plus colorées.

Plutôt buissonnantes quand elles sont jeunes, ces plantes finissent par développer de longues tiges rampantes portant des feuilles cordiformes souvent panachées ou joliment colorées. Des petites fleurs blanches ou bleu pâle, insignifiantes, apparaissent sporadiquement en été et en automne.

Ces plantes sont parfaites pour compléter une composition dans un panier suspendu ou une jardinière. Placez le pot en situation lumineuse, mais à l'abri du soleil de la mi-journée.

À savoir

Situation Dans un terreau de rempotage, sous une ombre légère.
Plantation En début d'été, après les derniers froids.
Taille Pincez l'extrémité des pousses pour un port plus touffu.
Ravageurs et maladies Généralement aucun.
Bonus Le feuillage attrayant complète n'importe quelle composition colorée.

Le choix du spécialiste

1 ***P. forsteri*** **'Marginatus'**
Feuilles panachées à bord dentelé sur des tiges rampantes prostrées.
Blanc ou mauve pâle, mais sans intérêt • Été
Vert bordé de crème ou de jaune • Été • *H* 20 cm *E* 60 cm

2 ***P.*** **'Nico'**
Tiges rampantes garnies de feuilles cordiformes foncées.
Vert foncé à revers pourpre rougeâtre foncé • Été • *H* 20 cm *E* 60 cm

PLANTE VEDETTE
P. forsteri **'Marginatus'**
Avec son feuillage panaché de crème ou de jaune et son port retombant, cette variété est idéale à cultiver en suspension.

Sanvitalia

Cette plante à végétation étalée se couvre de petites fleurs jaunes ou orange de l'été à l'automne.

Ces annuelles rustiques originaires du Mexique se plaisent en plein soleil, dans un sol bien drainé. Développant une végétation basse et étalée, elles sont parfaites pour les jardinières et les suspensions, ou bien comme couvre-sol dans les massifs.

Semez les graines en place avant le dernier gel, en surface du sol, ou installez les jeunes plants dès la fin du printemps.

PLANTE VEDETTE
S. **'Mandarin Orange' Les fleurs jaune orangé vif et la végétation compacte de cette variété en font une plante de choix pour un couvre-sol coloré.**

À savoir

Situation Dans tout sol bien drainé, en plein soleil.
Plantation À la fin du printemps ou au début de l'été.
Floraison Succession de fleurs en été et en automne.
Taille Supprimez régulièrement les fleurs fanées.
Ravageurs et maladies Aucun.
Bonus Continue à fleurir quand beaucoup d'annuelles sont passées.

Le choix du spécialiste

1 ***S.*** **'Mandarin Orange'**
Variété assez basse et compacte, avec des fleurs au coloris inhabituel.
Jaune orangé vif à centre noir • Été-automne • *H* 10 cm *E* 35 cm

2 ***S.*** **'Little Sun'**
Avec ses fleurs étoilées et son port compact, cette variété est idéale pour les petits contenants.
Jaune foncé à centre sombre • Été-automne • *H* 20 cm *E* 40 cm

3 ***S.*** **'Sunbini'**
Se distingue par ses feuilles étroites et ses fleurs pleines à pétales courts.
Jaune d'or à centre vert • Été-automne • *H* 25 cm *E* 45 cm

Scaevola

Ces vivaces gélives offrent des fleurs caractéristiques en forme d'éventail et une végétation retombante idéale pour les potées et les suspensions.

Le choix du spécialiste

1 *S. aemula* 'Blue Wonder'
Variété vigoureuse. 'New Wonder', à fleurs bleu lavande, est deux fois plus haute.
✿ Lilas-bleu • Été-automne • *H* 15 cm *E* 60 cm

2 *S. aemula* 'Blue Ice'
Variété touffue pour potée.
✿ Lilas-bleu • Été-automne • *HE* 30-45 cm

3 *S. aemula* 'Alba'
Variété moins vigoureuse offrant un beau contraste de tons.
❀ Blanc • Été-automne • *HE* 30-40 cm

PLANTE VEDETTE
***S. aemula* 'Blue Wonder'**
Les fleurs à œil blanc de cette variété florifère peuvent garnir les chaînes d'un panier suspendu.

Originaires d'Australie, ces vivaces gélives sont habituellement cultivées en annuelles. Leur longue période de floraison et leur port retombant en font de magnifiques sujets pour les massifs surélevés ou les paniers suspendus.

Elles se contentent d'un sol bien drainé, mais en pots, elles ont besoin d'un terreau à base de terre franche et d'une situation ensoleillée.

À savoir

Situation Dans tout sol bien drainé, au soleil ou sous une ombre très légère.
Plantation En fin de printemps.
Floraison En été ou en automne.
Ravageurs et maladies Aucun.
Bonus Ces vivaces gélives peuvent hiverner dans une serre à l'abri du gel.

Senecio

La **cinéraire maritime** est utilisée depuis longtemps dans les jardins, où son feuillage argenté offre un superbe arrière-plan à beaucoup de plantes à massif vivement colorées.

Le choix du spécialiste

1 *S. cineraria* 'Cirrus'♀
Variété à feuilles larges et grossièrement dentées.
⌀ Blanc • De la fin du printemps aux premières gelées
✿ Jaune • Été • *HE* 30 cm

2 *S. cineraria* 'Silver Dust'♀
Variété compacte avec des feuilles feutrées de blanc, profondément lobées.
⌀ Blanc • De la fin du printemps aux premières gelées
✿ Jaune • Été • *HE* 30 cm

La cinéraire maritime, également nommée *Cineraria maritima*, est une vivace généralement cultivée en annuelle. Elle produit en été des petits capitules jaune vif qu'il est préférable de supprimer pour favoriser la croissance du feuillage décoratif.

Vous pouvez cultiver les formes compactes dans des grandes jardinières, mais ces plantes sont surtout attrayantes plantées en massif au milieu d'autres annuelles à floraison colorée. Elles peuvent servir à border une plate-bande ou à nuancer la couleur dans un schéma de plantation classique. Elles sont tout aussi attrayantes dans un massif plus libre, où leur feuillage velouté invite au toucher.

Ces plantes peu exigeantes préfèrent un sol bien drainé, pas trop riche, et le plein soleil.

À savoir

Situation Dans tout sol bien drainé, en plein soleil.
Plantation Après les dernières gelées.
Taille Supprimez les boutons floraux dès leur apparition.
Ravageurs et maladies Aucun.
Bonus Le feuillage argenté s'accorde avec tous les coloris.

PLANTE VEDETTE
***S. cineraria* 'Cirrus'♀ Son feuillage feutré de blanc est le complément idéal des autres plantes à massif aux coloris vifs.**

Solenopsis

Également connues sous le nom de *Laurentia* ou *Isotoma*, ces vivaces gélives fleurissent longtemps et donnent un petit air échevelé aux massifs et aux potées.

Le choix du spécialiste

1 *S. axillaris* 'Blue Star'
Plante buissonnante et compacte pour massifs ou potées, portant des fleurs solitaires sur des tiges fines.
✿ **Bleu lavande • Été-fin d'automne • *HE* 30 cm**

2 *S. axillaris* 'White Star'
Plante en dôme aux fleurs blanches étoilées et au port rampant souple.
❀ **Blanc • Été-fin d'automne • *HE* 30 cm**

PLANTE VEDETTE
***S. axillaris* 'Blue Star'**
Ajoutez à vos plantations d'été un peu d'exotisme avec cette variété d'un bleu délicat à la longue période de floraison.

À savoir

Situation Se cultive dans la plupart des sols bien drainés.
Plantation Après les gelées.
Floraison Du début de l'été au début de l'automne.
Taille Supprimez régulièrement les fleurs fanées.
Ravageurs et maladies Pucerons verts en situation sèche.
Bonus Les fleurs étoilées sont parfumées.

Ces vivaces gélives sont cultivées pour le décor estival. Vous pouvez les planter au jardin, mais aussi en jardinière pour mettre en valeur leur port légèrement retombant. Choisissez une situation ensoleillée ou légèrement ombragée, dans un sol bien drainé, moyennement fertile. En pot, utilisez un terreau de rempotage à base de terre et arrosez copieusement par temps sec.

Sutera

Les **bacopas** sont des plantes au port retombant, idéales pour les potées. Les nombreuses petites fleurs s'épanouissent sur une longue période.

Le choix du spécialiste

1 *S.* 'Blizzard'
Cette variété vigoureuse supporte particulièrement bien la chaleur.
❀ **Blanc • Été-automne • *HE* 45 cm**

2 *S.* 'Candy Floss'
Forme un tapis compact de feuillage soigné couvert de fleurs.
✿ **Rose lilas foncé • Été-automne • *HE* 50 cm**

3 *S.* 'Olympic Gold'
Moins vigoureuse, cette variété a un feuillage panaché de jaune.
❀ **Blanc • Été-automne • *HE* 25 cm**

4 *S.* 'Lavender Storm'
Fleurs relativement grandes et port vigoureux.
✿ **Bleu lavande • Été-automne • *HE* 50 cm**

PLANTE VEDETTE
***S.* 'Blizzard' Avec ses minuscules fleurs blanches à l'aspect vaporeux, cette plante garnit joliment massifs et suspensions.**

Originaire d'Afrique du Sud, le bacopa est très apprécié pour les massifs d'été. Son port retombant et ses petites fleurs bien découpées en font une plante de choix pour les potées.

Il se plaît dans la plupart des sols bien drainés, raisonnablement fertiles (en pot, utilisez un terreau à base de terre), au soleil ou sous une ombre légère.

L'ombre épaisse donne des plantes moins feuillues et peu fleuries. En été et en automne, la touffe buissonnante, étalée ou retombante, se couvre de petites fleurs teintées de jaune au centre.

À savoir

Situation Dans tout sol bien drainé, fertile, au soleil ou sous une ombre légère.
Plantation Après les gelées.
Floraison En continu du début de l'été à l'automne.
Ravageurs et maladies Aucun hormis les pucerons verts.
Bonus A une période de floraison particulièrement longue.

Tagetes

La longue floraison des **œillets** et **roses d'Inde** est très prisée des jardiniers. Ces plantes illuminent le jardin de leurs teintes vives même sous la pluie. Le plus souvent compactes et à fleurs doubles, elles se plaisent aussi bien en massif qu'en potée.

La popularité des œillets et roses d'Inde ne date pas d'hier. Elle repose sur des coloris lumineux, une longue période de floraison et une grande facilité de culture. Les roses ou œillets d'Inde sont issus de croisements entre *T. erecta* et *T. patula.*

Ces plantes se plaisent dans une terre de jardin bien drainée, mais un sol trop riche favorise la croissance du feuillage aux dépens des fleurs. Semez les graines en place après le dernier gel.

T. erecta **'Vanilla'**

T. patula **'Naughty Marietta'**

Le choix du spécialiste

1 *T.* Série Boy o' Boy
Œillets d'Inde à fleurs doubles.
✿✿✿ **Jaune, orange ou brun rougeâtre • Fin de printemps-début d'automne • *HE* 20 cm**

2 *T.* Série Bonita
Œillets d'Inde offrant une profusion de grandes fleurs, quelquefois bicolores.
✿✿✿ **Jaune, orange ou rouge • Fin de printemps-début d'automne • *HE* 30 cm**

3 *T. erecta* 'Vanilla'
Rose d'Inde avec de grandes fleurs très pleines au coloris unique.
✿ **Blanc crème teinté de jaune • Fin de printemps-début d'automne • *HE* 35 cm**

4 *T. patula* 'Naughty Marietta' Cet œillet d'Inde se distingue par ses fleurs nettement bicolores.
✿ **Jaune marqué de rouge sombre • Fin de printemps-début d'automne • *HE* 30 cm**

5 *T.* Série Excel
Roses d'Inde aux grosses fleurs doubles pouvant atteindre 12 cm de diamètre.
✿✿ **De jaune clair à orange • Fin de printemps-début d'automne • *HE* 30 cm**

UNE TOUCHE D'ORIGINALITÉ

***T.* Série Zenith** Groupe d'œillets d'Inde à fleurs doubles. Pouvant atteindre 30 cm de haut, ils portent de grandes fleurs jaunes, orange ou bicolores.

PLANTE VEDETTE

***T.* Série Boy o' Boy**
Les grandes fleurs aux coloris variés offrent un superbe spectacle estival.

À savoir

Situation Dans tout sol pas trop riche, bien drainé, ensoleillé.
Plantation Après les dernières gelées.
Floraison De la fin du printemps au début de l'automne.
Taille Supprimez régulièrement les fleurs fanées.
Ravageurs et maladies Limaces sur jeunes plants.
Bonus Peuvent être semés en place en fin de printemps, quand le sol est réchauffé.

Tropaeolum

L'effet décoratif des **capucines** est difficile à égaler. Faciles à cultiver, elles offrent des formes dressées ou rampantes.

PLANTE VEDETTE
***T.* Série Alaska** **Avec leurs abondantes fleurs colorées, ces variétés sont inestimables pour les massifs estivaux. Mettez les fleurs, qui sont comestibles, dans vos salades.**

La capucine reste l'une des annuelles les plus populaires, prisée pour sa longue floraison et ses variétés aux coloris vifs. Utilisez les formes rampantes pour le décor des suspensions et jardinières, et plantez les formes buissonnantes dans les massifs.

Les capucines poussent facilement en situation ensoleillée, dans un sol bien drainé, moyennement fertile, ne séchant pas par temps chaud. Semez les graines en place au milieu du printemps ou installez les jeunes plants après les dernières gelées.

Le choix du spécialiste

1 *T.* Série Alaska

Variétés buissonnantes à feuillage marbré. Celles de la Série Whirlybird, légèrement plus petites, ont des fleurs simples ou semi-doubles aux coloris variés.
Crème, jaune, orange ou rouge • Été-automne • *HE* 45 cm

2 *T.* Série Gleam

Variétés semi-rampantes à fleurs semi-doubles, idéales en jardinière ou en suspension.
Jaune, orange, écarlate ou tons pastel • Été-automne • *HE* 60 cm

3 *T.* 'Peach Melba'

Variété buissonnante à fleurs semi-doubles au coloris inhabituel.
Jaune crème marqué de rouge • Été-automne • *HE* 45 cm

À savoir

Situation Dans tout sol frais, bien drainé, au soleil.
Plantation Après les dernières gelées.
Floraison De l'été à l'automne.
Ravageurs et maladies Pucerons et chenilles.
Bonus Parfaites pour couvrir un treillage et en potée sur une terrasse. Fleurs comestibles !

Verbena

Des teintes vives, une longue période de floraison et une silhouette bien nette expliquent le grand succès des **verveines**. Certaines sont plus adaptées à la plantation en massif, d'autres, surtout les formes rampantes, agrémentent joliment jardinières et suspensions.

Le choix du spécialiste

1 *V.* x *hybrida* Série Tapien

Variétés rampantes à petites fleurs. Similaire, la Série Temari comprend aussi des variétés blanches.
Rose, rouge, magenta ou pourpre • Été-automne • *HE* 40 cm

2 *V.* 'Peaches and Cream'

Variété aux teintes inhabituelles, avec des nuances variées sur la même plante.
Rose corail virant au jaune crème avec l'âge • Été-automne • *HE* 35 cm

3 *V.* x *hybrida* Série Sandy

Plantes compactes et dressées.
Blanc, rose, magenta ou écarlate • Été-automne • *HE* 25 cm

4 *V.* x *hybrida* Série Novalis

Variétés dressées et buissonnantes, idéales pour la plantation en massif.
Blanc, rose, écarlate ou violet • Été-automne • *HE* 25 cm

À savoir

Situation Ensoleillée et chaude, dans tout sol bien drainé.
Plantation Après les dernières gelées. Laissez retomber les formes rampantes sur un muret ou le bord d'une jardinière ; ou palissez-les sur des cannes disposées en tipi.
Floraison Du début de l'été à l'automne.
Ravageurs et maladies Limaces, pucerons et oïdium.
Bonus Teintes vives et longue floraison en font des plantes de choix pour les potées.

V. 'Peaches and Cream'

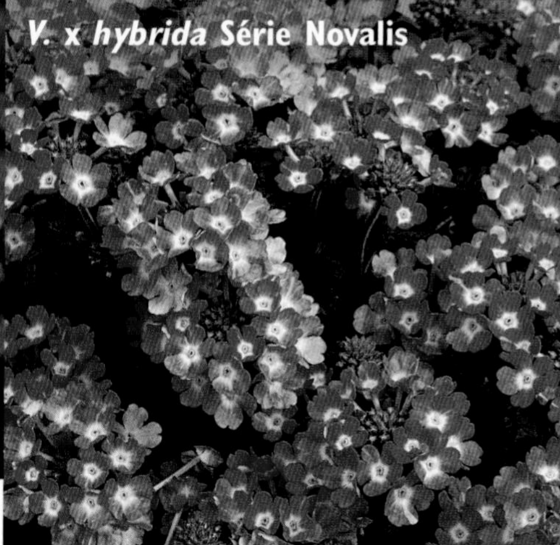
V. x *hybrida* Série Novalis

PLANTE VEDETTE
V. x *hybrida* **Série Tapien**
Ces verveines rampantes au port compact et aux coloris variés sont superbes en panier suspendu.

Les verveines utilisées dans les massifs estivaux sont des vivaces semi-rustiques cultivées en annuelles. Offrant différents types de port, un feuillage net et attrayant, et des bouquets de petites fleurs colorées, elles font partie des plantes à massifs aux usages les plus variés. Certaines, buissonnantes et dressées, conviennent à l'ornement des massifs – plantées en masse ou individuellement – ou des jardinières. D'autres, plus ou moins retombantes, se prêtent à la culture en pot, en particulier dans les suspensions, associées ou non à d'autres plantes.

Les verveines apprécient une situation chaude et ensoleillée, dans un sol bien drainé. Plantez-les à la fin du printemps, après les dernières gelées. En pot, utilisez un terreau de rempotage à base de terre.

Maintenez le sol humide et arrosez bien les potées, surtout pendant les périodes sèches. Par temps humide, surveillez les limaces, particulièrement friandes des jeunes plants.

Viola

Les **violettes**, ou **violas**, offrent un décor champêtre et sont parfaites dans les jardinières. Les plantes citées ici sont des vivaces, traitées comme des annuelles semi-rustiques.

Le choix du spécialiste

1 *V.* **'Magnifico'** Ces fleurs blanches teintées de violet sont parfaites pour les potées.
❀ **Blanc bordé de violet • Printemps et été •** ***HE*** **15-30 cm**

2 *V.* **Série Penny** Violas florifères, précieuses en massif.
❀❀❀❀ **Jaune, orange, bleu, crème ou bicolore • Printemps et été •** ***HE*** **15-30 cm**

3 *V.* **Série Miniola** Fleurs distinctement marquées de deux couleurs.
❀❀ **Bleu ou pourpre à grande « face » orange • Printemps et été •** ***HE*** **15-30 cm**

Les violas conviennent à tous les types de jardins. Elles se plaisent dans des sols assez fertiles, au soleil – la floraison est moins abondante sous une ombre légère.

Plantez-les du milieu à la fin du printemps et supprimez régulièrement les fleurs fanées pour prolonger la floraison.

Le genre *Viola* renferme aussi les pensées (voir pages 270-271).

À savoir

Situation Dans tout sol assez fertile, à un emplacement frais.
Plantation Au printemps.
Floraison Du printemps à l'été.
Taille Supprimez souvent les fleurs fanées.
Ravageurs et maladies Pucerons et limaces.
Bonus Bien que petites, les fleurs sont généralement parfumées et elles sont comestibles.

PLANTE VEDETTE
V. **'Magnifico'** **Des jolies fleurs blanches délicatement bordées de violet font tout le charme de cette variété.**

Viola x wittrockiana

Les **pensées** plaisent par l'aspect velouté de leurs fleurs et leurs coloris variés. Avec un choix judicieux, vous pourrez en profiter plus longtemps que tout autre fleur. Par leur mode de croissance semi-rampant, elles s'apprécient autant à l'avant d'un massif que dans une potée.

V. Série Universal Plus

V. Série Turbo

Ces plantes attrayantes sont cultivées comme des annuelles rustiques ou semi-rustiques, dont on se débarrasse après la floraison. Outre les fameuses pensées qui fleurissent à la fonte des neiges, il existe des variétés qui fleurissent tout l'été.

Un décor éclatant

Les pensées ont des fleurs plus grandes et plus flamboyantes que les violettes. Très décoratives en groupe, elles peuvent former un tapis coloré au pied de bulbes, comme des tulipes. Elles sont aussi attrayantes en potée, succédant à des petits bulbes précoces. Les pensées à floraison estivale sont précieuses pour combler les vides dans une plate-bande.

Faciles à contenter

Peu exigeantes, les pensées se plaisent dans un sol raisonnablement fertile, restant frais en été. La floraison est plus abondante au soleil, mais les pensées plantées sous une ombre légère font aussi bel effet.

Les jardineries proposent des caissettes de pensées en coloris unique ou en mélange, mais le semis donne de bons résultats. Semez les pensées hâtives en pots ou en terrines en janvier, pour une plantation en pleine terre au moment où les bulbes fleurissent. Semez les pensées d'été au début du printemps, et plantez-les en fin de printemps ou début d'été. Supprimez régulièrement les fleurs fanées au cours de la saison pour prolonger la floraison.

Diverses maladies fongiques peuvent affecter les pensées, mais elles restent rares. Surveillez les limaces par temps humide et les pucerons par temps sec.

V. Série Clear Crystal

PLANTE VEDETTE

***V.* Série Ultima** **Ces pensées hâtives illumineront le jardin au printemps, ne s'arrêtant de fleurir que par temps très rigoureux.**

Le choix du spécialiste

1 *V.* Série Ultima

Ces pensées hâtives se déclinent en coloris variés, parfois maculés. 'Ultima Sherbet' a des fleurs blanches marquées d'un pourpre presque noir.

Blanc, jaune, rouge, bleu ou pourpre • Printemps-été • *HE* 25 cm

2 *V.* Série Universal Plus

Ces pensées hâtives fleurissent aussi en automne.

Blanc, jaune, orange, bleu, pourpre ou rouge • Printemps-été ou été-automne • *HE* 20 cm

3 *V.* Série Turbo

Variétés offrant une vaste palette de tons peu courants, ainsi que des fleurs bicolores.

Blanc, crème, jaune, orange, rose, rouge, bleu ou pourpre • Été • *HE* 25 cm

4 *V.* Série Can Can

Des grandes fleurs superbement froissées, le plus souvent maculées, pour un effet saisissant.

Crème, jaune, rose ou rouge • Été • *HE* 20 cm

5 *V.* Série Clear Crystal

Les fleurs de ces variétés n'ont pas de macule central et offrent une gamme de teintes claires.

Blanc, jaune, rouge, mauve ou pourpre • Été • *HE* 20 cm

***V.* Série Can Can**

À savoir

Situation Dans tout sol assez fertile, bien drainé, au soleil.
Plantation Au printemps.
Floraison Avec une bonne sélection, du printemps à l'automne.
Taille Supprimez régulièrement les fleurs fanées.
Ravageurs et maladies Aucun – à l'occasion, limaces, pucerons et diverses maladies fongiques.
Bonus Laissées en place, donnent par semis spontané de nouvelles variantes intéressantes.

***V.* 'Ultima Sherbet'**

bulbes, cormus, tubercules et rhizomes

Bulbes, cormus, tubercules et rhizomes sont les partenaires idéaux du jardinage sans souci. Il suffit de les enterrer et d'attendre... Avec un choix judicieux, vous pouvez obtenir des fleurs pendant trois saisons. Leur floraison colorée est particulièrement appréciée au début du printemps.

Le terme bulbes, utilisé pour la plupart des plantes de ce chapitre, concerne aussi bien les cormus, les tubercules que les rhizomes. Le « vrai » bulbe est constitué par la base charnue de feuilles, tels les **narcisses** (*Narcissus*). Le cormus est la base renflée de la tige – c'est le cas du **crocus** (*Crocus*), par exemple. Le rhizome est une tige souterraine renflée plus ou moins horizontale, comme certains **iris** (*Iris*). Les **dahlias** (*Dahlia*) poussent à partir de racines renflées, les tubercules. Tous ces organes servent à stocker de l'énergie pour la croissance de la plante.

Des choix pour le soleil et l'ombre

Si la plante bulbeuse reste l'un des éléments de choix du jardin au printemps, elle peut aussi contribuer au décor pendant l'été. Les bulbes ont leurs exigences propres, mais il n'est guère difficile de sélectionner la bonne plante pour le bon endroit.

La plupart des bulbes détestent les sols froids et humides. Il faut améliorer les sols lourds – de préférence dans tout le massif, pas seulement dans le trou de plantation – en incorporant du compost fibreux et du sable grossier.

Les bulbes apprécient généralement le soleil. Quelques-uns, comme les **dahlias** et les **glaïeuls** (*Gladiolus*), ne fleurissent même qu'en situation très ensoleillée. D'autres, dont beaucoup de **lis** (*Lilium*), préfèrent une ombre légère.

Un schéma de plantation naturel

Le charme des bulbes tient souvent à leur aspect naturel et leur plantation doit s'effectuer dans cet esprit, en évitant les schémas trop ordonnés.

Les bulbes de sous-bois, tels les **perce-neige** (*Galanthus*) et les **jacinthes des bois** (*Hyacinthoides*), se plaisent sous l'ombre légère que dispensent les arbres avant leur feuillaison. Les **crocus** se naturalisent bien dans la pelouse. Les tulipes à massif font exception : avec leurs pétales brillants et leur port raide, elles produisent un bel effet plantées en rangs ou en blocs dans un schéma plus classique.

Une parade de couleurs

Une des conceptions du jardin consiste à diviser celui-ci en parcelles, chacune étant conçue pour briller à une certaine époque de l'année. Avec leur floraison prévisible, les bulbes contribuent à créer cet effet. Tout en renforçant l'impression d'échelle et de perspective dans un petit jardin, cette technique est bien plus intéressante qu'un décor prévu pour une seule saison.

Plantez les bulbes rustiques en début d'automne pour un printemps coloré

Peu exigeants,

les bulbes ne requièrent que peu d'attention une fois plantés. Ces quelques tâches simples suffisent pour obtenir un beau spectacle.

Désherber

- Comme la plupart des plantes, les bulbes n'aiment pas la concurrence : arrachez les mauvaises herbes dès que la plante commence à émerger.

Supprimer les fleurs fanées

- La suppression des fleurs fanées évite que la plante gaspille son énergie à produire des graines.
- Le meilleur moyen est de couper la tige florale sous la fleur fanée.

Laisser le feuillage se dessécher

- Quand les bulbes ont fini de fleurir, laissez le feuillage sécher naturellement pour que le bulbe reconstitue son stock d'énergie pour l'année suivante.
- Au bout de six à huit semaines, coupez les feuilles au ras du sol.
- Si les bulbes sont naturalisés dans la pelouse, contournez la touffe avec la tondeuse.
- Plantez les bulbes au milieu de couvre-sols caducs ou sous des petits arbustes à port étalé pour dissimuler le feuillage jaunissant.

Hivernage des bulbes non rustiques

- Certains bulbes gélifs ne peuvent passer l'hiver au jardin que sous les climats doux.
- Sous les climats rudes, arrachez les bulbes après la première gelée. Coupez les tiges, poudrez les bulbes avec un fongicide, laissez-les sécher puis stockez-les dans un local frais, aéré, mais hors gel.

Multiplication et division

- La plupart des bulbes se multiplient, soit par semis, soit par production de bulbilles ou caïeux.
- La congestion des touffes peut nuire à la qualité de la floraison, voire la stopper. Dans ce cas, arrachez les touffes pendant la période de repos, séparez les bulbes et replantez-les plus espacés.
- Les perce-neige fleurissent plusieurs années, mais vous pouvez améliorer leur éclat en divisant les touffes après la floraison et en replantant les bulbes sur une zone plus étendue.

Allium

Les ails d'ornement offrent une diversité de couleurs et de formes, depuis les petites espèces de rocaille jusqu'à celles plus imposantes pour massifs. Ces plantes à floraison estivale, faciles à vivre, ont peu d'exigences : juste un emplacement ensoleillé et un sol fertile bien drainé.

Le choix du spécialiste

1 *A. moly*
Un ail florifère au coloris vif, qui s'étend rapidement.
✿ **Jaune • Début d'été • *H* 15-25 cm**

2 *A. hollandicum* ♀
Espèce élevée, pour bouquet ou massif, aussi dénommée *A. aflatunense.* 'Purple Sensation' ♀ est pourpre très foncé.
✿ **Pourpre • Début d'été • *H* 1 m**

3 *A. christophii* ♀
Immenses sphères de fleurs étoilées suivies de fruits spectaculaires. Aussi dénommé *A. albopilosum*.
✿ **Pourpre • Milieu d'été • *H* 30-60 cm**

4 *A. cyaneum* ♀
Espèce de rocaille à feuilles filiformes et fleurs pendantes.
✿ **Bleu-violet • Milieu d'été • *H* 10-25 cm**

5 *A. oreophilum* 'Zwanenburg' ♀
Variété très lumineuse pour rocaille.
✿ **Rose à pourpre • Milieu d'été • *H* 10-20 cm**

6 *A. cernuum*
Les ombelles sont lâches, avec des fleurs pendantes.
✿ **Pourpre rosé • Début d'été • *H* 30-60 cm**

7 *A. karataviense* ♀
Décoratif par ses belles feuilles pourpres et vert bleuté.
❀ **Crème • Fin de printemps-début d'été • *H* 15-20 cm**

8 *A. ursinum*
L'ail des ours préfère l'ombre légère. Une situation sous des arbres caducs est idéale.
❀ **Blanc • Fin de printemps • *H* 10-45 cm**

Il ne faut pas hésiter à grouper les bulbes pour créer un effet plus marqué. Les ails d'ornement sont des sujets de choix pour un jardin ensoleillé, où les plantes bien établies prospéreront plusieurs années avec peu d'effort. Pour qu'ils s'étendent, vous pouvez laisser les graines se développer ou arracher et diviser les touffes.

Les fleurs sont bleues, roses, pourpres, blanches ou jaunes. Certains ails, tel *A. christophii*, produisent des têtes fructifères décoratives. Les feuilles varient de largement rubanées à filiformes chez les espèces de rocaille.

Une famille odorante

L'ail des ours (*A. ursinum*) tapisse rapidement le sous-bois de touffes de feuilles vertes, larges, d'où émergent des ombelles de fleurs blanc pur en fin de printemps. Comme beaucoup d'*Allium*, cet ail sauvage dégage une forte odeur alliacée quand on froisse les feuilles. D'autres sentent l'oignon.

À savoir

Situation Dans un sol fertile, bien drainé, au soleil. L'humidité fait pourrir les bulbes.
Plantation En automne pour les bulbes ; après la floraison pour les plantes cultivées en pots.
Floraison Du printemps à l'automne, mais surtout en été.
Taille Coupez les fleurs fanées pour limiter le semis spontané.
Ravageurs et maladies Oïdium, fusariose, rouille et mouche de l'oignon.
Bonus Les têtes fructifères séchées de certaines espèces s'utilisent en bouquet sec.

A. cernuum
A. christophii

PLANTE VEDETTE

A. moly **Avec ses ombelles de fleurs jaune vif, l'ail doré est une valeur sûre pour la rocaille ou les massifs.**

Begonia

Avec un peu d'attention, une collection de **bégonias tubéreux** donnera à votre jardin un air exotique au cœur de l'été. Mélangez les variétés buissonnantes avec d'autres plantes à massif, ou créez un décor en plantant un mélange de variétés dans une palette de tons pastel.

PLANTE VEDETTE
B. grandis* ssp. *evansiana
Les petites fleurs rosées survolent un superbe feuillage vert à nervures rouges.

L'idéal est de faire démarrer les bégonias en pots au début du printemps. Plantez les tubercules face creuse vers le haut et maintenez-les dans un local lumineux, hors gel, jusqu'à ce que le temps s'améliore. Puis plantez-les en situation dégagée mais à l'abri du soleil de midi, dans un sol bien drainé, riche en humus. Sous les climats plus doux, il est possible de planter directement les tubercules en pleine terre après les dernières gelées, mais ils fleuriront plus tard que les plantes démarrées à l'intérieur.

Soins en hiver
Arrachez les tubercules en automne. Laissez-les sécher dans un local aéré, frais, sans soleil direct. Puis stockez-les pour l'hiver dans des boîtes garnies de sable sec.

B. grandis ssp. *evansiana* se cultive comme une vivace en situation abritée. En fin d'été, des bulbilles apparaissent à l'aisselle des feuilles. Vous pouvez les détacher et les stocker, pour les disposer à la surface du sol au printemps.

B. Série Illumination

B. 'Pin-Up'

B. 'Roy Hartley'

Le choix du spécialiste

1 *B. grandis* ssp. *evansiana*
Fleurs roses sur un feuillage cuivré.
Rose • Fin d'été-début d'automne • *H* 60 cm *E* 30 cm

2 *B.* 'Flamboyant' Une variété au port dressé, bien net, idéale pour les massifs estivaux.
Rouge • Été • *H* 20 cm

3 *B.* Série Non-Stop
Plantes buissonnantes à fleurs doubles, de taille moyenne.
Rouge, rose, orange, jaune ou blanc • Été • *H* 30 cm

4 *B.* 'Roy Hartley'
Une des plus grandes variétés à massif : ses fleurs roses doubles, froncées, ressemblent à des roses.
Rose • Été • *H* 60 cm

5 *B.* 'Helene Harms'
Très résistante aux intempéries, cette petite variété fleurit à profusion.
Jaune cuivré • Été • *H* 15 cm

6 *B.* 'Pin-Up'
Variété compacte, avec des fleurs blanches simples largement bordées de rose foncé.
Blanc bordé de rose • Été • *H* 25 cm

7 *B.* Série Illumination
Le port pleureur de ces bégonias à petites fleurs convient aux suspensions et jardinières.
Rose, orange, jaune orangé • Été • *H* 45 cm

À savoir

Situation Dans un sol fertile, bien drainé, à l'abri du soleil ardent.
Plantation Faites démarrer les tubercules en pots, puis plantez-les.
Floraison De l'été au début de l'automne.
Ravageurs et maladies Pucerons, oïdium, cochenilles farineuses et pourriture grise.
Bonus Vous pouvez diviser les tubercules au printemps quand les pousses commencent à émerger.

UNE TOUCHE D'ORIGINALITÉ

B.* Série Cascade** Ces bégonias au port pleureur seront plus jolis dans un panier suspendu, où leurs petites fleurs doubles s'épanouiront à hauteur des yeux. ***B. sutherlandii a des fleurs simples orange ; vous pouvez le palisser sur un support ou le laisser retomber.

Canna

Son feuillage est vert, doré ou bronzé, uni, panaché ou strié. Ses fleurs, réunies en épis, sont de couleurs vives ou pastel. Il en existe des variétés naines ou géantes. Sa croissance est rapide, sa multiplication facile. En massif, en plate-bande, en bordure de plan d'eau ou en bac, il ajoute une touche d'exotisme à vos aménagements.

PLANTE VEDETTE
***C.* 'Tropicana' est exemplaire avec son feuillage foncé et ses fleurs orangées. Succès assuré.**

Le canna est une plante rhizomateuse d'origine tropicale. En une saison, il peut atteindre 1,50 m de haut et produit un feuillage large, dense, à travers duquel se démarquent des épis de fleurs aux couleurs éclatantes. Planté en massif, le canna forme un écran saisonnier, il apporte structure et hauteur à un aménagement d'annuelles et peut être cultivé en bac. Au potager, vous pouvez y faire grimper vos haricots ou le planter pour qu'il fasse de l'ombre aux plantes plus délicates.

Le canna n'est pas rustique sous notre climat. Il doit être rentré pour l'hiver ; après la première gelée d'automne, coupez les tiges à 10 cm du sol. Avec une pelle ronde ou une fourche bêche, dégagez le rhizome du sol. Durant sa croissance estivale, le rhizome s'est ramifié et a pris beaucoup d'expansion. Pour ne pas l'abîmer en le déterrant, travaillez le sol à au moins 30 cm du coton de la tige. Enlevez le surplus de terre et entreposez dans un endroit frais, sec et aéré. Au printemps, divisez les mottes avec un sécateur ou un couteau désinfecté. Éliminez les sections malades, pourries ou desséchées et ne conservez que les rhizomes bien charnus avec 2 ou 3 bourgeons vigoureux.

À savoir

Situation Plein soleil pour une floraison maximale.
Plantation Au printemps, après le dernier gel, dans un sol riche et humide ; ou à l'intérieur, en pots, à la fin de l'hiver.
Floraison De la mi-été jusqu'aux gels.
Ravageurs et maladies Pucerons.

C. 'Wyoming'

C. indica

Le choix du spécialiste

1 C. 'Tropicana'
Très beau feuillage bronzé, avec stries pourpres. Fleurs orange.
✿ Orange • Été ⌀ Bronze strié de pourpre • *H* 1,50 m *E* 75 cm

2 C. *indica*
Espèce botanique au feuillage vert brillant et à fleurs jaunes et rouges, et parfois avec un peu de violet.
✿✿ Jaune et rouge • Été ⌀ Vert • *H* 2 m *E* 75 cm

3 C. 'Wyoming'🏆
Feuillage pourpre aux veines apparentes. Fleurs abricots.
✿ Abricot • Été ⌀ Pourpre • *H* 1,50 m *E* 75 cm

4 C. 'Salsa'
Variété naine à fleurs jaunes.
✿ Jaune • Été ⌀ Vert • *HE* 60 cm

Chionodoxa

Les tons pastel de ces bulbeuses naines très faciles à cultiver contrastent joliment avec les jaunes vifs de tant de fleurs printanières.

PLANTE VEDETTE
***C. forbesii* 'Pink Giant' Avec ses grandes fleurs, 'Pink Giant' illumine les jours sombres.**

Le choix du spécialiste

1 *C. forbesii* 'Pink Giant'
Des tiges multiflores caractérisent cette variété florifère.
Rose et blanc • Printemps • *H* 10-20 cm

2 *C. luciliae*♀
Apporte de la couleur au sol nu sous les arbustes caducs.
Bleu et blanc • Début de printemps • *H* 10-15 cm

3 *C. sardensis*♀
Cette espèce se distingue par des fleurs étoilées bleu foncé.
Bleu foncé • Début de printemps • *H* 15 cm

À savoir

Situation Au soleil ou sous une ombre légère, dans un sol assez riche, bien drainé mais ne se desséchant pas.
Plantation En automne pour les bulbes, ou après la floraison pour les plantes cultivées en pots.
Floraison Au début du printemps.
Ravageurs et maladies Limaces et escargots.
Bonus Plante pour les bouquets.

C. sardensis

Les fleurs étoilées bleues ou roses, à œil blanc, sont les bienvenues dans la grisaille de la fin d'hiver et du début de printemps.

Plantez les bulbes en automne, dans toute bonne terre de jardin, et n'y pensez plus. Ces bulbes coloniseront lentement le terrain, à partir de bulbilles ou par semis spontané.

Des taches colorées tôt au printemps
Les fleurs bleu ciel à cœur blanc de *C. forbesii* et *C. luciliae* sont des valeurs sûres, bien qu'une attaque de limaces puisse les anéantir en une nuit (voir page 19). 'Pink Giant' introduit une nuance plus chaude.

Les chionodoxas se plaisent sous le couvert d'arbustes caducs, où leurs fleurs s'épanouissent avant la feuillaison. Ils s'y naturalisent souvent.

Colchicum

Les fleurs des **colchiques**, ou **crocus d'automne**, sont plus robustes qu'il n'y paraît. En s'ouvrant, les pétales forment une coupe évasée.

Le choix du spécialiste

1 *C. byzantinum*♀
Cette espèce vigoureuse peut produire jusqu'à 20 fleurs par bulbe.
Rose lilas • Automne • *H* 15 cm

2 *C. speciosum* 'Album'♀
Les grandes fleurs aux pétales arrondis se moquent des intempéries de l'automne.
Blanc • Automne • *H* 25 cm

3 *C. agrippinum*♀
Variété attrayante aux pétales pointus marqués d'un motif en damier.
Rose pourpré • Fin d'été-début d'automne • *H* 10 cm

4 *C.* 'The Giant'
Ce colchique vraiment géant est vigoureux et se naturalise facilement.
Rose pourpré • Automne • *H* 20 cm

À savoir

Situation Dans un sol fertile, bien drainé, au soleil.
Plantation Portez des gants pour planter les cormus en été.
Floraison En automne.
Ravageurs et maladies Fleurs et feuilles attirent les limaces.
Bonus Un bulbe non planté peut fleurir au sec s'il reçoit suffisamment de soleil.

PLANTE VEDETTE
***C. byzantinum*♀ Les fleurs sont plus petites que chez d'autres espèces, mais leur abondance pallie cette différence.**

ATTENTION
Toutes les parties des colchiques sont toxiques en cas d'ingestion.

Les colchiques, ou crocus d'automne, ne sont pas apparentés aux crocus (*Crocus*) malgré leur aspect similaire. Leurs grandes fleurs apparaissent en automne.

Le seul inconvénient de ces plantes est leur feuillage assez grossier, qui émerge une fois les fleurs fanées. Si le sol leur convient, les colchiques forment rapidement des touffes. Arrachez-les en été et replantez les petits cormus dans tout le jardin. Pour un aspect plus original, essayez 'Waterlily'♀, dont les fleurs portent de nombreux pétales d'un rose éclatant. Plantez-le au milieu d'autres plantes basses, qui supporteront les fleurs lourdes.

Convallaria

Avec ses grappes de fleurs en clochette, le **muguet** forme un tapis parfumé au pied d'un arbre.

PLANTE VEDETTE
***C. majalis* 'Fortin's Giant'**
Avec ses grandes feuilles et ses grosses clochettes très parfumées, cette variété est parfaite en vase.

Le choix du spécialiste

1 *C. majalis* 'Fortin's Giant'
Les grandes fleurs parfumées de cette variété sont plus tardives.
❀ Blanc • Milieu-fin de printemps • *H* 30 cm

2 *C. majalis* 'Albostriata'
Les feuilles veinées de jaune sont le principal attrait de ce muguet.
❀ Blanc • Printemps • *H* 25 cm

3 *C. majalis*
Cette espèce commune est facile à trouver et à cultiver.
❀ Blanc • Printemps • *H* 25 cm

À savoir

Situation Cette plante a besoin d'ombre et de fraîcheur.
Plantation Plantez les rhizomes ramifiés (griffes) en automne ou en pots au printemps.
Floraison Au printemps.
Ravageurs et maladies Généralement aucun.
Bonus Vous pouvez rempoter des rhizomes en automne et les forcer à l'intérieur.

Le muguet est réellement une vivace qui se plante et s'oublie. Dans un sol profond, frais et riche en humus, il s'étalera et fleurira sans problème. Une ombre totale ou partielle lui convient, mais la panachure des feuilles de **'Albostriata'** sera plus marquée avec un peu de soleil.

Plantez les rhizomes juste en dessous de la surface du sol en automne. Il se peut que des rhizomes poussent sur le sol ; dans ce cas, recouvrez-les en automne avec une fine couche de terreau de feuilles. Vous pouvez arracher et séparer les rhizomes en automne et les replanter ailleurs.

Des petits bouquets parfumés
Les grappes parfumées se prêtent à merveille à la confection de petits bouquets. Déterrez des plantes en automne et maintenez-les sous un châssis ou une serre froide pour avancer la floraison.

UNE TOUCHE D'ORIGINALITÉ

C. majalis* var. *rosea
Pour tapisser votre sous-bois d'une teinte inhabituelle, essayez ce muguet aux fleurs roses.

Crocosmia

Émergeant d'une touffe de feuilles lancéolées, les épis colorés des **montbrétias** incarnent la chaleur de l'été.

Le choix du spécialiste

1 C. 'Lucifer'
Des fleurs petites mais rouge vif.
✿ Rouge vif • Été • *H* 1 m

2 *C.* x *crocosmiiflora* 'Solfatare'
Un feuillage bronze peu commun et des fleurs jaune abricot.
✿ Jaune abricot • Été • *H* 60 cm

3 *C. masoniorum*
Cette espèce a des feuilles plissées et des épis floraux arqués.
✿ Rouge orangé • Été • *H* 1,20 m

4 C. 'Spitfire'
Hybride éclatant avec des fleurs petites, mais au coloris ardent.
✿ Rouge orangé • Été • *H* 75 cm

5 C. 'Emberglow'
Fleurs rouge foncé sur des tiges d'un brun rougeâtre sombre.
✿ Rouge foncé • Début d'été • *H* 60 cm

À savoir

Situation Sol frais, bien drainé, au soleil ou sous une ombre légère.
Plantation Plantez les cormus à 10 cm de profondeur, au début du printemps.
Floraison En été.
Ravageurs et maladies Araignées rouges par temps sec.
Bonus Les fruits peuvent s'utiliser dans les bouquets secs.

PLANTE VEDETTE
C. 'Lucifer'
Le rouge vif de ce montbrétia est d'une ardeur qui justifie son appellation.

Les variétés de montbrétia à petites fleurs citées ici conviendront au jardinier en quête de tranquillité. Les feuilles lancéolées émergent en touffe au printemps et les épis floraux déploient leurs teintes rouges, jaunes ou orange en été.

L'effet est d'autant plus impressionnant que les touffes sont épaisses. La plupart des variétés s'étendant rapidement, vous pouvez arracher et diviser les grosses touffes tous les quatre ans.

Sous climat froid, recouvrez la souche des variétés les plus frileuses d'une litière de feuilles en début d'hiver. Parmi les plus rustiques, le montbrétia commun, C. x *crocosmiiflora*, est une belle vivace robuste qui se plaira dans un coin sauvage du jardin.

Crocus

Illuminant les derniers jours de l'hiver, les **crocus** ont leur place dans tous les jardins. Dans un sol bien drainé et une situation ensoleillée, leurs fleurs en gobelet s'ouvriront pour profiter du moindre rayon de soleil. Laissez-les se naturaliser dans la pelouse.

Le choix du spécialiste

1 ***C. chrysanthus*** **'Cream Beauty'** Plantez ce crocus crème en touffes denses dans l'herbe, comme autant de petites sources lumineuses.
Crème jaune pâle • Début de printemps • *H* 10 cm

2 ***C. ancyrensis*** Chaque cormus peut donner jusqu'à cinq fleurs jaune d'or.
Jaune d'or • Début de printemps • *H* 5 cm

3 ***C. tommasinianus*** Cette espèce offre plusieurs nuances. Elle se naturalise facilement dans l'herbe sous un arbre.
Pourpre • Printemps • *H* 10 cm

4 ***C. pulchellus*** Vigoureuse espèce à floraison automnale ; les fleurs délicatement veinées apparaissent avant les feuilles.
Lilas pâle • Milieu-fin d'automne • *H* 20 cm

5 ***C. vernus*** **'Pickwick'** Les striures pourpres et les étamines jaune vif donnent à ce crocus de la vitalité.
Blanc et pourpre • Début de printemps • *H* 15 cm

6 ***C.*** **x** ***luteus*** **'Golden Yellow'** Également dénommé 'Dutch Yellow', ce crocus se naturalise facilement dans l'herbe.
Jaune soutenu • Début de printemps • *H* 15 cm

7 ***C. chrysanthus*** **'Zwanenburg Bronze'** Un coloris inhabituel pour ces fleurs brun rouille.
Brun rougeâtre et jaune • Printemps • *H* 10 cm

8 ***C. chrysanthus*** **'Gipsy Girl'** Grandes fleurs jaunes striées de brun au revers.
Jaune et brun • Début de printemps • *H* 10 cm

9 ***C. chrysanthus*** **'Ladykiller'** Les fleurs blanc pur sont marquées de pourpre.
Blanc et pourpre foncé • Début de printemps • *H* 10 cm

PLANTE VEDETTE
C. chrysanthus **'Cream Beauty'**
Les belles fleurs arrondies sont crème, avec une base jaune et des styles orange. Plantez en grosses touffes pour plus d'effet.

Quand les crocus commencent à orner la pelouse ou le sol nu sous un arbre, vous savez que le printemps est arrivé. Les fleurs apparaissent généralement juste avant les feuilles, ou en même temps. Celles-ci, étroites et vertes, avec une nervure médiane argentée, continuent de pousser après que les fleurs ont fané.

Les petits cormus, légèrement aplatis, donnent chacun naissance à une fleur au moins. Chez la plupart des variétés, les fleurs s'ouvrent largement au soleil, mais certaines restent à demi fermées, conservant une forme de gobelet.

Des plantes sans souci

Faciles à cultiver, la plupart des crocus s'étendent rapidement grâce aux caïeux. Certains, tel *C. tommasinianus*, se ressèment.

Arrachez les touffes trop denses en été ou en automne. Séparez et replantez les cormus. Plantez les variétés précoces en automne, à environ 10 cm de profondeur et 5 cm de distance. Plantez en fin d'été les espèces moins communes, qui fleurissent en fin d'automne.

C. vernus 'Pickwick'

C. tommasinianus

Chasser les ennemis affamés

Souris, campagnols ou écureuils peuvent grignoter les cormus. Les moineaux s'attaquent parfois aux fleurs, surtout les jaunes. Si vos crocus sont naturalisés dans la pelouse, attendez pour tondre que les feuilles aient fini de jaunir et que les graines se soient dispersées.

À savoir

Situation Dans la plupart des sols bien drainés, au soleil de préférence.
Plantation Plantez les cormus de la fin de l'été à l'automne.
Floraison Dès le début du printemps ou, pour quelques espèces, en automne.
Ravageurs et maladies Souris et campagnols (cormus) et oiseaux (fleurs).
Bonus La plupart des crocus ont des fleurs parfumées. Pour en profiter, mettez-les en vase.

Dahlia

Bien que les **dahlias** aient la réputation de plantes difficiles nécessitant des soins délicats, beaucoup, dont ceux sélectionnés ici, sont remarquablement faciles à cultiver. Ils vous offriront un fabuleux spectacle plein de couleurs à la fin de l'été et au début de l'automne.

La quantité de dahlias actuellement disponibles provient de seulement deux des trente espèces originaires d'Amérique centrale. Ces espèces sont rarement cultivées, mais leurs hybrides restent populaires auprès des jardiniers. Les variétés proposées ici ne posent pour la plupart aucune difficulté.

***D.* 'Yellow Hammer'**

***D.* 'Chimborazo'**

Une multitude de tailles et de formes

Les dahlias sont classés en fonction de la forme et de la taille des fleurs. Les dahlias à fleurs de nénuphar et d'anémone ont des pétales extérieurs aplatis, avec des pétales centraux tubulés, plus petits. Les dahlias pompons et boules offrent des fleurs doubles très régulières. Les dahlias cactus et décoratifs ont une forme plus souple et, chez certaines variétés, de très grandes fleurs.

Les dahlias à fleurs de pivoine portent des fleurs aplaties semi-doubles. Les dahlias à fleurs simples, plus naturels, s'accordent plus facilement avec les autres plantes de massif. Les fleurs simples des dahlias à collerette sont garnies au centre de pétales beaucoup plus courts, souvent contrastés.

Avec leur aspect plutôt formel, les dahlias sont souvent cultivés dans des massifs qui leur sont réservés. Il est vrai que les dahlias plantés en masse sont encore plus spectaculaires et que cette méthode facilite la préparation du terrain.

PLANTE VEDETTE

***D.* 'Arabian Night'** **De fabuleuses fleurs pleines sur de longues tiges font de ce dahlia un sujet de choix pour les bouquets. Il est aussi très beau dans un massif de vivaces.**

Où planter

L'utilisation judicieuse de certaines variétés moins classiques, en particulier les dahlias à fleurs simples comme **'Bishop of Llandaff'** et **'Yellow Hammer'**, peut produire un bel effet dans une plate-bande mélangée, d'autant plus que leur feuillage est joliment coloré, pourpre rougeâtre pour le premier, bronze pour le second. Les variétés plus basses plantées en jardinière peuvent servir au décor d'une terrasse.

Les dahlias ont besoin d'un sol fertile, riche en humus. Ils préfèrent les situations ensoleillées mais poussent assez bien à mi-ombre – leur floraison est alors moins abondante. Un bon drainage est essentiel mais le sol ne doit pas s'assécher. Au milieu du printemps, incorporez à la fourche, sur quelques centimètres, un engrais en granulés. Plantez les tubercules dormants à 10-15 cm de profondeur. Si vous les plantez en masse, espacez-les de 30 à 60 cm pour permettre à chacun de pousser correctement.

Vous pouvez aussi faire démarrer les tubercules dans une serre hors gel ou une pièce fraîche, et les planter après les dernières gelées.

Les petites variétés à massif n'ont pas besoin de tuteurage ; pour maintenir un port buissonnant, pincez les extrémités quand les pousses atteignent 15 cm de haut environ. Pour les autres, insérez des tuteurs dans le sol au moment de la plantation et attachez les pousses à mesure de leur croissance. Pincez une fois les extrémités pour favoriser la ramification.

Fertilisation et arrosage

Procédez à un apport d'engrais en milieu d'été. Faites pénétrer par un arrosage ou profitez d'une journée pluvieuse. Arrosez copieusement les dahlias par temps sec. Après une période pluvieuse, paillez pour retenir l'humidité : un paillage sur sol sec empêche la pluie d'atteindre les racines.

Pour obtenir de très grosses fleurs, éboutonnez les plantes. Les boutons floraux se développent par trois : supprimez les deux boutons latéraux et laissez le bouton central. Cet éboutonnage peut se poursuivre pendant toute la belle saison. Supprimez régulièrement les fleurs fanées.

D. **'Bishop of Llandaff'**

D. **'Hillcrest Royal'**

D. **'Pearl of Heemstede'**

Soins pendant l'hiver

Quand les premières gelées ont noirci le feuillage, il est temps de déterrer les tubercules. Traitez-les avec un fongicide et stockez-les dans un local frais.

Conservez-les durant l'hiver dans un mélange de terreau légèrement humide, à l'intérieur de la maison mais au frais.

Surveillez les limaces et les escargots, friands des jeunes pousses et, quand la floraison a démarré, les pucerons, punaises et perce-oreilles.

À savoir

Situation Dans un sol fertile, bien drainé, au soleil.
Plantation Plantez les tubercules dans un sol riche en humus à la fin du printemps.
Floraison Du milieu de l'été à l'automne.
Ravageurs et maladies Limaces et escargots, pucerons et chenilles sont à craindre.
Bonus Une grande variété de couleurs ; plusieurs ont un feuillage saisissant.

Le choix du spécialiste

1 *D.* 'Arabian Night'
Les petites fleurs foncées de cette variété offrent une touche d'exotisme.
✿ **Cramoisi foncé • Été-automne • *H* 1 m**

2 *D.* 'Bishop of Llandaff'🏆
Les fleurs simples à centre foncé se détachent sur le superbe feuillage pourpre rougeâtre foncé.
✿ **Rouge vif • Été-automne • *H* 1 m**

3 *D.* 'Hillcrest Royal'🏆
Ce dahlia cactus porte des fleurs aux pétales tuyautés.
✿ **Pourpre rougeâtre • Été-automne • *H* 1 m**

4 *D.* 'Yellow Hammer'🏆
Dahlia nain à massif, à fleurs simples, avec un beau feuillage bronze.
✿ **Jaune • Été-automne • *H* 45 cm**

5 *D.* 'Pearl of Heemstede'🏆
Dahlia à fleurs de nénuphar, avec des fleurs doubles à pétales larges.
✿ **Rose argenté • Été-automne • *H* 1 m**

6 *D.* 'Ellen Huston'🏆
Dahlia nain à massif, à fleurs doubles, sur un feuillage pourpre.
✿ **Orange écarlate • Été-automne • *H* 45 cm**

7 *D.* 'Chimborazo'
Dahlia à collerette, marron à l'extérieur, jaune au centre.
✿ **Jaune crème et marron • Été-automne • *H* 1,20 m**

8 *D.* 'Fascination'🏆
Feuilles bronze et fleurs pourpre rosé caractérisent ce dahlia nain à fleurs de pivoine.
✿ **Pourpre rosé • Été-automne • *H* 60 cm**

Eranthis

Les **aconits d'hiver** agrémentent le pied des arbres et arbustes caducs, où leurs belles fleurs jaune d'or incarnent le rayonnement du printemps naissant.

PLANTE VEDETTE
E. hyemalis ♀
Laissez cette plante coloniser le pied d'un arbre.

Les aconits d'hiver poussent sans problème dans la plupart des situations ensoleillées ou légèrement ombragées. Ils ornent avec bonheur le pied des arbres ou arbustes caducs, et certaines variétés s'étendent facilement. Ils ont juste besoin d'un sol raisonnablement fertile, bien drainé mais ne séchant pas en été.

Bien choisir les plants
Les tubercules dormants vendus en automne ne reprennent pas toujours bien s'ils sont trop secs. Achetez de préférence des jeunes plants en godets au printemps. Les petits tubercules noueux se plantent à 5 cm de profondeur environ. La plupart des plantes produisent en abondance des graines que vous pouvez récolter et semer, mais il est plus simple de laisser les aconits se disperser spontanément.

Le choix du spécialiste

1 *E. hyemalis* ♀
Idéal à naturaliser sous un arbre.
✿ **Jaune • Début de printemps • *H* 5-8 cm**

2 *E. hyemalis* Groupe Tubergenii 'Guinea Gold' ♀
Ravissant et florifère.
✿ **Jaune • Début de printemps • *H* 8 cm**

3 *E. hyemalis* Groupe Cilicica Des feuilles plus découpées et des fleurs plus grandes que l'espèce.
✿ **Jaune • Début de printemps • *H* 10 cm**

À savoir

Situation Dans un sol fertile, au soleil ou sous une ombre légère.
Plantation Plantez les tubercules en automne, à 5 cm de profondeur.
Floraison Au début du printemps.
Ravageurs et maladies Limaces et escargots.
Bonus Peut se cultiver comme plante d'appartement.

Erythronium

Outre sa délicate floraison printannière, qui rappelle celle du lis, l'**érythrone** intéresse les jardiniers pour le feuillage moucheté de plusieurs espèces. Une petite plante de sous-bois à découvrir...

Le choix du spécialiste

1 *E. californicum* ♀ Grosses fleurs crème, portées au sommet d'une longue hampe florale. 'White Beauty' ♀ est plus basse (25 cm).
✿ **Crème • Printemps • *H* 45 cm**

2 *E. americanum*
Petite fleur jaune en clochette retombante. Feuillage vert pâle marbré de brun, présent dès la fonte des neiges. Indigène.
✿ **Jaune • Printemps • *H* 10 cm**

3 *E. dens-canis* ♀
Espèce européenne à fleur rose foncé et à feuillage vert-gris marbré de brun et de rose.
✿ **Rose foncé • Printemps • *H* 15 cm**

4 *E. revolutum* ♀ Intéressant pour sa hampe florale portant 3 à 5 fleurs rose pâle ou foncé.
✿ **Rose • Printemps • *H* 25-30 cm**

5 *E.* 'Pagoda' ♀ Fleurs jaune pâle par groupe de 3 ou 4 sur chaque hampe florale.
✿ **Jaune pâle • Printemps • *H* 30-40 cm**

À savoir

Situation Ombre ou mi-ombre.
Plantation À l'automne, à 10-15 cm de profondeur.
Floraison Printemps.
Ravageurs et maladies Limaces.

PLANTE VEDETTE
E. californicum ♀
Les grosses fleurs d'*E. californicum* profitent de la lumière printanière au pied d'arbres caducs.

Chaque bulbe d'érythrone donne naissance à deux feuilles basales elliptiques et à une hampe florale. Les fleurs étoilées, portées au sommet de celle-ci peuvent être cueillies juste après leur éclosion. *E. americanum* peut mettre 5 ans avant de fleurir et produit souvent des plants stériles. Mais ne levez pas le nez sur notre espèce indigène : les bulbes se propagent rapidement et colonisent les sous-bois clairs tapissant le sol, au printemps, de jolies feuilles marbrées. L'espèce européenne, *E. dens-canis*, de plus petite taille, peut être plantée en colonie, dans la pelouse, comme les scilles ou les crocus.

Les bulbes d'érythrone n'ayant pas de couche protectrice, ils sont sensibles à la déshydratation : replantez immédiatement les rejetons, à l'automne.

E. dens-canis

Galanthus

Avec leurs clochettes pendantes, les **perce-neige** font partie des bulbes les plus appréciés tôt au printemps. Beaucoup se naturalisent dans les endroits ombragés.

Le choix du spécialiste

1 ***G. elwesii***
Espèce robuste à l'effet toujours impressionnant.
Blanc • Début de printemps • *H* 25 cm

2 **G. 'Sam Arnott'**
Variété vigoureuse et élégante, aux grandes fleurs arrondies.
Blanc • Fin d'hiver • *H* 20 cm

3 ***G. nivalis*** **'Flore Pleno'**
Cette variété de perce-neige sauvage a des fleurs doubles.
Blanc • Début de printemps • *H* 10-15 cm

PLANTE VEDETTE
G. elwesii **Les grandes fleurs contrastent joliment avec des feuilles larges et glauques.**

À savoir

Situation Dans un sol frais mais bien drainé.
Plantation Plantez ou divisez les bulbes en végétation juste après la floraison.
Floraison En début de printemps pour la plupart.
Ravageurs et maladies Mouche du narcisse et pourriture grise.
Bonus Les fleurs de nombreux perce-neige dégagent un délicieux parfum de miel.

Les touffes de perce-neige s'épanouissant au pied des arbres dénudés sont une vision classique de début de printemps. Vous pouvez recréer cet effet dans un petit jardin en garnissant le pied d'une haie ou d'un arbuste caduc.

Les perce-neige se plaisent dans la plupart des sols s'ils ne se dessèchent pas et finissent par s'y installer. Vous pouvez déterrer les touffes trop denses juste après la floraison, séparer les bulbes et les replanter aussitôt.

Les bulbes secs n'étant pas toujours très fiables, préférez la plantation de bulbes « en vert » au début du printemps. Ces bulbes pourvus de feuilles se plantent à environ 10 cm de profondeur, soit dans un massif, soit dans la pelouse, à condition de ne pas tondre les feuilles avant qu'elles aient jauni.

Gladiolus

Les **glaïeuls** sont spectaculaires en bouquet, mais il existe plusieurs espèces moins connues, fines et élégantes, qui se cultivent plus facilement que les grandes variétés et s'harmonisent bien mieux avec les vivaces d'une plate-bande mélangée.

Le choix du spécialiste

1 ***G. communis*** **ssp. *byzantinus*** En situation abritée, cette espèce rustique peut rester en terre toute l'année avec une protection hivernale.
Rose magenta • Début d'été • *H* 1 m

2 ***G. callianthus***
Espèce très parfumée, mieux connue sous le nom d'*Acidanthera bicolor*.
Blanc à gorge pourpre • Fin d'été-début d'automne • *H* 1 m

3 **G. 'The Bride'**
Variété plus basse, idéale dans un massif ensoleillé.
Blanc • Début d'été • *H* 60 cm

4 **G. 'Robinetta'**
Petite espèce à massif, avec des épis courts et denses de fleurs vives.
Rouge pourpré marqué de crème • Début d'été • *H* 60 cm

5 **G. 'Nova Lux'**
Variété à grandes fleurs jaune d'or très décoratives.
Jaune d'or • Milieu d'été-début d'automne • *H* 1 m

6 ***G. imbricatus***
Ce glaïeul robuste peut rester en terre pendant l'hiver avec une protection hivernale.
Rouge rosé • Fin de printemps • *H* 30-75 cm

PLANTE VEDETTE
G. communis* ssp. *byzantinus
Avec ses grands épis de fleurs rose magenta vif, cette espèce rustique convient aussi bien pour les bouquets que pour les massifs.

G. 'Robinetta'

G. 'The Bride'

G. 'Nova Lux'

Les hybrides de glaïeul à grandes fleurs, tel **'Nova Lux'**, sont spectaculaires en massif mais ils nécessitent un tuteurage et un peu d'attention. Les autres plantes recommandées ici sont moins exigeantes.

Plantez les cormus en groupes au printemps, à 10-15 cm de profondeur. Une fine couche de sable déposée au fond du trou améliore le drainage et évite le pourrissement par temps humide. Vous pouvez aussi saupoudrer les cormus avec un fongicide.

La plupart des glaïeuls n'étant pas rustiques, il faut déterrer les cormus en automne. Détachez les caïeux et laissez sécher les cormus avant de les stocker dans un local frais et sec, à l'abri du gel.

Dans les parties abritées du jardin, les espèces les plus rustiques, comme ***G. communis* ssp. *byzantinus***, peuvent être laissées en terre durant l'hiver.

OSER LE CHANGEMENT
La gamme des glaïeuls est immense et s'élargit chaque année. Essayez *G. tristis*, une belle espèce non rustique, avec des fleurs crème légèrement pourprées, très parfumées le soir. *G. papilio*, peu rustique, a des fleurs en clochette, jaune nuancé de pourpre, et s'étale par stolons. Parmi d'autres variétés délicates, citons 'Amanda Mahy', rose saumoné, et 'Elvira', dont les fleurs rose pâle sont marquées de rouge sur les pétales inférieurs.

À savoir

Situation Ensoleillée, dans un sol riche et fertile.
Plantation Plantez les cormus au printemps, dans un sol bien drainé.
Floraison De la fin du printemps au début de l'automne, selon l'espèce.
Ravageurs et maladies Pucerons, thrips, limaces et pourriture du cormus.
Bonus Quelques espèces sont délicieusement parfumées.

Hyacinthoides

Le spectacle magique des **jacinthes des bois** tapissant le sol d'une forêt au printemps peut être reproduit au jardin en les naturalisant sous des arbres ou des arbustes caducs.

Les jacinthes des bois se contentent d'un sol modérément fertile, assez frais, et d'une situation à mi-ombre. Plantez les bulbes en automne à 8 cm de profondeur environ, là où vous voulez qu'ils se naturalisent. Comme ces plantes se ressèment spontanément, il est parfois préférable de couper les tiges défleuries juste après la floraison pour limiter leur extension. Vous pouvez déterrer les touffes en automne pour séparer les bulbes et les replanter.

Les tiges florales s'utilisent en bouquet. À l'intérieur, leur parfum est plus prononcé, mais les boutons qui éclosent ont tendance à être plus pâles.

Le choix du spécialiste

1 *H. hispanica* 'Excelsior'
Plante haute et robuste, avec des clochettes bleu clair fortement rayées de bleu foncé, disposées tout autour de la hampe.
✿ **Bleu clair rayé de bleu foncé • Printemps • *H* 45 cm**

2 *H. non-scripta*
La jacinthe des bois indigène porte des clochettes étroites en grappes unilatérales.
✿ **Bleu-violet • Printemps • *H* 30 cm**

3 *H. non-scripta alba*
Gracieuse, la jacinthe des bois blanche est souvent plus vigoureuse que la forme sauvage traditionnelle.
✿ **Blanc • Printemps • *H* 40 cm**

PLANTE VEDETTE
***H. hispanica* 'Excelsior'**
Cette variété forme de superbes touffes fleuries et pousse facilement en toute situation.

À savoir

Situation Dans la plupart des sols frais.
Plantation Plantez les bulbes en automne.
Floraison Au printemps.
Ravageurs et maladies Généralement aucun.
Bonus *H. non-scripta* exhale un parfum léger.

Hyacinthus

Avec leur merveilleux parfum associé à une large palette de coloris, les **jacinthes** sont les partenaires indispensables du jardin au printemps.

Le choix du spécialiste

1 ***H. orientalis*** **'Jan Bos'**
Des épis vifs et robustes pour égayer le jardin.
✿ **Rouge cerise • Début de printemps • *H* 20-30 cm**

2 ***H. orientalis*** **'Delft Blue'**♀
Variété prisée aux tons doux, également nommée 'Bleu de Delft'.
✿ **Bleu lilas • Début de printemps • *H* 25 cm**

3 ***H. orientalis*** **'City of Haarlem'**♀ Un beau jaune à opposer aux variétés bleues.
✿ **Jaune primevère • Milieu de printemps • *H* 20 cm**

4 ***H. orientalis*** **'Pink Pearl'**♀
Les pétales de cette variété sont bordés d'un liseré plus pâle.
✿ **Rose • Début de printemps • *H* 25 cm**

À savoir

Situation Dans tout sol bien drainé.
Plantation Plantez les bulbes à 10 cm de profondeur et 15 cm de distance en automne.
Floraison Avec une sélection de diverses variétés, du début au milieu du printemps.
Ravageurs et maladies Généralement aucun.
Bonus Pour mieux profiter du parfum des jacinthes, plantez-les en pots ou dans un massif surélevé.

PLANTE VEDETTE
H. orientalis **'Jan Bos'**
Le rouge intense de ses fleurs éclate au début du printemps.

Les jacinthes poussent dans un sol modérément fertile, bien drainé, au soleil ou sous une ombre légère. Elles ne posent pas de problème en pleine terre, mais craignent le gel en pot. Vous pouvez planter au jardin les jacinthes cultivées à l'intérieur après la floraison, pour l'année suivante.

ATTENTION Portez des gants pour manipuler les bulbes de jacinthe : ils peuvent causer une réaction allergique.

I. danfordiae — *Iris* spp.

Iris

Les **iris** issus de bulbes, souvent parfumés, offrent des coloris sophistiqués. À l'opposé des iris rhizomateux classiques, les iris bulbeux se déclinent en variétés naines et hautes.

Le choix du spécialiste

1 ***I.*** **'Harmony'**
Les grandes fleurs de cet iris nain se dégagent bien des feuilles.
✿ **Bleu • Début de printemps • *H* 15 cm**

2 ***I.*** **'George'**♀
Variété naine aux fleurs somptueusement colorées.
✿ **Pourpre à sépales plus foncés • Début de printemps • *H* 15 cm**

3 ***I. danfordiae***
Iris nain délicat, avec des fleurs parfumées.
✿ **Jaune • Début de printemps • *H* 10 cm**

4 ***I.*** **'Katharine Hodgkin'**♀ Fleurs d'un bleu verdâtre inhabituel, avec des sépales vert jaunâtre.
✿ **Bleu-vert et jaune • Début de printemps • *H* 15 cm**

5 ***I.*** **'Professor Blaauw'**♀
Iris de Hollande à fleurs veloutées, pour une situation ensoleillée.
✿ **Bleu foncé rayé de jaune • Début d'été • *H* 60 cm**

6 ***I. histrioides***
Des plantes à tige courte donnent une belle et grande fleur.
✿ **Bleu • Début de printemps • *H* 10-20 cm**

7 ***I. reticulata***♀
Espèce naine dont les feuilles sont plus longues que la hampe florale. L'iris réticulé 'Alba' est blanc.
✿✿ **Bleu-violet rayé de jaune • Début de printemps • *H* 15 cm**

À savoir

Situation Dans un sol bien drainé, au soleil. Les iris Reticulata préfèrent un sol calcaire.
Plantation Plantez les bulbes assez profond en automne.
Floraison Au printemps pour les iris nains, un peu plus tard pour les iris de Hollande et d'Angleterre.
Ravageurs et maladies Limaces et pourriture racinaire.
Bonus Les iris de Hollande sont superbes en bouquet.

PLANTE VEDETTE
***I.* 'Harmony'**
La plante est petite mais les fleurs sont grandes et luxuriantes.

Les iris nains répertoriés ici appartiennent au **Groupe Reticulata** et fleurissent en début de printemps. Cela concerne *I. reticulata* **'Harmony'**, *I. danfordiae*, **'George'**, *I. histrioides* et **'Katharine Hodgkin'**. Les iris nains sont parfaits pour la rocaille ou en bordure d'un massif ensoleillé. Les fleurs s'ouvrent avant que les feuilles soient entièrement développées. Celles-ci s'allongent une fois que les fleurs ont fané.

***I.* 'George'**

Les espèces *I. bucharica* et *I. magnifica*♡ font partie du **Groupe Juno,** comme **'Agalik'** et *I. m. alba*. Ils fleurissent au début du printemps. Les Juno se caractérisent par leurs longues feuilles luisantes, larges et arquées, et par leurs fleurs aux pétales retombants. Ils s'intègrent parfaitement dans une rocaille.

Les grands iris rhizomateux sont considérés comme des plantes vivaces (voir pages 135-136). Ceux décrits ici proviennent tous de bulbes.

Plantation et culture

Plantez les bulbes en automne, à une profondeur égale à deux fois leur hauteur. Parfois, surtout chez les iris Reticulata, les bulbes éclatent en nombreuses bulbilles, donnant moins de fleurs l'année suivante. Dans ce cas, attendez que les fleurs aient fané, puis fertilisez toutes les deux semaines avec un engrais riche en potasse jusqu'à ce que le feuillage jaunisse. La floraison devrait être plus abondante l'année suivante.

Lilium

Les **lis** apportent une touche enchanteresse au jardin ; en dépit de leur allure exotique, ils sont faciles à cultiver. Les grandes variétés se dressent avec splendeur au milieu d'une plate-bande de vivaces, tandis que les variétés plus basses sont très décoratives en pots.

Grâce aux espèces nouvelles multiples et au nombre sans cesse croissant d'hybrides rustiques, le lis est devenu une fleur de jardin tout à fait courante. Cette plante développe des tiges hautes et robustes et des fleurs aux formes variables : en coupe, en entonnoir ou en turban, comme *L. martagon*.

Une situation ensoleillée favorise la floraison, mais la majorité des lis poussent bien à la mi-ombre, et quelques-uns, comme *L. speciosum*, préfèrent même un peu d'ombre. L'idéal est de les planter au milieu d'arbustes ou de grandes vivaces, avec les racines au frais et la tête au soleil.

Plantation et culture

Généralement, on plante les bulbes de lis à une profondeur égale à deux ou trois fois leur hauteur. Les lis qui émettent aussi des racines à la base des tiges, comme *L. speciosum*, *L. martagon* et *L. regale*, doivent être plantés à 15-20 cm de profondeur.

Les bulbilles qui se forment autour des bulbes peuvent être prélevées et mises en culture. Vous pouvez aussi détacher avec soin les écailles externes des bulbes dormants et les placer dans une terrine sur du terreau humide : elles formeront des petites bulbilles qui pourront être rempotées pour une plantation ultérieure au jardin.

***L. speciosum* 'Album'**

***L.* Hybride Asiatique Série Kiss**

Des bouquets parfumés

Les lis sont superbes dans les compositions florales, mais le pollen orange ou jaune peut tacher la peau, les habits et les meubles. La **Série Kiss** comprend en majorité des variétés à fleurs doubles, sans étamines, et donc intéressantes en bouquets ou en pots, ou pour agrémenter un balcon ou une petite terrasse.

À savoir

Situation Les lis sont assez résistants, mais préfèrent les sols fertiles bien drainés. Évitez l'ombre épaisse et les sols très humides.
Plantation En automne et au printemps.
Floraison Avec un choix judicieux, de la fin du printemps au début de l'automne.
Ravageurs et maladies Écureuils sur bulbes ; limaces et escargots sur jeunes pousses ; pucerons et criocères du lis.
Bonus Plantés en pots et nourris régulièrement, les lis se maintiennent plusieurs années sans rempotage.

PLANTE VEDETTE

***L.* 'Enchantment'** **Des fleurs orange vif produites avec vigueur et en abondance justifient le succès de cette variété compacte.**

LIS POUR SOL ALCALIN
Si votre terrain est calcaire, essayez le lis de la Madone, *L. candidum*♀, le robuste *L. pyrenaicum*, jaune, et *L. henryi*♀, orange ; ils s'accommodent de tous les sols, neutres à alcalins.

Le choix du spécialiste

1 *L.* 'Enchantment'
Lis vigoureux à fleurs en coupe, idéal en bouquet.
Orange • Milieu d'été • *H* 75 cm

2 *L. speciosum* 'Album'
Grandes fleurs simples très parfumées.
Blanc • Fin d'été • *H* 1,20 m

3 *L.* Hybride Asiatique Série Kiss
Fleurs sans étamines, parfaites pour les bouquets.
Blanc, jaune, orange ou rose • Milieu d'été • *H* 60 cm

4 *L.* 'Connecticut King'
Grandes fleurs en coupe tournées vers le haut, convenant aux massifs.
Jaune • Milieu d'été • *H* 1 m

5 *L.* Groupe Pink Perfection♀
Fleurs roses très odorantes, sur des tiges longues et robustes.
Rose • Fin d'été • *H* 1,20-1,90 m

6 *L. martagon*♀
Les longues tiges portent jusqu'à 50 fleurs en turban, cireuses et parfumées.
Rose pourpré • Milieu d'été • *H* 1,50 m

7 *L. regale*♀
Le lis royal est haut et élégant, avec des fleurs très parfumées, blanc teinté de pourpre.
Blanc et pourpre • Fin d'été • *H* 60 cm-1,50 m

8 *L. auratum*
Ce lis très parfumé a des fleurs en coupe arrondie.
Blanc et doré • Fin d'été • *H* 1,50 m

L. 'Connecticut King'

L. Groupe Pink Perfection

L. martagon

9 *L. cernuum*
Lis petit, mais très odorant.
Rose, lilas pâle ou pourpre • Milieu d'été • *H* 50 cm

10 *L. pumilum*♀
Chaque tige porte jusqu'à 20 fleurs aux pétales très recourbés.
Rouge écarlate • Fin d'été • *H* 45 cm

Muscari

Les **muscaris** sont des petites plantes bulbeuses faciles à vivre, qui produisent des grappes serrées de minuscules fleurs globuleuses.

Ces petites plantes bulbeuses printanières livrent leur charmant spectacle du début au milieu du printemps. Laissez-les pousser en grosses touffes pour plus d'effet, ou plantez-les en pots ou en jardinière.

S'accommodant de la plupart des sols, les muscaris se plaisent dans une situation bien drainée, au soleil ou à la mi-ombre. Plantez les bulbes à 5 cm de profondeur environ, en automne. Déterrez et divisez les touffes devenues trop compactes pendant la période de repos.

PLANTE VEDETTE
***M. armeniacum* 'Blue Spike'** **Les grappes serrées de minuscules fleurs doubles bleu foncé sont teintées de jaune verdâtre à leur extrémité.**

Le choix du spécialiste

1 *M. armeniacum* 'Blue Spike' Belle variété avec des grappes denses de fleurs doubles bleu foncé.
✿ **Bleu • Printemps • *H* 15-20 cm**

2 *M. botryoides* 'Album' Pour un effet contrasté, essayez cette variété délicate, mais rustique.
✿ **Blanc • Printemps • *H* 15 cm**

3 *M. neglectum* Cette espèce porte des fleurs légèrement parfumées, d'un bleu intense. Elle se multiplie rapidement.
✿ **Bleu foncé • Printemps • *H* 15 cm**

4 *M. comosum* 'Plumosum' Plus haute, cette curieuse variété, connue sous le nom de muscari à toupet, produit une grappe plumeuse de filaments stériles.
✿ **Bleu-pourpre • Fin de printemps • *H* 30 cm**

À savoir

Situation Dans la plupart des sols et dans toute exposition sauf l'ombre très épaisse.
Plantation Plantez les bulbes en automne.
Floraison Durant plusieurs semaines au printemps.
Ravageurs et maladies Aucun.
Bonus La plupart des muscaris sont des plantes très rustiques et faciles à cultiver.

Narcissus

Les **narcisses** annoncent les délices du printemps. La diversité des fleurs, des coloris et des dimensions est bien plus grande que le pensent nombre de jardiniers. Il existe un narcisse pour chaque situation : rocaille, massifs classiques, au milieu d'arbustes ou en pleine liberté dans l'herbe.

PLANTE VEDETTE
***N.* 'Spellbinder'** 🏆 **Valeur sûre, ce narcisse se prête à de multiples usages – potées, massifs ou simplement naturalisé dans la pelouse.**

Le choix du spécialiste

1 *N.* 'Spellbinder'♀
Haut et vigoureux, ce narcisse trompette est couleur de soufre.
Jaune • Milieu de printemps • *H* 45 cm

2 *N.* 'Tête-à-tête'♀
Variété naine et gracieuse, avec une à trois fleurs par tige.
Jaune • Début de printemps • *H* 15 cm

3 *N.* 'Bridal Crown'♀
Narcisse à fleurs doubles, parfumé et multiflore.
Blanc et jaune orangé • Début de printemps • *H* 40 cm

4 *N.* 'Hawera'♀
Narcisse Triandrus nain, avec plusieurs tiges multiflores portant des petites fleurs inclinées.
Jaune clair • Fin de printemps • *H* 40-60 cm

5 *N. cyclamineus*♀ Facile à naturaliser dans un pré humide. Fleurs longuement tubulées avec des segments externes réfléchis.
Jaune • Début de printemps • *H* 25 cm

6 *N.* 'Mount Hood'♀
Grandes fleurs en trompette de teinte pâle.
Blanc crème • Milieu de printemps • *H* 40-60 cm

7 *N.* 'Geranium'♀
Narcisse Tazetta parfumé, avec trois ou quatre fleurs par tige.
Blanc pur à couronne orange • Fin de printemps • *H* 40 cm

8 *N.* 'Gentle Giant'
Narcisse à grande couronne, avec de belles fleurs colorées.
Jaune à couronne orange foncé • Milieu de printemps • *H* 60 cm

***N.* 'Tête-à-tête'**
N. cyclamineus

9 *N.* 'Cassata' Narcisse à collerette, aux segments internes jaune citron aplatis contre les segments externes blancs.
Jaune citron et blanc • Milieu de printemps • *H* 40 cm

10 *N.* 'Telamonius Plenus'
Variété ancienne à fleurs doubles et longue durée de vie.
Jaune verdâtre • Début de printemps • *H* 40 cm

11 *N. triandrus*♀
Ce narcisse résiste bien à la sécheresse et peut se naturaliser dans un sol acide, sec.
Crème • Milieu de printemps • *H* 10-20 cm

Avec des atouts multiples, les narcisses se cultivent sans problème aussi bien au jardin qu'en potée.

La jonquille familière est en fait un narcisse du groupe **Jonquilla**, comme **'Spellbinder'**. Les autres narcisses sont classés en fonction de la forme de la fleur – c'est le cas de **'Gentle Giant'**, à grande couronne – ou de l'espèce dont ils dérivent, comme **'Hawera'** et **'Geranium'**.

Les narcisses ont besoin d'un sol bien drainé mais qui ne doit pas sécher pendant la saison de croissance. Ils se plaisent au soleil ou sous une ombre légère, mais fleurissent rarement sous une ombre épaisse.

Du naturel

Plantez les narcisses en touffes naturelles ; des groupes d'une seule variété sont particulièrement décoratifs. Pour obtenir un effet naturel, lancez les bulbes sur la zone à planter, et enterrez chacun là où il est tombé.

Les bulbes se multiplient par division, mais les touffes congestionnées finissent par moins fleurir. Dans ce cas, déterrez la touffe quand les feuilles ont jauni, séparez les bulbes et replantez aussitôt.

Laisser le feuillage jaunir

Coupez les tiges défleuries pour éviter que le bulbe gaspille son énergie à fabriquer des graines, sauf chez les espèces botaniques comme *N. cyclamineus*, qui se ressèment spontanément.

Résistez à la tentation de couper les feuilles ou de les lier après la floraison – le bulbe a besoin de reconstituer ses réserves. Laissez les feuilles sécher naturellement, ce qui prend environ huit semaines.

À savoir

Situation Les narcisses poussent dans toute une gamme de sols et de situations. La plupart se plaisent en terrain acide ou alcalin, mais certains exigent un sol acide.
Plantation Plantez les bulbes en automne, à une profondeur égale à trois fois leur hauteur.
Floraison Du début à la fin du printemps, selon les variétés.
Ravageurs et maladies Pourriture des bulbes en sol humide, mouche du narcisse et diverses pourritures dues à des champignons.
Bonus Beaucoup de narcisses sont parfumés.

***N.* 'Mount Hood'**
***N.* 'Geranium'**

Nerine

Les nérines fleurissent en automne, marquant la fin de la période estivale. Bien que non rustiques sous notre climat, elles ont toutefois leur place dans un coin ensoleillé.

PLANTE VEDETTE
N. bowdenii **Les élégantes fleurs roses, réunies en petits bouquets, s'apprécient d'autant plus que la saison décline.**

Originaires d'Afrique du Sud, les nérines sont des plantes assez peu rustiques sous notre climat. *N. bowdenii* et ses variétés sont les plus couramment retrouvées dans nos jardins.

Un sol bien drainé et une situation ensoleillée sont essentiels. Une plate-bande étroite au pied d'un mur exposé au sud ou à l'ouest est idéale. Plantez les bulbes au printemps en laissant affleurer la pointe.

Les nérines peuvent facilement être cultivées en pot. Les bulbes récemment plantés peuvent ne pas fleurir la première année ; en fait, les nérines fleurissent mieux une fois que le bulbe s'est divisé pour donner une touffe plus serrée. Les touffes très congestionnées peuvent être divisées et rempotées en été. Les fleurs des nérines font d'excellentes fleurs coupées.

À l'extérieur, il est préférable de les cultiver en groupes isolés, dans un sol où il ne pousse pas d'autres végétaux.

Le choix du spécialiste

1 *N. bowdenii*
Chaque tige porte jusqu'à 8 fleurs en entonnoir.
Rose • Automne • *H* 45 cm

2 *N. bowdenii* 'Mark Fenwick' Plante délicate avec des fleurs se détachant sur des hampes sombres.
Rose • Automne • *H* 50 cm

3 *N. bowdenii* 'Alba'
La teinte bleu glacier contraste avec le rose habituel.
Blanc bleuâtre • Automne • *H* 50 cm

À savoir

Situation Dans un sol bien drainé, en plein soleil.
Plantation Plantez les bulbes au début du printemps.
Floraison En automne.
Ravageurs et maladies Souvent limaces et escargots.
Bonus Ajoute de la couleur dans les massifs en automne.

Ornithogalum

L'ornithogale, ou étoile-de-Bethléem, fleurit en fin de printemps et début d'été. La plupart des espèces ont des pétales blancs rayés de vert au revers.

Le choix du spécialiste

1 *O. umbellatum*
Des tiges courtes portent de larges bouquets de fleurs blanches.
Blanc • Fin de printemps-début d'été • *H* 30 cm

2 *O. narbonense* Plante haute avec des masses de fleurs étoilées en fines grappes dressées.
Blanc • Fin de printemps-début d'été • *H* 60 cm

3 *O. nutans* Espèce élégante, aux fleurs légèrement inclinées en grappes unilatérales.
Blanc • Fin de printemps-début d'été • *H* 45 cm

4 *O. magnum*
Grande espèce, intéressante pour ses grandes inflorescences droites.
Blanc • Fin de printemps-début d'été • *H* 90 cm

Peu exigeants, les ornithogales se satisfont de presque tous les types de sol et d'une situation ensoleillée ou mi-ombragée. Certains se naturalisent rapidement.

Plantez les bulbes en automne ou au début du printemps, à une profondeur égale à leur hauteur. Vous pouvez déterrer et diviser les touffes au printemps. La vigueur de *O. umbellatum* en fait une espèce de choix à naturaliser dans la pelouse ou sous des arbustes.

À savoir

Situation Dans tout sol, au soleil ou sous une ombre légère.
Plantation Plantez les bulbes en automne ou au printemps.
Floraison De la fin du printemps au début de l'été.
Ravageurs et maladies Aucun.
Bonus La plupart sont rustiques et apprécient une certaine négligence.

PLANTE VEDETTE
O. umbellatum **Belle et robuste, cette espèce se naturalise parfaitement.**

Puschkinia

Ces plantes charmantes aux petits épis de fleurs bleu pâle se plaisent dans les sols secs, au soleil, et s'étalent sans problème dans une rocaille ou entre des arbustes.

Proches parents des scilles (*Scilla*), les *Puschkinia* poussent dans presque tous les types de sol, sauf très humides. Leur floraison est plus abondante au soleil. Leur petite taille en fait des plantes de choix pour la rocaille ou les potées. Ils coloniseront avec bonheur les espaces ensoleillés entre des arbustes caducs.

Plantez les bulbes entre 3 et 5 cm de profondeur, en automne. Vous pouvez diviser les touffes denses en été, dès que les feuilles ont flétri. Ne coupez pas les tiges défleuries car ces plantes se ressèment spontanément.

À savoir

Situation Dans tout sol bien drainé, au soleil.
Plantation Plantez les bulbes en automne, à 5 cm de profondeur environ.
Floraison Au printemps.
Ravageurs et maladies Aucun.
Bonus Ce joli bulbe pousse bien en sol sec.

PLANTE VEDETTE
P. scilloides **Ce bulbe nain anime le sol au pied des arbustes caducs au printemps.**

Le choix du spécialiste

1 *P. scilloides*
Malgré l'aspect délicat de ses fleurs rayées de bleu foncé, cette espèce est très rustique.
✿ **Bleu pâle rayé de bleu plus foncé • Printemps • *H* 15 cm**

2 *P. scilloides* var. *libanotica*
Cette forme blanche peut être cultivée seule ou mélangée à la bleue.
❀ **Blanc • Printemps • *H* 15 cm**

Scilla

Avec leurs bleus lumineux, les **scilles** apportent une touche estivale au début du printemps.

PLANTE VEDETTE
S. siberica **'Spring Beauty'**
Avec ses fleurs d'un bleu intense, cette variété facile est réellement une beauté printanière.

Le choix du spécialiste

1 *S. siberica* 'Spring Beauty'
Variété vigoureuse avec des fleurs vives en grappes courtes.
✿ **Bleu intense • Début de printemps • *H* 15 cm**

2 *S. bifolia* ♡ Les fleurs étoilées violettes sont parfumées.
✿ **Bleu-violet • Début de printemps • *H* 15 cm**

3 *S. mischtschenkoana* ♡
Les fleurs rayées de bleu foncé s'ouvrent presque au ras du sol.
✿ **Bleu • Fin d'hiver-début de printemps • *H* 10 cm**

4 *S. tubergiana*
Cette espèce populaire a besoin de soleil et de chaleur.
❀ **Blanc bleuté • Début d'été • *H* 15 cm**

5 *S. automnalis*
Les fleurs étoilées s'ouvrent en automne.
✿ **Lilas rosé • Début d'automne • *H* 20 cm**

À savoir

Situation Dans un sol bien drainé, au soleil ou sous une ombre légère.
Plantation En début d'automne, à 5 cm de profondeur environ.
Floraison De la fin de l'hiver à l'été, ou en automne.
Ravageurs et maladies Aucun.
Bonus Les scilles sont charmantes naturalisées sous les arbres ou dans l'herbe.

Les scilles fleurissent du début du printemps à l'été, et même en automne pour l'une d'entre elles, *S. automnalis*. Elles sont vraiment superbes lorsqu'on les laisse se naturaliser sous des arbres et arbustes ou dans l'herbe, mais elles font aussi de jolies potées.

La plupart se contentent de n'importe quel sol fertile, bien drainé, et d'une situation ensoleillée ou légèrement ombragée. Cependant, *S. siberica* ♡ exige du soleil ou l'ombre légère pour bien fleurir. Plantez les bulbes en automne, sans les serrer. Beaucoup de scilles se ressèment spontanément. Vous pouvez déterrer et diviser les touffes bien établies en été ou au début de l'automne.

Tulipa

Rien n'égale le merveilleux spectacle des **tulipes** au printemps. La diversité de leurs coloris est immense : du blanc pur au noir pourpré, avec maintes nuances. Les plus faciles à cultiver sont les petites espèces botaniques : une fois plantées, vous pouvez les oublier.

Le choix du spécialiste

1 *T. praestans* 'Fusilier' ♀
Variété colorée et vigoureuse, vivant longtemps dans le jardin.
✿ **Rouge éclatant • Début de printemps • *H* 30 cm**

2 *T. saxatilis*
Tulipe à longue tige, parfumée, s'étendant par stolons.
✿ **Rose lilas à centre jaune • Fin de printemps • *H* 35 cm**

3 *T. turkestanica* ♀
Jusqu'à 10 fleurs par tige sur cette espèce vigoureuse.
✿ **Blanc crème • Début de printemps • *H* 30 cm**

4 *T. greigii*
Toutes les tulipes Greigii ont de longues feuilles marquées de pourpre. 'Toronto' ♀ est rouge rosé, 'Zampa' ♀ jaune primevère.
✿✿✿ **Jaune, rose ou rouge • Milieu-fin de printemps • *H* 15-35 cm**

Tulipa spp.

PLANTE VEDETTE
***T. praestans* 'Fusilier'** ♀ **Portant jusqu'à 4 fleurs rouge vif par tige, cette variété produit un bel effet dans le jardin.**

5 *T. urumiensis* ♀ Belle espèce naine à grandes fleurs étoilées.
✿ **Jaune teinté de lilas au revers • Début de printemps • *H* 15 cm**

6 *T.* 'Chaperon rouge' ♀ **(syn. 'Red Riding Hood')**
Fleurs vives contrastant avec les feuilles tachées de marron.
✿ **Rouge à cœur noir • Début de printemps • *H* 20 cm**

7 *T. acuminata*
Une tulipe délicate à fleur simple, aux pétales longs et effilés.
✿ **Base jaune et extrémités rouge écarlate • Milieu de printemps • *H* 45 cm**

8 *T. humilis*
Grandes fleurs arrondies sur une rosette de feuilles gris-vert.
✿ **Rose pourpré • Fin d'hiver-début de printemps • *H* 15 cm**

9 *T. tarda* ♀ Les fleurs étoilées portées sur des tiges courtes s'ouvrent largement au soleil.
✿ **Pétales jaunes à pointe blanche • Milieu de printemps • *H* 15 cm**

10 *T. sylvestris*
Fleurs étoilées parfumées ; préfère l'ombre légère d'un arbre.
✿ **Jaune • Milieu de printemps • *H* 30 cm**

Les tulipes ne se limitent pas aux quelques grandes variétés hybrides qui ornent les massifs des parcs et jardins publics. Bien que sans souci, ces plantes ont souvent une durée de vie courte et sont plutôt considérées comme des plantes à massif.

Choisissez plutôt parmi les petites espèces : celles répertoriées ici, particulièrement peu exigeantes, sont vigoureuses et vivent longtemps. Contentez-vous de les planter, puis oubliez-les. Plusieurs se naturalisent spontanément.

De nombreuses espèces ont des fleurs en forme de coupe traditionnelle, mais certaines s'ornent de fleurs étoilées qui s'ouvrent largement au soleil. L'intérieur des corolles est parfois marqué d'une deuxième couleur, comme *T. tarda*, au cœur jaune vif.

Certaines espèces, comme *T. turkestanica*, portent plusieurs fleurs par tige. D'autres, comme *T. saxatilis*, ont un parfum délicat qui se remarque particulièrement les chaudes journées de printemps.

Quand et où planter

Les tulipes ont besoin d'un sol fertile s'asséchant rapidement ; l'excès d'humidité fait pourrir les bulbes. Les terres argileuses doivent être allégées par un apport de sable grossier et d'humus.

Les espèces sélectionnées ici demandent une situation ensoleillée pour une floraison plus abondante.

Plantez les bulbes en automne – en octobre de préférence – à 15-20 cm de profondeur environ, et même un peu plus profond si le sol est légèrement sableux. Pour un effet plus naturel, placez les bulbes en petits groupes irréguliers, à 10-15 cm de distance. Il est préférable de couper les fleurs fanées juste après la floraison, ce qui évitera l'utilisation de l'énergie de la plante à la fabrication des graines. *T. saxatilis* s'étend par stolons, ce qui est plus inhabituel.

Des tulipes en potées

Les tulipes se prêtent bien à l'ornement des potées. Mélangées à d'autres bulbes printaniers, elles agrémentent avec bonheur terrasses et balcons. Plantez les bulbes dans un terreau de rempotage à base de terre, bien drainant. Une fois défleuries, transplantez-les au jardin, où elles fleuriront une autre année.

Parasites et autres problèmes

Les troubles sont généralement rares chez les tulipes botaniques. Les écureuils peuvent déterrer les bulbes. Les limaces se cantonnent particulièrement aux fleurs des tulipes *T. greigii*. Le feu de la tulipe est une maladie cryptogamique commune, provoquant des taches brunes sur les feuilles. Le contact avec les bulbes peut provoquer une réaction allergique chez certaines personnes.

À savoir

Situation Dans un sol fertile, bien drainé, au soleil.
Plantation Plantez les bulbes profondément, au milieu de l'automne.
Floraison Au printemps, avec des coloris souvent éclatants.
Ravageurs et maladies Écureuils et limaces sur certaines espèces et diverses maladies dues à des champignons.
Bonus Ces tulipes sont un réel atout dans un jardin alpin, surtout les formes parfumées.

T. saxatilis

T. turkestanica

T. tarda

T. greigii

aménagem

ents faciles

Concevoir une pelouse facile à entretenir

Avec une forme, un style et un mélange de semences adaptés, votre pelouse deviendra un endroit facile à vivre. Si votre terrain ne se prête pas à l'implantation d'un gazon, facilitez-vous la vie en optant pour une solution de type prairie fleurie, pavage ou gravillons.

Une tonte plus facile

Tracé en courbes Des courbes, plutôt que des lignes droites, réduisent le nombre de fois où vous devez arrêter et tourner la tondeuse. Dans un petit jardin, une forme parfaitement circulaire se tond rapidement et laisse de la place dans les coins pour les massifs.

Supprimer les obstacles Évitez les arbres et les massifs implantés au milieu de la pelouse. Veillez à ce que le niveau des allées soit légèrement inférieur à celui du gazon, de façon que la tondeuse puisse déborder sans dommage pour les lames.

Bordure facile à tondre Pour faciliter la tonte des bordures, entourez la pelouse d'une bande de briques ou de pavés en léger contrebas et assez large pour qu'elle puisse servir d'allée par temps pluvieux.

Choisir un gazon robuste

Évitez les mélanges pour gazon fin, qu'il faut constamment tondre, arroser, fertiliser et désherber. Si vous n'êtes pas sûr de votre choix, n'hésitez pas à demander conseil dans une jardinerie. Vous ne planterez pas au Québec le même type de pelouse qu'en Floride.

Usage quotidien Les mélanges pour pelouse à fonction utilitaire sont les plus adaptés. Ces gazons d'agrément demandent peu d'entretien et supportent les passages fréquents. Les mélanges modernes contiennent des graminées à l'aspect plaisant, résistantes au piétinement et faciles à entretenir.

Pelouse à l'ombre Il existe des mélanges spéciaux pour les zones situées sous une ombre légère. Ces graminées tolèrent une luminosité plus faible et souvent aussi des conditions plus sèches que les autres. Certaines sont particulièrement adaptées à la sécheresse.

Posez les dalles sous le niveau du gazon

Envisager d'autres solutions

Certaines situations, comme l'ombre sèche, ne conviennent pas au gazon ; essayez autre chose !

Prairies fleuries Transformez une partie de votre jardin en zone naturelle : plantez des espèces sauvages et laissez-les se multiplier.

Surfaces en dur L'achat d'une tondeuse ne se justifie pas pour un jardinet. Envisagez un revêtement de type pavage ou caillebotis, agrémenté de potées colorées.

Gravier Sous un climat chaud et sec, le gravier complète avec bonheur les plantes exigeantes en chaleur et en soleil.

Les pelouses au tracé incurvé et bordées de briques (ci-dessus) sont faciles à tondre.

Côté entretien, il est difficile de faire mieux qu'une jolie prairie de fleurs sauvages (à droite).

Dans un terrain sec, une étendue de graviers ponctuée de plantes basses (à gauche) est souvent plus satisfaisante qu'une pelouse.

Un pavage agrémenté de plantes en pots orne un coin sombre (ci-dessous) où le gazon devrait lutter pour survivre.

Installation de la pelouse

Le gazon à l'anglaise n'est peut-être pas à la portée du jardinier amateur, mais il est tout à fait possible d'obtenir une pelouse correcte sans en devenir l'esclave. Il suffit d'une bonne préparation et d'un minimum d'entretien.

Pour une pelouse parfaite

Préparez soigneusement votre terrain avant d'y implanter une nouvelle pelouse et vous économiserez ultérieurement du temps sur l'entretien. Un terrain bien nivelé rend la pelouse plus attrayante et facilite la tonte. De même, il est plus aisé de supprimer les mauvaises herbes vivaces sur un sol nu que d'avoir à les arracher une fois la pelouse établie.

Semis ou placage ? Le semis est la technique la plus économique et la moins fatigante à mettre en œuvre. C'est la meilleure méthode si vous souhaitez un mélange de graminées particulier. De plus, le semis est le moyen le plus simple pour réparer les zones où la pelouse est morte ou bien pour rénover une pelouse clairsemée. Le placage permet d'obtenir une pelouse praticable plus rapidement. Vous trouverez dans le commerce des plaques de gazon roulées ou en carrés de différentes tailles. L'épaisseur varie en fonction des espèces.

Époque La meilleure époque pour établir une pelouse est le mois de mai : le sol encore humide se réchauffe progressivement, ce qui favorise la levée des graines ou la reprise du gazon en plaques. Septembre est aussi une période propice à l'établissement d'une pelouse. Il faut vraiment éviter les périodes de sécheresse estivale car les semences ne germent pas et le placage reprend difficilement.

Préparation du terrain Il est important d'éliminer les mauvaises herbes vivaces, en particulier les graminées comme le chiendent (*Agropyron*). Laissez ces mauvaises herbes pousser jusqu'à 30 cm de haut, puis traitez avec un désherbant à base de glyphosate. Une fois les herbes détruites, enlevez-les.

Si la lutte chimique vous déplaît, arrachez toutes les mauvaises herbes, en veillant à ne laisser aucun morceau de racine en terre, car il suffit d'un petit fragment pour redonner une nouvelle plante plus difficile à éradiquer une fois la pelouse établie.

Plaquer du gazon Un gazon plaqué, s'il est posé correctement, ne demande rien d'autre qu'une tonte régulière. Suivez ces six étapes pour réussir.

Avant de commencer, effectuez un bêchage sur environ 20 cm de profondeur et laissez le sol se reposer pendant une semaine.

❶ **Achetez des plaques** qui ne dépassent pas 1,5 cm d'épaisseur. Les racines ont été coupées pour favoriser l'émission de nouvelles racines et faciliter la reprise.

❷ **Ratissez la surface** en enlevant tous les gros cailloux.

❸ **Tassez le sol** avec les talons en veillant à ne laisser ni bosse ni creux qui rendraient la tonte difficile.

❹ **Placez une planche** pour protéger le sol et déroulez doucement le gazon.

❺ **Posez les plaques** rangée par rangée, en quinconce pour éviter l'apparition de longues fentes de retrait.

❻ **Damez le gazon** en donnant des coups fermes avec le dos d'une bêche.

❶ Les plaques fines se posent rapidement

❷ Ratissez la surface du sol

❸ Tassez le sol

❹ Déroulez le gazon

❺ Posez les plaques en quinconce

❻ Damez avec une bêche

Éliminez le feutre avec un balai à gazon

Entretien facile

Une pelouse établie avec soin, sur un terrain bien préparé, nécessite peu de travail pour rester en bon état.

Tonte Tondez la pelouse régulièrement – il est préférable pour l'herbe de faire plus fréquemment une coupe légère que de remplir la tondeuse tous les quinze jours. Coupez plus bas seulement pour la première et les dernières tontes de la saison. Ne tondez jamais trop ras, car cela favorise la mousse et la croissance des mauvaises herbes. Laissez l'herbe à environ 7 cm de haut en été, 5 cm au printemps et en automne.

Laisser l'herbe coupée Un gazon qui n'est pas coupé court continue à pousser à travers l'herbe coupée, qui se décompose pour former une couche d'humus. Quand il fait sec et très chaud, les déchets de tonte forment un paillis protecteur. Si le feutre formé par l'herbe morte devient trop important, enlevez-le avec un scarificateur autotracté ou un balai à gazon.

Fertilisation Il est inutile de fertiliser une pelouse nouvellement établie la première année. Pour réduire l'entretien, évitez les engrais qui favorisent les brusques accès de croissance. Cependant, vous pouvez épandre un engrais liquide à action rapide si la pelouse est fatiguée. Préférez les engrais à libération lente : faites un apport au printemps et de nouveau en milieu d'été. En automne, utilisez un engrais spécial pour endurcir le gazon.

Désherbage Une pelouse régulièrement tondue et bien fertilisée peut contenir quelques mauvaises herbes sans que son aspect en pâtisse. Une pelouse vigoureuse, qui est maintenue dense et haute, est moins sujette à être envahie par des mauvaises herbes. Si des mauvaises herbes vivaces à feuilles larges commencent à s'implanter, déterrez-les avec un couteau à longue lame ou traitez avec un herbicide de contact.

Utilisez un grillage protecteur dans les zones de passage

Aérez le sol humide

Laissez l'herbe coupée sur place

Mousse La mousse apparaît quand la surface est compactée, le sol inhabituellement humide ou le gazon trop ras. Aérez le sol à l'aide de patins aérateurs (ci-contre) ou d'une fourche-bêche. Sous les arbres, augmentez la luminosité en rehaussant la couronne de ceux-ci ou en éclaircissant la ramure. Si la mousse persiste, il peut être préférable de remplacer le gazon par des plantes de type couvre-sol, qui résistent mieux à l'ombre et à l'humidité.

Piétinement Le gazon peut être abîmé par un trop grand usage : par exemple si on laisse les enfants jouer sur une pelouse humide ou en cas de passage répété de personnes ou d'animaux toute la belle saison, en particulier sur un sol mal drainé. Dans certains cas, la pose d'un grillage protecteur peut s'avérer utile.

Aménager un bassin sans souci

Nombreux sont les jardins susceptibles d'héberger un bassin ou un cours d'eau, aptes à rafraîchir l'atmosphère durant les chaudes journées d'été. En suivant quelques règles, vous verrez que l'aménagement d'un bassin n'est pas une tâche si ardue.

Un ruisselet clapote doucement

Taille, forme et position

Taille Un bassin de taille moyenne est le plus facile à entretenir. Les grandes pièces d'eau peuvent être difficiles d'accès, et les petits bassins – moins de 3 à 4 m^2 – exigent une attention constante.

Construction On utilise généralement un bassin prémoulé ou une toile (bâche souple). Les bassins en béton, plus durs à construire, peuvent se fissurer, surtout dans les sols meubles. Les bassins prémoulés offrent toute une gamme de formes, mais le trou doit être creusé et remblayé avec minutie. La toile permet de façonner un bassin à votre souhait et exige moins de précision. Veillez à utiliser un matériau solide et garanti dans le temps – pas de polyéthylène, qui se déchire facilement après exposition à la lumière.

Position Choisissez un emplacement dégagé, sans ombre épaisse et à l'écart des arbres, dont les débris polluent l'eau. Il serait préférable que les feuilles ne tombent pas dans l'eau en automne, mais hormis dans les très grands jardins, c'est généralement impossible. Le bassin doit recevoir le soleil au moins une partie de la journée.

Creuser suffisamment Au Québec, il faut 60 cm au point le plus profond pour que les plantes puissent hiverner, jusqu'à 90 cm pour que les poissons puissent hiverner. Prévoyez des paliers de hauteur différente. Les bassins peu profonds perdent beaucoup d'eau, tandis que très profonds, ils sont difficiles à nettoyer, dangereux pour les enfants et inaptes à la culture des plantes aquatiques.

De l'eau pour le plaisir L'eau dans le jardin peut revêtir d'autres aspects que le bassin classique. Un ruisselet, avec une pompe pour créer un courant, suffit pour animer un jardin. Sinon, un réservoir rehaussé et largement entouré de briques vous permettra de vous asseoir et de profiter de la fraîcheur de l'eau en été.

Bien situé, ce petit bassin (ci-dessus) exhibe toute une gamme de végétaux. La petite rocaille à l'avant crée un contraste intéressant.

Les superbes nénuphars rouge rosé (Nymphaea 'Attraction') prospèrent sur la surface de ce grand bassin, sans l'étouffer (à gauche). Le bassin est bordé de roseaux.

Choisir les plantes

Sélectionnez des plantes de faible végétation pour faciliter l'entretien. Les espèces rampantes sont vite envahissantes.

Pour maintenir l'eau claire, prévoyez toujours une plante immergée oxygénante. Couvrez la moitié environ de la surface avec des plantes flottantes à feuilles aplaties, comme les nénuphars, pour éviter que l'eau ne verdisse sous l'effet du soleil. Enfin, garnissez les bords de quelques espèces d'eau peu profonde.

Plantes oxygénantes

- ***Myriophyllum exalbescens*** De minuscules feuilles vertes ; excellente source de nourriture pour les poissons.
- ***Ceratophyllum demersum*** (cornille) Passe l'hiver sous forme de bourgeons, au fond de l'eau.
- ***Elodea canadensis*** Plante au fin feuillage vert foncé ; excellente frayère pour les poissons.

Plantes flottantes

- ***Hydrocharis morsus-ranae*** (grenouillette) Feuilles arrondies vert vif ponctuées de petites fleurs blanches. Passe l'hiver au fond.
- ***Stratiotes aloides*** Le feuillage en rosette, semblable à un ananas, émerge en été.

Nénuphars

- ***Nymphaea* 'Albatross'** Fleurs blanc laiteux et feuilles teintées de bronze à revers rouge.
- ***N.* 'Pink Sensation'** Fleurs rose clair et feuilles vert vif à revers rouge.
- ***N.* 'Paul Hariot'** Fleurs jaune clair ombrées de rouge cuivré.

Autres plantes d'eau profonde

- ***Nymphoides peltata*** (petit nénuphar) Fleurs jaune vif et petites feuilles flottantes.
- ***Aponogeton distachyos*** Fleurs blanches parfumées. Feuilles allongées ressemblant à celles des nénuphars.

Plantes d'eau peu profonde

- ***Alisma plantago-aquatica*** (plantain d'eau) Plus adapté aux grands bassins car les épis floraux atteignent 1 m de hauteur.
- ***Acorus calamus* 'Variegatus'** (acore panaché) Les pousses printanières roses et crème donnent des feuilles aromatiques graminiformes, raides, vertes et crème, de 1 m de haut.
- ***Caltha palustris*** (souci des marais) Fleurs étoilées jaune d'or pour les berges. (Voir page 101).
- ***Lysimachia nummularia*** (herbe aux écus) Plante à port rampant ; fleurs jaunes.
- ***Typha minima*** (quenouille miniature) Feuilles étroites et délicates ; inflorescences brunes et globuleuses.

Nymphaea 'Pink Sensation'

Stratoites aloides

Caltha palustris

Nymphoides peltata

Entretien du bassin et des plantations

Avec un bon choix de plantations et un emplacement bien dégagé, un bassin ne devrait pas vous demander beaucoup d'entretien. Le plus souvent, il suffit d'éliminer les feuilles et pétales égarés et d'activer la pompe pour faire circuler l'eau autour du bassin.

Techniques de plantation

Les mois de mai et juin sont idéals pour installer vos plantations. La température plus élevée de l'eau favorise la croissance des plantes.

Utilisez des paniers de plantation. Ils permettent de sortir facilement les plantes de l'eau et de les diviser si nécessaire, sans avoir à vider entièrement le bassin.

La plupart des jardineries vendent les plantes aquatiques dans des paniers en plastique individuels à placer directement dans le bassin. Les modèles plus grands permettent de réaliser des plantations mélangées attrayantes.

Les paniers classiques, largement ajourés sur les côtés, doivent être tapissés avec une toile de jute pour contenir la terre ou le terreau.

Les paniers plus récents comportent des bords finement ajourés. Vous pouvez les remplir directement de terre, mais il est préférable de tapisser l'intérieur avec de vieux collants ou un matériau similaire pour éviter que les fines particules ne s'échappent et ne souillent l'eau.

❶ Utilisez une terre de jardin lourde

❷ Installez les plantes

❸ Le gravier maintient la terre

❹ Immergez le panier

❺ Vérifiez la bonne profondeur du panier

Suivez ces étapes pour réaliser un panier composé.

❶ **Utilisez une terre de jardin lourde** ou un terreau spécial plantes aquatiques, pour favoriser l'enracinement.

❷ **Placez les plantes dans le panier** à la même profondeur que dans leur pot d'origine.

❸ **Recouvrez la terre de gravier** pour la maintenir bien en place.

❹ **Immergez le panier.** Des gants en plastique sont pratiques, surtout en eau profonde.

❺ **Assurez-vous que les plantes se trouvent** à la bonne profondeur et que le panier repose d'aplomb sur le fond ou un replat. Le feuillage des plantes d'eau peu profonde, comme *Acorus calamus* et *Caltha palustris*, doit se situer juste au-dessus de la surface de l'eau, tandis que d'autres espèces demandent une immersion totale (voir page 301).

L'eau courante reste propre plus longtemps

Entretien du bassin

Les deux problèmes les plus courants dans un bassin sont les algues qui verdissent l'eau et les algues filamenteuses.

• Pour éviter les **algues**, ne placez pas le bassin en plein soleil. Cependant, ce problème se pose rarement lorsque le bassin est bien établi.
• Les **algues filamenteuses** sont parfois introduites avec des nouvelles plantes. Faites flotter en surface des blocs de paille d'orge pour limiter leur extension.

L'eau en mouvement Les algues sont rarement un problème dans une eau courante. Installez une pompe avec un filtre (reliée à un disjoncteur différentiel à haute sensibilité, voir page 11) et une fontaine ou une cascade pour faire circuler l'eau.

Ratissage Enlevez les algues filamenteuses à l'aide d'un balai japonais ou en les enroulant sur un bâton.

L'eau verdit Un bassin qui vient d'être rempli peut verdir pendant quelques jours, voire quelques semaines, jusqu'à ce que l'eau se soit « aérée », mais le problème se résout presque toujours de lui-même.

Niveau d'eau Les pluies compensent normalement les pertes d'eau par évaporation, mais lors des longues périodes de sécheresse, il peut être nécessaire de réajuster le niveau du bassin avec l'eau du robinet.

Récupérez les feuilles mortes

Nettoyage Le nettoyage du bassin ne s'impose réellement que si la matière organique décomposée menace la survie des poissons ou nuit à l'aspect du bassin. Il se pratique au printemps ou en été.
Pour empêcher l'eau de se salir, rabattez les plantes aquatiques quand elles commencent à se faner et retirez les feuilles de la surface de l'eau (voir ci-dessous).

En automne Poussées par le vent, les feuilles mortes tombent inévitablement dans l'eau, même si vous avez pris soin d'implanter votre bassin loin des arbres. Ramassez-les tous les jours à l'aide d'une épuisette avant qu'elles ne sombrent au fond de l'eau et ne se décomposent en libérant des gaz toxiques pour les poissons. Ou bien couvrez le bassin d'un filet à mailles fines que vous secouerez périodiquement pour en ôter les feuilles.

Les poissons animent le bassin de leurs teintes vives

Poissons et faune sauvage Laissez l'eau se reposer quelques semaines afin de réduire le taux de chlore, puis laissez les plantes s'enraciner avant d'introduire des poissons.

• **Choisissez des poissons** faciles à vivre.
• **L'été est la bonne période** pour l'empoissonnement.
• **N'introduisez pas trop** de poissons au début car ils se multiplient rapidement.
• **Quand il gèle,** les poissons peuvent survivre au fond à condition que le bassin soit assez profond et l'eau propre. Laissez un trou dans la glace en permanence pour que les gaz de décomposition et de respiration puissent s'échapper.
• **Les petits bassins** peuvent être équipés d'un chauffage pour maintenir l'eau juste au-dessus du point de congélation.
• **La faune sauvage** est attirée par les mares pourvues de berges en pente douce. Les poissons mangent parfois les grenouilles, mais, en période d'accouplement, ce sont elles qui peuvent blesser les poissons.

Créer un jardin en pots

Grâce aux potées, vous pouvez créer sans trop de fatigue un jardin intéressant en toute saison. Plantez des jardinières avec des périodes de floraison différentes ; mettez-les dans un coin, surveillez l'arrosage et la fertilisation, puis placez sur le devant de la scène celles qui commencent à fleurir.

Conseils pour des potées réussies

Pots classiques, coupes vernissées, jardinières, paniers suspendus et même brouettes, la gamme des contenants est vaste.

Les pots peuvent mettre en valeur des petites plantes, apporter de la couleur à une terrasse ou à un mur, et maintenir à distance les escargots et les limaces.

Dimensions et emplacement Les grands contenants sont généralement moins contraignants que les petits, qui sèchent vite par temps chaud.

L'emplacement joue aussi son rôle : les suspensions et les jardinières placées près d'une façade ne reçoivent pas forcément l'eau de pluie et nécessitent des arrosages plus fréquents ; de même, les potées situées sur un dallage en plein soleil peuvent subir des brûlures par effet réfléchissant.

Associations réussies Les pots isolés peuvent créer un bel effet s'ils hébergent des plantes sculpturales (voir encadré) ou insolites, mais ils sont aussi très décoratifs en groupe. Maintenez toujours une certaine unité dans la couleur des plantes ou des pots, et faites varier les formes et les textures. Le regroupement permet aussi de créer un microclimat, renforçant protection et humidité ambiante.

Créer un point central Prenez l'habitude d'inclure des plantes aux silhouettes variées. Placez les espèces dressées ou buissonnantes au centre et celles à tiges retombantes ou rampantes sur les bords. Dans une composition de groupe, choisissez un grand arbuste pour le centre et disposez autour un mélange de plantes plus basses.

Dans les massifs Ne confinez pas les pots aux terrasses et aux surfaces dallées : une potée fleurie est un moyen idéal de combler un vide dans une plate-bande. Cultivez des bulbes en pots et dispersez-les dans les plates-bandes quand ils commencent à fleurir. Vous gardez ainsi vos plates-bandes libres pour les plantes à massif.

Groupez les pots pour créer un effet de massif

Besoins des plantes Veillez à regrouper des plantes qui ont les mêmes besoins. Planter une espèce d'ombre, telle que fougère ou hosta, avec des annuelles exigeantes en chaleur fera toujours des malheureuses.

Des graminées jaillissent de pots à bords droits

Les plantes sculpturales ont besoin de contenants qui mettent en valeur leur silhouette. Adoptez les lignes droites, les bords rigides et essayez la pierre ou le métal.

Les palmiers et plantes grasses non rustiques doivent être rentrés en hiver pour être protégés du gel. Essayez les espèces suivantes :

- ***Agave filifera*** ♡ Feuilles lancéolées charnues, gris-vert, épineuses. ***H* 45 cm *E* 60 cm**
- ***Aloe vera*** ♡ Feuillage succulent gris-vert. ***HE* 60 cm**
- ***Chamaerops humilis*** ♡ Palmier nain. ***HE* 1 m**
- ***Cordyline australis*** ♡ Rosettes de feuilles lancéolées vertes à pourpres. ***HE* 1,80 m**
- ***Cortaderia selloana* 'Pumila'** ♡ Herbe de la pampa naine, plumets crème. ***HE* 1,50 m**
- ***Dicksonia antarctica*** ♡ Fougère arborescente. ***H* 6 m *E* 2,40 m**
- ***Echeveria elegans*** ♡ Rosettes charnues blanc d'albâtre. ***H* 15 cm *E* 30 cm**

Recettes éprouvées

Essayez ces associations ou expérimentez vos propres combinaisons.

Jardinière pour l'ombre
Des lis (*Lilium*) émergent d'une touffe d'impatientes (*Impatiens*) blanches et d'alchémilles (*Alchemilla mollis*♀) vert tendre. Choisissez un lis asiatique blanc de la Série Kiss (voir page 287).

Au soleil Optez pour les teintes chaudes. Garnissez une jardinière avec des annuelles jaunes telles que *Helichrysum petiolare*♀, *Bidens* et œillets d'Inde (*Tagetes*). Ajoutez une tache rouge avec un bégonia (*Begonia*).

Panier suspendu N'installez qu'un seul type de plante, comme des pétunias (*Petunia*) retombants. Jouez sur les différentes nuances d'un même coloris pour donner une touche plus sophistiquée.

En situation dégagée
Une association de mufliers (*Antirrhinum*), statices (*Limonium*) et géraniums (*Pelargonium*) blancs résiste au vent et à la pluie. Les feuillages gris, comme l'épiaire (*Stachys*), maintiennent la fraîcheur.

Balconnière pour l'automne
Égayez les journées sombres avec un mélange de pensées (*Viola × wittrockiana*) et de choux décoratifs (*Brassica*).

Des lis illuminent un coin sombre

Des paniers à bord plein sèchent moins vite

Des fleurs robustes pour un emplacement venteux

Potées sans souci

La réalisation d'un groupe de potées peut être un grand plaisir, car ce type de plantation à court terme permet de laisser aller son imagination. Choisissez un pot adapté, remplissez-le avec le terreau adéquat et suivez ces conseils de plantation : vous obtiendrez un merveilleux décor.

Choisir le bon contenant

Pour un décor qui persiste, choisissez un pot robuste. Un pot en terre cuite résistant aux intempéries dure longtemps, maintient la motte racinaire au frais en été et ne se renverse pas sous les rafales.

L'arrosage (voir page de droite) est essentiel pour obtenir de belles potées, mais le choix du pot peut alléger la tâche. L'évaporation est moins intense dans un pot vernissé et encore moins dans un pot en plastique – à tel point qu'il faut veiller aux excès d'eau. Les paniers suspendus pleins maintiennent mieux l'humidité que les suspensions en fil métallique.

Choisissez un pot en terre cuite résistant au gel

Terreaux de rempotage Choisissez un terreau spécialement formulé avec des éléments supplémentaires pour plantes en pots.

L'humidité est vitale et beaucoup de mélanges terreux contiennent des cristaux rétenteurs (ci-dessous).

Une bonne fertilisation est un gage de réussite : achetez un terreau contenant un engrais à libération lente ou pensez à en ajouter si vous faites votre propre mélange.

Optez pour un terreau bien aéré afin d'éviter tout risque de pourriture racinaire.

Les cristaux se transforment en gel avec l'eau

Comment planter

Bon drainage

Regardez si le pot est pourvu de plusieurs trous de drainage, puis disposez au fond une couche drainante, sur un dixième environ de la hauteur du pot. Utilisez des tessons de vieux pots, du gravier, des fragments de polystyrène ou autres matériaux similaires.

Commencez par une couche de drainage

Choisir les plantes en ayant le contenant à l'esprit. Si vous achetez les deux en même temps, choisissez le pot en premier, puis faites le tour de la jardinerie pour trouver les plantes qui conviennent.

Annuelles et plantes à massif Hormis les plantes de jardinière classiques, beaucoup d'arbustes et même de petits arbres font d'excellentes plantes en pots. Des heuchères (*Heuchera*) à feuillage pourpre et du *Pennisetum*, par exemple, entourés d'annuelles telles que nigelles (*Nigella*) ou pétunias (*Petunia*) créent un superbe décor. Dans un autre style, les arbustes taillés, comme le buis (*Buxus*) ou certains conifères nains, font des potées durables et attrayantes, mais nécessitent un apport annuel d'engrais.

Décor touffu Dans un pot, vous pouvez disposer les plantes plus serrées que dans un massif car leur présence n'y est généralement que temporaire, mais ne les entassez pas pour autant. Une plantation trop serrée exige une fertilisation et des arrosages constants, et encourage les parasites et les maladies.

Se faciliter la vie en choisissant les plantes avec soin. Sur une terrasse chaude et ensoleillée, optez pour des variétés résistant à la sécheresse, comme la lavande (*Lavandula*) ou les *Sisyrinchium*. De même, chez certaines plantes, il est inutile de couper les fleurs fanées, ce qui est un avantage par rapport à celles dont la floraison est moindre si les fleurs fanées ne sont pas fréquemment supprimées, comme les pensées (*Viola* × *wittrockiana*).

Rempoter correctement les plantes en les plaçant dans le terreau de rempotage à la même profondeur que dans leur pot d'origine. Disposez les grands sujets au centre et les variétés retombantes sur les bords.

Finissez par une couche décorative

Une finition soignée Disposez en surface une couche isolante de 2 à 3 cm d'épaisseur pour réduire l'évaporation et faciliter le désherbage. Le gravier est idéal, mais soyez imaginatif (ci-contre) : coquillages, écorce, tessons de poterie, billes de verre ou galets peints sont tout aussi décoratifs.

Surélever les pots Placez les pots sur des cales, du gravier ou des morceaux de pots cassés pour laisser l'eau s'écouler par les trous. Cela décourage aussi les vers et les insectes de pénétrer dans le mélange terreux.

Arrosage et fertilisation

Même les potées les plus faciles à vivre demandent un peu d'attention en cours de saison.

L'engrais à libération lente incorporé dans le terreau de rempotage suffit généralement à nourrir les plantes pendant une dizaine de semaines. Ensuite, pour maintenir la qualité des floraisons, faites des apports complémentaires avec un engrais complet liquide.

Les plantations pérennes doivent être fertilisées au printemps. Dispersez des engrais à libération lente en surface ou enfoncez des granulés dans le terreau (ci-dessus).

Les grands contenants nécessitent moins d'arrosages que les petits pots, qu'il faut arroser au moins une fois par jour en été. Arrosez jusqu'à ce que l'eau s'écoule par la base. Quant aux paniers suspendus, trempez-les de temps en temps dans un seau d'eau pour bien réhumecter la terre.

Les pots à réserve d'eau (à droite) permettent de limiter les arrosages en été. Leur usage est cependant plus discutable au printemps et en automne.

Fertilisez les potées pérennes au printemps

Humectez copieusement les paniers suspendus

Un arrosage automatique peut être rentable si vous avez de nombreux pots. Un réseau de tuyaux perforés ou équipés de goutteurs parcourt massifs et potées. L'idéal est de disposer d'une minuterie qui ferme l'eau au bout d'un laps de temps choisi. Il existe des versions plus complexes avec des programmateurs électroniques. Cependant, aucun de ces systèmes ne prend en compte le temps qu'il fait, et la quantité d'eau délivrée est la même que la journée soit caniculaire ou pluvieuse.

Les pots à réserve d'eau simplifient l'entretien. L'eau remonte par capillarité du réservoir vers le mélange terreux. Beaucoup sont équipés d'un tube pour faciliter l'arrosage.

Guide saisonnier

Que vous souhaitiez ajouter une touche de rose dans un massif estival ou égayer votre jardin en hiver, ce guide saisonnier vous aidera dans vos recherches. Sélectionnez une saison, puis fleurs, feuillage, baies ou écorce, choisissez une couleur et reportez-vous à la page indiquée pour plus d'informations.

Printemps

FLEURS

Vivaces herbacées

Ajuga ❀ Bleu ➤**p. 89**
Aquilegia ❀ Blanc, rose, violet, bleu, rouge et bicolore ➤**p. 93**
Bergenia ❀ Rose ➤**p. 99**
Brunnera ❀ Tons de bleu ➤**p. 100**
Caltha ❀ Jaune ➤**p. 101**
Dicentra ❀ Blanc, rose, rouge et bicolore ➤**p. 107**
Doronicum ❀ Tons de jaune ➤**p. 108**
Epimedium ❀ Tons de jaune ➤**p. 111**
Euphorbia ❀ Vert, jaune, orange ➤**p. 117-118**
Helleborus ❀ Blanc, rose, pourpre, violet ➤**p. 129-130**
Iris ❀ Blanc, rose, bleu, pourpre, jaune, bicolore ➤**p. 135-136**
Paeonia ❀ Blanc, jaune, tons de rose, rouge, magenta ➤**p. 149**
Phlox ❀ Blanc, rose, pourpre, bleu-violet ➤**p. 152**
Primula ❀ Blanc, lilas, mauve, pourpre, rose, jaune, bleu, bicolore ➤**p. 155**
Pulmonaria ❀ Blanc, bleu pâle, rose, violet, rouge, bleu foncé ➤**p. 156-157**
Symphytum ❀ Jaune, rose, pourpre, blanc ➤**p. 164**
Tiarella ❀ Blanc, rose ➤**p. 168**
Waldsteinia ❀ Jaune ➤**p. 173**

Arbustes et plantes grimpantes

Amelanchier ❀ Blanc ➤**p. 177**
Bruyères ❀ Blanc, rose, lavande, cramoisi ➤**p. 194-195**
Chaenomeles ❀ Rose et blanc, abricot, tons de rouge ➤**p. 181**
Clematis ❀ Blanc, tons de rose, bleu, pourpre, rouge et jaune ➤**p. 183-184**
Corylus ❀ Chatons pourpres et jaunes ➤**p. 186**
Cytisus ❀ Blanc, tons de jaune, bicolore, rouge-orange ➤**p. 188**
Daphne ❀ Blanc, crème, jaune, rose, rouge, pourpre ➤**p. 189**
Deutzia ❀ Blanc, rose, rouge, lilas ➤**p. 190**
Exochorda ❀ Blanc ➤**p. 192**
Forsythia ❀ Jaune ➤**p. 193**
Kerria ❀ Jaune d'or ➤**p. 203**
Kolkwitzia ❀ Tons de rose ➤**p. 203**
Lonicera ❀ Blanc, jaune, rose ➤**p. 205-206**
Magnolia ❀ Blanc, tons de rose et pourpre ➤**p. 207**
Mahonia ❀ Jaune ➤**p. 208**
Paeonia ❀ Blanc, rose, rouge, pourpre, marron, jaune ➤**p. 149**
Philadelphus ❀ Blanc ➤**p. 209-210**
Prunus ❀ Blanc, rose, rouge ➤**p. 212-213**
Rhododendron ❀ Blanc, crème, jaune, rose, rouge, pourpre, violet ➤**p. 214-215**
Ribes ❀ Blanc, rose, jaune, rouge ➤**p. 213**
Rosa ❀ Coloris très divers ➤**p. 216-221**
Salix ❀ Chatons roses, jaunes, noirs ➤**p. 222**
Spiraea ❀ Blanc, rose ➤**p. 224-225**
Syringa ❀ Blanc, rose, lilas, tons de rose foncé et rouge ➤**p. 226**
Tamarix ❀ Bicolore rose et vert, rose foncé et brun rougeâtre ➤**p. 227**
Vinca ❀ Blanc, bleu, pourpre ➤**p. 172**
Weigela ❀ Blanc, rose, rouge ➤**p. 230**

Arbres

Crataegus ❀ Blanc, rouge, rose ➤**p. 236**
Malus ❀ Blanc, rose, rouge rosé, pourpre ➤**p. 237**
Prunus ❀ Blanc, tons de rose ➤**p. 238**
Pyrus ❀ Blanc, blanc crème ➤**p. 239**
Robinia ❀ Blanc, rose ➤**p. 239**
Salix ❀ Chatons gris et jaune verdâtre ➤**p. 240**
Sorbus ❀ Blanc, rose pâle ➤**p. 241**

Annuelles

Myosotis ❀ Blanc, bleu, rose ➤**p. 256**
Osteospermum ❀ Blanc, rose, pourpre, jaune, orange ➤**p. 259**
Tagetes ❀ Jaune, orange, rouge ➤**p. 267**
Viola ❀ Multicolores dans des tons de jaune, blanc, violet, bleu, crème ➤**p. 269**

Bulbes

Chionodoxa ❀ Rose, blanc, bleu, bicolore ➤**p. 277**
Convallaria ❀ Blanc, rose ➤**p. 278**
Crocus ❀ Crème, jaune, lilas, pourpre ➤**p. 279**
Eranthis ❀ Jaune ➤**p. 282**
Erythronium ❀ Jaune, crème, rose ➤**p. 282**
Galanthus ❀ Blanc ➤**p. 283**
Hyacinthoides ❀ Blanc, tons de bleu, rose, violet ➤**p. 284**
Hyacinthus ❀ Blanc, rose, tons de bleu, jaune, rouge ➤**p. 285**
Iris ❀ Bleu, pourpre, jaune ➤**p. 285**
Muscari ❀ Bleu, blanc ➤**p. 288**
Narcissus ❀ Blanc, jaune ➤**p. 288-289**
Puschkinia ❀ Blanc, bleu pâle ➤**p. 291**
Scilla ❀ Tons de bleu ➤**p. 291**
Tulipa ❀ Blanc, tons de rose, rouge, jaune ➤**p. 292-293**

FEUILLAGE

Vivaces herbacées

Artemisia ∅ Gris, argenté, jaune, vert ➤**p. 94-95**
Epimedium ∅ Bronze, cuivre, orange, tons de vert ➤**p. 111**
Euphorbia ∅ Vert, rouge, bleu-vert ➤**p. 117-118**
Fougères ∅ Tons de vert et brun ➤**p. 115-116**
Graminées ∅ Divers ➤**p. 125-126**
Hosta ∅ Tons de vert, gris, bleu, panaché ➤**p. 133-134**
Houttuynia ∅ Rouge, jaune, vert foncé, bleu-vert ➤**p. 134**
Lamium ∅ Vert, argenté, panaché ➤**p. 137**
Pulmonaria ∅ Vert panaché avec taches et rayures argentées ➤**p. 156-157**
Sempervivum ∅ Bleu-vert, rouge et vert, vert clair ➤**p. 161**
Stachys ∅ Vert, gris ➤**p. 163-164**
Vinca ∅ Vert foncé, jaune verdâtre, panaché ➤**p. 172-173**

Arbustes et plantes grimpantes

Abies ∅ Vert, bleu argenté, doré ➤**p. 176**
Amelanchier ∅ Cuivré, rouge ➤**p. 177**
Berberis ∅ Rouge, rouge pourpré, vert-jaune ➤**p. 177-178**
Bruyères ∅ Vert, jaune, gris-vert, bronze ➤**p. 194-195**
Celastrus ∅ Jaune ➤**p. 181**
Chamaecyparis ∅ Vert crème, jaune verdâtre, vert foncé, gris-vert, bleu argenté ➤**p. 182**
Clematis ∅ Vert, bronze ➤**p. 183-184**
Cornus ∅ Rouge rosé, orange, panaché de vert et crème, cramoisi ➤**p. 185**
Elaeagnus ∅ Jaune verdâtre, doré verdâtre, vert argenté ➤**p. 191**

Arbres

Bulbes

Été

FLEURS

Vivaces herbacées

Arbustes et plantes grimpantes

Annuelles

Bulbes

FEUILLAGE

Vivaces herbacées

Arbustes et plantes grimpantes

Arbres

Annuelles

Bulbes

Automne

FLEURS

Vivaces herbacées

Arbustes et plantes grimpantes

Annuelles

Bulbes

FEUILLAGE

Vivaces herbacées

Arbustes et plantes grimpantes

Arbres

Gleditsia Jaune vif, rouge-bronze ➤p. 236
Malus Bronze, jaune, rouge ➤p. 237
Pyrus Rouge ➤p. 239
Robinia Orange, jaune ➤p. 239
Sorbus Rouge, orange, jaune, brun ➤p. 241

Annuelles

Senecio Blanc ➤p. 265

BAIES

Vivaces herbacées

Iris Graines orange ➤p. 135-136

Arbustes et plantes grimpantes

Berberis Rouge vif, pourpre ➤p. 177-178
Celastrus Jaune ➤p. 181
Cornus Vert, noir ➤p. 185
Corylus Noisette ➤p. 186
Cotoneaster Rouge, orange ➤p. 187
Euonymus Rose, orange, pourpre ➤p. 191-192
Hypericum Bronze, pourpre, rouge, cerise ➤p. 200
Ilex Rouge, noir, blanc, jaune ➤p. 201
Vaccinium Rouge, noir, noir bleuté ➤p. 229
Viburnum Rouge, bleu ➤p. 229-230

Arbres

Crataegus Tons de rouge ➤p. 236
Malus Jaune-orange, rouge, rouge-pourpre, jaune ➤p. 237
Sorbus Rouge-orange, jaune-orange, rose, blanc, écarlate ➤p. 241

Hiver

FEUILLAGE

Arbustes et plantes grimpantes

Abies Bleu argenté, jaune doré, tons de vert ➤p. 176
Bruyères Vert, bronze, jaune, gris ➤p. 194-195
Buxus Vert, bronze ➤p. 180
Chamaecyparis Vert crème, jaune verdâtre, vert foncé, gris-vert, bleu argenté ➤p. 182
Elaeagnus Tons de jaune verdâtre et vert argenté ➤p. 191
Euonymus Tons de vert, vert doré, rouge, panaché ➤p. 191-192
Hedera Vert ➤p. 197
Ilex Bleu, vert, pourpre, doré ➤p. 201
Juniperus Bleu argenté, gris-vert, jaune d'or, vert vif ➤p. 202
Ligustrum Vert doré, panaché, vert foncé ➤p. 205
Lonicera Gris, vert, doré verdâtre ➤p. 205-206
Mahonia Tons de vert ➤p. 208
Picea Vert vif, bleu vif, bleu argenté ➤p. 210-211
Pinus Bleu, gris-bleu, vert foncé ➤p. 211
Taxus Doré, vert foncé ➤p. 227
Thuja Vert, doré, cuivré, vert-jaune et pourpre ➤p. 228

BAIES

Arbustes et plantes grimpantes

Ilex Rouge, noir, blanc, jaune ➤p. 201

ÉCORCE

Arbustes et plantes grimpantes

Cornus Rose, vert, jaune, rouge ➤p. 185

Arbres

Acer Rayée, rouge rosé ➤p. 234
Betula Blanc, gris ➤p. 235
Prunus Brun rougeâtre ➤p. 238

A

B

C

D

E

F

M

N

O

PQ

R

S

T U

V

W Y

crédits photographiques

L'emplacement des photographies est indiqué par les abréviations suivantes :
h : en haut ; **c** : au centre ; **b** : en bas ; **g** : à gauche ; **d** : à droite
SC : Sarah Cuttle ; **DP** : Debbie Patterson ; **JS** : Jason Smalley
© RD indique que les photographies font l'objet d'un copyright détenu par The Reader's Digest Association Limited.
PL signale des photographies de la Reader's Digest Plant Library (bibliothèque des plantes), qui ont peut-être été employées dans l'ouvrage Reader's Digest *New Encyclopedia of Garden Plants and Flowers.*
GPL Garden Picture Library
Les autres photographes sont nommés dans la liste ci-dessous.

Couverture © Inside/Marina Schinz **1** © RD/SC **2-3** © RD/DP **4-5** © RD/DP **6 h** Photoshot **b** © RD/Artist, Ian Sidaway **6-7** © RD/JS **7 g** GPL/John Glover **hd** Photoshot **c** John Glover **cd** John Glover **bg** © RD/PL **bd** PHPL **8 hg** © RD/DP **8-9** Photoshot **9 hd** © RD/DP **bd** © RD/DP **10** © RD/DP **10-11** © RD/DP **11** © RD/DP **12 hg** © RD/DP **cg** © RD/DP **bg** © RD/DP **bd** Photoshot **12-13** © RD/DP **13** © RD/DP **14** © RD/DP **14-15** © RD/DP **15 hd** © RD/DP **cd** Photoshot **bd** © RD/DP **16 hg** © RD/DP **hd** © RD/DP **cg** Ardea, Londres/Ian Beames **bc** Holt Studios Ltd./Nigel Cattlin **17 h** Holt Studios Ltd./Alan & Linda Detrick **g** © RD/Artist, Rudi Vizi **c** © RD/Artist, Rudi Vizi **cd** Photoshot **b** © RD/DP **18 hd** © RD/DP **cd** © RD/DP **bg** Ardea, Londres/Steve Hopkin **bc** Holt Studios Ltd./Nigel Cattlin **bd** © RD/DP **19 hg** © RD/DP **hd** Holt Studios Ltd./Nigel Cattlin **cd** Holt Studios Ltd./Nigel Cattlin **bg** Photoshot **bd** Holt Studios Ltd./Nigel Cattlin **20-21** GPL/Ann Kelley **22** © RD/Daphne Ledward **23 h** GPL/Howard Rice **b** GPL/Sunniva Harte **24 hg** © RD/Richard Surman **d** © RD/Artist, Ian Sidaway **24-25** Jerry Harpur/John Brookes – pour M. et Mme Mulville, Argentine **26 h** © RD/PL **b** © RD/Artist, Ian Sidaway **26-27** © RD/JS **28 g** © RD/SC **28-29** Clive Nichols/Cambridge Botanic Garden **29** © RD/Artist, Ian Sidaway **30** © RD/PL **30-31** © RD/DP **31** © RD/Artist, Ian Sidaway **32 hg** Photoshot **bd** © RD/Artist, Ian Sidaway **32-33** © RD/JS **34 hg** © RD/Richard Surman **bd** © RD/Artist, Ian Sidaway **34-35** Sheila & Oliver Mathews **36 g** Flower-photos **36-37** GPL/Christi Carter **37** © RD/Artist, Ian Sidaway **38 g** GPL/John Glover **38-39** © RD/JS **39** © RD/Artist, Ian Sidaway **40 g** Photoshot **40-41** GPL/Tim Griffith **41** © RD/Artist, Ian Sidaway **42 hg** © RD/Richard Surman **b** © RD/Artist, Ian Sidaway **42-43** Jerry Harpur/The Garden House **44** © RD/PL **44-45** © RD/DP **45** © RD/Artist, Ian Sidaway **46** © RD/Artist, Ian Sidaway **46-47** © RD/JS **48 hg** © RD/PL **hd** © RD/Artist, Ian Sidaway **49** Andrew Lawson **50 g** GPL/John Glover **50-51** GPL/Brigitte Thomas **51** © RD/Artist, Ian Sidaway **52** © RD/DP **52-53** © RD/JS **53** © RD/Artist, Ian Sidaway **54 g** © RD/Richard Surman **54-55** Clive Nichols

55 © RD/Artist, Ian Sidaway **56** © RD/Artist, Ian Sidaway **56-57** © RD/JS **58** © RD/Artist, Ian Sidaway **hg** © RD/DP **58-59** © RD/DP **60 hg** Jerry Harpur **b** © RD/Artist, Ian Sidaway **60-61** © RD/DP **62** © RD/Artist, Ian Sidaway **62-63** © RD/JS **64 hg** © RD/Richard Surman **b** © RD/Artist, Ian Sidaway **64-65** © RD/JS **66 hg** © RD/JS **b** © RD/Artist, Ian Sidaway **66-67** © RD/SC **68 hg** © RD/RDPL **b** © RD/Artist, Ian Sidaway **68-69** © RD/DP **70 hg** © RD/PL **b** © RD/Artist, Ian Sidaway **70-71** © RD/DP **72 hg** © RD/PL **bd** © RD/Artist, Ian Sidaway **73** © RD/DP **74 hg** © RD/PL **74-75** GPL/Ron Evans **75** © RD/Artist, Ian Sidaway **76** © RD/Artist, Ian Sidaway **76-77** GPL/Ron Sutherland **78 hg** © RD/PL **78-79** GPL/Jacqui Hurst **79** © RD/Artist, Ian Sidaway **80 g** © RD/PL **80-81** GPL/JS Sira **81** © RD/Artist, Ian Sidaway **82-83** © RD/SC **84-85** © RD/DP **85 hd** © RD/DP **b** © RD/Daphne Ledward **86-87** © RD/SC **87** © RD/DP **88 g** © RD/PL **d** © RD/PL **89 hg** Clive Nichols **bg** © RD/Richard Surman **bd** GPL/Chris Burrows **90 g** © RD/DP **d** © PL **91 hg** GPL/Mayer/Le Scanff **hd** Photoshot **bg** © RD/Richard Surman **bd** Derek St. Romaine **92 hd** Photoshot **bg** © RD/SC **92-93** GPL **93 hg** GPL/Howard Rice **hc** Photoshot **bd** Harry Smith Collection **94 hc** © RD/Richard Surman **hd** Andrew Lawson **b** © RD/JS **95 hg** © RD/JS **hc** © RD/Richard Surman **d** © PL **96 bg** Photoshot **hc** © PL **hd** GPL/Sunniva Harte **c** GPL/Howard Rice **97 bg** © PL **bc** © PL **d** © RD/Richard Surman **98 d** © RD/Richard Surman **g** © RD/Richard Surman **99 b** John Glover **hg** Photoshot **hd** Photoshot **100 hd** Photoshot **g** © RD/JS **bc** GPL/Sunniva Harte **101 hc** © RD/Richard Surman **hd** © PL **bd** Photoshot **102 hc** Jerry Harpur Marcus Harpur **g** © RD/Richard Surman **bd** © RD/SC **103 g** © PL **d** © RD/Richard Surman **104 g** Janet Davis **hd** Garden World Images **dc** © PL **105 g** © PL **d** © PL **106 hc** GPL/Mayer/Le Scanff **hd** © PL **cd** Derek St. Romaine **b** Glenn Kopp **107 h** © RD/Richard Surman **bg** © RD/Mark Bolton **bd** © RD/JS **108 hd** © PL **bd** Andrew Lawson **109 hd** Photoshot **g** © PL **bd** GPL/JS Sira **110 h** GPL/JS Sira

b © PL **111 hd** Derek St. Romaine **cd** © RD/DP **bg** Photoshot **112 h** © PL **bd** Jerry Harpur/Beth Chatto **bg** © RD/JS **113 hg** Neil Holmes **bd** © RD/JS **bc** © RD/SC **hd** GPL/Photolibrary **114 bg** Photoshot **bd** Photoshot **cd** © PL **115** Harry Smith Collection **116 hd** Derek St. Romaine **hg** © RD/JS **hc** © PL **cd** © RD/JS **bd** © PL **117 bg** Harry Smith Collection **bc** © PL **hd** Photoshot **d** Photoshot **118 c** © PL **bc** © PL **d** © PL **119 g** © RD/Richard Surman **d** © PL **120 h** © PL **b** © PL **121 h** © RD/SC **b** © RD/JS **122 d** Photoshot **hc** Neil Holmes **bc** Derek St. Romaine **hg** © RD/Richard Surman **123 hc** © RD/JS **hd** Photoshot **bg** Photoshot **124 g** © PL **d** A-Z Botanical Collection Sam Ke Tran **125 bg** Harry Smith Collection **hd** Photoshot **126 c** Photoshot **bg** Harry Smith Collection **bd** Neil Holmes **127 hd** Photoshot **bg** © PL **cd** © PL **128 hd** © PL **bg** GPL/JS Sira **129 bg** Graham Rice/Gardenphotos.com **bc** Jerry Harpur Marcus Harpur **d** Andrew Lawson **130 hg** GPL/Howard Rice **hc** Flowerphotos **bc** © RD/GID **131 cg** © RD/JS **bg** © PL **d** © RD/JS **132 hg** Suzanne Puech, Jardin des curiosités **hd** © RD/JS **bg** Neil Holmes **133 hd** Clive Nichols Photography **cg** © RD/DP **bg** © RD/JS **134 hg** © RD/JS **hc** © RD/JS **bd** © RD/Richard Surman **135 g** © RD/Richard Surman **hd** © PL **136 c** © PL **bg** © PL **bc** © RD/JS **bd** © RD/JS **137 g** GPL/JS Sira **c** © RD/JS **d** © RD/JS **138 hg** © PL **hd** Janet Davis **bd** © PL **139 h** John Glover **bg** Neil Holmes **bd** © PL **140 bg** © PL **hc** Suzanne Puech, Jardin des curiosités **hd** Suzanne Puech, Jardin des curiosités **141 bg** © RD/SC **bd** Harry Smith Collection **142 bg** Photoshot **hc** Photoshot **hd** Suzanne Puech, Jardin des curiosités **143 hg** GPL/Bjorn Forsberg **bg** © RD/JS **bd** © RD/SC **144 g** © RD/SC **bc** Photoshot **bd** © RD/JS **145 g** © RD/JS **hd** © PL **bd** © RD/Richard Surman **146 g** © PL **d** Photoshot **147 hd** © PL **bg** © RD/JS **bd** Harry Smith Collection **148 g** Derek St. Romaine **hc** Photoshot **hd** Derek St. Romaine **149 hc** © RD/JS **hd** Photoshot **bd** Flowerphotos **150 hc** © RD/JS **hd** Photoshot **bg** Photoshot **151 bg** © PL **bc** © RD/SC **d** © RD/JS **152 hc** © RD/DP **bg** Neil Holmes **bd** Neil Holmes **153 h** © PL **b** © PL **154 hd** © PL **hg** © RD/JS **bg** © PL **155 c** © PL **bg** © RD/Richard Surman **bd** © PL **156 g** © RD/Richard Surman **d** © PL **157 hg** GPL/Sunniva Harte **hd** Photoshot **b** Derek St. Romaine **158 g** Photoshot **d** Photoshot **159 g** Photoshot **c** Monique Dumas-Quesnel **d** Photoshot **160 g** © PL **d** © PL **161 hg** © PL **bg** © PL **hd** Flower-photos **bd** GPL/Rex Butcher **162 g** © RD/Richard Surman **d** © RD/DP **bd** © PL **163 bg** © PL **hd** Monique Dumas-Quesnel

bd © PL **164 bg** © PL **bd** Photoshot **165 hg** © PL **bg** © PL **hd** Photoshot **bd** Photoshot **166 bg** Photoshot **166-167** © PL **167 hg** © PL **bd** © PL **168 hg** Photoshot **hc** © RD/Richard Surman **gc** Derek St. Romaine **bd** GPL/John Glover **169 g** Photoshot **c** © PL **d** John Glover **170 g** © PL **c** © PL **d** © PL **170-171g** © PL **171 hd** Photoshot **bd** © RD/JS **172 g** © PL **d** Andrew Lawson **173 hg** © RD/Richard Surman **bg** Andrew Lawson **bc** Neil Holmes **bd** Andrew Lawson **174-175** © RD/DP **175** © RD/DP **176 cg** John Glover **hd** Photoshot **cd** John Glover **bg** GPL/Juliette Wade **177 hg** Photoshot **bg** Jerry Harpur **hd** Neil Holmes **bd** © RD/Richard Surman **178 hg** Neil Holmes **bg** © PL **cd** Photoshot **bd** © PL **179 hg** GPL/Neil Holmes **hd** Ardea Jack A. Bailey **bg** GPL/Neil Holmes **bd** Photoshot **180 g** © RD/JS **hd** © PL **bd** GPL/Jerry Pavia **181 hg** GPL/David Cavagnaro **hd** Van Swearingen **bg** Photoshot **bd** GPL/Brian Carter **182 hc** © PL **hd** Harry Smith Collection **b** Suzanne Puech, Jardin des curiosités **183 hc** © PL **hd** © PL **bg** Picturesmiths Limited **bd** © PL **184 hg** © PL **cg** © PL **d** Harry Smith Collection **185 hd** Photoshot **bg** © PL **cg** © PL **186 bg** GPL/Brian Carter **186-187 c** Suzanne Puech, Jardin des curiosités **187 hc** © PL **hd** Conon Nurseries **188 hc** © PL **hd** Photoshot **bg** © PL **189 h** Christopher Starbuck **c** © RD **bc** © RD **bd** © PL **190 b** GPL/Juliette Wade **hd** © PL **191 bg** Suzanne Puech, Jardin des curiosités **hd** Photoshot **192 hc** John Glover **cg** Photoshot **bg** Clive Nichols Photography **hd** Photoshot **bd** © PL **193 hg** © PL **bg** © PL **hd** UBC Botanical Garden **bd** © PL **194** John Glover **195 bg** Neil Holmes **hd** © PL **cd** © PL **bd** © PL **196 h** © RD **bg** © RD **bc** © RD **bd** © RD **197 g** Judy White Gardenphotos.com **hd** Photoshot **198 g** © RD/Richard Surman **198-199** © RD/Richard Surman **199 hg** © PL **hc** Photoshot **hd** © RD/ Richard Surman **200 b** Christopher Starbuck **h** Suzanne Puech, Jardin des curiosités **201 hd** © PL **bd** Christopher Starbuck **bg** Photoshot **202 g** © RD/DP **hd** Photoshot **cd** © PL **bg** Photoshot **203 hg** Photoshot **hd** © PL **bg** GPL/Howard Rice **204 hc** GPL/Howard Rice **hd** Neil Holmes **bg** © RD **205 h** © PL **bg** © PL **bd** Monique Dumas-Quesnel **206 h** © PL **b** Photoshot **207 hd** Clive Nichols Photography **cd** Photoshot **bg** © PL **208 g** Christopher Starbuck **d** © RD/Richard Surman **209 g** © PL **d** Photoshot **210 hg** © PL **cg** © RD/GID **bg** Suzanne Puech, Jardin des curiosités **210-211** Photoshot **211 hg** Photoshot **bg** © PL **bd** © RD/GID **212 c** Photoshot **b** Neil Holmes **213 g** © PL

c © PL **d** © PL **214 g** Monique Dumas-Quesnel **hd** GPL/John Glover **215 hg** © PL **hcg** Photoshot **hcd** Photoshot **hd** Photoshot **cg** © PL **b** © PL **216 g** André Hébert **216-217** Janet Davis **217 d** Neil Holmes **218 hg** Photoshot **hc** GPL/Howard Rice **bd** Photoshot **219 hg** GPL/Laslo Puskas **hd** Photoshot **bc** © PL **bd** Photoshot **220 hg** Photoshot **hd** Dorling Kindersley **bg** Photoshot **bd** GPL/Laslo Puskas **221 bg** Photoshot **hd** GPL/Mayer/Le Scanff **bd** GPL/Densey Clyne **222 g** Suzanne Puech, Jardin des curiosités **hd** Neil Holmes **bd** © PL **223 hg** © RD/DP **bg** © RD/DP **cd** © PL **hd** © PL **224 g** Photoshot **d** Photoshot **225 hg** © PL **bg** © PL **d** Suzanne Puech, Jardin des curiosités **226 g** © PL **hd** © PL **bc** © PL **227 g** Suzanne Puech, Jardin des curiosités **hd** Janet Davis **cd** © RD/GID **228 g** GPL/Jerry Pavia **d** Photoshot **229 bg** Photoshot **hc** Suzanne Puech, Jardin des curiosités **d** © RD/GID **230 cg** © PL **bg** Neil Holmes **d** © RD/GID **231 hg** GPL/Jerry Pavia **hd** © RD/Richard Surman **bd** GPL/John Glover **232-233** © RD/DP **233** © RD/DP **234 g** Monique Dumas-Quesnel **hd** © PL **cd** © PL **235 g** Photoshot **d** Photoshot **236 bg** Photoshot **cg** Photoshot **bd** © PL **237 h** GPL/Howard Rice **c** GPL/Rex Butcher **bg** Clive Nichols Photography **bd** © RD/Richard Surman **238 hd** GPL/Sunniva Harte **cd** Christopher Starbuck **b** Connon Nurseries **bg** © RD/DP **239 bg** © RD/JS **hd** Photoshot **bd** © PL **240 hg** © PL **bg** Photoshot **c** Monique Dumas-Quesnel **d** Monique Dumas-Quesnel **241 hg** Clive Nichols Photography **hd** Suzanne Puech, Jardin des curiosités **bd** © PL **242-243** © RD/DP **243** © RD/DP **244 h** © PL **bg** © PL **bc** GPL/Jerry Pavia **244-245** Ball Colegrave Seeds Ltd. **245 d** © RD/JS **246 g** Ball Colegrave Seeds Ltd. **hd** © RD/JS **bd** Photoshot **247 hg** Ball Colegrave Seeds Ltd. **bg** Photoshot **hd** Garden World Images **248 hd** Photoshot **bg** Garden World Images **c** Derek St. Romaine **249 g** Photoshot **d** Garden World Images **250 hg** GPL/Didier Willery **hd** GPL/Brian Carter **bg** Photoshot **bd** GPL/Mark Bolton **251 hc** © PL **bg** © PL **hd** Garden World Images **bd** GPL/Chris Burrows **252 bg** Ball Colegave Seeds Ltd. **hd** GPL/Jerry Pavia **253 h** © RD/JS **bg** Garden World Images **bd** Photoshot **254 bg** © RD/Richard Surman **hd** GPL/John Glover **bd** Ball Colegrave Seeds Ltd. **255 bg** Photoshot **hc** Photoshot **hd** GPL/Howard Rice **256 h** Photoshot **b** © PL **257 hg** Garden World Images **hd** Photoshot **b** © PL **258 hd** Photoshot **bg** Ball Colegrave Seeds Ltd. **bd** © RD/DP **259 d** Garden World Images **g** Garden World Images **260 hd** Garden World Images

bg © RD/Richard Surman **261 hd** Garden World Images **bg** Garden World Images **bc** Garden World Images **bd** GPL/Eric Crichton **262 hd** Photoshot **bg** © RD/Richard Surman **263 hc** Photoshot **hd** © PL **cd** Photoshot **bc** Photoshot **bd** Photoshot **264 g** Photoshot **d** Photoshot **265 g** Garden World Images **d** Photoshot **266 g** Photoshot **d** Photoshot **267 cg** Garden World Images **bg** Garden World Images **hd** Photoshot **bd** Photoshot **268 hg** Derek St. Romaine **bc** Derek St. Romaine **bd** Photoshot **269 g** Photoshot **d** Photoshot **270 hd** Garden World Images **hg** Photoshot **bg** Ball Colegrave Seeds Ltd. **270-271** Photoshot **271 hd** Photoshot **bd** Photoshot **272** © RD/DP **273** © RD/DP **274 cg** © RD/Richard Surman **bg** © PL **d** © RD/Justyn Wilsmore **275 g** Janet Davis **hd** Photoshot **cd** Derek St. Romaine **bd** Garden World Images **276 g** Suzanne Puech, Jardin des curiosités **hd** © PL **cd** © PL **277 hg** © PL **bg** © PL **bd** © PL **278 hg** © PL **hd** Clive Nichols Photography **b** Photoshot **279 hd** Photoshot **bd** Derek St. Romaine **bg** © PL **280 hd** Clive Nichols Photography Hadspen Garden, Somerset **cg** © PL **bg** GPL/JS Sira **281 h** Clive Nichols Photography **bg** © PL **bd** © PL **282 g** © PL **hd** © RD **bd** © RD **283 g** © PL **d** Clive Nichols Photography **284 hg** Photoshot **hc** Garden World Images **cg** © PL **d** Andrew Lawson **285 b** Andrew Lawson **hc** Photoshot **hd** © PL **286 hg** GPL/Howard Rice **bg** Photoshot **hd** Photoshot **bd** Garden World Images **287 g** Photoshot **hd** Andrew Lawson **cd** Andrew Lawson **bd** Photoshot **288 bg** © PL **d** © PL **289 hg** Andrew Lawson **cg** Garden World Images **cd** Photoshot **bd** Clive Nichols Photography **290 g** Garden World Images **d** Andrew Lawson **291 g** Clive Nichols Photography **d** © RD/Richard Surman **292 bg** © PL **hd** Garden World Images **293 bg** Garden World Images **hd** Garden World Images **cd** John Glover **bd** Sheila & Oliver Mathews **294-295** © RD/DP **296 g** GPL/Tommy Candler **296-297 h** GPL/John Glover **b** GPL/Juliette Wade **297 hd** GPL/Sunniva Harte **bd** GPL/Marie O'Hara **298** © RD/DP **hg** GPL/Jane Legate **299 h** GPL/Alec Scaresbrook **cg** © RD/PL **cd** © RD/DP **b** © RD/DP **300 g** GPL/Georgia Glynn-Smith **300-301 h** GPL/Lamontagne **b** GPL/Gary Rogers **301 hd** GPL/John Glover **cg** GPL/Michael Howes **cd** GPL/Mark Bolton **bd** GPL/Howard Rice **302** © RD/DP **303 hg** GPL/JS Sira **hd** GPL/Gary Rogers **b** © RD/DP **304 d** © RD/Joanna Walker **g** GPL/Linda Burges **305 g** © RD/DP **hd** © RD/DP **bd** © RD/Joanna Walker **306** © RD/All by DP **307** © RD/All by DP **312** André Hébert

collaborateurs

Consultants
Daphne Ledward
Catherine Villemure
(Canada)

Auteurs
Peter Barnes
Richard Rosenfeld
Alexa Stace

Photographes
Sarah Cuttle
Janet Davis
Monique Dumas-Quesnel
André Hébert
Glenn Kopp
Debbie Patterson
Graham Rice
Jason Smalley
Christopher Starbuck
Van Swearingen
Julie Vanderwilt
Judy White

et tout particulièrement
Suzanne Puech, *Jardin des curiosités, Saint-Ours, Québec*

Illustrateurs
Ian Sidaway
Rudi Vizi

The Reader's Digest Association Limited aimerait remercier les personnes suivantes pour leur contribution à l'ouvrage :

Pour nous avoir aidés à planifier et réaliser l'ouvrage :
Martin Bennett
Ian Brownhill
Ball Colegraves Seeds Ltd.
Julian Hunt
MacKnade Garden Centre, Faversham
Notcutts Garden Centre, Maidstone
The Royal Horticultural Society

Pour nous avoir autorisés à photographier leurs jardins :
The Beth Chatto Gardens Ltd
Gail Boucher
Dr et Mme Edeleanu
The Garden House, Buckland, Devon
Mona Gude
Gillian Hill
Christopher Holiday
M. et Mme A. Hutchinson
Jardin des curiosités, Saint-Ours, Québec
Kay Jefferson
Ray O'Brien
The Royal Horticultural Society Gardens, Wisley, Surrey and Rosemoor, Devon
M. et Mme Richard Tite
Westdean College, Sussex

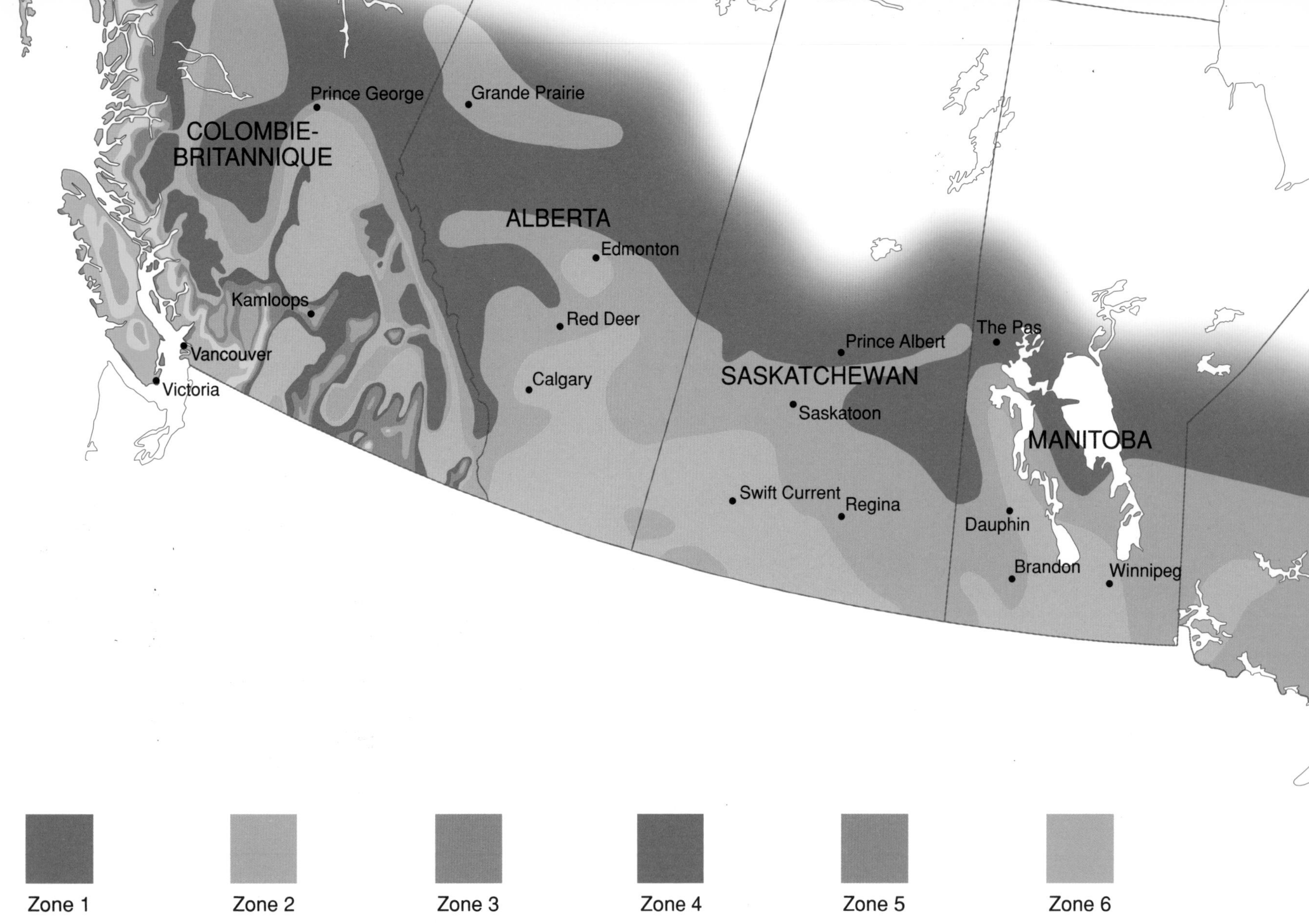

Le climat de votre jardin

La carte ci-dessus, qui divise le pays en neuf zones climatiques principales se base sur une carte de rusticité créée par Agriculture et Agroalimentaire Canada à partir de données fournies par des dizaines de fermes expérimentales

Cette carte des zones de rusticité au Canada indique la zone climatique dans laquelle se trouve votre région. Les neufs zones ont été délimitées à partir de leurs températures hivernales, du nombre de jours sans gel, de la quantité de précipitations, du degré d'humidité et de la vitesse des vents, un ensemble de facteurs qui peuvent influer sur la survie d'une plante dans une région donnée. Les zones ne sont pas mentionnées dans *Jardin facile*, mais la carte est très intéressante car les zones sont toujours indiquées sur les plantes vendues en jardinerie. Le choix des plantes dans *Jardin facile* convient au Québec et à l'est du Canada.

La carte donne des indications générales et les zones ne sont pas absolument uniformes : dans chaque région, il y a des microclimats qui affectent la rusticité des plantes. Des caractéristiques géographiques ou topographiques peuvent faire